JN297495

歴史のなかの消費者

日本における
消費と暮らし 1850-2000

ペネロピ・フランクス
ジャネット・ハンター 編

中村尚史＋谷本雅之 監訳

法政大学出版局

THE HISTORICAL CONSUMER
Consumption and Everyday Life in Japan, 1850-2000
Selection and Editorial Matter © Penelope Francks and Janet Hunter 2012
Individual Chapters © the contributors 2012
All rights reserved.

First published in English by Palgrave Macmillan, a division of Macmillan Publishers Limited under the title The Historical Consumer edited by Penelope Francks and Janet Hunter. This edition has been translated and published under licence from Palgrave Macmillan. The authors have asserted their right to be identified as the author of this Work.

Japanese translation rights arranged with
Palgrave Macmillan, a division of Macmillan Publishers Limited
through Japan UNI Agency, Inc., Tokyo

日本語版へのはしがき

『歴史のなかの消費者——日本における消費と暮らし 1850–2000』は、二〇一二年にパルグレイヴ・マクミラン社から出版された。本書は、日本の経済発展における消費の重要性と世界史の中での比較の可能性というテーマに対し、日本研究の専門家、ならびに他地域の消費史の研究者の両方から関心を寄せてもらえるような本を作るという目的で執筆された。そして私たちは、この当初の目的を十分に達成したと考えている。本書の日本語訳は、歴史学だけでなく、日本の近代成長の様々な側面について深い知識と関心を持つ、幅広い読者に読んでいただけると思う。私たちは、読者の方々が、各章の内容から本質的なポイントを捉え、日本を比較の観点から考察することへの可能性についても示唆を与えてくれることを、心から願っている。

このプロジェクトは、日本近代史における消費の諸側面を考察した論文集の発行を目的として二〇〇九年に始まった。資金面では英国日本研究協会と大和日英基金に寛大な助成を受けた。二〇一〇年七月にロンドンで開催したワークショップでは、ニューカッスル大学（当時、現在チューリッヒ大学）のマーティン・デューゼンベリとロンドン大学東洋アフリカ研究学院（SOAS）のクリストファー・ガータイスが討論者として参加し、各論文の共通性を見出すことに力を貸してくれた。ロンドン・スクール・オブ・エコノミクス経済史学科からは実務的な支援を受けた。マイケル・アンドリュースはワークショップの運営に、またスティーブン・アービングスは最終原稿の作成に参加してくれた。

私たちは、あらためて各章の執筆者に感謝したい。さらに中村尚史教授は日本語訳の出版に尽力してくれた。また、中村教授と谷本雅之教授は最終稿に目を通し、監訳を行うとともに、様々な助言をしてくれた。お二人に深くお礼申し上げる。そして、出版を引き受けてくれた法政大学出版局、特に奥田のぞみさんのサポートに対して感謝を述べたい。塩見葉子さんは最初の翻訳者として効率的かつ迅速に作業を行ってくれた。最後に、この日本語訳は、グレイトブリテン・ササカワ財団（GB Sasakawa Foundation）、Japan Foundation Endowment Committee（JFEC）、ロンドン・スクール・オブ・エコノミクスの Suntory Toyota International Centre for Economics and Related Disciplines（STICERD）からの援助がなければ実現しなかった。出版に際して上記団体が提供してくれた寛大な支援に深く感謝している。

二〇一六年二月

ペネロピ・フランクス
ジャネット・ハンター

歴史のなかの消費者／目次

第1章　日本の消費史の比較史的考察

ペネロピ・フランクス
ジャネット・ハンター

はじめに——日本の歴史的文脈から消費を定義する

ここ数十年、日本人以外の人々も日本を起源とする消費財に馴染みを感じるようになった。最新の衣服を身にまとい、グルメを楽しみ、最先端の機器を身につける日本人像は、国内外で日本のイメージとして定着してきている。その一方、日本の一般世帯が並はずれて貯蓄に熱心であったこと、そして近年の経済停滞に消費支出の抑制によって対処していることはよく知られている。その点で日本は消費に関して、浪費家として典型化されることの多い西洋とは異なるアプローチをとる国であると見なされてきた。しかしながら、我々は日本の消費の歴史について、それがしばしば特徴的な行動をみせる日本の消費を説明する上での手助けとなるはずであるにもかかわらず、あまり論議してきていない。ヨーロッパや北アメリカを対象とする歴史家が、消費者の長期にわたる発展の過程を熱心に探求しているのに対して、西洋の資本主義的産業化から遠く離れた日本のような地域における消費の歴史は、これまでほとんど研究がなされてこなかったのである。事実、スターンズのような研究者は、これらの地域には、独自の消費の歴史は存在しないと考えているようにも見える（Stearns 2001）。

現在ではそのような仮説には異議が唱えられており、中国、インド、南アメリカやオスマン帝国などの地域を専門とする研究者が、次々に「非西洋」の消費者の歴史の発掘に取り掛かっている。それらの研究は「非西洋」の国々の消費の歴史が長期にわたることを描き出しており、ケネス・ポメランツの説得力溢れる「大分岐」説、すなわち西洋と東洋の経済的発展が産業革命までは同レヴェルであったことを確証するかのようでもある（Pomeranz 2000）。また、非西洋諸国の消費史は比較史的な研究の可能性を高めており、買い物、流行、食などのグローバル・ヒストリーに携わる歴史家たちは、その対象範囲をヨーロッパや北アメリカの外に広げ始めている。

しかしながら日本についていては、近世以来、消費生活をめぐる明瞭な証拠が様々に存在し、また一九世紀後半からの急速な産業化と近代化が、地球規模で意義深いものであったにもかかわらず、経済史家は消費の役割を認識することに消極的であった。このことは、文化史や美術史家、そして社会学者や人類学者が日本の生活の物質的側面を広く研究し分析を加えてきたのとは対照的である。「文化」を厳密な社会科学的分析の対象とするのがむずかしいことが、これらの成果が実は経済史にとっても重要であると認知することを妨げる要因となっていたのかもしれない。また一方、地域研究として取りくまれる「日本研究」の志向性や、研究手法の制度的な細分化が、他の分野の学問との知識の交流の妨げとなったことも、消費の役割を認識するのを遅らせた原因となった。本書のアプローチは経済に重点を置いているが、広い範囲にわたる歴史学や歴史分析の成果にも立脚するものであり、狭い意味での経済史にとどまらず、広範な研究領域への貢献を企図している。

「消費」を構成する要素は何か。この問いに対する簡潔明瞭で一律な回答はなく、実際、本書の執筆者たちも、大きく異なる様々なアプローチを取っている。本書では画一的な定義をそれぞれの執筆者に押しつけることはせず、それぞれの選択を、各自の問題設定、採用した方法、展開する議論の文脈の中で、正当化するよう求めた。しかし消費を定義することのむずかしさ、そして、経済学者と経済史家の間にも存在する消費の解釈に関する溝を埋めることのむずかしさは認識しておく必要がある。主流派経済学は通常、消費を個人による最終的な財やサービスの購入としているが、それよりも広い意味で用いられることが学術的にもまた一般的にも少なくない。それは個人による必要や欲求を満たすための支出全般を指し、かつそこには他の財の生産を介して必要や要求を充足する行為も含まれている。しかしいずれの場合でも、概念を分析的に利用するために、消費を一度限りの行為、すなわち財やサービスをある一時点において購入する行為と見なす傾向があり、その購入した商品やサービスが最終消費以外の目的で用いられようとも、それは考慮の範囲外となる。しかし歴史的視点からすると、最終購入へ焦点を当てることは、消費の動態的な理解をむずかしくする。たとえば、ヤン・ド・フリースが「消費クラスター」と名付けた、消費単位内部での財と財の相互関係や、いかなる購入にも伴う、決定、媒介、および実施の過程における複合的な道筋は、このような消費の捉え方では理解しがたい。さらに日本経済の歴史における消費の役割を理解するには、その消費財の量や構成だけではなく、消費を媒介する制度――ダグラス・ノース（North 1990, 2010）にしたがうならば、公式および非公式の制度――もまた、重要な検討課題なのである。

消費を一度限りの、最終的な購入行為と捉えることは、消費を生産と二項対立的に理解することにも繋がる。生産は究極的にはすべて消費を目的とする、というアダム・スミスの言明は、近年のヨーロッパの経済発展における「消費者革命」の重要性を主張する研究でも用いられている（例：Berg 2005）。しかし生産と消費の区別は時として不明確であった。特にそれは産業化前や、産業化が進行中の経済社会に当てはまる。消費と生産の諸活動が主として世帯内で営まれ、無給の家族労働によって担われる比率が高い日本は、一九六〇年代までまさにそのような発展途上国であり、たとえば本書のゴードンの第3章で取り上げられているように、ミシンは収入を得るための活動（生産）の道具であるとともに、購入者が個人的な楽しみのために使用する財（消費）でもあった。それゆえ、消費を生産から完全に分離することには、ほとんど意味がない。その財をいかに製造し販売するか、その最適な決定を下したのは生産者だったかもしれない。しかし、そのためには消費者たちの要請や要求を知り、それに応えなくてはならなかった。同時に、消費者の欲求そのものを形成するべく、生産者は試行を重ねていたのである（例：ゴードン、フランクス、クシュナーの章を参照）。それゆえ、歴史分析を目的とする本書においては、消費を生産、交換、使用の経済活動を特徴づける一連の動態的な循環の一部と見なし、その活動の主体として個人だけではなく、社会に存在するあらゆるグループを想定することにする。

アンビバレントな消費者たち？――日本の消費に関する研究史

日本の近代経済史は生産の成長物語として語られることが多かった。その成功のカギを握っていたのは政府や民間の製造業者で、ますます多岐にわたる製品輸出も、その成功の印とされてきた。そうした中で一九八〇年代の消費ブームは、日本の発展が新たな成長段階に入り、いよいよ消費を経済に取り入れ、消費社会化に踏み込んだことを示す現象として解釈されることが多い（例：Clammer 1997 参照）。日本の経済史家の間では、この成長は、一九世紀末からのほとんどの期間、輸出よりむしろ国内市場に牽引されたものであったことが共通認識となっていた。それにもかかわらず、我々の、供給側に関する知識と消費のそれとの間には、深刻な不均衡が生じている。(1) 一九世紀初頭の「前近代」「封建」社会から二〇世紀末の「アジアの巨人」へと変貌する過程に関する解釈は、幾多の進化を遂げた。しかし日本の経済史、およびある程度は社会史の研究でも、一貫して、消費や消費者の役割に関する理解が欠けていたのである。

もっとも非西洋を対象とする経済史研究において、消費が無視されるのは一般的な傾向ではあるものの、日本の歴史学の特殊な側面が、そのような傾向を助長してきた。戦間期と戦後、日本経済の歴史的分析を支配したマルクス主義の体系は、農村過剰人口や過酷な地主小作関係の存在を前提に、それらが農村地域と都市労働者階級の所得や購買力の増大の可能性を制約したとした。国内市場の「狭隘性」は非マルクス主義の歴史家にも取り上げられ、それが日本を海外市場に向かわせ、初めは帝国圏内、後に世界全体への進出へと導いた主たる要因であったとされた(2)。かつてこのような説明を行ったマルクス主義者の理論は、今ではほとんど省みられない。しかし、農村は貧しく、人々の日常生活の焦点は「必需品」であり、消費主義者のための「贅沢品」ではなかったとする見方は、戦前の生活に関する説明として、研究者の間でも、また一般的にも広範に流布している。

戦後、「近代経済学」が徐々に日本経済の歴史研究を支配するようになると、経済発展に関する問題設定も、必然的に以前とは異なるものとなった。研究者らが驚異的な経済成長を説明する要因を過去の歴史に見出そうとすると、自ずと技術や組織、政府や事業活動の歴史的な起源に焦点があたるようになった。これらの要因が、一九六〇年代の高度経済成長に代表される生産の劇的な増大を産み出した立役者と考えられたからである。それゆえ、日本の産業が生産高を急増させた際、その製品は常に国内市場向けであり、かつ人々の日常生活は、世帯購買力の向上を背景とした多種多量の消費財の獲得によって明らかに変貌していたにもかかわらず、依然として日本の経済成長は政府主導の、供給側の現象であると見られていたのである(3)。

このアプローチは、経済史・社会史の分野における研究視角の幅広い発展とも、ますます齟齬をきたすようになっている。一般庶民の日常生活に関する歴史研究の意義を強調するアナール学派の出現と、一八世紀イギリス「消費革命」の「発見」によって、産業化以前および産業化の過程に関するヨーロッパ史の研究では、消費財の購入や利用を分析することがブームとなり、今日では、財の需要の拡大に触れずに、産業革命の前提や産業革命自体を語ることはできなくなっている(4)。前述のように、小売業、流行、室内装飾に関する研究熱は、アジアなど西洋工業国以外の地域に広がるのは遅かった。しかし「大分岐」に関する論争により、大分岐の東側における生活水準や消費水準との比較が、新たに注目を浴びることになった。特に中国研究者が近代初期の消費者たちの動態を、貴族、庶民の双方について描きはじめた(Clunas 1991; Brook 1999; Adshead 1997)。さらに最近では、オスマン帝国(Quataert 2000)、南アジア(Haynes et al. 2010)、南アメリカ(Bauer 2001)など他の国々でも、消費の歴史が、正当な研究分野の一部として位置づけられ、叙述され始めている。

もちろん、日本の経済・社会史家が消費者をまったく取り上げなかったというのは誤りであろう。徳川時代の都市文化の研究者は以前より、能や歌舞伎などの舞台や書物・絵図などの印刷物、そして大都市の空間全体が、社会環境そのものを反映していることを認識していた（例：Shively 1991; Berry 2006 など）。「民芸」や工芸品などから明らかになる過去の日常生活は、研究者や博物館学芸員、さらには一般の人々をも魅了し、古き時代への懐旧の念は、江戸東京博物館の設立とも連動した「江戸ブーム」の火付け役ともなった（Sand 2006）。最近では戦前日本の「モダニティ」への関心が高まっており、都市部の中流階級の日常生活について多数の研究が発表されている。それらの研究テーマの花形は、百貨店や女性誌など近代化の影響を媒介する存在である（例：Sand 2003; Sato 2003 など）。戦後については、サイモン・パートナーの先駆的な研究が、電機産業の興隆を分析する上で、市場の役割に着目した（Partner 1999）。しかし、人類学者や社会学者の中に、現代消費主義への爆発的な関心・興味が現れた一方で、主流派の経済史家は、それらの研究を受け入れ発展させる方向へとは向かわなかった。

すなわち、消費史研究が西洋の産業化前および産業化過程を対象とする際に関心を寄せた問題が、日本を対象とした研究ではほとんど取り組まれておらず、そのため、日常生活における消費の実際に関して、実証的根拠を見つけだすのはむずかしいのである。それに比べ、消費とは対極の行動と見られる貯蓄は、近年、研究の進んでいるテーマである。シェルドン・ガロンやチャールズ・ホリオカらのおかげで、政府が国民に貯蓄を推奨し続けたこと、二〇世紀後半の日本の家計貯蓄額が、他のほとんどの工業国よりも高い水準であったことなどが、今ではかなり知られるようになっている（Garon 2000; Horioka 2006 など参照）。この研究潮流における消費の位置づけは、「近代的」財の「合理的」な使用の側面に限定されている。少なくとも二〇世紀の後半まで、日本人は、消費欲求と消費の適切さの間で相反する独特の感情を抱いていたとされる。[5] さらに日本でもまた、貯蓄と消費を並列し、一方が増えるともう片方は減少するという二分法が唱えられてきた。ホリオカなどの研究は、このような命題を大体において否定するが、多くの研究者は貯蓄率が高いのならば、日本人が熱心な購買者、消費者であるはずがない、との前提に立っている。それはまた、消費に注目する必要はないとする見解を正当化するものであった。

しかし、本書所収の論文をはじめ、近年の研究は貯蓄と消費行動が単にゼロサムゲームの両端ではないことを示唆している（Gordon 2006 など参照）。さらにスコット・オブライアンは戦前から貯蓄が奨励されるなか、耐久消費財への個人の支出が、戦後日本の主目標であった経済成長にとって極めて重要であるとして、政策論の中で論議されていたことを明らかにした（O'Bryan 2009）。多くの日本人は消費者でもあり貯蓄者でもあった。そして直面する制約のもとで可能な限りの選択を行っていたのである。人々は郵便貯金制度などを活用しながら注意深く貯蓄を増やし、その一方で規律ある範囲で、財やサービスの消費に関与した。それゆえ、貯蓄と消費は循環するサイクルのそれぞれ一局面として見ることができる。個人や世帯は、ダイナミックな意思決定のプロセスのもと、自らの時間、努力水準、金銭の割り当て・配分を行い、効用の最大化と自身の欲求とニーズの充足を図ったのである。貯蓄と消費に関する意思決定がもし他国と異なって見えるとすれば、その大部分は世帯の制度的なあり方や、より広く、消費に関する制度的な違いに由来し、また、貯蓄と消費が行われた状況の差異によるのである。

本書は、日本の消費史研究の基盤を固め、さらにその視野を広げる試みである。それを通じて日本を産業化を達成した西洋諸国との比較研究のフレームワークの一角に位置づけたいと思う。非西洋社会で初めて近代工業化と経済成長を遂げた日本をそこに含めれば、消費史研究の枠組みを変えることができ、非西洋社会の消費史に対しても新たな論点を提起し得るであろう。

日本における消費の歴史的起源

消費史についての研究がまだ少ないとはいえ、日本も他のアジア諸国と同様、身分の顕示、流行への適応、そして娯楽の享受に関連する財は、近代産業化が始まる前、すなわち西洋との接触が増大する一九世紀半ばに至る前から、市場向けに生産され消費されてきた。一八世紀の江戸、大阪、京都は同時代でも世界有数の都市であり、食料や衣料、娯楽を市場からの供給に依存する多くの定住者および一時的な居住者を抱えていた。比較的平和で安定した徳川時代（一六〇三〜一八六八）にあっては、生産の成長と所得の増大が実現しており、支払能力に余裕のあった封建領主階級と、そこに商品を供給した商業部門の人々は、着物や和装小物の流行を追い求め、多種多様な料理店で外食をし、美しく意匠を施した陶磁器や漆器、装飾品を収集し、観劇のために芝居小屋や歓楽街を訪れた。このような消費の楽しみを味わうのは、けっして裕福な者に限られていたわけではない。どんな財・サービスについても、より安価な類似品の供給がある。実際、屋台や一杯飲み屋での飲食、行商人からの装飾品や小間物の購入、博打や紙芝居などの娯楽は、大都市周辺では容易に享受可能であった。

都市の消費拡大を支えていた財の主要部分は、一九世紀初頭に至るまで、都市部ではなく地方で生産されていた。地方の生産者のネットワークが成長し、加工食品、織物、陶磁器、その他多種多様な日用品や娯楽用品を製造した。生産の場も、初期の最も商業化の進んだ地域から、徐々に全国に広がっていった。これらの財は、典型的には、穀物や農産加工原料を栽培する農家が農閑期労働力を用いて生産していた[(6)]。この過程を経て増大した生産は、所得水準の上昇をもたらすが、その果実は、活発な商業活動と税率の上昇を結びつけるべく苦闘する藩主や武士層よりは、農業と地主経営を事業活動に結びつけて勃興する豪農（rural elite）層により多く配分された。近年は、この豪農が、都市部の消費の在り方を取り入れ、それに適応していたことを示す確かな証拠も見出されている。消費の量こそ都市部に比べて控えめだったかもしれないが、居宅を改修・改築によってグレードアップし、衣・食に凝り、より上品な娯楽に関わる支出を行うようになったのである（Pratt 1999; Platt 2000 など参照）。

さらに、徳川時代の困窮する小農家という「伝統的な」イメージとは裏腹に、多様な商品に欲求を噴出させたのは、豪農だけではなかったようである。都市部の消費動向を地方に拡散する上で大きく寄与したのが、参勤交代制度である。この制度の下、地方の藩主らは、家族を江戸屋敷住まいとし、自身は一年置きに江戸に居住することを義務づけられ、移動に際しては格式に見合った家臣・家来・従者を引き連れる必要があった。イギリスにおける社交シーズン(London Season)と同様、様々な身分の大勢の地方出身者が、一定期間を往復の道中や滞在先の都市で過ごすことになり、その中で新しい趣味嗜好を獲得し、贈りものや土産品を購入し、新しい生活様式を発見した(Vaporis 1997)。旅行がより一般的で普通のこととなるにつれ、都市部で通常用いられる財、たとえば菓子や醬油などの加工食品、髪留めや扇子などの服飾品、陶磁器、紙製品やその他細々した有用な、あるいは装飾的な家庭日用品が、田舎の村々の店先に並ぶようになった(Hanley and Yamamura 1977; Hanley 1997 などを参照)。全国あるいは地方レヴェルで、たびたび服装規制に関する法令が発せられていた事実も、都市や農村部の商人たちが絹織物などの、上流階級向け消費財の購入を止めず、むしろそのような消費行動が広範に見られたことの証となっていた(Shively 1964–5)。上流階級の旅行者は、ヨーロッパでまさにそうであったように、もはや身分の差異が衣服に反映されなくなっていると嘆いた。斎藤修は、近世の所得と生活水準に関する徹底した比較研究から、産業化以前の日本の所得水準とその成長率がヨーロッパの多くの地域に引けを取らなかっただけではなく、日本のほうが所得格差は小さかったと結論づけている(斎藤 二〇〇八)。この事実は、徳川時代における消費財と娯楽の広範な普及を示す数々の証拠からも明らかである。

この消費の拡大は、流通と金融のネットワークの広がりに支えられ促された。徳川時代前半には、都市部に基盤をおく問屋などの商業や金融の専門業者が、地方で生産された商品を都市の市場に流通させた。商品は、比較的量販品の酒や織物から、より特殊な製品である足袋や売薬、刀や葬祭用具などにまで至っている(McClain 1999)。地方で商人らは、地方の産物だけではなく、徳川時代には規制の厳しかった輸入品の漢方薬なども取り扱っていた。地方の生産が伸長するなか、農村地域を基盤とする商業のネットワークも立ち現れ、都市部の商家を介さず、農村の生産者を市場に直接結びつけるようになった。徳川中期の都市部では、大型の呉服店や生鮮食品を扱う市場、そして街角の小店舗まで、様々な商品に対応する小売の業態が出そろっていた。後には農村地帯にも、行商などの旅商人や、町場や在村の商業店舗が、消費財を届けている。

このような発展を背景に、「開国」によって西洋諸国と大々的に接触し、徳川体制が崩壊を告げる一九世紀半ばには、ヨーロッパで「産業化に先立つ」消費の出現を特徴づける様々な動きが、日本においても観察されるようになる。そこには、織物や加工食品、家庭用品への広範な需要の形成、小規模製造業者の地方ネットワークの成長、都市や町場から伸びる流通と小売の流通網の形成が含まれている。それゆえ、その後の日本における消費の発展は、在来的な消費パターンの進化と、西洋の工業国との接触が不可避的にもたらした新たな財、技術、業務や知識との相互作用として理解されなければならない。

都市化と近代産業化が加速する二〇世紀の初頭には、台頭する都市部の中流階級が、地球規模での近代化の圧力に真正面から向きあい、日常生活にどのように「近代的」な財を取り入れることができるのか、あるいは取り入れるべきか否かについて、論争や経験を積み重ねるようになった（Najita and Harootunian 1988）。結論は、折衷案の採用である。男性は公的な場では西洋のスーツを着用し、女性は西洋のデザインを化学染料を用いて施した着物（和装）を身に付けた。食事は米飯を中心とする和食だが、おやつには西洋菓子も食される。百貨店ではお洒落でファッション性の高い着物と和室にも合う西洋家具を販売し、小規模な商店や戸別訪問による行商人が、日常生活用品を提供した。戦後の経済発展によって、多くの「中間大衆」に可能となった消費生活スタイルの枠組みは、このように形作られたのであった。

こうした基盤の形成過程において、消費は次第に、緊張をはらんだ政治的な問題としても論議されるようになった。一九三〇年代の世界大恐慌へつながる金融危機のもとでは、「過剰消費」が批判を浴びるようになり、特に女性にその矛先が向いた。これに対応すべく、女性団体は家庭の主婦の役割が、家計の支出管理運営の鍵となる点に着目し、「近代的」・「合理的」な消費と貯蓄の実践を推進することに、自らの政治的な居場所を見出していく。その活動は戦後も引き継がれ、主婦主導の消費者運動へ展開していった。しかし同時に、西洋的な要素を取り入れた「合理的」な中流階級の生活スタイル――肘掛け椅子やダブルベッドなどの家具から、映画や野球などの娯楽の享受までを含む――は、アジアにおいて対立しつつあった米国やその他の国々に起源を有するため、問題視されるようになる。近代的、工業的（industrial）でありながらしかし日本固有の消費パターンを模索する志向性は、西洋列強との政治的な、そしてついには軍事的な衝突に至る対立関係の中に巻き込まれていく。同時に一般の消費者は、慣れ親しんだ日本食や伝統的な家具の消費と並んで、西洋起源のファッションや雑貨、娯楽などを楽しむ術を身につけていった。

戦争と欠乏の時代が過去のものとなると、戦前の西洋との対立の側面は自ずと解消し、世帯の家計管理者としての役割を確立した主婦は、奇跡の経済成長がもたらした豊富な製品群――日本式および西洋式の双方を含む――の利用の道筋を決定づけた。二〇世紀末までには、日本は経済的豊かさと高度に発展を遂げ「国際化」した社会となり、西洋製品の国内市場への浸透、および日本製品の国際市場への進出の双方の局面において、地球規模での商業主義社会の一角に位置づけられることになった（Tobin 1992 のケーススタディ参照）。しかしながら、消費の在り方に関して、歴史的条件は規定的な影響力を有しており、それは決して表面的なものではない。影響は、「在来的」な財にも、元々は輸入からはじまった財についても現れてくる。たとえばゴルフは、その生みの親であるスコットランド人には想像もつかない形で、日本人の職業生活に組み込まれていった。この歴史的条件の問題については、本書の各章で、相互に重なり合う、多くの解釈の試みがなされている。次の節ではこの点についてみていこう。

伝統と近代、日本と西洋

「伝統」と「近代」の二分法は、通常日本においては「日本式」と「西洋式」に置きかえられ、日常生活や消費傾向の歴史研究を行う際の切り口となってきた。「二重生活（double life）」は、日本の都市化と近代化に関する歴史学的、文学的研究の、英語圏における先駆者であったエドワード・サイデンステッカーによる造語である。日本の知識人層等が、スーツを着て牛肉を食べる西洋式の社会的人格（persona）と、着物を着て米飯を食べる懐旧的な日本人としての魂を適宜使い分けながら、近代的、西洋的な財や思想が与える諸々の可能性に対処する様を表現している（Seidensticker 1983: ch. 3）。近代的で西洋風の製品はしばしば異質な輸入品として描かれ、日本の伝統的な生活に接ぎ木されたものとされる。戦後の経済史家は、それらをより単純に「贅沢品」と分類し、「必需品」として消費される日本の製品と対比した（Horioka 1993: 278–279）。

これと類似する言説は、消費の比較史をヨーロッパ外の植民地や周辺地域に広げようとする試みの中で、広範に浸透した。そこでは多くの研究が、消費を西洋式の工業製品の浸透と捉えるため、暗黙の裡に、西洋と接触する以前に「消費者」は存在しないとの前提に立つこととなる。「消費者の誕生」は本質的にヨーロッパで生じた資本主義的工業化と結びつけられており、「近代的」活動としての消費は、ヨーロッパが他者にグローバル化の圧力をかける、ヨーロッパ中心主義的な貿易や帝国主義を通して浸透していったとされる。[7] 日本やその他の地域の消費の成長は、西洋式の衣服や家庭用品の使用、百貨店のような近代的な小売店の設立によって計測されており、現在では、マクドナルドやスターバックスの出現などが測定の基準となっている。

近年やっと一歩を踏み出した「非西洋」における消費の歴史研究は、このような単純な図式を排して、より複雑な見取り図を作ろうとしており、本書の各章の研究も多様な形でそれに貢献している。日本の場合、明らかに開国前の一九世紀半ばには一定の規模で消費財の生産・消費がなされており、消費社会の様々な特徴、すなわち流行現象と発達した小売業システムや宣伝広告活動が、「西洋の衝撃（western impact）」以前から存在していた。徳川時代の商業経済化の中で培われた消費パターンがその後の近代化や産業化の時代にも存続したことは疑い得ないが、それはもはや「伝統的」「静態的」の語で概括できるようなものではなくなっている。需要側をみれば家計収入の増大が、徳川時代では都市部の富裕層のみにあたえられる、いわば特権のような豊かで多彩な食生活を、より多様な階級の消費者たちにも享受可能なものとしたことが分かる。商品化された「伝統的」な食品、酒や醬油、菓子や甘味などが拡大する市場へと流れ込んだ。中西と二谷による本書の第5章は、農村の世帯が多様な財を消費するようになったこと、その中に徐々に取り込まれていく新規なものは、外国から輸入された技術や嗜好に基づくものであったことを、種々の証拠を挙げて示している。ほとんどの消費者の需要は小規模の伝統的な製造業者によって満たされていた。しかし市場の成長と新しい原材料・技術が結びつき、これらの製造業者をして、国内市場の嗜好や流行に対応した製品の開発・多様化が可能となったのである、このように「伝統的・日本式生活様式」は、常に進化を続ける在来的な消費パターンの現実化・商業化した姿として立ち現れるものであり、戦間期や二〇世紀末の識者が低い評価しか与えないような古めかしいイメージではなかった（Creighton 1998; Sand 2006 参照）。

本書の多くの章で跡付けられる「モノの社会生活」は、「伝統・近代」「日本・西洋」の二分法が、実際のところ詳細な歴史分析の前では簡単に破綻することを証明している。拡大する市場、新しい技術やデザインモチーフ、そして近代的なマーケティング技法が結合することで、フランクスの第7章で議論される戦間期の着物の流行のあり方は、一九世紀におけるその前身とは劇的に変わった。梅村の第8章で示されているように、かつては薬売りの訪問販売によって、西洋薬の代替品として貧しい消費者に届けられていた漢方薬が、量産され洗練されたパッケージに包まれて、様々な病状向けの治療薬として二〇世紀末には売られるようになった。クシュナーの第6章は、徳川時代に国産の贅沢品であった砂糖が、いかに伝統的あるいは近代的な製法によって製品化され、日常的な消費に根付いていったか、そしてどのように日本および日本帝国のある種の象徴となったのかを描きだしている。

日本の思想家も、インドや中国の思想家と同じように、西洋の産業化と帝国主義によりグローバル化の波が押し寄せた時代、何がほんとうの「自国の」生活様式なのかという問いと格闘してきた(8)。しかし本書に紹介した消費史や日常生活のいくつもの事例は、伝統と近代、国産と輸入が相互に作用し、単純な二分法とは大きく異なる、複雑で変化に富み、歴史に規定された現実を産み出していることを思い起こさせるものであった。本書の課題は、グローバルな比較史研究がほとんど無視してきた「非西洋」の消費者が、どのようにこうした現実を形作ってきたのかを、日本を事例に明らかにするための作業をスタートさせることにある。

世帯、時間とジェンダー

消費は、最も個人的な活動として理解されることが多い。しかし発展を遂げた社会でも、そして産業化前や発展途上の社会ではなおさらのこと、消費に関する決定と実践は、そのほとんどが世帯や家族を単位として行われている。それゆえ消費史は、経済や社会を分析するにあたり、世帯に目を向けさせることに貢献している。また消費史はこのプロセスにおいて、女性が働き手として、買い物客として、さらに消費の管理者として、その役割を変化させる点に光を当てる。(9) 経済史家で、この分野のパイオニアはヤン・ド・フリースであり、彼の「勤勉革命」モデルは、世帯内において変化する生産と消費の相互関係を、産業化のプロセスの中心的な問題として扱っている。(10) ド・フリースは、魅力的な商品に対する欲求を、人々がますます賃金労働やプロト工業への従事など市場を基盤とする生産活動に参画する理由として認識すべきとした。産業化以前のヨーロッパの様々な地域で、各世帯が商品化された消費財を購入するために、自給生産や家事労働に充てる時間を減らし、市場を基盤とする労働により多くの時間をさくようになったことが「勤勉」(industrious) 革命を引き起こし、「産業」(industrial) 革命への道筋をつけたとするのである。

ド・フリースは、このように市場向けの労働と消費の相互関係を、自給生産と家事労働の相互関係に代わるものとして取り扱っている。また自給生産と家事労働から市場向け労働と消費に軸足を置き換えることが、初期段階における産業化を推進する、世帯レヴェルでの主な原動力だとしている。しかし産業化もかなり成熟してくると、今度は逆の現象がみられるようになる。労働によって世帯収入が増加するにつれ、多くの女性は賃金労働を辞め、子育てや清掃、食事の支度など「外で稼ぐ男性と家を支える女性」からなる世帯のモデルに沿った家庭の中での仕事に集中するようになる。この場合、消費の増加と家事労働に費やす時間は、産業化と収入増加によって出現した都市や都市近郊の核家族の生活においては、お互いに補完し合う関係にあった。

谷本による画期的な第2章はこれと同様の問題群を、世帯内での労働時間配分に関する戦間期の経験的データに基づいて検討したものである。谷本は、世帯内における家事労働時間の割り当ては、変動する家族構成や女性労働――家族構成員から女中まで――の利用可能性によって左右されることを示すとともに、その研究結果はさらに、日本の経済発展の早い段階から、消費の増加が家事労働の増加と関係していることを明らかにした。ゴードンの章とも呼応するこの谷本の結論は、収入の増加や商業的・工業的経済の成長によって発現した日本の消費パターンは、食事の下準備と料理、裁縫を主な内容とする家事領域での活動の成長と変容によって形づくられたことを示唆している。この議論によって、昨今供給側の議論として提示されている、日本と他の東アジアの「労働集約的工業化の道」(Sugihara 2003を参照)に対して、消費側から、「労働集約的消費成長の道」の可能性が示唆された。

経済発展の後期になると、「労働集約的」な家事労働は、新たに家庭用品や機器の巨大な国内市場を生み出す役割を果たすことになった。輸出で名を馳せる日本の大手電機メーカーや電子機器メーカーも、当初はこの国内市場に依存していたのである。議論はこれら近代的家電製品のうちどれがどれくらい「労働節約的」あるいは「労働使用的」であるかに進んだ(Cowan 1983; Lebergott 1993)。しかし本書で取り上げられている事例――ゴードンの章のミシン、マクノートンの第4章の電気炊飯器――によれば、これらの製品が消費者に魅力的に映ったのは利便性だけではなく、戦後都市部や都市近郊に住む中流階級の家庭の主婦らが追い求めた、心地よく尊厳ある生活を作り出すことができるからであった。ミシンは家内労働を通じて、その女性と家族が西洋式のファッションに目覚めるきっかけをつくった。電気炊飯器は、近代の都市生活における限られた空間と時間の中で「完璧」な白米を炊くことを可能とした。それに収入の増加と食品の流通機構の発達が加わって、「主食と副食」からなる食事のレパートリーが広がったのである。この二つの事例から、労働節約的な家庭電化製品は、女性に家庭外での仕事やレジャーのための時間的余裕を与えただけではなく、家事労働の生産性を向上させ、その時々の人々が望ましいと感じる日本的消費パターンの形成を促進したということができる。

消費と世帯内労働配分の決定との関わりについては今後さらに研究を深める必要があるが、消費パターンが世帯構造や時間配分の変化と相互に関連していることは議論の余地がないように思われる。一国あるいは地方レヴェルの経済と同じく、世帯の単位においても消費と生産は、労働時間をどう外部の労働市場と世帯内での労働に配分するか、どのように家事労働と望ましい消費パターンとを関連づけるか、という問題への対処を通じて決定される。それゆえ、世帯内のやりくりに重きが置かれ、特にそれに従事する女性の役割が注目されたことで、消費の歴史の重要性は、ジェンダー論の分野からも注目されるようになった。ハインズとマクゴワンが説得的に強調しているように、消費の実践やそれに臨む姿勢は、ジェンダーの問題が構築され、繰り返し再構築される主要な場なのである (Haynes and McGowan 2010)。

本書が扱うどの時代でも、消費における選択肢のジェンダー化には、三つの構造的に絡み合う状況の変化が、重要な契機となっていた。その一つ目は、すでに言及した家族や世帯構成の変化である。谷本の章が示すように、戦前は普通であった多世代同居の世帯では、家事の担い手として二人以上の女性労働力を期待できた。その後、核家族が支配的になると、時間配分の仕方だけではなく、家庭内分業の在り方も変わり、それとともに消費とその決定への参加に関してジェンダーの問題が表面化した。家族人数の減少によって一人の女性の家事労働の負担が増えたことは、家事にかける時間の配分と労力の配分の仕方に影響を与え、ひいては消費の決定にも作用したのである。

二つ目は生産活動の家庭外への移動である。米国の調査によれば一九世紀後半から二〇世紀初頭に消費支出が増加した主な原因は、人々の家庭内での生産活動からの離脱であった (Lebergott 1993: 50–51)。これは日本にも当てはまり、二〇世紀後半になっても完了したとはいえないにせよ、一九世紀後半から徐々に進んでいた。これによって消費者の自給的生活からの離脱は加速し、市場の外で行われていた消費が市場の中に引き込まれることとなる。女性も家庭の外で働くようになり、そこで得た賃金収入を個人や世帯のための消費に充てることが増えていった。それゆえ、戦前の働く女性の多くが依然として自身を家族経済の一部と捉えていた一方で、エリートや若き都市労働者以外の女性たちも、消費の増加に関して大きな役割を担っていたことは明白である。ファッション性が高い割に安価だった銘仙着物は、富裕層だけに人気があったのではない。女工たちも賃金の余剰分を安い宝飾品や化粧品といった「大衆的贅沢品（populuxe）」の購入に充てることができたのである。戦後高度成長期以降、男性一人稼ぎ手世帯だけではなく、未婚女性の可処分所得も増大したことを示す記録は多い。

最後の三つ目は、女性の社会的役割に関する言説の変化である。民事法制によって女性の自由裁量権は否定されているにもかかわらず、また世帯内および社会一般における女性の生産に果たす役割について種々の論議がなされている中にあって、女性の消費の決定に関わる役割は明治大正期にはますます重要になっていった。男性の収入が増加した戦後は、女性の役割として「専業主婦（professional housewives）」が強調されるようになり、女性たちは専業の家庭内生産者（full-time homemakers）として、家計の大きな出費、たとえば家の購入や子供の教育費などについても決定権を持つようになった。電気炊飯器やミシンの購入もその一環として考えられる。これら商品の購入は、単に賢い買い物や家計が行きづまった時のための保険であっただけではなく、主婦が達成する「理想」の家庭生活のシンボルでもあった。ロッキャーの第12章で描かれている、女性を取り込もうとするゴルフ業界の試みは、ジェンダーに関する言説が、依然として消費パターンとその変化に大きな影響を及ぼしていることを示している。

また我々は前述の「日本」対「西洋」の問題とも関連する、消費財と嗜好のジェンダー化も無視してはならない。クシュナーの章で描かれている常に女性を対象としていた甘味は、太平洋戦争中にその対象を国のために戦う男性へと振り向けた。銘仙は女性用の着物であったが、ファッション自体は女性だけのものではなかった。一九三〇年代までに男性が、休息の時間や正装を必要とする行事以外では、ほぼ西洋式の服を着るようになったにもかかわらず、女性はそれよりも移行に時間がかかっている。その理由を考察する場合にも、経済、社会、文化的要素の絡み合いを見逃すことはできないのである。

消費行動の場所と道筋

もし我々が消費行動を分析するにあたって、その行動を一回限りのものではなく継起的な活動の一環として捉えるならば、いつどこでその意思決定が下されたのか、その意思決定のメカニズムや影響を与えた制度はいかなるものかを問うことが非常に重要である。消費の空間的側面は、すでに触れた日本―西洋の二分法や世帯の問題も含め、本書で様々な形で扱われている。その一つは都市化のプロセスに関わっている。江戸時代より、市や町は消費の中心として機能しただけではなく、需要パターンの形成、およびその拡散において大切な役割を担っていた。都市化とともに都市と農村の格差も、明治以前から日本の政治・経済に関する言説の中で、重要な問題として浮上している。近代日本において、都市農村間で所得、世帯構造、雇用に差異があることを根拠づける統計データには事欠かない。中西と二谷の章で紹介されている数少ない実例からも農村と都市の消費の差異が伺われるし、谷本の章は、戦間期における都市・農村間の世帯構造の差異に注意を喚起している。通信販売や行商人、郵便局のような組織の利用によって格差はある程度抑えることができたが、それは二〇世紀後半まで完全になくならなかった。サイモン・パートナーは、農村の消費者に電機製品を購入してもらうのは、同じものを都市部の消費者に売り込むよりも格段にむずかしかったとしている（Partner 2001）。

英語圏の研究ではこれまであまり取り上げられていないが、経済発展の地域パターンの形成に消費の果たす役割は重要である。日本の生産とマーケティングシステムの形成に地方とニッチ市場が重要な影響を与えていたことは指摘されてきたが、地方の消費者についてはよく知られておらず、なぜある商品が、特定の場所で特定の時期に現れ進化していったのかを説明するための知見にも乏しい。地方の消費パターンは、「国民」経済あるいは大規模市場への統合が進むにつれ、強まることもあれば、弱まることもあった。ニッチ消費の起源についてはここでは触れてこなかったが、それが実際の消費のされ方や消費者への「売り方」に、持続的に大きな影響を与えたことは明らかである。満薗の第11章で扱われる通信販売会社は、地方の嗜好を想定し、それに合わせて販売を行い、「地域特産」と目される製品の消費を促していた。中村の第9章では、地方でのビジネスにとって鉄道システムを利用することが、いかに地域工業化や、関西や関東との交流にとって重要であったのかが論じられている。徳川時代にも、遠隔地間を結ぶマーケティングや販売が行われていたことを示す証拠は数多く存在するが、二〇世紀の規模まで消費が成長するのは、明治時代後半より発展した洗練された交通・通信インフラなくしてはあり得なかった。インフラ整備によって生産地域や消費市場へのアクセスは改善され、製品や購入方法に関する知識も普及したことは、中西と二谷の章が明快に論じている。

商品を購入する場は主として小売店や百貨店であったが、家庭内やそれ以外の場所の可能性もあった。薬はたいていにおいて医師の診療所で手に入れるし、鉄道の旅のためには駅で切符を購入する必要がある。通信販売の申込みは郵便局から発送されたが、この郵便局も消費行動を促す場所の一つであった。消費は、それが行われる社会的な場と切り離して考えることはできない。消費を一回限りの購入としてではなく、購入した商品やサービスの利用であり、長期間にわたることもあると考えるならば、その利用場所は、当然のごとく購入場所とは異なるであろう。個人も家族も家庭の中のある空間を購入の場と認識することが多々あり、その空間は、その財の使用目的や重要性の指標となった。クシュナーが述べるように、戦時に兵隊が甘味食品を消費したのは、国家のためという意味を含み、「帝国」と呼ばれる空間で行われた行為だと言える。ゴルフ会員権は、ロッキャーの章が述べているように、プレーをするためというよりも特有の社会的な場に加わるために購入された。それは消費を進行中の社会・経済プロセスの要素として分析する必要性を示唆している。

消費の場の多くは、それが消費者の意思決定の場であれ、実際の商品やサービスの購入の場であれ、日本人の日常生活に埋め込まれていた。その意味で消費の場は、人々の財・サービスの購入範囲や財それ自体についての観念を形成する決定的な経路となった。郵便局は単なる取引の場所だっただけではなく、様々なサービスを提供し、貯蓄と支出の循環を促す重要な仲介機関だった。通信販売はその郵便局のサービスと、鉄道など拡大する運輸サービスを利用した。国家は、これらの機関の主要な創始者であり、消費サイクルの仲介者の一員でもあった。多くの組織、そしてまた多くの個人も、別のレヴェルで消費サイクルの仲介者となった。消費は単なる経済的決断ではなく、本質的に社会的な活動であるゆえに、個々の人間が仲介者として消費プロセスに果たす役割は特別であり、本書で多くの叙述がなされている。

産業化する前も、生産者と消費者の直接取引は稀だった。購入者は多くの財にアクセスする際、小売商や巡回行商人、セールスマンや小規模な呼び売り商人に依存することとなる。市場取引がさらに複雑化し、貨幣使用が高まり、遠距離化すると、生産者と消費者の直接の交流はもっと減少した。発展途上の経済では、不完全な市場が取引コストを高騰させ、それを機会として資本を稼ごうとする仲介者を惹き付けた。その一方で、生産者と消費者は、取引コストを最小化するべく奮闘した。時代を経るにつれ仲介業は特有の形態をとるようになり、その形態は、しばしば経路依存の作用を通じて存続する。ついには、仲介をする個人が実際の消費者に対して外部から強い影響を与える主体、いわば「上意下達的（top-down）」な立場に立つようになった。

このような仲介作用は本質的に非公式なものであり、明確に識別することはむずかしかった。クシュナーの章で紹介された米国のＧＩは占領下でチョコレートや菓子を配ったが、金銭と引き換えではない。しかしチョコレートを配った米兵は消費のプロセスにおいて非常に重要な役割を果たしていたのである。身近な家族や友人らの噂話やアドバイスが消費にとって重要な要素となるのは、世界共通である。弁の立つ、あるいは専門知識を持つセールスマンや行商人は、常に購入者の意思決定を左右する存在であった。因習的な階級社会だった一九世紀末の日本では、郵便局長のような社会的に優越的な地位にあり、高い教育を受けたと見なされる人物による消費に対する「助言」は、非常に影響力が大きかったと思われる。そのような「助言」は容易に制度化が可能であった。満薗の章で議論されている「代理選択」の例では、百貨店は、通信販売で客が購入する品物を、実質的には従業員が決定することを容認していた。その前提には、消費者と仲介者間にある程度信頼関係があり、消費者が仲介者の知識や専門性を頼りにしていたことがある。これは、薬の購入の際には医師の勧めに従うという、より一般的な事例にも近いだろう。医師が処方するだけではなく、薬を販売することで経済的利益を得ている日本では、仲介業務における複雑な動機づけのシステムが、消費のパターンを形作った。医師や百貨店の店員は、このようにして、消費者の代理人となっていったのである。消費を一回限りの行為として分析するならば、これらの消費者代理人は実際の購入者ということになる。だが、消費の動態をより深く歴史的に分析するには、消費の意思決定に関わる制度にもっと注意を払うべきなのである。

研究手法とテーマの多様性にもかかわらず、本書の各章はいずれも消費の歴史を通して、複雑に絡み合う個人、制度、社会構造によって決定される日常生活のパターンの変化を観察することを目的としている。そうすることで、先行研究がおろそかにしていた消費者の復権に貢献し、比較研究の枠組みを広げようと考えた。依然多くの課題が残されており、この研究に取り組むことは、経済史家にとって大きな挑戦である。かの有名なダニエル・ロッシュが、物質文明の歴史分析を試みた先駆的な著作で述べているように、歴史家は「二つのアプローチを結合させなければならない。一つ目は経済とその解釈で、社会がどのように機能するのか、消費と生産の関係はどのようなものかを理解するためである。もう一つは社会と文化の分析で、それによって私的生活と公的生活の原理、物質文化の選択に際して自ずと明白となる規範に気づくためである」(Roche 2000: 16)。本書は、現代世界における巨大消費国の一つであるにもかかわらず、その側面が無視されてきた日本に関して、これに挑戦する初の試みである。

注

（1）同様の不均衡は、南アジアやオスマン帝国に関する研究にもみられる。

（2）この一連の考え方は、二〇世紀末の経済分析まで継続している。一例としてKatz（1998）を参照。

（3）これはLockwood（1968）やOhkawa & Rosovsky（1973（原典は1961だが、修正した））などの古典的な経済分析にも、Johnson（1982）の経済産業省についての著名な研究をはじめとする、制度に焦点をあてた研究にも、どちらにも当てはまる。

（4）早い時期の「消費革命」研究のサーベイとしては、Glennie（1995）が有用である。

（5）ケーススタディについてはPartner（2001）を参照。

（6）このプロセスに関するサーベイとして、Shimbo & Hasegawa（2004）を挙げておく。

（7）このアプローチへの批判はClunas（1999）を参照。

（8）中国との比較はGerth（2003）参照。

（9）経済発展における、消費とジェンダーに関する理論的アプローチの変遷については、Grazia（1996: 11–24）が有益である。

（10）最新モデルはde Vries（2008）参照。

引用文献

斎藤修（二〇〇八）『比較経済発展論』岩波書店

Adshead, S. A. M.（1997）*Material Culture in Europe and China, 1400–1800: the Rise of Consumerism*, Basingstoke: Palgrave Macmillan

Bauer, A. J.（2001）*Goods, Power, History: Latin American's Material Culture*, Cambridge: Cambridge University Press

Berg, M.（2005）*Luxury and Pleasure in Eighteenth-Century Britain*, Oxford: Oxford University Press

Berry, M.（2006）*Japan in Print: Information and Nation in the Early Modern Period*, Berkeley: University of California Press

Brook, T.（1999）*The Confusions of Pleasure: Commerce and Culture in Ming China*, Berkeley: University of California Press

Clammer, J. (1997) *Contemporary Urban Japan*, Oxford: Blackwell

Clunas, C. (1991) *Superfluous Things; Material Culture and Social Status in Early Modern China*, Cambridge: Polity Press

Clunas, C. (1999) 'Modernity global and local: consumption and the rise of the West', *American Historical Review* 104(5), 1497–1511

Cowan, R. (1983) *More Work for Mother: the Ironies of Household Technology from the Open Hearth to the Microwave*, New York: Basic Books

Creighton, M. (1998) 'Pre-industrial dreaming in post-industrial Japan: department stores and the commoditization of community values', *Japan Forum* 10: 127–149

De Grazia, V. (1996) 'Introduction', in de Grazia, V. and Furlough, E. (eds.), *The Sex of Things: Gender and Consumption in Historical Perspective*, Berkeley: University of California Press, 11–24

De Vries, J. (2008) *The Industrious Revolution: Consumer Behavior and the Household Economy, 1650 to the Present*, New York: Cambridge University Press

Garon, S. (2000) 'Luxury is the enemy: mobilizing savings and popularizing thrift in wartime Japan', *Journal of Japanese Studies* 26: 41–78

Gerth, K. (2003) *China Made: Consumer Culture and the Creation of the Nation*, Cambridge, Mass.: Harvard University Press

Glennie, P. (1995) 'Consumption within historical studies' in Miller, D. (ed.), *Acknowledging Consumption, London*: Routledge, 164–203

Gordon, A. (2006) 'From Singer to shinpan: consumer credit in modern Japan' in Garon, S. & Maclachlan, P. (eds.), 137–162

Hanley, Susan B. (1997), *Everyday Things in Premodern Japan: the Hidden Legacy of Material Culture*, Berkeley CA: University of California Press

Hanley, S. & Yamamura, K. (1977) *Economic and Demographic Change in Preindustrial Japan, 1600–1868*, Princeton: Princeton University Press

Haynes, D. & McGowan, A. (2010) 'Introduction', in Haynes et.al. (eds.), 1–25

Haynes, D., McGowan, A., Roy, T. & Yanagisawa, H. (eds.) (2010) *Towards a History of Consumption in South Asia*, New Delhi: Oxford University Press

Horioka, C. (1993) 'Consuming and saving' in Gordon, A. (ed.), *Postwar Japan as History*, Berkeley: University of California Press, 259–292

Horioka, C. (2006) 'Are the Japanese unique? An analysis of consumption and saving behavior', in Garon, S. & Maclachlan, P. (eds.), *The Ambivalent Consumer*, Ithaca: Cornell University Press, 113–136

Johnson, C. (1982) *MITI and the Japanese Miracle*, Stanford: Stanford University Press

Katz, R. (1998) *Japan: the System that Soured*, New York: M. E. Sharpe

Lebergott, S. (1993) *Pursuing Happiness: American Consumers in the Twentieth Century*, Princeton NJ: Princeton University Press

Lockwood, W. (1968) *The Economic Development of Japan*, 2nd ed., Princeton: Princeton University Press

McClain, J. (1999) 'Space, power, wealth and status in seventeenth-century Osaka' in McClain, J. & Wakita, O. (eds.), *Osaka: the Merchants' Capital of Early Modern Japan*, Ithaca: Cornell University Press, 44–79

Najita, T. & Harootunian, H. (1988) 'Japanese revolt against the West: political and cultural criticism in the twentieth century', in Duus, P. (ed.), *The Cambridge History of Japan VI: The Twentieth Century*, Cambridge: Cambridge University Press, 711–774

North, D. C. (1990) *Institutions, Institutional Change and Economic Performance*, Cambridge: Cambridge University Press

North, D. C. (2010) *Understanding the Process of Economic Change*, New Haven CT: Princeton University Press

O'Bryan, S. (2009) *The Growth Idea: Purpose and Prosperity in Postwar Japan*, Honolulu: University of Hawai'i Press

Ohkawa, K. & Rosovsky, H. (1973) *Japanese Economic Growth*, Stanford: Stanford University Press

Partner, S. (1999) *Assembled in Japan*, Berkeley: University of California Press

Partner, S. (2001) 'Taming the wilderness: the lifestyle improvement movement in rural Japan, 1925–1965', *Monumenta Nipponica* 56 (4) Winter, 487–520

Platt, B. (2000) 'Elegance, prosperity, crisis: three generations of Tokugawa village elites', *Monumenta Nipponica* 55 (1) Spring, 45–81

Pomeranz, K. (2000) *The Great Divergence: China, Europe and the Making of the Modern World Economy*, Princeton: Princeton University Press

Pratt, E. (1999) *Japan's Rural Elite: the Economic Foundations of the Gōnō*, Cambridge, Mass: Harvard University Asia Center

Quataert, D. (ed.) (2000) *Consumption Studies and the History of the Ottoman Empire: an Introduction*, Albany, N.Y.: SUNY Press

Roche, D. (2000) *A History of Everyday Things: the Birth of Consumption in France, 1600–1800*, Cambridge: Cambridge University Press

Sand, J. (2003) *House and Home in Modern Japan*, Cambridge, Mass: Harvard University Press

Sand, J. (2006) 'The ambivalence of the new breed: nostalgic consumerism in 1980s and 1990s Japan', in Garon, S. & Maclachlan, P. (eds.), *The Ambivalent Consumer*, Ithaca: Cornell University Press, 85–198

Sato, B. H. (2003) *The New Japanese Woman: Modernity, Media and Women in Interwar Japan*, Durham NC: Duke University Press

Seidensticker, E. (1983) *Low City, High City*, London: Allen Lane

Shimbo, H. & Hasegawa, A. (2004) 'The dynamics of market economy and production' in Hayami, A., Saitō, O. & Toby, R. (eds.), *Emergence of*

Economic Society in Japan 1600–1859, Oxford: Oxford University Press, 159–191

Shively, D（1964–5）'Sumptuary regulation and status in early Tokugawa Japan', *Harvard Journal of Asiatic Studies* 25: 123–64

Shively, D.（1991）'Popular culture' in Jansen, M.（ed.）, *The Cambridge History of Japan V: the Nineteenth Century*, Cambridge: Cambridge University Press, 706–770

Stearns, P.（2001）*Consumerism in World History: the Global Transformation of Desire*, Abingdon: Routledge

Sugihara, K.（2003）'The East Asian path of development', in Arrighi, G., Hamashita, T. & Seldon, M.（eds.）, *The Resurgence of East Asia*, London: Routledge, 78–123

Tobin, J.（ed.）（1992）*Re-Made in Japan: Everyday Life and Consumer Taste in a Changing Society*, New Haven: Yale University Press

Vaporis, C.（1997）'To Edo and back: alternate attendance and Japanese culture in the early modern period', *Journal of Japanese Studies* 23（1）Winter, 25–68

第Ⅰ部

ジェンダー・家計・消費

第2章　日常生活における家事労働の役割

――もう一つの消費史として

谷本雅之

はじめに

日常生活において、人々の効用水準を決定する要素は何であろうか。必需品であれ贅沢品であれ、財の消費がその第一の決定因となることは疑い得ない。しかし、実物の財が消費対象のすべてではない。各種のサービス消費の水準は、個々人の効用水準に大きな影響を与えるもう一つの要素である。特に過去の時代においては、世帯内で供給されるサービスは、サービス消費全体の中で重要な位置を占めていた。これらのサービスは、主に広い意味での家事労働によって供給されている。本章の目的は、消費史の視点から、近代日本の家事労働の在り方に光を当てることにある(1)。

世帯内での財消費と家事労働の関係性については、ゲーリー・ベッカーの著名な論稿が議論の枠組みを提供している（Becker 1965）。この枠組みの中では、世帯は市場を通じて手に入れた財と世帯員が個々に有している「時間」を組み合わせ、直接世帯の効用関数に変数として入れられるべき、より基礎的な「有用物」（commodity）を生産することになる。それはZ-commodities（以下、Z有用品と記載する）と呼ばれ、以下のように定式化されている。

ここでは、x_iは市場財、T_iはi番目の産物を生産するために投じられる時間を表している。一方、世帯は以下の時間制約のもとにある。[2]

$$Zi = f_i\ (x_i, T_i) \qquad (1)$$

$$T = T_w + T_c + T_r \qquad (2)$$

Tは世帯内で利用可能な時間の総計で、T_w、T_c、T_rの三つのカテゴリーの合計となる。個々の世帯は、世帯員の有する時間をこの三つのカテゴリーに配分する。[3] T_wは財の購入に必要な所得を稼ぐために投じられる労働時間、T_cは世帯内に保持され、購入した財からZ有用品を生産するために投じられる時間、そしてT_rが実際にZ有用品を消費するための時間を含む余暇時間である。この定式化は、通常単に余暇あるいは残余と認識されていた非「労働時間」の役割を、明示的に世帯経済の考察に組み入れる方法を提示するものであった。特にT_cカテゴリーの導入は、（1）式に見られるようにZ有用品の生産、すなわち世帯の効用水準の上昇にとって家事労働が不可欠な役割を果たしていたことを明らかにする上で大きな意味があった。

実際、この枠組みに立脚しつつ、ヤン・ド・フリースは消費と家事労働の歴史的な関連を論じる際の参照基準を示している（de Vries 2008）。ド・フリースによれば、近世のヨーロッパでは世帯の労働配分は、歴史的に自給品の生産から、販売品の生産と外部労働市場へ向けた労働供給へと変化した。また彼は、一九世紀を通じて、夫が外で稼ぎ、妻が家内でZ有用品の生産にあたる一人稼・家内生産世帯（breadwinner-homemaker household）が出現し、そこでは家事労働が労働配分上の重要性を回復したことを指摘している。これは今のところ、近世・近代における家事労働の変遷を歴史的に位置づける上で、最も体系的な説明の一つといえよう。

しかし、このド・フリースの議論を日本の消費史に導入する場合、理論と史実の両面で、慎重な吟味が必要となる。ド・フリース自身が指摘しているように、世帯が所得を稼得し財購入を増やすために時間をT_wに配分する決定を下した背後には、Z有用品の生産には財の集約的な投入が求められるという、ある特定の消費「技術」による方向付けがあった。換言するならば、ヨーロッパにおける消費社会の誕生は家事労働の縮減を伴っていたのである。他方、ベッカー流の枠組みでは、時間配分に関する世帯の選択は、望ましいZ有用品の生産の基盤となる消費「技術」が、どの位、財と時間の代替可能性を許容するかに依存していた。それゆえ、理屈の上では、消費水準を上昇させる方法は一つではなく、財集約的な消費「技術」の活用は選択肢の一つとすべきものであった。他の消費「技術」に基づき時間と財の代替が可能であるならば、別の選択肢、たとえば家事労働集約的な消費「技術」も、固有の歴史的な文脈で十分活用された可能性がある。本章はこの問題に、戦間期日本の家事労働の実践を観察することを通じて取り組みたい。

ド・フリースが提示している、多就業世帯から一人稼世帯への移行のイメージについても再検討の余地がある。筆者は別稿で、一人当たり実質GDPと自営業就業率（一九三〇〜七〇年のデータ）の相関関係を、日本を含むサンプル一五カ国について示したことがある（Tanimoto 2013）[4]。全体としてみれば、一人当たりGDPと自営業就業率に負の相関があるのは確かであり、それは、一人当たりGDPの上昇で表される経済成長が、被雇用労働者数、典型的には大規模工場や作業場で働く労働者数の増大を伴っていたことを意味している。しかし同時に注目したのは、自営業就業率の分布の大きな幅である。一人当たりGDPが同じ水準にあっても、自営業就業率の絶対値は国によってかなりの差異があった。対象期間に常に自営業就業率二〇％を下回るイギリスが一つの極に位置し、アメリカ、スウェーデン、ドイツ（第二次世界大戦後は西ドイツ）は、その次のレヴェルにくる。フランスとイタリアはそれよりも自営業就業率は高いが、しかし日本の水準には達していない。すなわち、日本は明確にイギリスの対極に位置し、その絶対値は常にイギリスの四倍近く、アメリカなど第二グループと比べても二倍の水準を維持していたのである[5]。自営業就業率の水準は経済発展の程度を反映するだけではなく、各国の就業形態の特徴を映し出す鏡でもあ

図 2-1　週労働時間が 34 時間以下の有業者の割合（女性，産業別・従業上の地位別）（1955 年）

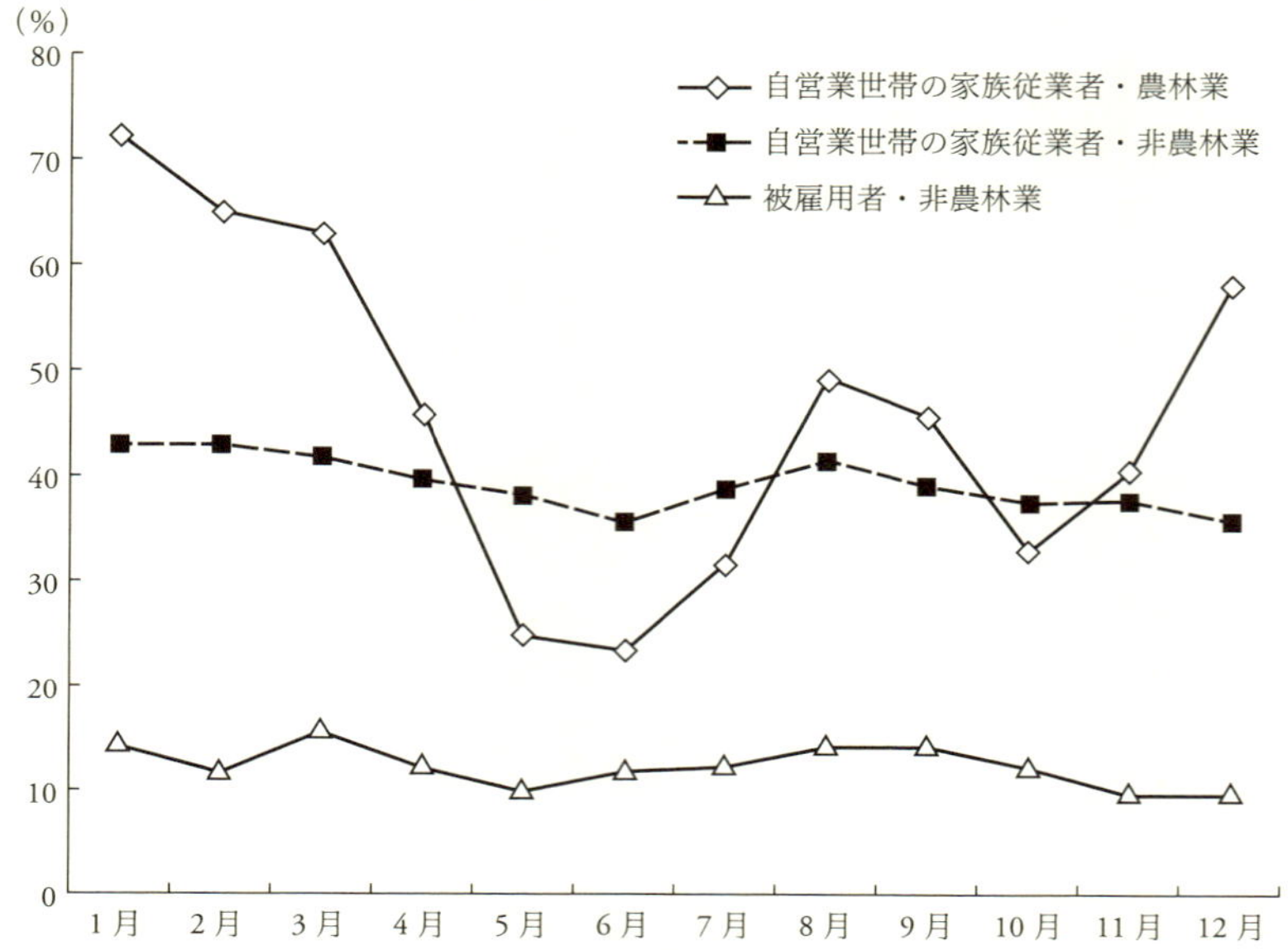

出所：総理府統計局編『国勢調査特別集計　世帯及家族』（1970 年）

った。日本では、二〇世紀においても自営業世帯が、雇用者世帯――多就業の労働者世帯から稼ぎ手が一人のホワイトカラー世帯まで――と並んで、重要な位置を占めていたのである。[6]

日本の世帯はこのようにいくつかの類型に分かれていたため、その世帯内で家族員の果たす役割も多様になった。実際、国勢調査のデータによると、第二次世界大戦後の高度成長真っただ中においても、都市の自営業世帯は農家世帯とともに、「妻」の就業率が被雇用者世帯よりも明らかに高かった。[7] さらに労働時間から判断して、その妻たちの働き方はフルタイムの被雇用者と必ずしも同じではなかったことも注目される。図2-1によれば、非農林業の自営業世帯の女性家族従業者のほぼ半数は週当たり三四時間以下を自家の営業活動に関する労働に振り向けていた。それは農閑期における農家の女性家族従業者とほぼ同様の状況であった。一日当たり八時間をフルタイム就業の労働時間とするならば、これらの女性たちの働き方はパートタイムとして捉えるべきものとなる。[8]

これらの事実は、家事に関する種々の業務の処理の仕方が世帯の類型によって異なることを示唆している。本章では、この差異に注目し、日本における家事労働の特質を考察する手がかりとしたい。

まず次節では、戦間期において最も数の多かった農家世帯に焦点を当てる。そこでの数量的な分析は、個々の農家の家事労働時間が判明する、二種類の農家経済調査に基づく。第三節では非農業世帯について論ずる。農家の場合と異なり、依拠すべき資料に乏しい面があるが、家事使用人に関する調査が一つの手がかりとなる。最終節はまとめと結論である。

農家世帯における家事労働の役割

世帯内での労働配分

最初に、農商務省が編纂した『余剰労力調査事例』によって農家世帯内の労働配分をみよう(9)。対象は鳥取県下の一軒の農家で、調査は一九一八年に行われている。同家戸主は村会議員をつとめており、その点では上層農民の性格を有している。しかし経営面積（作付面積ベース）は稲作一町余、麦作五反余と、平均的なレヴェルを超えていない。家族構成は傍系を含まない直系家族で、雇用労働も用いられていない。農家経営としては、典型的な自作農家の事例といえよう。事実、耕作農業が生産労働時間の六〇％強を占めて経営の主軸をなし、その他、畳表などが生産されていた。

表2-1は個々の家族員の労働時間を示している。生産労働への投入時間は、戸主とその父親が全体の八〇％強、戸主の妻が七五％で、この三者には明らかに生産労働への傾斜がみられた。ただし、戸主とその父親は、農耕が生産労働の八〇％を占めていたのに対して、戸主の妻は、資料上「産業」と表現される畳表製造と養蚕に、過半の労働時間を費やしている。他方、戸主の母親の場合は、家事労働に八〇％が割かれていた。長女は、生産労働、家事

表 2–1(1)　農家の労働力配分の事例（鳥取県・1918 年, 1 年当たり労働時間）

労働時間の配分

家族内位置	年齢	計	農業及び「産業」			家事	その他
			計	農作業	その他		
戸主	44	3,156	2,564	1,618	946	437	155
妻	40	3,278	2,456	1,006	1,450	822	
父	71	1,982	1,672	1,140	532	275	35
母	67	3,921	803	265	538	3,118	
娘	18	3,399	2,082	1,160	922	1,317	
娘	15	1,020	135	80	55	885	
息子	9						
息子	2						190
計		16,756	9,712	5,269	4,443	6,854	380

表 2–1(2)

家事労働の内訳

	炊事	育児	裁縫	薪製造	機織	掃除	風呂焚き	洗濯	その他
戸主				270		25			142
妻	80		100	140	180	25		240	57
父				90		90			95
母	1,820	719				144	270		165
娘	292		790		200	25			10
娘		885							
息子									
息子									
計	2,192	1,604	890	500	380	309	270	240	469

出所：農商務省『余剰労力調査事例』（国産社，1921 年）

労働がほぼ六対四の割合である。次女は学生の身で一〇〇〇時間ほどの労働時間の大半を家事に費やしていた。

注目されるのは、女性労働が「産業」に分類される農家世帯にとっての副業的な仕事とともに、農耕においても重要な位置を占めていたことである。それ故、「生産労働」の分野に明確な性別分業が存在していたとするのは適切ではない。しかし家事労働は主に女性が担っており、男性の関与の度合は「薪製造」以外では低かった。家事労働では女性間の分業も指摘される。すなわち同家の家事労働は複数の女性家族員によって担われており、表2–1に示されるその合計労働時間六八五四時間は、一人当たりの年間労働時間数をはるかに上回っていたのである。

この調査には、家事労働の内容についての情報も含まれている。表2-1の後半部分(表2-1(2))によれば、「炊事」が一日平均六時間ほどで最大を占め、また年間八九〇時間を費やす「裁縫」[10]が「育児」に次いで第三番目の位置にあった。対照的に、「掃除」と「洗濯」には限られた時間しかあてていない。したがって、当時の農家で家事労働の主たる部分を占めていたのは、食事と衣料の準備であった。興味深いのは、この二つの家事の分野は、もともとのZ有用品生産のイメージに適合的である点である。炊事は食材と調理作業、裁縫も素材としての織物と仕立てや繕いなどの作業との組み合わせから成っているからである。換言するならば、この世帯の財消費は、女性家族員による家事労働投入と密接に結びついていた。

もっともこの事例は、現在のところ戦間期農家の家事労働の内訳を投入時間単位で知りうる唯一のものであり、右記の家事労働の中身に関する議論は暫定的なものに留まらざるを得ない。しかし二〇〇〇年前後に行われたイギリス、オランダ、日本の時間利用調査の結果を比較検討した研究は、「日本女性は職の有無や子供の年齢にかかわらずオランダ・イギリス女性よりも毎日一時間程度も長く台所で過ごしている[11]」事実を見出している。男性の投入時間を加味すれば、世帯単位での時間の差は縮まるが、それでも日本の世帯が「食事の管理」に相対的に長い時間をかけていることは確かであった。これらも勘案するならば、表2-1(2)に示されている長時間の「炊事」は、日本の家事労働の特質を何かしら反映していると考えられる[12]。

家事労働の担い手は誰か?

では前記の事例から見出された、家事労働が複数の世帯員によって担われていた事実は、どの程度一般化できるだろうか。ここでは、京都帝国大学が戦間期に行った『農家経済調査』の個票を用いて、検討しよう[13]。

表2-2と2-3は、四四の農家世帯の年間家事労働時間データをもとに作成したものである。各農家とも、毎日

表 2–2　農家における家事労働のパターン（44 例）

1 世帯当たり平均家事労働時間	3,982（時間）
女性労働比率	82.5（%）
従事者数	
女性	2.84（人）
男性	2.30（人）
年 1000 時間以上従事者	
女性	1.34（人）
男性	0.07（人）
最長家事労働従事者が世帯当たり総家事労働時間に占める割合	
平均	52.4（%）
最大	95.9（%）
最小	15.4（%）

注：対象農家 44 世帯の内訳は京都府 33，大阪府 8，奈良県 3。調査対象期間 1927 年 3 月～ 28 年 2 月が 27 世帯，28 年 3 月～ 29 年 2 月が 15 世帯，31 年 3 月～ 32 年 2 月が 2 世帯

出所：京都帝国大学編『農家経済調査簿 1924–1933』不二出版による復刻版（DVD）を使用

の時間配分を記した個票を残しており、集計はこの個票の記載に基づいている（調査年は一九二七、一九二八、一九三一年のうち一年間）。一世帯当たりの家事労働従事者は女性二・八四人、男性二・三〇人となるが、年間一〇〇〇時間以上を家事労働に投じた男性はほとんどおらず、全家事時間の八二・五％は女性によるものだった。家事労働がおもに女性に配分されていたこと、そして各世帯には平均して複数の女性家事従事者がいたことは確かであった。そのうち平均して一・三四人は一〇〇〇時間以上を家事労働に当てていたが、これは主要な家事労働担当者が各世帯に複数存在するのが一般的であったこと、家事労働時間が比較的短い女性がそれを補完していたことを示唆している。表2-2の下欄に示されているように、最も長時間を家事労働にかける世帯員が、世帯の全家事労働時間に占めていた割合は、平均五〇％程度に過ぎない。この結果は、複数の女性が世帯内で分担して家事労働を担っているとする前記の説明と一致する。

表2-3は、家事労働に従事する家族員の属性を示している。表の第一列の単純平均値によれば、家事労働時間が平均一〇〇〇時間を超えていたのは戸主の妻のみであるから、家事の切り盛りに中心的な役割を果たしていたのは妻であるようにも見える。しかし個々の属性の家族員が、実際どれ位それぞれの世帯に存在しているかを示す第三列の情報を加味し、第二列の数値を算出してみると、戸主の母親の家事労働時間は、戸主の妻に近いことが判明する。嫁も一〇〇〇時間を超え、戸主の娘たちもそれに続きそれぞれ一〇〇〇時間を上回っていた。第二列につい

ては、最大値が一六〇〇時間を下回っていたことも注目される。先の表2–1でみた世帯員一人当たりの総労働時間を勘案するならば、戸主の妻といえども、フルタイムの専業主婦とは到底みなすことはできない。一方、表2–2の一世帯当たり平均約四〇〇〇時間の家事時間は、世帯員一人の総労働時間に匹敵していた。すなわち農家の女性は、それぞれが家事労働と他の従業を組み合わせ、全体でフルタイムの専業主婦に匹敵する家事をこなしていたのである。

表 2–3　家事労働に従事する家族員の属性

	平均労働時間（全世帯，時間）	平均労働時間（該当世帯のみ，時間）	該当世帯数
女性			
妻	1,461	1,531	42
母	950	1,393	30
嫁	201	1,265	7
娘	418	1,022	18
他の直系親族	15	322	2
傍系親族	254	933	12
男性			
戸主	260	266	43
父	123	319	17
息子	157	300	23
他の直系親族	0.11	3	2
傍系親族	5	43	5
被雇用者	30	95	14

出所：前表と同じ

家事労働時間の決定因——数量分析

以上の検討によって、家事労働の供給が世帯内の女性構成員の存在に関係していることが判明した。次の課題は、これに家事労働に対する需要面の観察を加え、家事労働の供給と需要の在り方が、農家世帯における家事サービスの水準をどのように決定していたのかを検討することである。以下、一九二〇年代から三〇年代前半にかけて農林省が執り行った『農家経済調査』（一九二〇年代）のデータを分析することで、課題に迫りたい。この調査については、先に利用した京都帝国大学の調査とは異なり個票が公刊されているわけではない。しかし、同調査の年報（各年版の『農家経済調査』）には折り込みの大きな表があり、そこに個々の農家世帯のデータの一部が記載されている。以下ではこれらのデータを用いて各世帯の家事労働時間の決定因を分析し、家事労働の消費史の文

表 2–4　農家経済調査の自小作別記述統計（1929 年，1930 年）

自小作別	1929				1930			
	計	自作	自小作	小作	計	自作	自小作	小作
農家数（戸）	217	87	72	58	219	87	76	56
平均								
家族数：人	7.32	7.72	7.14	6.95	7.30	7.63	7.18	6.93
家族従業者数：人	4.24	4.54	4.04	4.03	4.11	4.32	3.96	3.98
年間家計支出：円	1,073.9	1,267.7	999.2	875.9	802.3	919.5	768.0	667.0
年間家計収入：円	1,155.3	1,368.1	1,124.5	874.3	723.4	837.2	698.8	579.7
年間家事労働時間：時間	4,380.2	4,768.5	4,136.3	4,100.7	3,968.6	4,398.6	3,697.9	3,668.1
変動係数								
年間家計支出	0.40	0.36	0.39	0.33	0.39	0.35	0.43	0.30
年間家計収入	0.44	0.41	0.43	0.32	0.43	0.35	0.47	0.40
年間家事労働時間	0.53	0.50	0.56	0.56	0.46	0.48	0.46	0.38

出所：農林省編『農家経済調査』昭和 4 年，昭和 5 年

脈からの考察につなげたい。

表2–4は、一九二九年と一九三〇年の調査報告から集計した記述統計である。個々の数値は、土地所有を基準とした農家世帯の類型（自作・自小作・小作）ごとに集計されたものである。同表からは、集計の値が農家の類型ごとにかなりの相違を示していることが読み取れる。ほとんどすべての平均値は、両年とも自作農では相対的に大きく、小作農では小さい。これより、自作農家は家事労働時間が最も長く、支出も最も多いことがわかる。土地所有の相違が所得水準と強い相関があるのならば、世帯の富裕度が家事労働時間と家計支出の大きさに影響しているようにも見える。しかし一方で、農家類型ごとに世帯員数に相違があることに着目するならば、家族規模自体が差異を産み出しているとも考えられる。家族員が多ければ、その需要を満たすために家事労働時間はより長くなり、家計支出も増加することが想定されるからである。それに加えて、同一の農家類型内の多様性も考えなくてはならない。表の下方にまとめてある変動係数が最大で〇・五を超える水準にあるということは、それぞれの農家世帯の特徴を、類型別に要約することの困難さが示唆されているともいえる。

右記で触れた個々の要因が、実際、どのように家事労働時間の決定因として機能したかをより立ち入って理解するために、ここでは重回帰分析を試みることとする。世帯当たり年間総家事労働時間を被説明

変数とし、これを家族規模、世帯家計支出、世帯所得の説明変数に回帰し、それぞれに有意な説明力があるかどうかを検討する。[14] 年次および農家類型特有の要因については、一九二九年ダミーおよび小作、自小作ダミーを説明変数に入れることでコントロールする。表2–5がその結果を要約している。[15]

表 2–5　世帯当たり家事労働時間の決定因

被説明変数：世帯当たり家事労働時間（単位：時間，最小二乗法）

	1929/1930 (1)	1929/1930 (2)	1929/1930 (3)	1929/1930 (4)
家族数（人）	376.1 ***	390.6 ***	379.6 ***	375.7 ***
	45.0	45.7	45.5	45.0
8 歳未満の比率	1364.2 *	1211.6	1410.3 *	1388.9 *
	741.6	750.1	746.6	743.2
15 歳以上女性の比率	3478.1 ***	3652.3 ***	3447.7 ***	3481.4 ***
	869.1	876.3	871.5	869.8
家族 1 人当家計支出	3.3 ***		2.9 ***	3.4 ***
(家族数は平方根)	0.8		0.9	0.8
家族 1 人当所得		2.1 ***	0.5	
(家族数は平方根)		0.7	1.0	
家族従業者の 1 時間当所得				–672.0
				1076.6
1929 年ダミー	65.9	62.9	23.6	100.2
	196.1	211.4	210.0	203.8
自小作ダミー	–137.9	–154.0	–158.4	–122.0
	236.7	241.8	239.7	238.3
自作ダミー	115.5	178.3	88.2	153.5
	242.0	247.1	246.8	249.7
切片	–1137.4 **	–863.3	–1169.9 **	–1123.9
	569.5	568.2	572.9	570.3
観測数	436	436	436	436
補正 R^2	0.205	0.189	0.203	0.203

注：所得は農業および兼業からの所得の合計で「家事収入」は除いてある。時間当所得の算出に用いた農業従事時間は，従業者の属性別（性別・年齢）に能力を勘案した修正値
上段は係数，下段は標準誤差。***，**，* はそれぞれ 1%，5%，10% 水準で有意であることを示す
出所：前表と同じ

まず家族の賦存状況および家計支出を説明変数とした（1）のモデルをみよう。家族数の係数の符号は正で有意である。すなわち、家族員数が増えれば世帯内での家事労働に費やされる時間は増加することとなる。係数の計測値は、家族数が一人増えれば年間家事労働時間が三七六時間増大することを表している。仮に表2-4から一世帯当たりの年間家事労働時間を四二〇〇時間と見積れば、九％程度の増加率ということになる。ただし、次の二つの係数によれば、家族員の絶対数だけではなく、その構成に大きな意味があった。まず八歳未満家族比率の係数が正であり、一〇％水準で有意（九〇％の確率でこの係数は偶然ではない）とみなされるレヴェルであった。この背後に、育児に関する家事労働の需要を読み取ることは容易であろう。より注目されるのは、次の一五歳以上女性の比率である。係数の符号は正で、有意である。成年女性の存在が男性よりも多くの家事労働需要を発生させるとする根拠は特に見出せないから、これは供給側からの説明要因としてよいだろう。事実、表では報告されていないが、（1）のモデルに一五歳以上の男性の割合を説明変数として加えると、係数の符号と有意性は各変数ともに変わらず、しかし男性割合は有意ではなかった。すなわち、一五歳以上女性が主たる家事労働の担い手であり、その賦存状況が世帯の家事労働時間の長短に大きく影響していたのである。表によれば、係数の絶対値は、八歳未満の比率の二倍以上あった。一五歳以上の女性家族員の全家族員に対する比率が一％（〇・〇一）増えると、年間家事労働時間は三四・七八時間増加する計算になる。七人家族とすると、一五歳以上の女性一人分の割合の増加は一四％余りとなるから、その一四倍、つまり年間五〇〇時間弱の増加ということになるのである。

これらの家族の賦存状況とは別に、家事労働時間が各世帯の支出額にも左右されることを示したのが、次の家族一人当たり家計支出である。一人当たりの算出に当たって家族数の平方根を用いているのは、家計支出には共通経費的な性格の支出が含まれており、家族数の増加が、比例的に家計支出に反映するわけではないことを考慮している。[16] 同表の係数は正で有意であったから、家計支出の増減も家事労働時間を左右する要素であったといえる。係数を当てはめてみれば、家族数の平方根当たり年間家計支出が一〇〇円多いと、その世帯の年間家事労働時間は三三〇時間多い計算となる。先の表2-4では一九二九年の家族数は平均七・三二人、平方根をとれば二・七一人なので、それを乗ずると、家族平方根当たり一〇〇円は平均的な一世帯当たりでは二七〇・五円の家計支出に相当する。表2-4によれば同年の平均家計支出は一〇七四円ほどであったから、家計支出が二五%増えれば、世帯当たり一日一時間弱の家事労働時間の増加をもたらすのである。

もっとも、家計支出と所得水準には強い相関関係があるから、家計支出の家事労働時間への影響は見かけ上のもので、真の決定因は所得水準にあるとの見方も成り立つ余地がある。実際、本項の冒頭では試みに自作と小作の所得水準の相違と家事労働時間の関係を想定していた。また高所得世帯が女性家族を労働市場から引き上げ、家事労働に専念させるというのは、一人稼世帯の形成を論ずる際に常に念頭に置かれている図式であった。表2-5のモデル(2)以下は、この問題を考慮するために設定されている。モデル(2)によれば、確かに所得水準の高さは家事労働時間を増加させる要因となっている。しかし家計支出と所得水準の双方を説明変数に入れたモデル(3)も考慮に入れるならば、家事労働時間の直接の決定因は家計支出(係数が正で有意)であり、むしろ見かけ上の説明要因とすべきなのは、所得水準の方(係数は正だが相対的に小さく、かつ有意ではない)であった可能性が高い。実際、家計支出とは直接相関しない所得水準の指標として「家族従業者の一時間当所得」を説明変数に加えたモデル(4)では、従業者の賃金水準を表すこの指標が家事労働時間を説明する変数として、まったく有意ではないことが明らかとなっている。

以上の検討から、世帯当たりの家事労働需要には、財の消費と強く関係する家計支出の水準が重要な決定因となっていたことが判明した。家計支出が財購入の代理指標であるとすれば、財消費と家事労働は代替的というよりは補完的な関係にあったことになる。一方で家事労働の供給水準は、先述のように世帯内での成年女性の存在如何によって大きく左右された。すなわち、世帯当たりの家事労働時間は、各世帯の財消費の水準と家族労働の賦存状況に依存していたのである。その含意については本章末で再論するが、その前に非農家世帯についてみてみよう。

都市世帯における家事労働

生活時間調査

農家世帯と比べて、戦前期の非農家世帯の家事労働時間を分析するための材料は乏しい。日本放送協会（NHK）が一九四一年に行った第一回生活時間調査が、家事労働時間に関して体系的な情報を有するほとんど唯一の資料である。調査は女性がどのように時間を使ったかを、世帯主の職業類型別に集計している。図2-2がその結果を図示したものである。非農家の類型として挙げられているのは、職員世帯、工場労働者世帯、小売業世帯の三つであった。このうち、職員と工場労働者の二つの世帯の女性（図2-2(1)、図2-2(2)）はほぼフルタイムの主婦であり、一日当たり六〇〇分から七〇〇分を「家事」と「針仕事」に当てている。それとは対照的に、小売業世帯の女性（図2-2(3)）は約三〇〇分をおそらくは家業である小売業のために費やしている。この図2-2(3)の形状は、同じ都市世帯である図2-2(1)、2-2(2)よりも、農家世帯を示す図2-2(4)に近かった。

では、都市の職員世帯や労働者世帯は、農家世帯よりも多くの家事労働時間を投じていたとみなすべきなのだろうか。また代表的な非農業自営業世帯である小売業世帯は、家事労働時間に関して、農家世帯の縮小版として捉えるべき存在であったのだろうか。そのように結論づける前に、以下の諸点について、より立ち入って見ていこう。

まず、同調査の世帯類型に関するバイアスについて吟味が必要である。第一に、図2-2(1)、(2)から浮かび上がる一人稼世帯の位置づけは過大であったと考えられる。当時は、職員世帯の数が限定的であっただけでなく、工場労働者世帯の多くは多就業で、家族員の所得稼得への補完的な役割は無視しうるものではなかったから、図2-2(2)が労働者世帯の大部分を代表しているとするのは非現実的であった。他方、国勢調査の「従業上の地位」の項目は、自営業主とほぼ等値しうる「業主」が有業人口の少なからぬ位置を占めていたことを明示している（谷

図 2–2(1)　女性の 1 日当たり平均労働時間の構成（1941 年 11 月）　世帯主：職員

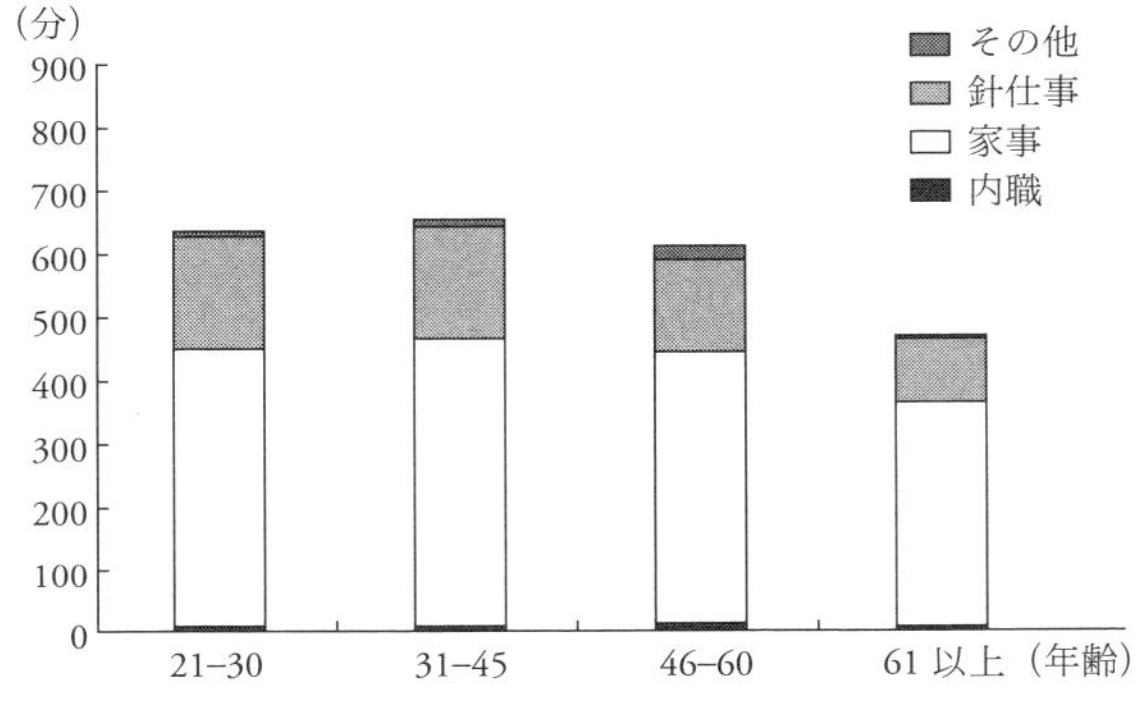

図 2–2(2)　女性の 1 日当たり平均労働時間の構成（1941 年 11 月）　世帯主：工場労働者

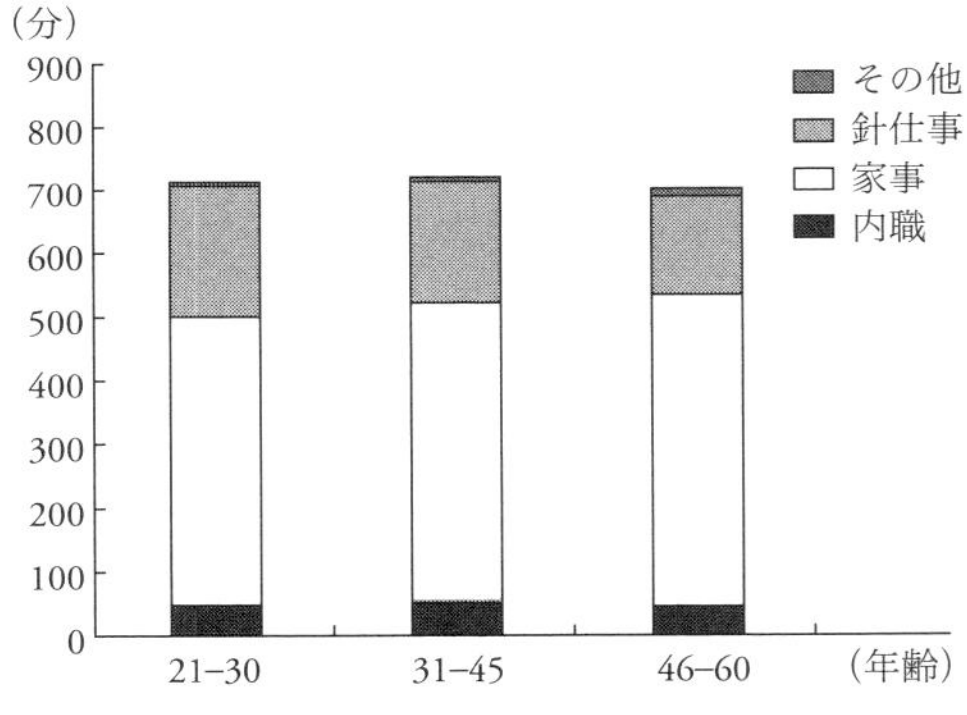

図 2–2(3)　女性の 1 日当たり平均労働時間の構成（1941 年 11 月）　世帯主：小売業

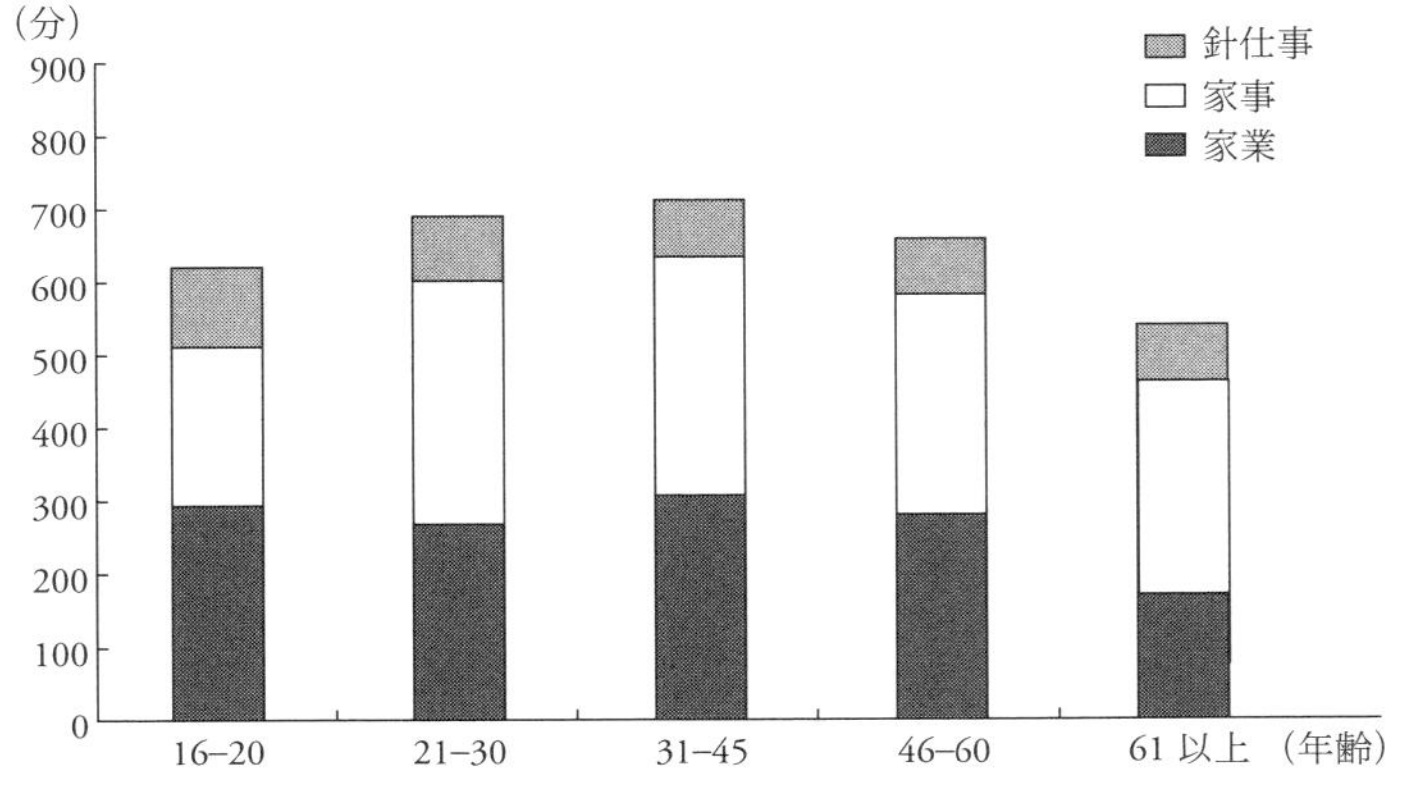

図 2–2(4)　女性の 1 日当たり平均労働時間の構成（1941 年 11 月）　世帯主：農業

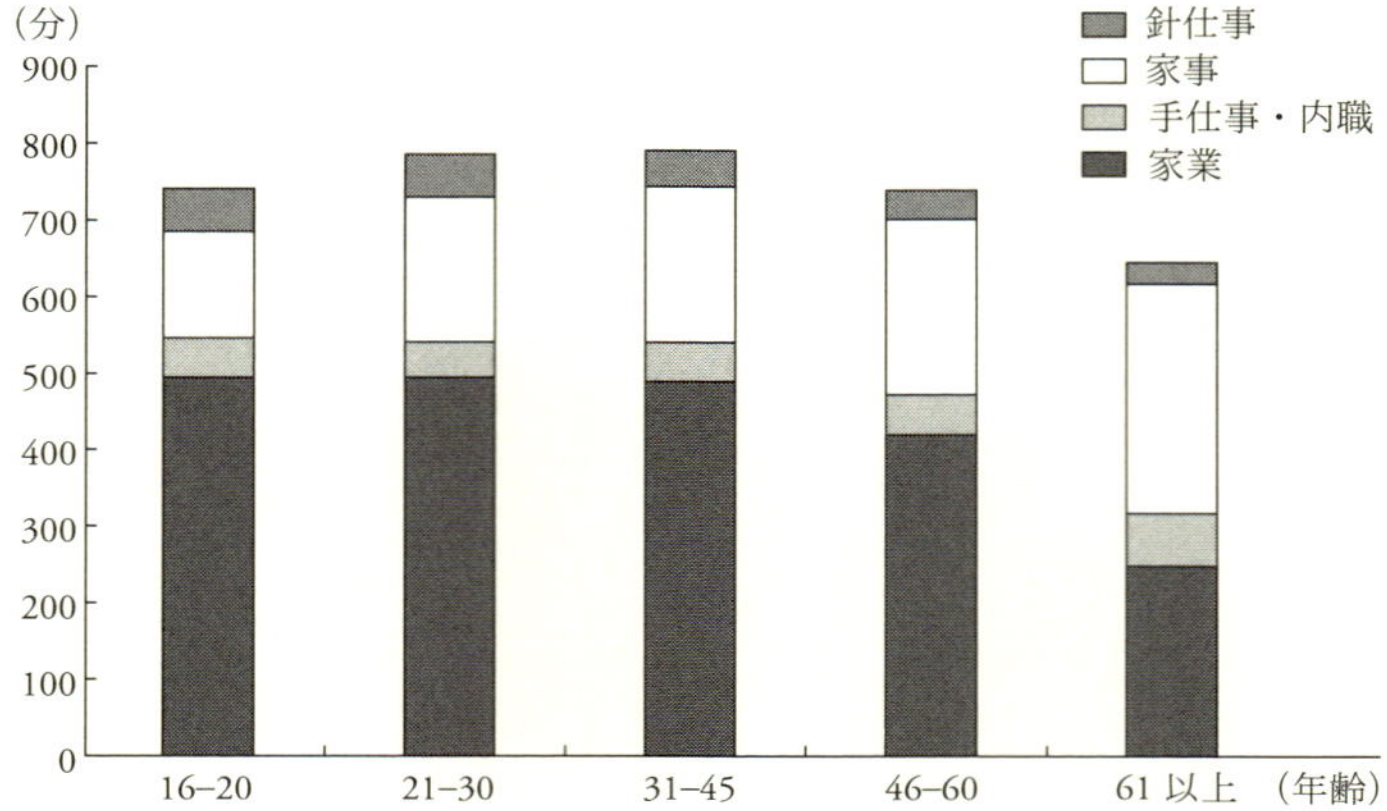

出所：財団法人・日本放送協会編『国民生活時間調査（昭和 16 年調査）』（復刻版，大空社，1990 年，Ⅰ～Ⅵ）

本二〇〇二、二〇〇三）。小売業の外にも、多くの商工業部門で自営業就業者が存在していたのである。その意味で、非農業自営業世帯として小売業世帯のみを取り上げているＮＨＫの調査から、ストレートに実際の状況を類推することは、世帯類型の分布の点でバイアスを免れないといえる。

さらに重要なのは、図２‐２に示される時間配分が個人ベースであり、世帯単位の配分状況を示すものではないという点である。確かに、図２‐２（４）で農家世帯の女性が、個人ベースで農作業と家事・針仕事を組み合わせた時間配分をしている構図は、前節で述べた農家世帯の状況と一致している。しかし、前節でもう一つ強調したのは、家事労働は通常、一人ではなく複数の世帯員によって担われていたことであった。それゆえ、個々人の年間家事労働時間が二〇〇〇時間を切っていたとしても、世帯当たりでみた総計は、専業で一人が家事労働を行う世帯と比べても、少なくとも同程度の水準に達していた。このように、世帯単位での家事労働の量的把握においては、個人単位の集計値であるＮＨＫの調査結果の解釈には慎重を期す必要があるのである。

家事使用人

こうした中で、家事仕事の処理に少なからぬ役割を果たしていた家事使用人に関する情報は、世帯単位での家事労働の需給にアプローチする上で一つの手がかりとなる。[17] 実際、戦間期日本の家事使用人数は七〇万人を超え、女性の被雇用者数としては最大で、繊維工場の女性労働者数をも上回っていた。[18] 表2-6は、一九二〇年『国勢調査』をもとに、世帯主の「従業上の地位」別に、家事使用人数を示したものである。世帯別の集計表が資料に含まれていないため、近似的な数値とならざるを得ないが、男性有配偶者数（一五～五九歳）を幾分減じれば、世帯主数に近い数字となることは予想されよう。

表2-6　男性有配偶者（15-59歳）100人当たりの家事使用人数

（人）

1920年	総計	業主	職員	労務者
東京市				
家事使用人数・総計	75,874	55,272	19,788	814
全業種の平均値	20.85	29.73	27.91	0.76
農業	8.47	10.61	57.80	0.44
工業	10.40	16.99	22.57	0.62
商業	26.37	28.34	28.34	1.92
交通業	5.81	9.87	15.69	0.51
公務・自由業	33.51	47.74	32.50	1.13
全国				
家事使用人数・総計	634,882	556,367	63,180	15,335
全業種の平均値	4.18	8.39	7.90	0.20
農業	3.63	4.61	6.34	0.12
工業	5.51	11.11	8.04	0.60
商業	13.75	15.20	12.72	1.51
交通業	3.05	5.73	5.58	0.56
公務・自由業	15.72	37.43	6.89	2.21

出所：『大正9年国勢調査報告』,『大正9年東京市市勢統計原表』

同表からは第一に、男性有配偶者数（一五～五九歳）一〇〇人当たりの家事使用人数（以後、家事使用人雇用率と呼ぶ）は、従業上の地位によって異なっていたことが読み取れる。「業主」世帯の家事使用人雇用率が最も高く、それに「職員」世帯がわずかの差で続く。これに対して、「労務者」の家事使用人雇用率は極めて小さい。絶対数でみても、家事使用人の大半が、小経営を中心とする業主世帯で雇用されていた。

第二に家事使用人雇用率は、産業による違いも大きかった。新中間層が家事使用人雇用主として大きな位置を占めていたことは、「公務・自由業」の家事使用人雇用率の高さにも表れている。一方、農業は表2-6の上下欄（東京市と全国）ともに二番目に低い値であった。ここから前述した自営業世帯における家事使用人雇用率の高さは、もっぱら非農・都市の自営業世帯によるもので

図 2-3　家事労働における「主婦」と「女中」

注：原画は田中比左良「女中ばかりに勤勉を求む可らず」（主婦之友社編輯局『女中使ひ方秘訣百ヶ条』1930 年，127 頁）
出所：清水（2004: 64）より引用

あったことが窺える。これは、東京市の家事使用人雇用率が全国平均の約四倍であったこととも整合的な事実であろう。家事使用人の雇用は、職員層や専門職からなる新中間層、そして非農自営業世帯からなる旧中間層の集積する都市に特有の現象であったといえる。

以上から、家事使用人の雇用の決定因として、二つの要因を想定したい。一つは所得水準である。職員と労務者の対比に表れているように、同じく雇用労働を主たる所得源とし就業の場と生活の場が乖離する世帯類型でこれだけ大きな差異があるということは、所得水準の高い職員層は家事サービスの購入が可能であり、労務者はそれが不可能であったことを示している。家族多就業を想起すれば、労務者世帯でこそ家族員以外による家事労働が望まれるにもかかわらず、それがほとんど稀であったのは、ひとえに所得水準の問題であろう。実際、戦後の調査であるが、織物工場で働く既婚の女性労働者が、時間的な制約から炊事時間が少なく、非衛生的で乱雑な住居環境にならざるを得ない事情を訴えている(19)。もっとも、職員（新中間層）においても、家事使用人の雇用は、必ずしも世帯内女性の家事労働からの離脱に直結していなかったようである。一人稼世帯の家事は、フルタイムの専業主婦と家事使用人によって担われることも多い（図2-3参照）[20]。家事使用人の雇用は、家事労働の全体としての増加に結びついていたのであり、そこからは、家事労働の多投によって生活水準の上昇を図ろうとする世帯の戦略が窺われる。

第二の要因として浮上するのは、家事使用人の雇用と、世帯内における女性の労働配分との関係である。実際、先の図2-2（3）にみられるように、小売業世帯の女性は、家業にも一定の時間を割いていた。もっともこの点は農家も同じであるが、しかし先にみたように農家は家事使用人雇用率が最も低い世帯類型であった。では都市と農村の自営業世帯で、このような対照が見られるのはなぜであろうか。その手がかりとして表2-7をみよう。同表によれば、東京の中小工場主や商業主（=業主）世帯の家族員数は、それぞれ平均六・三九人、六・二四人で、俸給生活者・自由業者（六・二〇人）や労務者（六・〇九人）よりもやや多い程度であった。これに対

表 2-7　従業上の地位別にみた家族構成（東京市，1934 年）

	世帯当たり家族員（人）	家族類型別構成比（%）		
		夫婦または一方と子	左記＋夫の直系・傍系者を含む家族	その他
総計	6.22	76.4	17.6	6.1
俸給生活者・自由業者	6.20	72.7	19.4	7.9
中小経営者	6.35	73.3	20.5	6.2
中小農林水産業主	7.60	46.6	48.2	5.2
中小工場主	6.39	73.8	19.7	6.4
中小商業主	6.24	75.2	18.7	6.2
労務者	6.09	82.9	12.5	4.6

出所：東京市役所『家族統計』（1935 年）

表 2-8　世帯主産業別の家事使用人の年齢分布（1920 年）

家事使用人を雇用する世帯の職業	家事使用人数（人）	女性比率（%）	女性の家事使用人の年齢分布（%）		
			0–14 歳	15–59 歳	60 歳 –
計	634,882	90.2	37.4	58.4	4.2
農業	164,369	85.5	72.2	24.0	3.8
工業	106,994	93.4	30.2	66.0	3.8
商業	170,998	95.4	25.7	71.3	3.0
公務自由業	92,917	86.0	24.2	68.8	7.0

出所：『大正 9 年　国勢調査』

して、農林水産業主世帯は七・六〇人を記録し、中小工場主よりも一・二一人も多くなっている。その差の多くは、夫の直系および傍系親族の有無からほぼ説明できる。前項でも見たように、農家世帯においては、複数の女性、特に世帯主の母親などが家事労働において重要な役割を果たしていた。農林水産業主世帯では「夫婦または一方と子」によって構成される世帯の比率が、総計では七六・四%であるところ、四六・六%と半数を割っていた。対照的に非農業自営業(中小工場主・商業主)世帯は、二〇%以下しか夫の直系および傍系親族を含んでいない。そのような家族資源を欠く世帯が多かったのである。換言すれば、家事労働をともに担う家族員が不足していたために、追加的な家事労働の担い手が必要となり、それを補うために、家事使用人が世帯外から雇用されたのである。この解釈は、表2-8に示されている、世帯主産業別の家事使用人の年齢分布とも整合的である。農業で一五歳未満の比率が高いのは、「子守」として雇われていたためであり、一方他の部門は、家事全般の処理能力を期待しうる年齢層に傾斜していたと見られる。新中間層世帯において家事使用人が、家族を補助する存在であったとするならば、自営業世帯では欠落した家族労働力の代替であったといえる。消費史の視点からは、業主の高い家事使用人雇用率は、一定の生活水準を維持しようとする試みであった。それは前述のように、多就業の労働者世帯には望みえないものであった。

家事使用人の日英比較へ

家事使用人数は地域や時代によっても大きく異なっていた。図2-4は、日本とイギリス(England and Wales, スコットランドと北アイルランドは含まれない。以下同様)、および東京とロンドンの、家事使用人に関する量的な側面からの簡単な地域比較である。(21) どちらも比較は第二次世界大戦前と大戦後をカヴァーしている。また横軸に一人当たりGDPの推計値をとることで、経済水準の差異をコントロールした比較ができるようにした。

図からは三つの異なるグループ、すなわち第二次世界大戦前の日本(東京)、一九〜二〇世紀のイギリスとロン

図 **2–4(1)**　1 人当たり GDP と家事使用人数，日本とイギリス（England and Welse: EW）
（日本：1920–1965, England and Wales: 1851–1961）

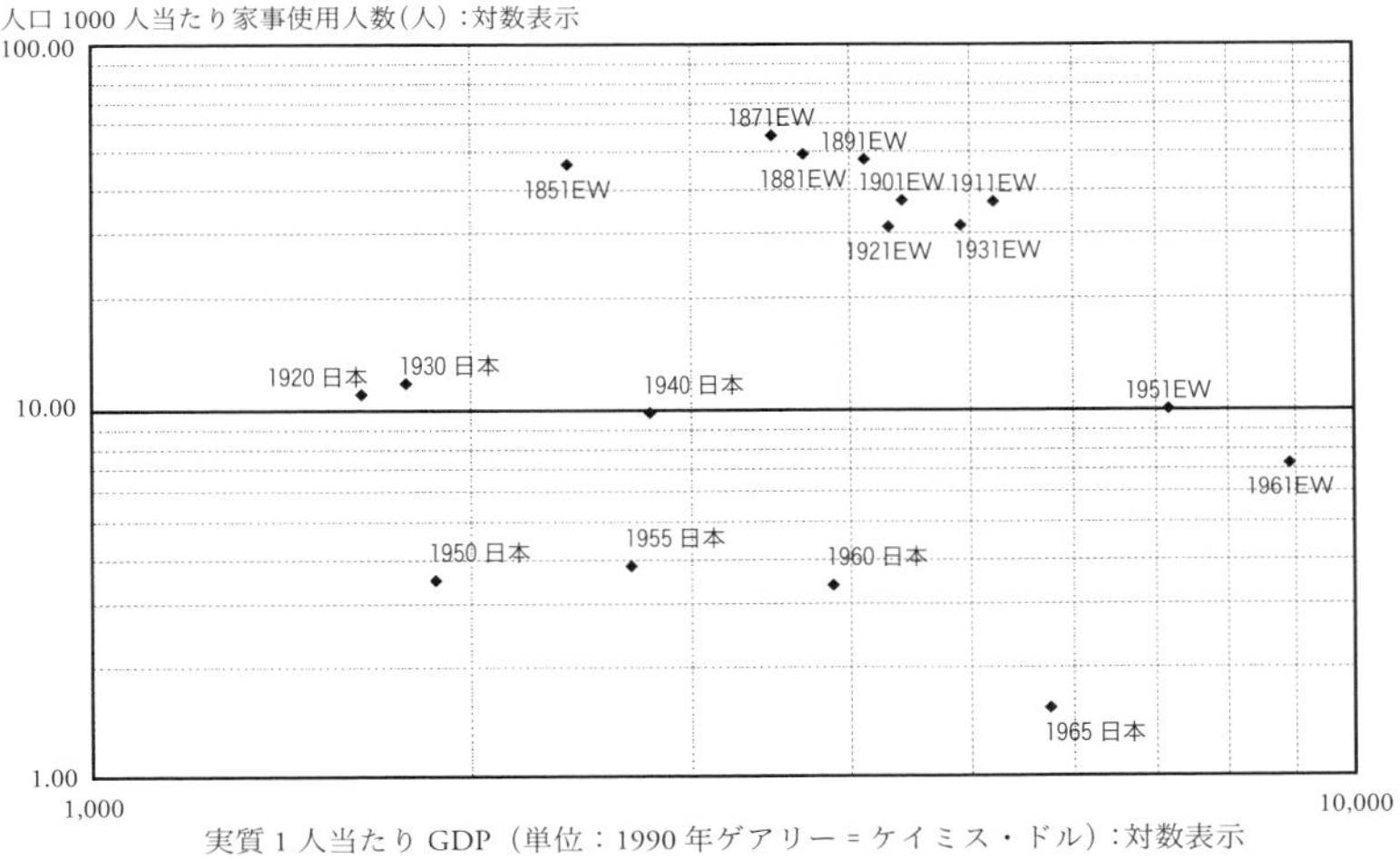

図 **2–4(2)**　1 人当たり GDP と家事使用人数，東京とロンドン
（東京：1920–1965，ロンドン 1851–1961）

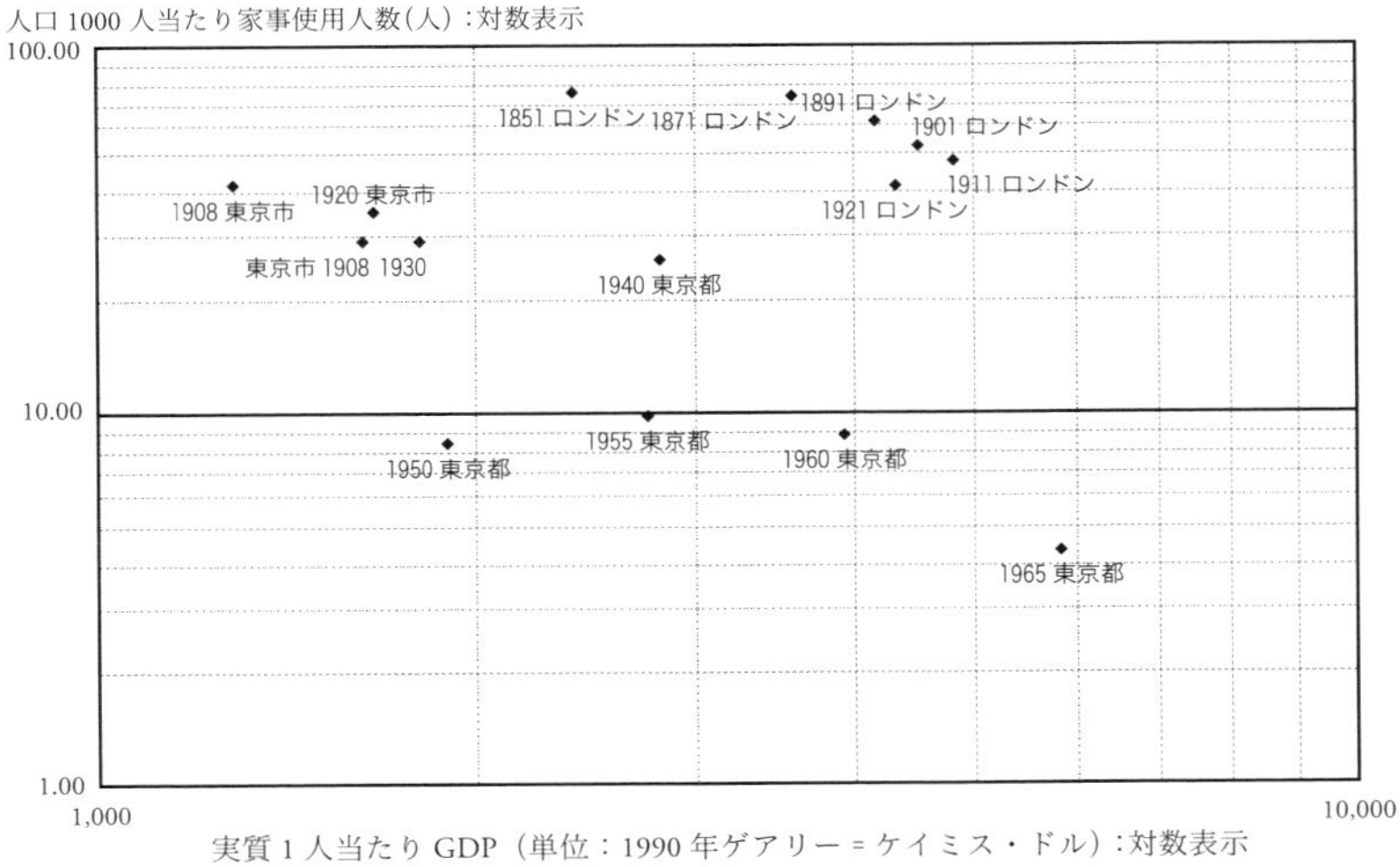

出所：『国勢調査』および *Population Censuses of England/Wales*, 実質 1 人当たり GDP は Maddison (1995)

表 2–9　人口 1000 人当たり家事使用人数

（人）

	1851	1901	1921/1920	1930
日本			11.34	12.12
イギリス	46.24	38.15	32.00	
東京			28.92	28.92
ロンドン	76.19	52.27	40.81	

注：英国は 1921，日本は 1920
出所：日本，英国の各年『国勢調査』

ドン、および戦後の日本、が浮かび上がってくる。大まかに言って、いずれのグループにおいても一人当たりＧＤＰの上昇が家事使用人数に負の影響を与えていたことは共通していた。しかしながら、表２–９によって家事使用人の人口当たり絶対数を確認するならば、そこには重要な差異があったことが読み取れる。一九二一年のイギリスの人口一〇〇〇人当たりの家事使用人数は、一九二〇年の日本の三倍であり、ロンドンは東京の一・五倍であった。一人当たりＧＤＰの水準差を縮めるべく比較対象をイギリスとロンドンの一九〇一年に求めれば、その差はさらに拡大することになる。

では、このような差異はなぜ生じたのであろうか。この問いに十全に答えることは、今後の課題とせざるを得ない。ここでは日本の家事労働は、世帯内の家族成員によって担われる傾向がより強かった可能性を指摘しておきたい。この仮説は、直系家族の成員が多い農家世帯では、相対的に家事使用人数が少なかったとした前述の観察結果にも適合的である。この論点は、家族制度と家事労働供給の関連を考察する上で、比較史の視角を導入することの有効性を示唆しているように思われる。

それぞれの社会における家事労働の量自体も、精査が求められる問題である。一見したところ、多くの家事使用人の存在は、潤沢な家事労働の供給を意味しているようでもある。しかし家事使用人の雇用によって、家族員が家事労働から迅速に離脱するのであるならば、家事への労働供給は必ずしも増えないかもしれない[22]。これらの疑問に答えるのは、家事労働の内実に関する実証的な比較作業が必要となってくる。

加えて、第二次世界大戦後の日本では、家事使用人の人数が激減している点にも注目したい。これを単に所得水準の上昇に帰することは適切ではないだろう。先の図２–４にみられるように、一人当たりＧＤＰが一九五〇～六〇年代の日本と同水準の一九世紀後半から二〇世紀前半のイギリスにおいて、はるかに多くの家事使用人が雇用されているからである。そこに戦前・戦後の構造的な変化が窺われるのであり、その検討は、戦後日本における家事労働と消費の関連を考察する上でも手掛かりとなるだろう[23]。

むすびにかえて

最後に、本章の二つの主要な論点についてまとめておこう。第一は、日本の世帯における家事労働と財消費の補完的な関係である。家計消費支出と家事労働時間との正の相関から読み取れるこの関係は、財の購入に傾斜する消費から、家事サービス集約的な消費への歴史的な変化を想定するド・フリースの議論とは不整合な面がある。日本の財消費は、一人稼世帯が登場する前から、家事労働と密接に結びついていた。この不一致は、日本では消費成長が労働集約的な経路を辿っており、西洋のパターンとは対比的に定式化しうるものであったとする仮説の可能性を示唆している。ただし、その議論を深めるには、人々の物質生活の内実に立ち入ったさらなる比較研究が必要となろう[24]。第二に、本章では家事労働の供給面について、家族員と家事使用人双方の貢献度を通じて考察した。複数の家族員が家事労働に従事していた事実に鑑みれば、日本の世帯は、いわゆる一人稼世帯モデルとはかなり異なっていたとすべきであろう。それは家事労働と家族制度との関連を示唆するとともに、消費生活と家族制度との関係性を問うことにもつながる。本章は、多様な世帯における家事労働の決定因の検討を通じて、家事労働が近代日本における一般の人々の消費行動の特質を論じる上で、重要な領域であることを示す試みであったのである。

もっとも本章は、家事労働が実際の消費の水準、様式、パターンにどのように影響していたのかを具体的に検討しているわけではない。古島敏雄による該博な描写は、家事労働がいかに財の消費のパターンと関連しているかを語っている（古島 一九九六）。家事労働時間の増加が、固有の消費の様式――たとえば一日三食すべて炊き立ての米飯を食すること――を可能とする一方で、都市自営業における強いられた家事労働時間の節約が、出前や外食への依存を産み出し、都市における外食文化の創生につながったのかもしれない。家事労働の内容をさらに吟味することが、主に数量的なアプローチをとった本章を補完する上で不可欠の作業といえよう。今後の課題としたい。

注

（1）近代日本の家事労働に関しては、家事をめぐる言説を分析する研究は少なくないが、実際の家事労働の内容を歴史的な視点から検討した研究は稀である。品田（二〇〇七：第3章）は、簡単ではあるが家事労働の実際の役割を一九三〇年代から論じている。
（2）以下は、ド・フリースによる定式化に依拠している（de Vries 2008: 26–27）。
（3）ド・フリースも注意を喚起しているが、このZ有用品（Z-commodity）は、市場財と区別して自家消費用に家内で生産される財の意味で用いられるZ財（Z-Goods）とは内容が異なっている点に留意されたい（de Vries 1994: 256）。
（4）サンプルとしたのは、イギリス、フランス、ドイツ（西ドイツ）、イタリア、スウェーデン、ベルギー、チェコスロヴァキア、ハンガリー、ポルトガル、アメリカ合衆国、メキシコ、オーストラリア、タイ、韓国および日本である。
（5）日本とイギリスの自営業就業率と一人当たりＧＤＰの組み合わせは以下のとおりである。日本：一九三〇年、六七・六％、一七八〇ドル。一九七〇年、三四・九％、九四四八ドル。イギリス：一九三一年、一三・七％、五一九八ドル。一九七〇年、七・一％、一万六九四ドル。実質一人当たりＧＤＰはMaddison（1995）による。単位は一九九〇年ゲアリー＝ケイミス・ドル。
（6）日本における自営業就業者の役割について、詳しくはTanimoto（2006, 2013）を参照。
（7）一九六五年の非農業の自営業世帯における妻の就業率は六〇・五％、被雇用者世帯ではそれが三九・六％であった（総理府統計局一九七〇）。
（8）倉敷（二〇〇七）はオーラル・ヒストリーの方法を用いて、一九六〇年代の多就業農家世帯における既婚女性の働き方を、具体的に描写している。
（9）この項は、谷本（二〇〇三）に依拠している。
（10）女性の家事労働のうち「裁縫」の意義については、本書第3章のゴードンの議論も参照。
（11）品田（二〇〇七：八八）。炊事にかける時間の平均は、オランダ、イギリス、日本でそれぞれ女性一日当たり八二分、八三分、一五一分で、世帯当たりでは一日一一二分、一一二分、一五六分であった（品田二〇〇七：八八―八九）。

（12）表2-1でわかるもう一つの特徴は、妻が二歳の男子の母親であるにもかかわらず、相当の時間を農耕その他の生産労働と家事労働に費やし、ほとんど育児に時間を割いていないことである。このような時間配分は、一九六〇年代の農家世帯にも観察されることであった（倉敷二〇〇七）。世帯内に他の女性家族員がいる場合、年齢的にも手作業や肉体労働に適した戸主の妻は、日本の農村社会では所得稼得のための労働力として認識されていたと考えられる。

（13）この調査は不二出版によって二〇〇六年にＤＶＤで復刻されている。本章は、この資料群の一部分を用いた分析である。

（14）自家消費（自家での生産物を直接消費）分については、『農家経済調査』自体が一定の基準の下で貨幣換算を行い、支出額、収入額に合算している。

（15）以下の数量分析の記述は、本章翻訳時に回帰分析の説明変数等を改定したため、原著とは異なっている箇所がある。ただし、論点および結論の大勢に変更はない。

（16）通常これは、家族数の平方根をとることで処理しており、本章もそれに従った（橋本二〇一〇：五九―六〇）。別言するならば、家事労働には一般に「規模の経済（スケールメリット）」が働くのである。

（17）野本（二〇〇一）は、戦前期日本の家事使用人と主婦の関係について、概観を与えている。

（18）女性労働市場における繊維労働者と家事使用人の相互関係についてはOdaka（1995）を参照。

（19）労働省婦人少年局（一九五五：一九―二〇）。同書は全体として、多就業の労働者世帯において、家事労働が不足せざるを得ない事情を指摘している。

（20）清水（二〇〇四）、第2章。

（21）同図が依拠しているのは、両国の『国勢調査』である。Higgs（1983）はEngland and Walesの国勢調査の家事使用人数には問題があり、特に一九世紀後半に顕著であるとしている。それゆえ同図は、家事使用人の日英比較研究に向けての、第一歩に過ぎない。

（22）河村（二〇一〇）は一九～二〇世紀イギリスを対象とした近年の家事労働に関する研究をサーベイし、家事使用人の仕事は、それまで家族員が負担していた労働の肩代わりであったことを示唆している。この興味深い言明を確証するには、より立ち行った研究が望まれる。

（23）本書のアンドルー・ゴードンとヘレン・マクノートンによる第3章、4章は、ともにこの問題を、戦後世帯への新技術の導入を手掛かりとして論じ、ミシンや炊飯器に体現される新技術が、家事労働の実践に与えたインパクトを、それぞれ裁縫、炊事を考察領域として描き出している。

(24) 西洋で、家事労働がどのように物質生活の向上に役立っていたかを問うことも課題の一つである。Cowan (1983) は、一八～一九世紀北米の農家世帯において炊事の果たした役割を指摘しているし、Bourke (1994) は一九世紀イングランドでは生活必需品を自家で生産することに規範的に積極的な意味があったことを主張している。一九世紀に実践されていた家事労働に関する情報に基づきつつ、ド・フリースによる家事労働の歴史的転回の定式化を再吟味することが求められる。

引用文献

河村貞枝（二〇一〇）「イギリスの家事奉公の歴史とその周辺――ヴィクトリア時代を中心に」『歴史評論』第七二二号、四―一八頁
倉敷伸子（二〇〇七）「近代家族規範受容の重層性――専業農家経営解体期の女性就業と主婦・母親役割」『年報・日本現代史』第一二号、二〇一―二三五頁
品田知美（二〇〇七）『家事と家族の日常生活――主婦はなぜ暇にならなかったのか』学文社
清水美知子（二〇〇四）『〈女中〉イメージの家庭文化史』世界思想社
総理府統計局編（一九七〇）『国勢調査特別集計　世帯及び家族』
谷本雅之（二〇〇二）「近代日本の都市「小経営」――『東京市市勢調査』を素材として」中村隆英・藤井信幸編『都市化と在来産業』日本経済評論社、三―四九頁
谷本雅之（二〇〇三）「近代日本の女性労働と「小経営」」氏家幹人・桜井由幾・谷本雅之・長野ひろ子編『日本近代国家の成立とジェンダー』柏書房、一四四―一八七頁
日本放送協会編（一九四二）『国民生活時間調査』
野本京子（二〇〇一）「家事労働をめぐる『主婦』と『女中』」大口勇次郎編『女の社会史』山川出版社、三一一―三三二頁
橋本健二編（二〇一〇）「激変する社会の多様な就業構造」『家族と格差の戦後史――一九六〇年代日本のリアリティ』青弓社、四九―七七頁
古島敏雄（一九九六）『台所用具の近代史』有斐閣
労働省婦人少年局編（一九五五）『婦人労働調査資料・第二二号　婦人労働者の生産労働と家事並びに母性活動に関する調査研究

——中小企業絹人絹物労働者の工場労働及び家事労働の生体負担並びに子女の養育と発育についての科学的分析』

Becker, Gary (1965) "A theory of the allocation of time", *The Economic Journal* 75 (299), 493–517

Bourke, Joanna (1994) "Housewifely in working-class England 1860–1914", *Past and Present* 143, 167–197

Cowan, Ruth Schwartz (1983) *More Work for Mother*, Basic Books (『お母さんは忙しくなるばかり——家事労働とテクノロジーの社会史』高橋雄造訳、法政大学出版局、二〇一〇年)

de Vries, Jan (1994) "The Industrial Revolution and the Industrious Revolution", *The Journal of Economic History* 54, 249–70

de Vries, Jan (2008) *The Industrious Revolution: Consumer Behavior and the Household Economy, 1650 to the Present*, Cambridge University Press

Higgs, Edward (1983) "Domestic servants and households in Victorian England", *Social History* 8 (2), 201–210

Maddison, Angus (1995) *Monitoring the World Economy 1820–1992*, OECD

Odaka, Kōnosuke (1995) 'Redundancy utilized: the economics of female domestic servants in pre-war Japan', Hunter, Janet (ed.), *Japanese Women Working*, Routledge, 15–36

Tanimoto, Masayuki (2006) "The role of tradition in Japan's industrialization: another path to industrialization", Tanimoto, Masayuki (ed.), *The Role of Tradition in Japan's Industrialization*, Oxford University Press, 3–44

Tanimoto, Masayuki (2013) "From peasant economy to urban agglomeration: the transformation of 'labour-intensive industrialization' in modern Japan", Austin, Gareth and Kaoru Sugihara (eds.), *Labour-intensive Industrialization in Global History*, Routledge, 144–175

第3章　雨後の筍のごとく
――ドレスメーカーと消費者の国の成長

アンドルー・ゴードン

はじめに

女性消費者は戦後日本の驚異的な経済成長の有力なシンボルとして、世界に向けて――広告の中では文字通り――そびえ立っている。敗戦後の貧しい時代のさなかでも、広告の中の彼女たちはにこやかな笑みを同胞たちに向け、近代工業の果実を購入することによって実現する「輝かしい生活」を、ともに分かち合おうと誘っていた。彼女たちが最も購入・利用に熱心であった財の一つが、普及率からみても、また日々の利用時間からみても、ミシンであった。しかし、その財としての経済的・社会的性格をうまく定義することが難しかったため、ミシンは戦後日本の消費革命を説明する際に、見過ごされがちな製品であった。それは消費者の欲求の対象でもあり、自分の家族のためだけではなく市場向けの衣服製作のための生産財でもある。だがまさにこの理由から、私はミシンの並はずれた普及率が、より大きな物語の予兆であり、かつその例証でもあると考えている。戦後日本の消費革命のヒロインたちは、家計の管理運営と様々な製品で家庭を満たす仕事にプロ意識を持ち込んだが、その気概は、それらの製品をデザイン・製作し、日本および世界中に販売したサラリーマン、すなわち彼女たちの相手役と、ほとんど変わるところがなかったのである。

第二次世界大戦以前でさえ、日本では、一〇世帯に一世帯はミシンを所有していた。ミシンは独特な使われ方をした機械である。主に女性が自宅で消費財と生産財の二役として活用した。これを所有することは、西洋志向の近代的な生活と結びついていた。ミシンの最大のセールスポイントは、裁縫速度とともに、その堅固な縫い目であった。しかしきつい針目は、洗い張りのたびに表地も裏地も縫い目を解いてばらばらにするため、ゆるやかな縫い目でなければならない和服には不向きだった。二〇世紀初めごろより、代わりに女たちはミシンを使って西洋風の衣服を縫い、家族員の需要にとどまらず、場合によっては隣人への販売や、賃仕事の注文に応えるようになる。

このような戦前からの堅い地盤によって、戦後二〇年間、日本国内でのミシンの購入はうなぎのぼりとなった。通産省の統計によると、一九五三年には国内でのミシン販売台数は早くも年間八〇万台にのぼり、また、洋服店や洋裁学校がまさに「雨後の筍のごとく」現れた（『ミシン工業』一九五四：二五、小泉二〇〇〇：四二）。第7章のペネロピ・フランクスが明らかにしているように、一九三〇年代までは女性による洋服の着用が限られており、これが、ミシンの普及を妨げていた。第二次世界大戦以前のミシン普及率は、一人当たり所得が日本よりも低い国と比べても、違いが明確にわかるほど低い（Gordon 2011: ch. 2）。だがこのボトルネック状態は、一九五〇年代、六〇年代に一気に緩んだ。ほぼ一斉といっても良いほど女性が洋装に移行したことがミシンの普及につながり、同時に、ミシンの普及が洋装への移行を加速させたのである。ミシンは、家庭裁縫、新しいファッションやトレンド、そしてそれを消費する家庭を結びつけ、経済・社会活動を循環させる重要な繋ぎ目となった。新たな時代の幕が上がり、日本の消費者は実践面でも、自己認識の面でも、経済・社会生活の中心的役割を担う存在となった。女性は消費生活の管理者として自分の立場を確立したのである。

長時間の裁縫——専業主婦の時間配分

ミシンは、近代の各国の消費者や家庭生活について歴史的な研究を行う際のツールであり、女性たちが圧倒的に長い時間を裁縫に費やしていた日本では特に有効である。一九五〇年代初期に行われた国や地方の社会調査をみると、都市に住む既婚女性は労働者階級、中流階級いずれにおいても家庭での縫いものに毎日三時間も充てていた（川崎労働史編纂委員会 一九八七：二〇〇、労働省婦人少年局 一九五二）。比較のために米国での調査をみると、女の裁縫時間は一九二〇年代には平均でわずか一日一時間ほどだった。フランスの女性は戦争直後の数年間、日本と米国の中間程度の時間を使っていた。一九四八年の調査によれば、「裁縫、繕いもの、編みもの、衣類管理」に使われたのは一日に一時間から一時間半であった（ここでの定義は日本の調査で使われているものより広い）（Vanek 1973; Stoetzel 1948: 52–56）。また、一九四九年の「ロンドンの労働者階級の妻たち」の研究では、「裁縫」に充てられている時間は一日たった二〇分だった（Mason 1949: 372）。これらの調査はすべて、在宅で行う商業的裁縫を除外している。他の調査の資料は、日本の在宅の女性は、他国同様、市場向けにかなりの裁縫をこなしていたことを明らかにしている。戦後二〇年の間、さまざまな目的のために国中の女たちは長い時間を裁縫に費やした。

引き続き手縫いが行われていたこともたしかだが、家庭での裁縫は何百万もの女性たちがミシンを購入したことで機械化されていった。いずれにしても、日本の女性たちは世界共通の理由と、日本の衣服事情からなる理由の双方に迫られて裁縫に取り組んでいた。時間調査に基づく様な厳密な比較は難しいにしても、洗い張りのために着物を縫っては解き、解いては縫う日本の家庭で、裁縫が特に時間を費やさざるを得ない活動であったのは確かである。明治時代以降一九五〇年代にかけ、装いと裁縫の対象が和服から洋服へ移行する中で、ミシンのセールスマンたちの営業努力、民間の衣服改革者たちや政府役人たちの奨励、そして大勢の女たちのニーズと欲求が、人々に多くの時間を費やして家庭でミシンを使い服をつくるよう、より強く働きかけたのである。

近代社会における消費というものを、基本的な必要を満たすだけでなく、快楽を与えたり欲望を充足させたりするものでもあると捉えるならば、一九五九年の調査で、日本の女性が裁縫を家事と考えていながら、読書やラジオに次いで三番目に人気のある「自由時間」の過ごし方としていたことは注目に値する。女たちの自由時間は日に平均二時間だが、その時間をどう使っているかとの質問に、ほぼ半数が読書を挙げ、四分の一がラジオ、あとの四分の一が縫いものと答えている。子どもと遊ぶことを挙げているのは、わずか一三％の女性にすぎなかった（労働省婦人少年局 一九五九：二一—一九）[1]。ブランド化された工業製品を大量消費する時代へ離陸しようとしていたこの時期、女性たちは針仕事によって家族の衣服も市場向けの製品も作っていたし、その裁縫を「家事」と見なすと同時に楽しみのための活動とも見ていた。一九五〇年代、六〇年代の日本の女性たちは、まさにドレスメーカーの国をなしていたのである。

この活動は「専業主婦（professional housewife）」全盛期における彼女たちの日々の仕事の一部だった。二〇世紀半ばに世界中の資本主義社会で、フルタイムの主婦がきわだった存在として現れてきたが、その日本版が専業主婦である。この表現は一見したところ、矛盾をはらんでいる。プロフェッショナルというのは有償で働く者のことだが、家政管理者としての女性の仕事は無報酬であった。しかし私はほかの人々（たとえばスーザン・ヴォーゲル）にならってこの呼び方を採りたい。このほうが「フルタイム主婦」という通常の英訳よりも、日本語の「専業主婦」という語が表現しているものをうまく伝えているからである（Vogel 1978: 16–43）。「業」という漢字は、職業とか仕事とかを表し、「専業」は「専門化された事業・職業」を意味する。専業主婦はフルタイムで主婦の仕事を引き受けるだけでなく、勤務先で給料を稼ぐ夫のプロフェッショナリズムと同じ職業的献身をもって、主婦業を行うのである。「主婦」という概念とその社会的役割が人々に意識されるようになったのは、一九世紀末から戦時中にかけてのことであった。この語が大衆に、明治時代末のイデオロギーによって構築された良妻賢母の概念をもたらした。戦間期になると、この言葉は著名な『主婦の友』をはじめとする月刊誌を通じて広く流通するようになった。「専業主婦」という用語が一般的に使われるようになったのは、第二次大戦後である。復興と高度成長の時代を通じて、それは既婚女性にとっての理想的な役割として理解されるようになった（国広 二〇〇一：四―六、落合 一九九四）。「専業主婦」の職業訓練と義務の範囲は、家計の管理――場合によっては家内労働によるちょっとした家計補助的収入の獲得もふくめて――から、家事、育児、教育にいたるまで多岐にわたっていた。「家族の身体的、感情的、発育上の必要に対する世話」が、料理や裁縫などに従事することを通じて求められた（Vogel 1978: 17）。ミシンが日本の一人ひとりの女性の日常的な道具となっていく道筋を吟味することで、われわれは「専業」主婦の生活に関する、そして消費社会の中核に位置する国民的な理想としての主婦像の動態に関する洞察を得られるのである。

女は何を着るか――「二重生活」の清算

一九五七年、著名な社会評論家だった大宅壮一は新聞のコラムで、「服装革命」が日本の「二重生活」に終止符を打ったと宣言した（「日本人」『朝日新聞』一九五七年一月一三日、中山 一九八七：四六二にて引用）。この「二重生活」は一九二〇年代に広く使われるようになった用語で、通常は、一つの社会が日常生活の面で「日本式」（和室、和服、和食など）と「西洋式」（洋室、洋服、洋食など）という二重の生活様式に引き裂かれていることを憂慮する意味で使われてきた[2]。

ミシンは長い間、洋服にしか適さない機械と考えられていたため、戦後の洋装への決定的な移行は、洪水のようなミシン需要をひきおこした。一九六〇年までに、日本の総世帯数二〇〇〇万の七二％がミシンを所有し、ラジオ（八九％）に次いで最も普及している家庭用機器となった（その次のテレビの五五％にかなりの水をあけていた）（日本ミシン協会 一九六一：七）。

このような消費者生活の変化は、終戦直後にはじまったわけではない。少なくとも終戦後およそ一年のあいだ、都会の女たちは物不足と配給制度に阻まれ、相変わらずモンペと呼ばれるズボンを穿いていた。これは政府と民間それぞれのその場、その場の対応に基づき、複合的な過程のもとで着用が促進され、広く普及していた服装であった。繊維製品の供給は一九四九年に国内の織物生産が復興したことでかなり見込みが立ったが、衣料品配給制度は一九五一年まで続いた（中山 一九八七：四五五―四五六、吉本 二〇〇四a：三〇）。しかしこのような乏しい布地の供給と配給制度に向きあいつつ、女性たちは急速に洋服を着はじめていた。当時の状況を回顧したあるエッセイには、

［最初は］衣食住などとは沙汰の限りで、生きる姿本来の、食住衣なる順位こそが、いとも厳しく守られたのは、おそらくこの年、即ち敗戦翌年の夏を迎えるころまでだったかとおもう。暑さが迫ってくるにつれていつかもんぺがスカートに變わって行ったからだ。……翌23年に至って、女性風俗［東京の］にスカートにブラウスに紅數点を加えるに至った事は明らかだ。（吉田 一九五五：一四〇―一四二）

と書かれている。

一九二〇年代から近代日常生活に関する民俗学者として知られる今和次郎は、一九五〇年夏の調査でこう記している。「関西から東北にかけて、農村をひんぱんに歩かされた。驚いたことに、どんな山間の僻地に行っても、集まりに出てくる婦人たちは、ほとんどみな洋装姿だった」。農協の購買部ですら、簡単なブラウス、スカート、ワンピースといった洋服用の生地を売っており、新たに裁縫教室の開催もみられるようになっていた（井上 二〇〇一：二三九―二四〇、今 一九六七：一三〇）。ただし今和次郎は洋服への移行について、スピードと広がり具合を誇張していた。彼が農村を訪ね歩いたその夏、『読売新聞』は全国規模での世論調査を行い、回答者の六一％がいま

なお洋服と和服を併用し、二九％が完全に洋服に切り換えていたことを見出した。しかし、この数値でさえ、戦前・戦中の調査結果からみれば急激な変化であった。

都会の、町場のそして田舎のあらゆる年齢の女性にとって、新しいファッションの源はさまざまだった。人気女性雑誌の付録の型紙の場合もあれば、パンパン（駐留アメリカ兵の女友達ないしは娼婦）の着ている服のこともあった。一九四六年にはすでに洋服の作り方の解説と型紙を売りものにした「スタイルブック」が、たいへんな部数で売れるようになり、熱心な読者に最新のアメリカン・トレンドを報告している。それらは強い欲望と守りの姿勢の混在、そして直線的ではない変化の進み具合を伝えている。一九四七年八月、スタイルブックの一つである『アメリカン・ファッション』の創刊号は、「新しい布地や付属品の入手が、思う様に望めないために、今まで保有してあったありあわせのもので間に合わせて辛抱して行かねばならぬ日が、相当長く続く事を覚悟せねばならぬと思うのです」と認めている。さらに、ファッション・ライターたちは、西洋スタイルと日本人の身体的特長との間の緊張関係に直面した。あるタイプのスカートは「日本人には着こなせるかが問題」だとし、またあるシュミーズドレスには「こんな思いきった着方は、仲々、日本人には出来ない様ですが、何と束縛のない、自由な着方でしょう」と思いもする。この雑誌は率直に、自分たちは読者に役に立たないものを売っているわけではなく、夢を売っているのだと認めている。すなわち、「こんな思いきったドレスで夜の宴会やダンスパーティに出られるようなことは今の日本では一寸考えられないが、空想してみるだけでも楽し」いと（中山 一九八七：四五六―四五七）。

だが、何年もしないうちにおおぜいの女性たちが、空想にとどまっていたファッションをじっさいに身にまとう可能性を見出すようになった。米国経由で伝来したクリスチャン・ディオールの「ニュールック」ともてはやされた一九四七年のロングスカートは、日本では一九四八年に流行が始まっている。一九五三年からは、ディオールに率いられて、フランスのデザイナーたちが東京で直接自らの新しい春のラインを紹介するようになり、それに続く数年を経て、日本女性の服装のトレンドはグローバルなファッション界に統合された。この頃の、パリから東京のファッションショーのステージへ、そしてそこから日本の何百万もの女性の衣装箪笥へといたる経路は、衣料工場や既製服を売る店の棚ではなく、在宅の裁縫者やドレスメーカー経由の方が多かった。この道筋は、一九五三年に中央大学の研究者が実施した調査の結果にも表れている。「最新のファッションを何によって知りますか」という質問に、デパートと答えた者はほとんどいなかった。最多の三三%が、「スタイルブックから」と回答している。これらの女性は自分で服を縫うか、型紙をもってドレスメーカーのところへ行った。熱心な読者のいる文字の国では、印刷メディアの役割は巨大だったのである。スタイルブックに次いで多かったのはファッション雑誌で、二五%の女性の情報源であり、つづいて新聞が一五%を占めた(中山 一九八七:四五八―四五九)。衣服のこの急速な変化を支え可能とした一因が、新素材、とくにナイロンその他の合成繊維の広がりであり、もう一つがミシンの普及である。ミシンは憧れの対象から、いまや数百万の女性の家庭での裁縫仕事――それが自分自身や家族のためであれ、隣人やよその人のためであれ――にとっての、なじみ深い道具となっていた。

結論からすると、周期的におこった復古や着物ブーム、そしてそれを賛美した擁護者たち(3)にもかかわらず、女性たちは第二次世界大戦後、和服中心の生活に戻らなかったのである。彼女たちはモンペから、中古のアメリカ余剰製品を経て、自分たち自身による洋服の製作に移っていった。モンペを媒介にしたことで、彼女たちは西洋の女たちより早くズボンを穿くようになった(中山 一九八七:四五六)。西洋の服装が勝利した理由はいくつかあり、また、相互に関連し合っている。洋服は一九三〇年代にはすでに速いペースで味方を獲得していた。戦時中に公的に進められた強力な服装改革と、女性たちがモンペの採用を決断したことが、戦後に改良型の和風衣服を唱道する人々が依拠したであろうはずの基盤を侵食してしまった(Gordon 2011: chs 5–6)。それに加えて、おもにアメリカ人からなる占領者のほとんどが、戦時中に宣伝されたような鬼畜ではないことがわかり、おまけにその人々が民主主義と平和という魅力的な未来の展望をたずさえてきたので、その影響力は文化的な深層に及ぶこととなる。その文化の様式は、服装も含め、日本では久しくアメリカや近代的生活に結びつけられてきたものだった。

このように戦後初期の数年で、家庭裁縫と、新しいファッションの傾向と、消費し生産する家庭とのあいだのフィードバック回路が整えられた。新しい家内生産者と婦人服のニューモードは、ミシンを使いでがあり、かつなくてはならないものとし、ミシンの使用法に熟達することは、戦後の消費生活の管理者としての女性の立場を強めた。裁縫教育のブームは、戦前と戦時中に端を発し、高度な裁縫とドレスメーキングの技量を、女性たちにかなり高い割合で普及させていった。花嫁修業として取り組まれ、またそのように理解されることも多かったが、その技量は戦後の社会と文化における「専業」主婦の地位の優位性を育んだのだった。

ドレスメーカーの国を鍛える

女性がモンペから「ワンピース」へ移るにつれて、裁縫教育は大きな事業となり、若い女性がその主たる消費者となった。一部の者はスタイルブックから自分の服をつくることができるまでになったが、同時に注文仕立て服の購入が、ドレスメーカー人口の成長にともなって急増する「洋装店」を支えた。東京では、このような洋装店の数が一九四三年の一三〇〇店から、一九五五年には一万五〇〇〇店に増え、一二〇世帯に一軒の洋装店が存在するという、並はずれた密度となった（日本統計協会 一九八七：一七二）。この東京の洋装店の数は、当時の日本全国の郵便局とほぼ同数である。洋装店のために働くドレスメーカーの九割は女性で、彼女たちは契約を結んで自分の家で縫うか、小さな作業場のある店ならそこで働いた。一九五〇年代には、市販用婦人服の生産と販売は、衣服生産に特化・集中した生産地帯よりも、このように分散したネットワークをなす在宅で裁縫に取り組む女性たちに依拠していた。縫製業の集中する地帯はたしかに存在していたが、そういう中小規模の業者が集中する東京、大阪、岐阜、名古屋、新潟、金沢、京都の生産地帯は、主に作業着や子供服、紳士服を生産していた。一九五〇年代末には、これらの衣服の圧倒的多数はそうした工場で縫われ、大多数の人々に既製服として売られるようになっていた。だが婦人服だけは他の衣服との違いを維持し、依然として在宅裁縫によって生産され続けた（中山 一九八七：四六一）。

この状況は米国とは鋭い対照をなしたが、それに大いに不満を感じていたのが伊東茂平である。彼は一九二九年に創立した裁縫学校を成功させ、この学校は戦後にはデザイナー養成機関として服飾業界で先駆的役割を担うこととなった。一九六〇年に『婦人公論』に寄せた「レディ・メイド待望論」と題する一文で、彼はこう嘆いている。既製服がいちばん発達しているアメリカでは、婦人服の九五％がレディ・メイド、次いでヨーロッパでは九〇％、ところが日本ではわずか四〇％に留まり、婦人服のまるまる六〇％がオーダー・メイドなのである。貧乏な国だというのに、どうして女性の過半数が値段の高いほうを選ぶというようなことが起こっているのだろうか、と。彼の説得的な回答は、日本には注文服を仕立てるための新しい生産能力が豊富に備わっている、というものであった。新たに訓練を受けた、在宅ベースのドレスメーカーや裁縫師の広大な集積が、既製服と注文服生産の品質とコストのバランスを、在宅での裁縫作業に有利にしているというのである（伊東 一九六〇：六二）。

公立学校の家庭科では、ミシン裁縫のほんの基本しか教える授業時間はなく、くわしい取り扱い方も説明されなかったから、この専門知識を教える役割を主に担っていたのは洋裁学校だった。それを主導する学校は一九二〇年代に創設されている。中でも最も有名になった学校が文化服装学院、略して〈文化〉である。戦後、これらの洋裁学校はその後創設された競争相手とともに見る者を驚かすほどの速さで拡大していった。並はずれた数と割合の日本女性が、婦人にふさわしい趣味を学ぶため、もしくは家庭管理者、お針子、ドレスメーカー、あるいは裁縫教師といった将来のキャリアのために役立つ技能を身につけようとして、これらの教室で洋裁を学んだ。一九五八年にはこの現象は大宅壮一を刺激し、「外国人でこの洋裁ブームを見て、驚かぬものはない」。「世界中のどこへいっても、日本のように洋裁学校の繁盛しているところはない」（大宅 一九五八：三六）との勢い込んだ言を吐かせている。[4]この洋裁訓練が、戦後のフルタイムの「専業（professional）」主婦を育成するのに一役買ったのである。

この洋裁学校ブームは比喩的に、そしていくつかの場合には文字通り、戦争による廃墟の上に築かれた。戦後一年間の中断の後の一九四六年、〈文化〉は学校の再開を告知したわずか数日のうちに、校舎を満杯にする三〇〇〇人もの学生を集めることができたのである。限られた設備を最も有効に使うため、授業は午前、午後、晩の三交代で行われ、一九四七年には入学者数は六〇〇〇人へと倍増した。一九五五年までには、東京の真新しいキャンパスに一万人の学生が集うまでになっていた。おなじころ、米国最大の洋裁学校の学生数はせいぜい五〇〇人ほどといわれている（大沼 一九六三：一五〇―一六四、中山 一九八七：四六二、大宅 一九五八：三六）。一九四七年までに、全国で四〇〇の洋裁学校が四万五〇〇〇人の学生を擁することになったが、これらの総数は、一九五一年には二四〇〇校と三六万人の学生、五〇年代半ばから末には七〇〇〇校に五〇万人の学生にまで急激に増加した。このころ毎年ほぼ九〇万人の女子が中学校を卒業し、その約三分の一が高校へ進んでいる。中学か高校かを卒業後すぐ、裁縫学校へ通うということは、事実上すべての女の子が考えたであろう進路で、実際にもその半数くらいは、そのコースをたどったことは明白である（大宅 一九五八：三七、総理府統計局 一九五七：四三六、四三八―四三九）。

比較的しっかりした技能を身につけた多くの学生たちは、自分や家族のためであれ、あるいは市場向けであれ、家庭で取り組む裁縫仕事に準職業的な意識をもちこんだ。大宅はこのプラグマティックな精神を、「洋裁学校の入学目的」を論じた一九五七年の朝日新聞の「日本人」と題するコラムに、鮮やかに描いている。入学してくる学生のエネルギーは「いいドレスを着たい、美しくなりたいという欲望だけでもなく、ネコもシャクシもという流行の心境だけでもない」。そこでの学習を花嫁修行とみなしている多くの若い女性は、醒めた自己理解をもっている。ある者は、どこかの裁縫学校で洋裁の技能を得られれば、結婚市場での格付けがあがって、「ふつうならせいぜい県庁の下っぱ役人に嫁ぐところ……主任か係長クラスのところにゆける」。またある者は、授業料は、教室で嫁入り支度の服を何枚もつくることで相殺できると計算している。そのほか、洋裁に自信がない妻は将来夫のスーツとして既製服を買うことになると感じて、「愛する人には自分でスーツをつくってあげたい」と言う者もいた。また戦前の「自給」的精神をもって洋裁の勉強を経済的独立への一歩とみなし、ドレスメーカーとして働くか、自分の店を持ちたい者も多い、という。大宅は、現実性や実利性や独立心から女らしい愛情や無邪気な夢まで幅のあるこの気風は、「ドライだのウェットだので割り切れぬ。ニッポンムスメがふむミシンの音は、ダイナミックで複雑だ」と結論づけている(「日本人」『朝日新聞』一九五七年一月一三日、中山 一九八七：四六三―四六四で引用)。

戦前の洋裁学校は、市場で通用するだけの技術の取得をめざす学生と、花嫁修業「仕上げ」コースや家政に活かせる技術を求める学生の双方を受け入れていた。職業人養成のための授業が主流であり、また当時は比較的簡単な技能しか業界は求めていなかったので、短期間の勉強でも雇ってもらうのには事足りた。しかし戦後の数年間に、洋服の水準も、必要とされる技能への要求も高まった。洋裁学校で短い基礎コースをとっただけの多くの女たちは、さらなる訓練なしには、プロのドレスメーカーやデザイナーとしてのキャリアには準備不足だった。これらの女性にとって洋裁学校は職業養成よりも花嫁修業の場であったが、それはとくに、洋裁の方が和裁よりも、伝統的道徳の観点からの女性の美徳を育む孵卵器とみなされるようになってきたためであった(中山 一九八七：四六四)。だがこれらの女性たちでも、必要とあれば、あるいは望むならば、さらなる技能を身につける基礎は作られていた。もう少し練習や勉強をすれば、自分や子どもたちの服をこしらえて、家族愛を顕示し、おまけに既製服や注文服を購入するための費用を節約することができた。そしてより長く、上級の課程で学んだ少数だが重要な人たちが、在宅で、洋服店で、あるいは工場の裁縫師として、専門的な縫製能力を身につけて卒業した(吉本 二〇〇四a：三二)。

こうやって大量の女性がミシンで洋裁をする技能を教育され、その技能を活用することに関心を抱いていることが、伊東茂平の不満に答える際の、鍵となる要素を提供してくれる。なぜ注文服生産が一九六〇年代に入っても、婦人服の国内市場を支配しつづけているのか? 彼はこれに、日本ではコストの差が比較的小さいという事実を認識することで答えようとした。米国では、安い注文服でも既製服の四倍はかかったとされる。しかし日本ではわずか三割増し程度である。伊東にとって、自分の学校の卒業生が既製服デザイナーの職につくことが望まれるのであり、その彼から見ると、利幅が低い原因は、婦人服仕立て屋が自己搾取によって値段を下げるからであった。「既製服に負けられないから無理しても安くするということで、洋服屋の生活は苦しいということにけっきょくなるわけですね。オーダーが安すぎるのです。安くしないと注文してもらえないのですね。なんといったって人口過剰の国ですから同業者が多いのですよ」（伊東一九六〇：六二）。

彼の不満にも一片の真実はある。しかしそれは生産システムの二つの面を十分に考慮していない。工業生産者の側についていえば、既製服は品質がお粗末だという評判がまだ根強く、「吊るしんぼ」[5]と蔑称されているという問題があった。注文服の生産者の側について言えば、婦人服仕立てと自営洋装店の世界は、技能は高くても自らの労働を家計補助的なものと位置づけている女性の手に依存していたことである。熟練した生産労働と、家庭経営という再生産に関わる仕事を結合させることで、彼女たちは「安く」働くように誘導もしくは強制され、その結果、注文服仕立ては少しばかりコストを上乗せするだけで、品質の点で既製服生産者に勝ることができたのである。

市場向けの裁縫

これらのドレスメーカーやお針子たちは、多くの女性とともに、直感的にはすんなりと理解しがたい戦後の社会的傾向の形成に寄与する存在であった。何千もの戦争寡婦やその他戦争を生き延びた女性たちが、終戦から数年間、家内労働によって必死にやり繰りをしていたことは、驚くに当たらない。だがそれほど当然とは思えないのは、高度成長と消費拡大の時代である一九五〇・六〇年代に、このような在宅ベースの生産が著しく拡がり、かつそれに携わる多くの人たちが、自らを中流階級に属しているとみなしていたことである。この傾向を理解するには、在宅労働を営む人々の日々の実践を消費、生産のいずれかに区分することに腐心するのではなく、むしろ女性たちは消費と生産の両方を統合した役割を実践していたと捉えるべきである。特に生産者としての活動は家庭内で行われていたためにしばしば見過ごされていた。

労働省の婦人少年局はこの傾向を記録する上で主導的な役割を果たしていた。我々の観点からみて都合がよいことに、婦人少年局の調査は「内職」の定義を広くとって、自店舗を持たず、必要な材料を購入し、家庭内で商品をつくって、直に消費者に売る者を、その中に含めている。一九五〇年代半ば以降の大阪と東京で行われた調査では、六～一〇％の世帯で、その成員の少なくとも一人がいつも内職をしていたことを示している（労働省婦人少年局 一九五五b：一―三）。一九六八年の婦人少年局による、全国をほぼ網羅したもっと広い範囲の調査では、全世帯の一二％は、家内労働に携わる者が少なくとも一人はいること、その他一二％の世帯では少なくとも一人がそうした仕事につきたいと望んでいること、そして九％の世帯には、調査の時点では家内労働には従事していないが、過去五年の間に経験のある者が、少なくとも一人いたことが示されている（労働省婦人少年局 一九六八：五―六）。別言すれば、日本の世帯の五つに一つでは、少なくとも一人が一九六四年から一九六八年までのあいだのある期間、家内労働者であったということになる。全国で、家計補助のために家内労働に従事する人は、一九六〇年代を通じてほぼ七〇万人を数えた。この数は六〇年代末に突然跳ね上がり、一九六九年に一三〇万近く、一九七〇年には一六〇万になり、一九七三年のピークには一六三万人の家内労働者を数えるに至った。その人数が徐々に減り始めるのは、この年以降のことだったのである（労働省労働基準局 一九七六：二―五）。

針仕事はこの二〇年間を通じて、もっとも一般的な形の家内労働だった。一九五四年の東京では、それぞれ「洋裁」が一六・五％、「和裁」が一三・二％を家内労働全体の中で占めている。これに、出来高払いの靴、下着、帽子、手袋、編み物、刺繡、その他ミシンを使う雑多な仕事の従事者を加えると、全家内労働者の四七％にもなる。なんらかの針仕事に携わっている人々の比率は一九六八年までに六一％にまで上昇した（労働省婦人少年局 一九六八：三、一三）。

これらのすべての調査に登場する女性はほとんどの場合、妻、母親で家内労働と育児や家庭経営のもろもろの責任とを共に果たしている。そして、戦間期の調査の結果とは対照的に、これらの家内労働者のうち、少数派ながらも一定の人数が、中産階級家庭の女性から成っていた。一九五四年の東京では、家内労働者の家庭のまるまる三分の一（三四％）で、世帯主たる夫の職業は「会社員」（二一・四％）、「公務員」（六・七％）、もしくは「その他俸給生活者」（五・九％）であった。わずか一二％の男性「世帯主」が工場労働者で、九％が自営業者だった。世帯主の一四％は女性で、家内労働者自身か、その母親である。一九六八年調査はデータの集計方法がこれとは異なっていたが、中産階級の比率は同じくらいか、あるいは増加していたと思われる（労働省婦人少年局 一九五五b：三、一九五五a：二一、一九六八：八―九）。

要するに、戦後の急速な経済成長の二〇年間で家内労働者の総数は増え、これらの女性たちが家族の所得に貴重な補助的収入を加えていたのである。家内労働はけっして貧困者が独占しているわけではなかった。すでに戦間期には、数は少ないが上昇志向の中流階級の家族の一団が、最大の比率を占める労働者階級の家族の傍らで家内労働に従事していた（Gordon 2011: chs 3, 5）。戦後の高度成長期には、中流階級とその下層部分の家内労働者の比重は高まっており、そこに針仕事とミシンが含まれていたのである。

家内労働者の「語り」は、思い出話や女性誌の中で当時の女性の経済生活、社会生活上の苦労の「実話」として残されているが、それらは、彼女たちの生産者および消費者としての役割がいかに重なりあい、相互に補強しあうものであったかを如実に表している。戦争は、どの内職者の話にもなんらかの影を落としており、日本遺族会はそのような女性たちの貴重な記録を保存している。一九六三年には遺族たちの体験の記録集『いしずえ――戦没者遺族の体験記録』が出版された（日本遺族会 一九六三）(6)。典型的な記録としては松田和子の述懐が挙げられる。彼女の家族の苦闘は一九四五年一月に父親がスマトラで戦死したときから始まった。その時彼女は七歳だった。彼女の母親は一九五〇年に戦没者遺族用の政府貸付金を利用して、洋裁業を始めるためにミシンと裁断台を購入し部屋を借りた。ジェンダーの垣根を超えて彼女は紳士服の仕立てを学んだが、しかし彼女の稼ぎでは家族をやしなうことは難しかった。母親は、変化するスタイルや顧客の趣味についていくのは大変で、また家事との両立も難しかったと書いている。家事と家内労働の重圧に耐えながらも、和子を何とか高校へいかせ、貯めていた遺族年金を元に、ようやく自分たちの小さな家を建てることができたのである（日本遺族会 一九六三：九二―九八）。外崎やえの「苦難の二十数年」はなにかしら明るい終わり方をしていた。彼女の夫は一九三九年に中国で戦死した。戦争中、彼女は和裁の家内労働をしていたが、孤独と絶望で泣き暮らしていた。ある友人が洋裁で身を立てることを助言し、市役所が地元の裁縫学校への通学の手はずを整えた。その後、見習いとして町の洋裁店に入り、温情ある店主のおかげで仕事も与えられた。そしてついには自分の店を開き、繁盛させたのであった（日本遺族会 一九六三：二五三―二五七）。

これに類する話は、一九五〇年代の女性誌、とくに『主婦之友』にしばしば登場している。それらの読後感は、松田の暗い物語よりも、外﨑の体験談の方に似ている。九州の女性、T・Sは、病院職員の夫とともに海外から引き揚げてきてすぐ、帰国の途上で行方不明になった荷物への補償金全額をはたいてミシンを買った。あとは典型的な内容が続いていく。顧客を満足させるためには、女性誌やデパートのファッション傾向に遅れをとらないことが必要であり、また、デパートの注文服より三～四割値段を切り下げるよう心掛けた。最後には、家事のかたわらパートタイムの洋裁で、うれしいことに月に二〇〇〇～三〇〇〇円を家計の補助として稼いだ（吉本 二〇〇四b：五九―六二）。

このような物語は、当時の女性誌の主要商品となっている。このような「実話」に加えて、『主婦之友』のライバル誌でもっとも人気のあった『婦人倶楽部』は、「主要都市の内職案内」や「内職の探し方と選び方」といった助言欄をもうけ、また洋裁学校やミシンの広告を無数に掲載した。これらの広告はもちろん、内職での収入獲得の機会に言及していたが、それが裁縫を習ったりミシンを買ったりする重要な理由だったからである。ミシンの売り手側も、同様に自社の販売部門向けの社内報や、顧客向けのもっと体裁のよい出版物に、そのような話をたっぷりと盛り込んだ。たとえば、河口絹子の、頼りになる蛇の目ミシンを使って「洋裁の内職だけで百万円貯めた」という話が良い例である（『ジャノメモード』一九六二：六）。そしてNHKは一九八六〜八七年の朝の連続テレビ小説で、そうした「実話」のセミフィクション版を『都の風』と題して放映した。これらは内職に関する現実の氷山の一角を代表する話だが、編集者も、プロデューサーも、雑誌を売り視聴者を獲得するためには、成功にいたる物語を紡ぎださなくてはならないのである。大量の家内労働者たちはしばしば、より困難な状況で働き、収入の代償としてみずからの健康、家族のための時間、その他やりたいことを犠牲にした。かくも多くの女性が、それぞれの家に分散して、家事労働もこなしながら、つつましい利益のために長時間働くのを厭わなかったことが、既製婦人服を押しのけるだけの質と価格をそなえた注文服の潤沢な供給につながっていたのであり、それが伊東茂平を苛立たせたのだった。

しかし、これら在宅の市場向けの針仕事に携わる人たちを貧しい下層の生産者として位置づけてしまうと、彼女たちの物語を誤読することになる。彼女たちのなかには、状況に打ち勝ち生き延びた人も、また成功し日の目を見た人もいたはずだからである。高度経済成長の時代は家内労働者の急増と時を同じくしており、この両者の因果関係は、二つの方向をもっていたと考えられる。確かに、日本の「経済の奇跡」のある部分は、これらの女性の低賃金労働によって促された面はあった。しかし、彼女たちの物語は、彼女たちが、ファッションと魅惑の世界に触れていたことを明示している。ドレスメーカーとして成功するには、女性誌を読み、最先端のファッションに触れる必要があったのである。彼女たちは、顧客の抱く輝かしくも新しい消費生活の夢を実現するため、そして自分と子どもたちもそうした消費生活を手に入れられるとの希望のもとで、この仕事を引き受けていたのである。

家庭向けの裁縫

在宅での商業用裁縫の存在は注文服の生産に非常に重要であったが、ミシンの利用者の多数派は、自分自身とその家族のために縫っていた。その最良の統計的な根拠は、一九五〇年代および六〇年代の生活時間調査が与えてくれる。調査結果は、女性が毎日裁縫に二時間から三時間を充てていることを明らかにし、かつ商業的裁縫はこれとは別のカテゴリーに分類している旨が注記されている。全世帯の平均では、商業的裁縫へ女性が関与していた時間は、家族用の裁縫に充てられる時間のあまり大きくない部分を占めるのにとどまっていた。

毎日のこの時間配分の在り方は、女性の洋裁学校への入学理由が、長期的に移り変わっていることに表れている。主婦・家庭管理者としての将来に必要な技能を身につけることが、入学の動機として、職業訓練を凌ぐようになったのである（中山 一九八七：四六四）。一九二七年に横浜で創設された横浜洋裁専門女学院は、戦後、創設者岩崎春子の名に因んで岩崎学園と改称された。彼女の指導の下、同校は横浜市の最も重要な裁縫学校へと成長した。大槻とし子と高山和子は、岩崎学園のヴェテラン教師の二人で、それぞれ一九四〇年と一九四八年に、最も才能ある若い学生のなかから選ばれている。数十年をへたのちのインタビューで、この二人の女性は当時を回想して、一九四〇年代末の学生たちは、皆、自分と家族のためにお金を稼ぐ技能を学ぶことを目的に通っていたと語っている。高山は、多くは子どもを抱えた未亡人で、皆、必死だったと述べた。それに大槻が「学生たちはほんとうに真剣に打ち込んでいました。根性がありました、あとにもさきにもなかったほどの絶望から生まれた決意です。あの学生たちのことは忘れられません」と付け加えている。彼女たちはまだ学生のうちから内職を始め、実習で縫った作品を家に持ちかえったり、古着を仕立て直して販売し、そして学校で習ったことを家でほかの人たちに教えたりした。こういう学生たちは、この二人の回想では一九五〇年代にはまだ一般的だったが、一九六〇年代、七〇年代になると、「花嫁修業」中の学生が主流になった。そういう学生は六カ月の「短期コース」を選んだが、それは料理や、あるいはおそらく生け花や茶道の類似のコースをも、本人なり親なりが結婚相手を探しているあいだに一巡りすることができるからであった（筆者による大槻とし子および高山和子へのインタビュー、二〇〇三年）。

月刊誌や日刊紙はこの花嫁修業中の卒業生たちに対して、同時代的には家内で裁縫に携わる人々の急速な増大を支援して、そして後世には、その人々の努力の重要性を示す証拠を残している。日刊紙や女性向け月刊誌の家庭婦人ページでは、女性用ドレス、ブラウス、スカートとあらゆるタイプの男女子供服の型紙とその説明が、自立と収入を目的とする家庭内裁縫に関する記事の掲載頻度を凌いだ。『読売新聞』は一九五二年末に、コラム欄で五年間「洋裁科」を開設すると発表し、その欄を二日か三日に一度、正確には全部で五八一回、婦人面の主要な場所に掲載した。第一回目のレッスンには「洋裁科開設に就いて」という別欄がわきに添えられていて、「洋裁に関心を持つ一般の婦人に何かの参考となるよう」に基礎知識と最新のファッションの双方を提供することを宣言している(『読売新聞』一九五二年一一月一日五面)。この連載は一九五七年六月に終了した。それに代わって登場したのは、もっと趣向をこらしてあるが頻度は少ない「今月の洋裁」で、紙面半面を占める連載記事として一九六〇年一月から一九六五年八月まで六七回掲載された(図3-1参照)。この後、新聞には洋裁について定期的に掲載されるコラムはなくなった。

家庭裁縫を新聞がこのように支持したことは、和裁を押しのけて洋裁が実用的技能としても卓越した女性のもつ美徳としても、優位に立ちはじめていたことの反映であり、またその風潮を後押しした。先にも触れたように、一九五九年の「自由時間」に関する調査は、主婦の四人に一人は、裁縫は仕事というよりむしろ「余暇」活動だったことをはっきりさせた。言い換えれば、多くの日本女性は実用的もしくは職業的な精神をもって余暇活動にとりくんでいた、ということかもしれない。その三年まえの一九五六年に、蛇の目ミシンのいう、「東京のある権威ある調査機関」がおこなった調査は、家庭裁縫家たちの自己理解に対する有益な洞察を提供してくれる。この調査は「買物心理」なるものに目を向け、対象を「家庭文化用品」に絞り、製品の魅力を比較する中で「ご婦人方は何を買いたいか?」という疑問に答えることを目的としていた(『蛇の目社内報』一九五六:一一)。

調査対象となった人たちは、以下の話をじっくり考えるように言われた。「秋子さんはかねがね家庭文化用品を買いたいと思って、貯金をしていたが、その金額が三万円ほどになった。このお金を持って、まずデパートへ行き、

図 3-1 『読売新聞』の洋裁のコラム

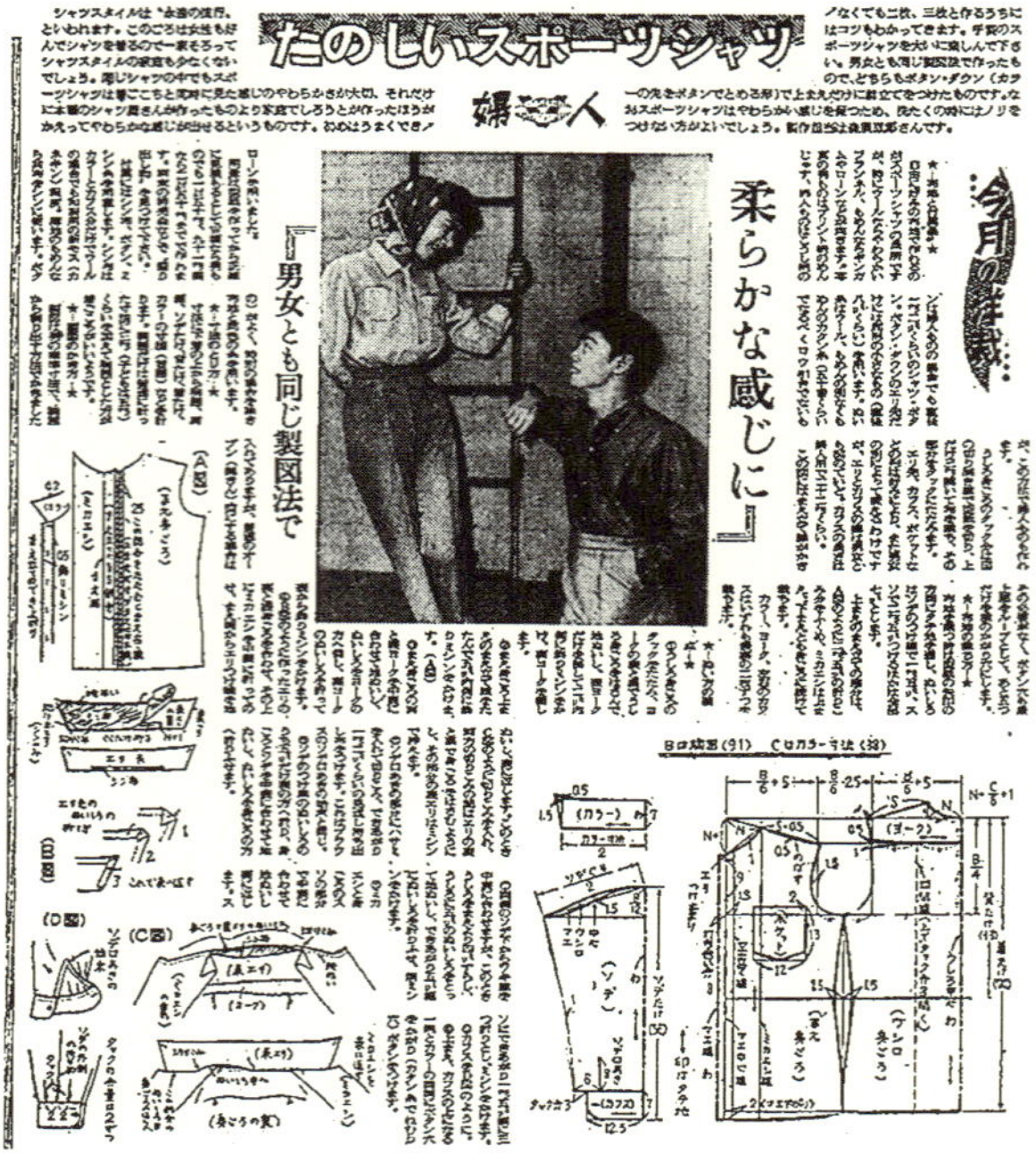

出所:『讀賣新聞』1960 年 2 月 27 日

いろいろと品物を見て廻った。電気洗濯機は二万五〇〇〇円、ミシンは二万六〇〇〇円、テレビ八万円、ミキサーは一万二〇〇〇円であった。秋子さんの一ばん買いたいものは何か、又その理由は?」。このようなやり方での調査の狙いは、これらのどの品も持たない人物を仮定した設問によって、回答者自身がすでに所有している品やまだ所有していない品に対する自らの選好を誘いだすことにあったようである。回答者の半分をわずかに超えた人(五一%)が、秋子の最大の望みはミシンを買うことだろうと考えた。次いで、洗濯機と答えたのが四一%、電気ミキサーが四%。そして二%足らずが秋子の第一の選択をテレビとした。

調査は興味ぶかいことに回答者を、実際に所有している品によってグループに分けている。ミシンと洗濯機の両方をすでに持っている人(全体の一九%)のグループでは、その四九%が秋子にミシンを買わせ、三七%が洗濯機を買わせたが、どちらの品もまだ持っていないグループでは、六九%が彼女にミシンを買わせ、洗濯機を買わせたのは二二%にすぎなかった。この差異を、ミシンへの欲求を生み出すマーケティングの威力と仲間集団圧力(ピア・プレッシャー)を測る一つの尺度とみなすのは、理にかなっていよう。すでにミシンを所有している人たちが、より低い優先順位をミシンに与えていることは、じっさいにミシンを所有して幻滅を感じた人が相当数いたことを示唆している。ミシンの扱い方が事前に約束されていたのよりはむずかしく、結局期待したほどは使わないままに終わっていたために、秋子に洗濯機を選ばせたということもありうるだろう。だがたとえそうだとしても、これは欲求が相対的にみて減少していたにすぎない。ミシンが他の「文化用品」すべてにまさって選好されていたことは、たしかに印象深いものであった。

回答者たちは、秋子がその品を選択した理由も訊かれている。秋子にミシンを買わせた回答者の中では、その圧倒的多数（九一％）が「実用性、必要性」を最も重要な理由として挙げ、「将来に備える」（六％）がそれに次いでいる。そして残るごくわずかな人が「単に欲しいから」か「特に理由なし」と答えた。調査者は、さらに突っこんで女性たちが「実用性」と「必要性」で何を意味しているのかを探っている。いちばんよく聞かれた説明は、「他の家庭用品に比して利用価値が多い」（一八％）、「自分で洋裁ができ、内職もできるから」（一七％）、「家庭生活で女性にもっとも必要なものであるから」（一〇％）だった。この最初と最後の意見は、ミシンはまず第一に家族と家庭生活への貢献度が高いゆえに有用としている相対多数（三八％）を代弁しているのに対して、二番目の意見はミシンの有用さを、家族にとっての直接的な価値と、内職者の賃金をつうじての間接的な価値との結合体として定義している（『蛇の目社内報』一九五六：一二）。

ミシンはそのような女性たちに、また、一九五九年の政府の調査員にミシンでの裁縫は余暇の活動であると語った人たちの全てに、楽しみと実用性の強力な結合体を提供したのだった。女性は、注文服や既製服を買うのではなく家族の服を縫ってお金を節約した。彼女は子どもたちや夫がそれらの服を着て喜ぶのを見て、誇りに思う。そして自分も魅力的にすることができたのである。

戦後初期の日本の在宅の洋裁家たちは、女性の美徳を規定し、有能で責任感ある家庭管理者であることの証明と考えられていた技能に習熟し、満足を得ていたのである。このような高いレヴェルの技能を自らの「専門的」な能力の一部として備えていた女性が日本中に存在していたという事実は、彼女たちの行動に見られる興味深い謎に説明を与える一助となる。その謎は、型紙を利用したがらなかったという点である。アメリカの裁縫用型紙の出版社、シンプリシティとマッコールは、一九六〇年代はじめに大いなる期待を抱いて日本市場に参入した。それには一見、もっともな理由があったように見える。大宅壮一が数年前に書きしるしたように、日本は世帯単位のミシン保有率においても、またさらに大きな差をつけている洋裁学校の学生数においても、「世界のリーダー」との評判を誇っていた（大宅 一九五八：三六）。最新流行の婦人・子供服が簡単に作れることを約束する型紙販売業者にとって、これ以上に有望な環境はあり得るだろうか？ ところが、大勢の顧客が待っているはずであったにもかかわらず、シンプリシティもマッコールも、乏しい成果しか得られなかった。一九七〇年代はじめ、毎年六〇万の女性が洋裁学校を卒業していた日本で、両社の型紙の販売枚数は数百万枚にとどまった。米国では四億枚も売れていたのにである（『女性自身』一九七三：一六三、Emery 1999: 235–253）。

シンプリシティとマッコールの目算と期待には、日本の洋裁をする主婦や嫁入りまえの娘たちの技能とプロ意識が計算に入っていなかった。岩崎学園の大槻とし子と高山和子が説明したように、学生たちはこれらの型紙を、訓練と技能で培った自分たちの品位にふさわしくない安易な近道であるとみなした。裁縫学校の卒業生が型紙をまったく使わなかったわけではない。シンプリシティの出来合いの型紙を買う必要がなかったのである。算術と、自分自身あるいは子どもや顧客の寸法を採寸する能力を使い、縮小図から投影することによって、彼女たちは自分で型紙を起こせたのである。こういう能力を持つ人が広汎にいたからこそ、大新聞が毎週何日も貴重な紙面を割いて型紙の縮小図を掲載していたのである。事実、自分で型紙を起こす技能を教え込むことが、洋裁学校のカリキュラムの核心をなしていた。大槻と高山は、家庭洋裁家のプロ意識を強調している。大槻らは、自分自身の素材とアイデアによって衣服を作ることが、喜びと誇りの源であると考えていたのである（筆者による大槻とし子および高山和子へのインタビュー、二〇〇三年）。

結論――ドレスメーカーと消費者の時代

在宅での商業用裁縫であれ、家族のための服づくりであれ、戦後の日本において（またおそらく他の国でも同様に）ミシンという道具は、カール・マルクスが描写しそして予言したようには、それを使用する者を貧困に追いやるものではなかったし、またマハトマ・ガンディが主張するように古来の伝統と簡素な生活スタイルを守るための道具でもなかった（Marx 1921: 516–518; Gandhi 1960: ch. 7）。どちらかといえば、ミシンは女性たちとその家族を、近代の消費社会へと導きつなぐ役割を担った。経済が上向くなか、ミシンは社会的階梯を上昇する希望を与えるものであった。ミシンは、階級間の溝を深めるよりもむしろ統合を促す道具であり、高度成長期には中流階級の生活スタイルが文化的にヘゲモニーを確立するのを助けた。また女性たちが在宅労働者兼主婦とフルタイムの専業主婦という二つの役割の間でゆれるなか、ミシンはその架け橋となり、所得稼得者であり責任ある消費者でしかもプロフェッショナルな家庭管理者であるというアイデンティティの確立に役立った。

『読売新聞』に裁縫コラムが定期的に掲載されたのは一九五二年から一九七五年までの間だった。この期間は、大まかに言って、二つの関連する時代を表していた。一つは日本がドレスメーカーの国であった時代、そしてもう一つは専業主婦がもっとも確実に、女性にとっての理想として君臨した時代である。このような女性の地位を成人女性の手本にすることへの異議申し立てが、一度もなかったというわけではない。この期間に、公的な生活領域では周期的に「主婦論争」が勃発したし、多くの私的な会話の中でも、女性はみずからの人生をいかに生くべきかという問いに、さまざまな答えが出されてきたにちがいない（上野 一九八二、藤井 二〇〇二：一五一―一二二）。だがたとえそうであったとしても、戦争を貫いた社会的・文化的な構造が、一九二〇年代から戦時をへて高度成長の時代にいたるまで生きつづけていた。それを顕著に特徴づけているのは、女性の役割に関して言えば、はじめは戦前から戦中までの形容辞抜きの「主婦」であり、それから、磨き抜かれた高い技能によって家族の衣料の管理や製作を担当し、またすべての大量生産財の消費の管理・運営の主体であることを定義の一部とする「専業主婦」であった。

この時代は、衣服の領域に関しては既製婦人服の台頭をもっておわる。一九六〇年代末になると、女たちの家庭での裁縫時間の短縮が始まった(日本放送協会一九七〇:一一一一二、一一七二)。そしてミシンの国内販売数も、一九六九年の空前の頂点から、長いゆっくりとした減少の道をたどりはじめる。一九七〇年以降は、多くのミシンが使用されずに家庭で眠っていることを憂う新聞記事が現れるようになった。いずれも、一九七〇年代から、女性たちの日々の暮らしの中で裁縫の位置づけが大幅に低下したことを物語っている。料理の分野でも、調理済食品への依存という同様の移行が、すこし遅れて、そしてより緩慢にではあるが見られるようになった。ほとんどの既婚女性は、ますます増加する家庭外労働者もふくめて、家政管理者の役割を維持していたが、家族の消費の対象となるものを作ったり加工したりする時間は減り、あらゆる種類の商品やサービスの獲得を差配する購入担当者として活動する時間が増加した。家族と日常生活の領域において、この移行はある時代の終焉を特徴づけている。

しかしそうであるとしても、専業主婦はきわだって久しく永らえてきた。日本は二〇世紀後半から二一世紀はじめにいたるまでずっと、女性の年齢階級別労働力率のグラフが出産と子育てで労働市場を去る女性が多いために「M字カーヴ」(7)を描き、そのカーヴの底の低さでは、産業資本主義世界のなかではトップの韓国に次いでいる(Brinton 1993: 29)。フルタイム主婦が社会的な理想として、また実際の経験として長く続いてきた理由を説明するにあたってはマイナスの誘因、たとえば所得税制度上、家族に二人の賃金取得者がいると第二の稼ぎ手がパートタイムで働かないかぎり不利になるという税法上の特質にも注目することが重要である。しかし、このフルタイムの「専業主婦」という職業の持続性をより深く理解するためには、家族の衣裳戸棚の管理能力もふくめて、腕のたつ専業主婦の仕事に対して、肯定的な社会的承認が与えられていたことを認識しなければならない。もちろん専業主婦はけっしてミシンとそれに関連した技能によって、純粋に、また単純に生み出されたのではない。ただ、裁縫はいくつかの他の領域の中でも重要な位置にあり、家庭のなかにより広範な消費経済と消費文化を親密な形で持ちこんだ。そしてより広い世界との強力な結びつきを提供し、これらの結びつきの環を管理する彼女たちの役割も肯定したのである。

注

（1） 複数回答が認められているため、合計は一〇〇％を超える。

（2） ペネロピ・フランクスによる「着物ファッション」を扱った本書第7章は、戦前の二重の生活様式において、「日本式」がいかに根強く、かつ重要であったかを説得的に論じている。

（3） ペネロピ・フランクスの第7章が説明する、戦前流行った銘仙着物の復活もこれに含まれる。

（4） 大宅が他国との比較で主張していることは、バーマン編『裁縫の文化』収録のいくつもの論文によって間接的に裏付けられている。それら論文が強調しているのは、イギリスやアメリカの女性たちが二〇世紀に裁縫を学んだ場として、見習い奉公や自宅での教育、あるいは公立学校での（商業学校ではなく）家政科の授業が主要な役割を果たしていたことだった。とくに次の論文を見よ。Helventson and Bubolz (1999: 304-5, 309-11).

（5） 「吊るしんぼ」もしくは「吊るし」は、売場の棚に吊るして売られることを意味し、当時は既製服に対する見下した表現だった。

（6） 遺族会は近年、政治家と一般（ordinary）の遺族が、どのように戦没者を偲ぶべきかという論争における政治的な役割によって、著名なあるいは悪名高い団体として国際的にも知られるようになった。

（7） より最近の比較データについては、online: http://stats.oecd.org/index/aspx の "labor force statistics by sex and age" のカテゴリーを参照（閲覧日は二〇〇九年八月一〇日）。

引用文献

伊東茂平（一九六〇）「レディ・メイド待望論」『婦人公論』一九六〇年五月二〇日

井上雅人（二〇〇一）『洋服と日本人――国民服というモード』廣済堂出版

上野千鶴子（一九八二）『主婦論争を読む』勁草書房

大沼淳（一九六三）『文化服装学院四十年のあゆみ』文化服装学院
大宅壮一（一九五八）「日本の企業　ドレメ」『週刊朝日』第六三巻四号
落合恵美子（一九九四）『21世紀家族へ――家族の戦後体制の見かた・超えかた』有斐閣
川崎労働史編さん委員会編（一九八七）『川崎労働史　戦後編』川崎市
国広陽子（二〇〇一）『主婦とジェンダー』尚学社
小泉和子（二〇〇〇）『昭和のくらし博物館』河出書房新社
今和次郎（一九六七）『ジャンパーを着て四十年』文化服装学院出版局
『蛇の目社内報』（一九五六）「ご婦人方は何を買いたいか？」第一巻二号
『ジャノメモード』（一九六二）「たった三千円の資本でできる洋裁内職のてびき」春号
『女性自身』（一九七三）「ホーム洋裁時代来たると言うけれど……」三月二四日号
総理府統計局編（一九五七）『日本統計年鑑 1957』日本統計協会
中山千代（一九八七）『日本婦人洋装史』吉川弘文館
日本遺族会編（一九六三）『いしずえ――戦没者遺族の体験記録』日本遺族会事務局
日本統計協会編（一九八七）『日本長期統計総覧』第一巻、日本統計協会
日本放送協会編（一九七〇）『国民生活時間調査』日本放送協会
日本ミシン協会編（一九六一）『日本ミシン産業史』日本ミシン協会
藤井治枝（二〇〇二）『専業主婦はいま――多様化と個性化の中で』ミネルヴァ書房
『ミシン工業』（一九五四）「ミシンの普及状況と今後の需要に関する一考察」四月号
労働省婦人少年局編（一九五二）『工場労働者生活の調査』
労働省婦人少年局編（一九五五ａ）『家庭内職の実情――大阪市中間報告』
労働省婦人少年局編（一九五五ｂ）『家庭内職の実情――東京23区』
労働省婦人少年局編（一九五九）『主婦の自由時間に関する意識調査』
労働省婦人少年局編（一九六八）『内職就業基本調査報告』
労働省労働基準局（一九七六）『家内労働の現状』

吉田謙吉（一九五五）「もんぺからAラインまで――服装風俗の戦後10年」『文芸春秋』臨時増刊号三月
吉本洋子（二〇〇四ａ）「花開く洋裁学校」小泉和子編『洋裁の時代』ＯＭ出版
吉本洋子（二〇〇四ｂ）「女の自立を支えた洋裁」小泉和子編『洋裁の時代　日本人の衣服革命』ＯＭ出版

Brinton, M.（1993）*Women and the Economic Miracle: Gender and Work in Postwar Japan*, Berkeley: University of California Press
Emery, J. S.（1999）'Dreams on Paper: A Story of the Commercial Pattern Industry', in Burman, B.（ed.）, *The Culture of Sewing: Gender, Consumption, and Home Dressmaking*, Oxford: Berg
Gandhi, M.（1960）*All Men are Brothers: Life and Thoughts of Mahatma Gandhi as Told in His Own Words*, Kripalani, K.（ed.）, Navajivan Mudranalaya, Ahemadabad: Jitendra T. Desai, accessed on June 10, 2010 at: http://www.mkgandhi.org/amabrothers/amabrothers.htm
Gordon, A.（2011）*Fabricating Consumers: The Sewing Machine in Modern Japan*, Berkeley: University of California Press
Helventson, S. & Bubolz, M. M.（1999）'Home Economics and Home Sewing in the United States, 1870–1940', in Burman, B.（ed.）, *The Culture of Sewing: Gender, Consumption, and Home Dressmaking*, Oxford: Berg
Marx, K.（1921）*Capital*, Volume I, Chapter 15, Section 8e, New York: Charles H. Kerr and Co
Mason, C. A.（1949）'Le Budget-temps de la Femme à Londres dans les Classes Laborieuses', *Population*（French edition）, 4（2）, 372
Stoetzel, J.（1948）'Une étude du Budget Time de la Femme dans les Agglomerations Urbaines', *Population* 3（1）, 52–56
Vanek, J.（1973）'Keeping Busy: Time Spent in Housework, United States, 1920–1970', University of Michigan: PhD dissertation in Sociology
Vogel, S.（1978）'The Professional Housewife: The Career of Urban Middle Class Japanese Women', *Japan Interpreter* 12（1）, 16–43

第4章　蒸気の力、消費者の力
――女性、炊飯器、家庭用品の消費

ヘレン・マクノートン

はじめに

消費は、世界各国と同様に、日本でもジェンダーのあり方が問われるものである。一九世紀半ばから、人々の消費パターンは大きく変化した。しかし、消費における女性の役割、消費におけるジェンダーは、外で稼ぐ男性と家を支える女性＝主婦という立場の確立というかたちで残った。これまでに、多くの研究者が消費と女性との関係について、そしてなぜ世界中で女性が購入・消費活動の中心となったのかについての分析を行っている（de Grazia 1996; de Vries 2008）。米国や欧州における消費とジェンダーについての研究は、生産と消費の関係にスポットライトを当ててきた。産業が発展する過程で、自宅と職場に距離が生じ、それによって労働の性別分業が生じた。男性の役割と責任は公的な場での生産的な作業となり、女性は私的な場での家事、子育て、家庭の管理、余暇、消費活動といった無償労働の担当となったのである（Costa 1994）。フランクスは、日本では、「消費の発展が辿った道は、労働のかたち、家族という組織のあり方、そして女性の家庭と労働市場での役割とは切っても切れないかたちで進んでいった」と述べている（Francks 2009b: 140–1）。日本において、この変化が最も大きかったのは一九五〇年代以降である。

戦後の日本では、理想とされた女性像である専業主婦と、当時増え続けていた既婚の中高年女性の労働市場への参入とが鋭いコントラストをみせていた（Macnaughtan 2006）。日本はまた、戦後の数十年間、家電製品の開発の先端に位置し、「時間節約」（および「時間使用」）商品の成長に携わってきた。家電製品分野での継続的な生産増大は、国内の家計消費に多大な影響を与えた。

この章では、戦後日本の女性が日常の消費、特に電気炊飯器などの日用家電商品の消費に重要な役割を担い続けた点について議論する。具体的には、以下の二点を考えたい。まず、電気炊飯器の開発、生産と消費について検討する。電気炊飯器は一九五〇年代半ばに国内メーカーが開発を進めた製品であり、当時、メーカーにも、消費者にとっても未知の製品であった。電気炊飯器は販売スタート時から国内でも海外でも、急激に売り上げを伸ばした。(1) その成功は、消費とジェンダーの関係において、日用家電品がいかに重要な役割を担っていたか、また、いかに女性の家庭内外での役割に影響を与えたかを証明する。そこで、家電としては地味な商品であった炊飯器が、日本の主婦にいかに革命的な影響を与えたのかを論じたい。

次に、より大局的観点から炊飯器を捉えた議論を行ってみたい。女性を主要な家電商品の消費者として、また、ジェンダーによって区別された消費者グループとして検討し、戦後日本の主婦が、消費者としてどれほど重要な立場であったかを探る。さらに、それぞれの核家族で財布の紐をにぎる主婦の力が、いかに強力であったかを探っていくこととする。

米の重要性

電気炊飯器の開発は様々な意味において米を重要視してきた日本の食事や料理、そして歴史の産物であった。日本で好まれる米は水分が多めでもっちりとした歯ごたえのある品種で、炊くのに時間を要する。また、米は主食として特に味付けをせず、他の料理とは別に食される。第二次世界大戦直後、まだ手に入りにくい時期でさえ、米は主食と考えられていた。水田は少なくとも公式には、食糧庁の統制下にあり、米は政府によって決められた価格で配給されていたが、その他の日用品とともにヤミ市でも売買されていた。このとき苦心して食料や衣類を調達し家庭を支えたのは主に主婦であり、この努力が女性の家庭とその消費における管理者という立場を確立させたのである（Franks 2009a: 148, 152）。

このような米を主食とした食生活は、一九六〇年代半ば以降、少しずつ変化を見せるようになった。朝食にパン（電気トースターの出現によって促進された）、昼食にサンドイッチを食べるなど西洋式の食事が取り入れられるようになったのである。しかし、米を主食とした「主食＋副食」の形式は基本的な食事として多くの家庭で維持された。米は日本の食生活の要であり、主婦を連想させる重要な象徴でもあった。一九四八年に結成された「主婦連合会」は戦後に活動を始めた消費者団体として最も重要な団体の一つといえる。そして、主婦連合会のシンボルとして採用されたのが、「しゃもじ」であった。

日本では長い間、米をカマドで炊いていた。米は直火に土鍋（後に金属製の鍋）を置いて炊く。カマドでの炊飯には熟錬の技とコツを必要とし、米を上手に炊ける女性は良い主婦と見なされた。一九二〇年代半ばに初めて電気を使用した炊飯が試みられたが、当時の電気炊飯器は「底に簡単な伝熱コイルを取り付けた釜」と描写されている（東芝二〇〇九）。一九四〇年代後半には、三菱電機、松下電器、東京通信工業（現ソニー）がそれぞれ電気炊飯器を開発した。しかし、どれも付きっきりで火加減を見る必要があり、カマドの炊飯と手間暇になんら違いがなかった。このことから、炊飯にはずっと伝統的なカマドが使用されていた。

ところが、一九五五年に、初めて自動式の電気炊飯器が登場した。この画期的な商品の開発は主食としての米と、それを炊飯する女性との関係の重要性を反映している。自動式電気炊飯器は当時製造・販売・購入された日本の電化製品の中でも、すぐに主要商品と見なされるようになった。

電気炊飯器の開発物語――東芝の物語[2]

炊飯器は、米が食事の中心であり、毎日炊飯作業が必要な国内市場向けに開発された。炊飯器は今でも、家電商品のなかで必須アイテムとされている。これまで様々な調査で日本の家電製品業界の成長が報告されてきたが、炊飯器の製造や需要に特化した調査や、主要家電製品の一つである炊飯器の開発とそれに関わった主婦の役割についてのデータは少ない。中野嘉子は、日本の炊飯器の海外での開発や、香港を経由したアジア市場への展開に関する調査を行っている（Nakano 2009）。しかし、日本国内での電気炊飯器の重要性については、日々の生活、特に女性に与える影響の大きさにもかかわらず、ほとんど調査されていない。中野嘉子は、一九五〇年代の電気炊飯器の登場とその成功は、「日本の生活の近代化の象徴とも言われた『三種の神器』――白黒テレビ・洗濯機・冷蔵庫――が直後に登場したことによって、その価値がかすんでしまった。炊飯器は、主婦にとって非常に役立つ家電（「奥さん用品」）であるが、あまり重視されてこなかった」と述べている（Nakano 2009: 1）。このことは、米が家族全員で食べるものであるのにもかかわらず、炊飯作業はその家庭の女性の仕事の一つと見なされていることを示している。当時の日本の家庭にとって、「三種の神器」、特に白黒テレビの登場のほうが炊飯器よりも、その印象、大きさ、存在において大きな意味があった。この章では、たとえ日本の家庭において炊飯器の存在が小さくみえたとしても、その影響は大きく、実は商品として成功していたことを明らかにしたい。

自動式の電気炊飯器を初めて開発したのは、株式会社東芝（以下、東芝）である。東芝は一九五〇年前後から開発に乗り出した。当時の東芝は、「近い将来、日本は家電製品時代に突入する」（東芝二〇〇九：三三―三四）と考えていた。炊飯器の開発は、東芝の家電部門で営業を担当していた山田正吾の主導によって始まった[3]。ＮＨＫの番組「プロジェクトX」(4)は、自動式電気炊飯器の開発を、東芝の「口から生まれてきたような男」の営業マン・山田正吾と、東京都大田区の経営危機に瀕している小さな町工場の社長、三並義忠の開発協力の物語として描いている。山田と三並は、三並の妻と六人の子供たちとともに、自宅を「開発研究所」に改造して、日本市場に最初の電気炊飯器を送りだした。この開発は、番組でも東芝の資料でも、幾度となく「台所革命」と説明されている。

番組は、一九五一年、進駐軍とその家族が日本を引き揚げはじめたころから話を始めている。まず、敗戦後日本に駐留したアメリカ進駐軍がいかに豊かであり、多くの電気洗濯機や電気冷蔵庫などの家電製品を発注していたかが説明される。進駐軍の撤退は、大手メーカーの下請けであった小規模の町工場に大きな打撃を与えた。主人公の一人、三並義忠の町工場もその一つで、三並の工場は進駐軍向けの電気温水器を製造していたが、彼らの帰国とともに注文はなくなり、倒産の危機にさらされた。

もう一人の主人公、山田正吾は、東京の新橋駅前で紙芝居を使った街頭パフォーマンスを行う評判の営業マンであった。東芝は当時すでに電気洗濯機を販売していたが、山田はその実演販売を行い、主婦が一年間に洗濯する量が実に象一頭分もあると説いて回った。また、山田は、このような街頭販売のみならず全国の主婦の声を聞いて回り、主婦が家事のなかで最も負担と感じているのが炊飯作業であることを学んだ。主婦の朝は五時にカマドに火をおこすことから始まり、米を上手に炊けない主婦は「主婦失格」と見なされる。この炊飯作業は一日に三回あり、それはつまり彼女たちにとって睡眠時間が充分に確保できないことだということも理解した。

しかし山田の、自動式の電気炊飯器を開発したいという思いに対し、東芝の上司たちは冷ややかであった。当時、カマドに代わるものとして伝熱コイルを用いる電気炊飯器もあったし、ガス式炊飯器もあった。また自動式の電気炊飯器については、すでに三菱電機と松下電器が着手し、失敗に終わっていた。加えて、東芝の重役たちは、米を炊くよりも寝ていたいという女性などは主婦として失格だと信じていた。これらの理由により、山田は開発の許可をかろうじて得たものの、必要な開発費を確保するに至らなかった。

そこで山田は、電気温水器を製造する技術と電気の知識を豊富に持つ三並が、東芝に下請けの仕事の件で相談にきたとき、自動式電気炊飯器の開発について話を持ちかけてみた。炊飯器の開発製造に必要な知識を持っていなかった三並は、当初、返事に窮した。しかし、工場倒産の危機を回避する仕事になるかもしれないという思いから、妻の風美子に協力を頼み、自宅を担保に開発費を得て一九五三年に開発をスタートした。

ここから、この開発物語の主人公は、山田でも三並でもなく、風美子になっていく。彼女の、炊飯の成功にかかせない適切な火加減と温度の変化などを探る、長期間にわたる調査が番組の中心的な話題となる。彼女は何時間もカマドの前で、自動式ではない電気炊飯器を使った炊飯実験を行った。夫の三並が自動式電気炊飯器の開発に必要な数値を割り出すための実験である。彼女は、どうすれば米を焦がさず美味しく炊くことができるか、その適切な火加減や時間を実験した。それが判明すると、次はどうしたら沸騰して二〇分後[5]のちょうどよいタイミングで、電気を自動的に止めることができるのかが課題になった。風美子は幾度も実験を繰り返した。東芝の山田や技術者も開発に協力した。彼らは自動的にスイッチを止めるためのヒントとして、高熱時に収縮率の違いで反りあう二つの異なる金属を貼り合せた金属片を提供した。一方、山田は、自動式電気炊飯器は全国どこでも、冬の極寒の北海道でも、夏の猛暑の九州でも米が上手に炊けないと実用化できないと三並に告げた。そのため、風美子は冬の早朝に家の外で、夏は焼けるような自宅のトタン屋根の上で、さらには湯気のたつ風呂場や湿気の多い炬燵の中で、炊飯実験を何カ月にもわたり続けることになった。三並はアルミニウムやガラスなど様々な材質で試作釜をつくったが、どれを使っても気温が低いと熱が逃げてしまい、米が炊きあがらなかった。冬の寒さのなか外で実験を行っていた風美子が病に倒れると、母を助けるために残りの家族が立ちあがり、実験を続ける協力者となった。三男の親史は番組のなかで、「母は、自動式電気釜が完成したら、主婦は一日に三回もご飯を炊かずに済むようになる。そうしたら、空いた三時間を別のことに使うことができる。女性も、男性と同じように外に働きに出ることが可能になる、とよく話していました」と語っている。

ところが開発は思うように進まず、一九五五年には担保にしていた自宅や工場が差し押さえられる危険性が高まり、さすがの三並も意気消沈していた。その頃、山田が、以前、北海道で見たことがあるという冬の寒さから熱を保つために、釜を錫と石綿で囲うやり方を紹介した。三並と三並の息子は、そこから三重構造の釜を思いついた。この最終試作釜の炊飯実験がマイナス一〇度の冷凍倉庫で行われ、成功する。番組は、その時が「世界初の、自動式電気炊飯器が完成した瞬間」だったとコメントしている。

かくして三並一家の大きな犠牲のもとに製品化された自動式電気炊飯器を販売すべく、山田はまず東北の主婦に営業をはじめたものの、彼女らの反応は鈍かった。平均的な月収が一万円の時代に、自動式電気炊飯器は三二〇〇円もしたからである。主婦は、価格の高さに加え、時間はかかっても米はカマドで炊くことができると指摘した。ところが、山田がカマドでは難しい炊きこみご飯の実演を行い成功すると、驚いた主婦らから拍手が沸き起こった。炊きこみご飯は焦げのもとになる醤油を使うため、カマドで炊くのは非常に難しい。そのため、それを成功させた自動式電気炊飯器が、主婦に受け入れられたのである。山田のこの実演の成功は七〇〇台もの電気炊飯器の製造につながり、一九五五年一二月一〇日には、全国へ向けた自動式電気炊飯器の販売が本格的に始まった。三並の町工場の製造ラインは昼夜三交代制でフル稼働状態となり、二年後には月産一万台を達成した。

電気炊飯器の国内販売

この新しい自動式の電気炊飯器は国内の炊飯事情を一変させた。東芝に続き、一年後には松下電器（現パナソニック）も独自の電気炊飯器モデルを発売した。出だしこそ思わしくなかったものの、のちに東芝の炊飯器の販売は大成功を収めることになった。最初の一年で、東芝は月産二〇万台の炊飯器を製造、一九六〇年には全国の半数の家庭が自動式の電気炊飯器を所有するまでにいたった。賞をとった東芝の電気炊飯器のデザインは、その後九年間も変更することなく製造され、一九七〇年には総生産台数が一二三五万台となった。高度成長期には三大家電メーカーの東芝、松下、日立が、後発の象印やタイガーらと並んでさらなる技術開発を行い、電気炊飯器の国内での購買を支えた。松下（パナソニック）は、「自動式の電気炊飯器は家事の合理化を図り、他の家電では見られないほどの急激な需要をもたらした。一九五七年には電気炊飯器のブームが起こったほどである」（Panasonic Corporation 2001）と述べている。このように電気炊飯器は、日本の消費市場に突然の、そして重要なインパクトを与えた製品だったのである。

一九五〇年代から、経済産業省（旧通商産業省）の統計で、テレビ、洗濯機、冷蔵庫、掃除機、ミシン、炬燵といった家電のデータが取られているにもかかわらず、一九五五年以降の電気炊飯器の生産および普及の歴史を辿ることは難しい。[6] 残念ながら、一九八五年[7]以前の電気炊飯器の生産に関する正式なデータはみつかっていない。しかし、図4-1をみると、一九六五年から一九八三年の間にガス式炊飯器の生産が電気式にとって代わられ、衰退していることがわかる。また、一九八五年から二〇〇四年のデータでは、電気炊飯器の生産が他の主要な家電同様、ゆるやかに減少している。ただし、その生産量は、他の家電の生産に比べると多い。[8] これらのことから、電気炊飯器が家電市場において、比較的安定した商品であることがわかる。図4-2は、電気炊飯器生産額の規模を示している。もちろん、炊飯器は、大型高額家電に比べて生産額はかなり低い。しかし、電子レンジや掃除機など大きさや耐久性で比較可能な家電については、生産額も類似していることがみてとれる。

電気炊飯器がまだ新しく画期的と見られていたころ（一九五〇年代後半〜一九七〇年）の生産量が、一九八五年以降より多かったことは、経済産業省のデータ（一九八五〜二〇〇四年）と東芝のデータ（図4-3）を比較することで確認できる。東芝が一九七〇年に生産した一二三五万台は、同年に全国で生産されたテレビの台数一三七八万台（経済産業省データ）に匹敵している。東芝以外のメーカーで生産された製品も含めると、電気炊飯器は当時国内で生産されていた家電のなかでも生産量が多く、重要な商品だったと考えられる。

図 4–1　主要電気機械器具品目の生産量（1960～2004）　（1,000台）

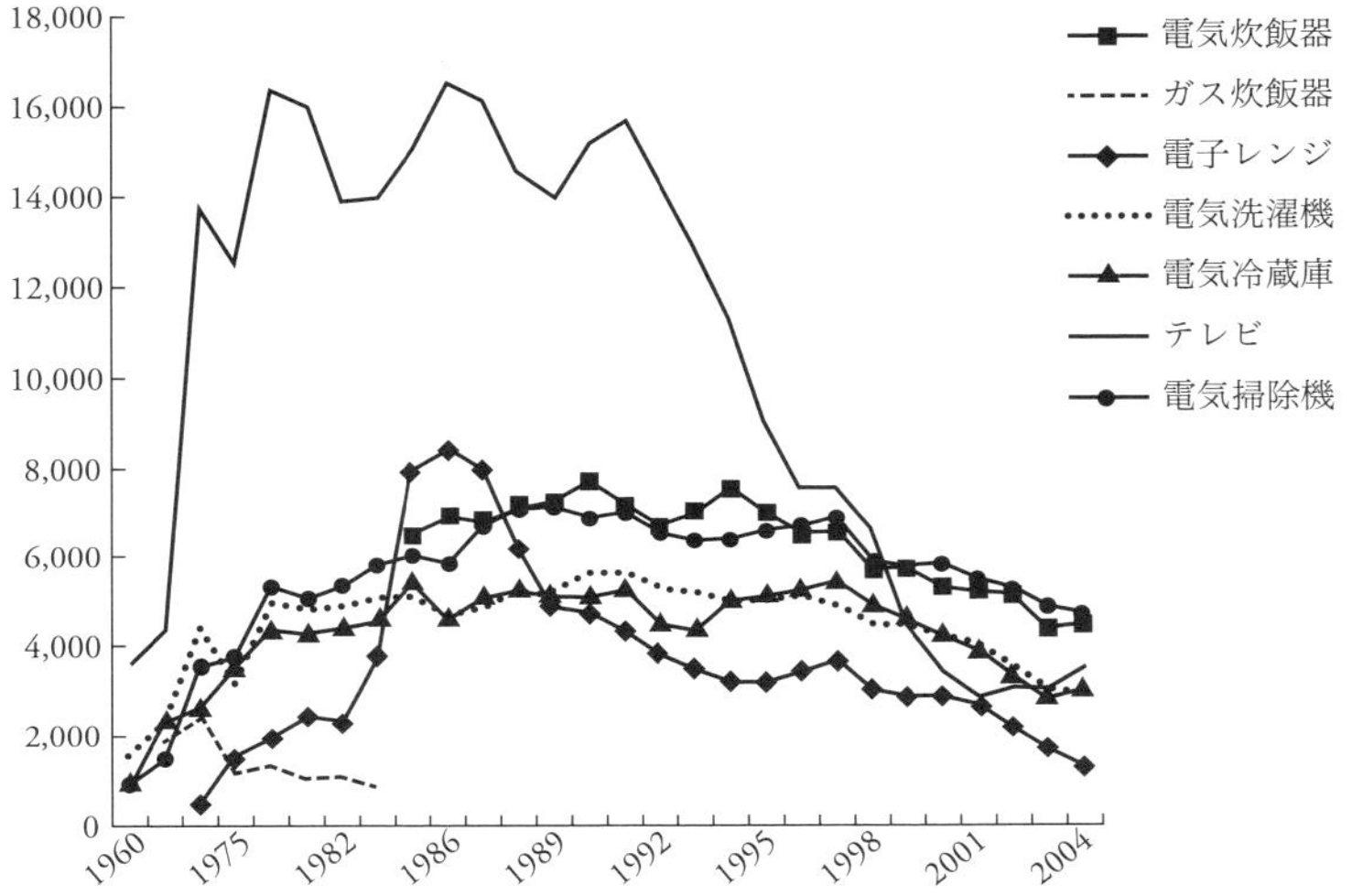

出所：経済産業省，統計局

図 4–2　主要電気機械器具品目の生産額（1960～2004）　（10億円）

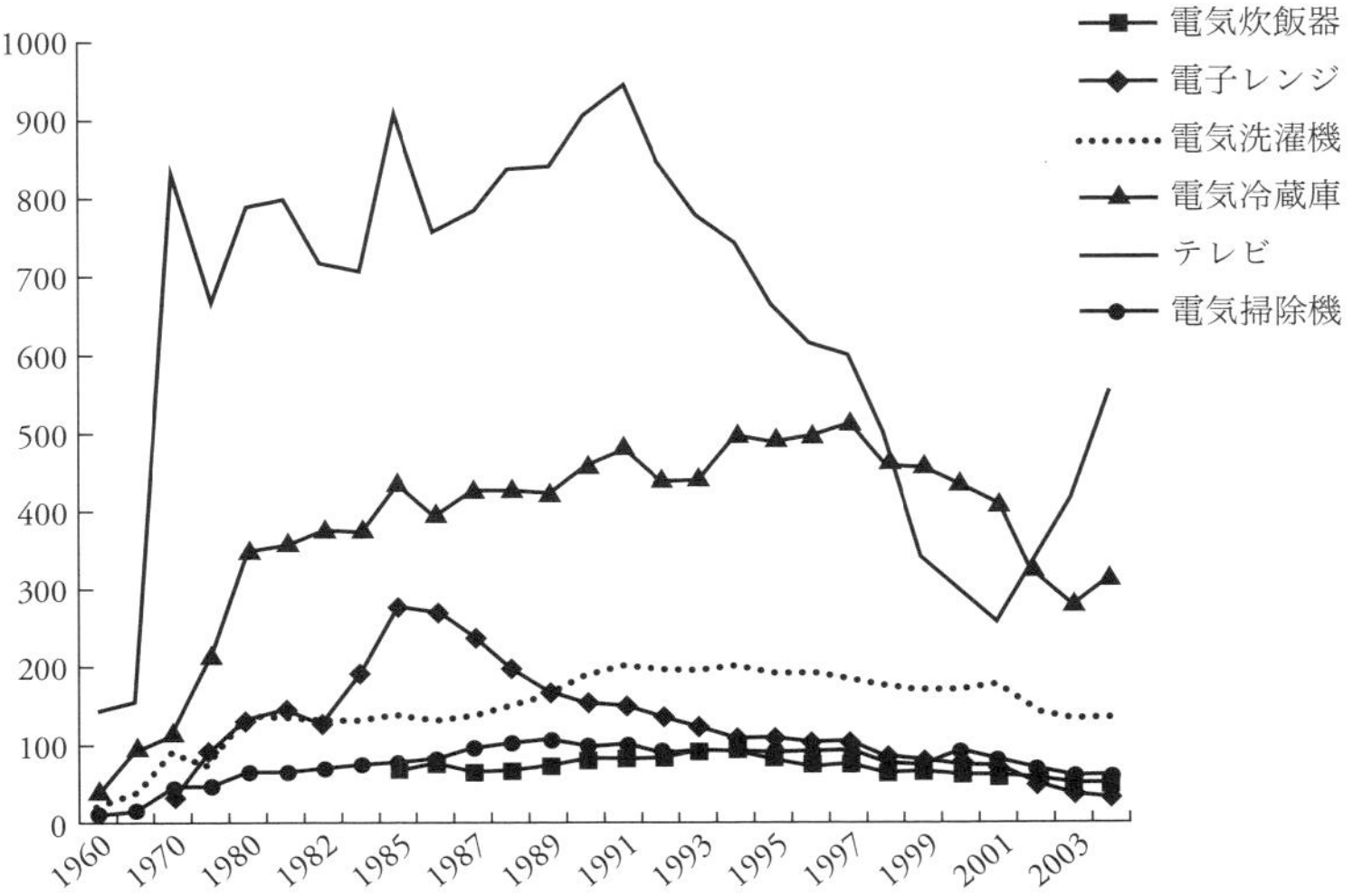

出所：経済産業省，統計局

図 4-3　電気炊飯器の生産量（1970 年および 1985～2004 年）　（1,000 台）

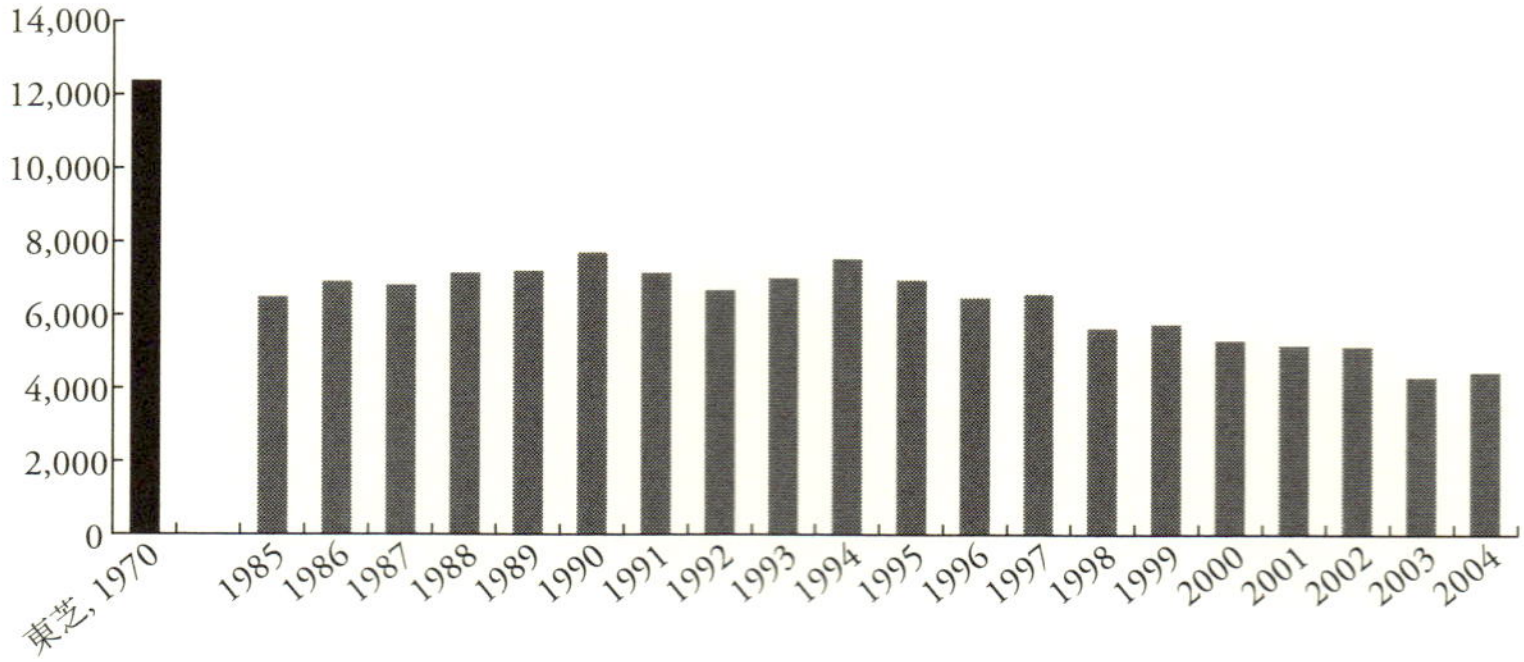

出所：1970 年　東芝データ（2009）
1985 年～2004 年　経済産業省，統計局データ

図 4-4　東芝 電気釜・保温釜の歩み（1955～2005 年）

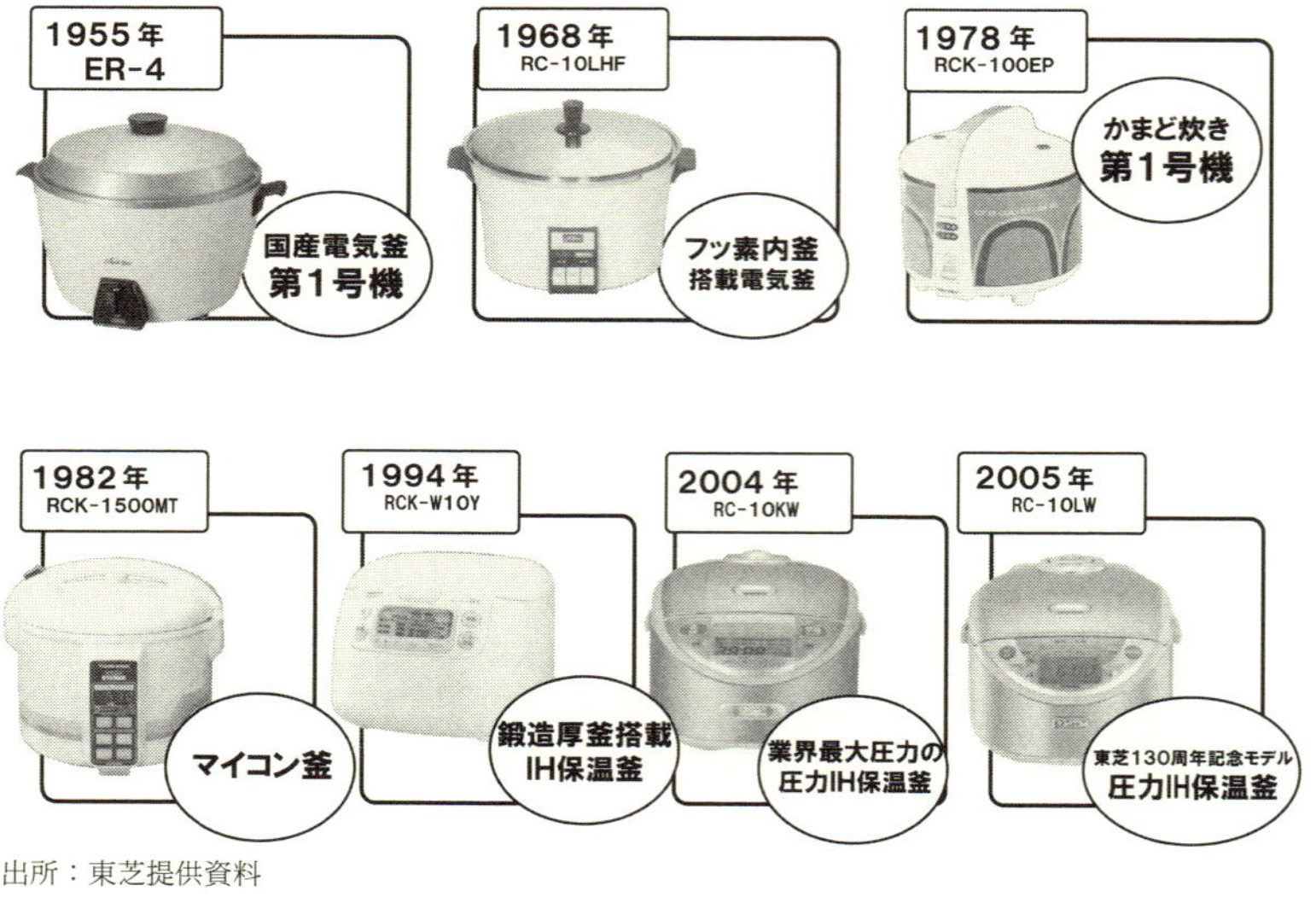

出所：東芝提供資料

時代の流れとともに、国内市場では、より新しくより高機能な電気炊飯器が登場した。生産者は、日本人の日常の炊飯の仕方や食べ方に合わせて必要な技術を向上させていった。「自動スイッチ」発明のインパクトはその後の電気炊飯器の技術展開に非常に重要な役割を果たした。一九六〇年代初期には他社メーカーによって自動スイッチが切れた後に米飯を保温しておく機能が開発され、また、炊飯の時間を予約できるタイマー機能が追加されたモデルも登場した。図4-4は、東芝の一九五五年に初めて発売された自動式電気炊飯器とその後に登場した、後継モデルである。

一九七八年以前の二つのモデルは、米をスイッチ一つで自動で炊くことしかできない型であった。ただし、一九六八年型の炊飯器は、当初のものと異なり蓋を透明なガラス製にしたことで、米の炊ける様子を見ることができた。一九七八年型はカマド式と呼ばれ、華やかさ、色鮮やかさをデザインに取り入れたものだった。一九八二年からは電気から電子式にかわり、マイコン技術によって様々な機能を加えることが可能となった。その後、溶湯鍛造ＩＨ釜、真空断熱、圧力などの技術に注力したモデルが登場した。時代を経るにつれ、消費者はより新しく効率のよい、最先端技術を取り入れた電気炊飯器を購入することができ、日々簡単・スピーディに美味しい米飯を食べることができるようになった。

家電商品の国内消費について

厨房機器を含む家庭用耐久財の生産は、戦後の日本経済の重要な部分を占めるものであった（Partner 1999）。これら家電商品における国内需要の伸びは、そのまま生産の増加（そして一九五一年以降の急激な電力への投資とその拡大）に直結していた。日本のメーカー各社は、新技術や新商品を海外に展開する前に国内市場に卸し、デザインなどの改良を加えてよりよいものを生産することが可能だった。それゆえ、メーカー各社がいかにしてその技術や商品を国内市場に卸し、実際に使用してもらって欠点をみつけ、改良したものを販売していったかを知ることは重要である。消費という観点から、なぜ日本の家庭はこのような家電商品を購入したのか、家庭の誰が購入の判断を任されていたのか、また購入したことによってこれら家電、特に厨房機器がいかに主婦に影響を与えたのかを知る必要がある。

家電商品の種類の増加は、家庭の台所に大きな影響を与えた。家庭や家事において、台所は中心的な役割を果たす場所であった（小菅 一九九一）。また、ジョーダン・サンドが示すとおり、一九世紀後半以降、台所は主婦が単に料理をする場所ではなく、家事を学ぶ場所であり、栄養や衛生や家計について研究する「主婦の研究室」となった（Sand 2003）。一八九〇年ごろから日本では西洋式の台所と調理道具（立ちながら作業をするため設計された台所や器具）が導入されはじめ、徐々に、床で座って行っていた調理や配膳作業がなくなっていった（山口 一九八八、二〇〇八）。しかし、サイモン・パートナーによると、特に地方では一九五〇年代後半まで、台所は女性が食事の準備などの作業を土間でしゃがんで行う惨めな場所であった。この台所の改革キャンペーンは、生活改善運動の一部となっていった（Partner 2001: 492–493）。台所は少しずつ、流れ作業を連想させる、直線の形状とシステムを取り入れたスタイルに変化を遂げていった。

一九五六年頃から日本住宅公団によって建設された住居の台所にはピカピカのステンレスの流し、ガス台と調理台を直線に配置したシステムキッチンが取り入れられた。一九六〇年代には流しの上の棚や壁に調理器具を見せながら収納するスタイルが主流となった。ところが、すぐに家庭生活雑誌などで、この出しっぱなし的な印象を与える収納法は見苦しいと批判されるようになり、システムキッチンには引き出しや扉の付いた食器棚が付け加えられるようになった（山口 二〇〇八）。さらにシステムキッチンと食卓を置く場所をコンパクトにまとめた新しいスタイルのダイニングキッチン（ＤＫ）には、日本や西洋の様々な調理器具が導入された。一九五三年には電気トースター、一九五五年には電気炊飯器や電気冷蔵庫や電子レンジ、そして一九七〇年代初期にはＩＨ家電、特にＩＨ炊飯器が登場した(山口二〇〇八)。家電には、大型の冷蔵庫や洗濯機といった機器から、小型で日本特有の電気炬燵、電気炊飯器や電気ポットなどもあった。「マイホーム」が後押しした消費ブームで購入されたこれら数々の家電商品は、日本の家庭の調理の概念や環境、そして主婦の食事にかける手間や時間に変化を起こすこととなった。

世界各国の家電商品の調査から、これら家電は明確に二つの別のカテゴリに分類できることが判明している。一つは洗濯機や掃除機に代表されるような「時間節約」商品で、もう一つはラジオやテレビなど余暇の「時間使用」型の商品である(Bowden and Avner 1994)。多くの国では、「時間使用」型の商品のほうが「時間節約」を行う商品よりも普及が速かった。日本でもまた、三種の神器の一つであるテレビの生産・普及の程度から、各国と同じ状況であったことがわかる。しかし、前にも述べたとおり、一九六〇年代、一九七〇年代の電気炊飯器の生産と普及は、テレビを超えていたかもしれない。電気炊飯器が「主婦のためのささやかな家電商品」(Nakano 2009: 1)であったとしても、それが市場に非常に大きな影響を与えたことは明らかである。

電気炊飯器の販売対象としての女性

一九五〇年代から一九六〇年代に台頭した都市部の中流核家族は、長時間労働へと通勤する男性と、たとえ男性同様に働いて収入を得ていた場合でも、基本的に日常の家事を担っていた女性とを理念的なモデルとして成り立っていた。主婦としての女性の役割は、日々の買い物から炊事など家庭の消費活動全般、一切の家計の管理まで広範囲にわたっていた。それ故、日本の女性、とくに「主婦」が、一九五〇年代半ばより販売された電気炊飯器の主要購買客として認識されていたのである。メーカーは主婦である彼女らが電気炊飯器の使用者であるとともに購入を決定する立場にあることを正しく想定していた。そのため、彼女らは近代的な主婦像として、多くの電気炊飯器や他の家電商品の宣伝に使われたのである。

図4-5　東芝の自動式電気釜1号機の宣伝に使用された広告（1955年）

1955（昭和30年）
日本初！自動式電気釜 1号機発売
TOSHIBA AUTOMATIC RICE COOKER
Toshiba
TOKYO SHIBAURA ELECTRIC CO., LTD.
ER-4 価格3,200円
スイッチひとつで
誰にでも簡単に
ご飯が炊ける
始まりは
主婦たちに
睡眠時間を
・・・
かまどの番から主婦を解放

出所：東芝提供資料

電気炊飯器の蓋を開けてみせているモダンな女性を載せた図4－5の広告は、東芝の電気炊飯器第一号機の販売時のものである。この広告には興味深い宣伝文句がいくつか使われている。

「かまどの番から主婦を解放」

「始まりは主婦たちに睡眠時間を」

「スイッチひとつで誰にでも簡単にご飯が炊ける」

宣伝文句は日本の家庭における電気炊飯器の意味を表している。電気炊飯器は、主婦にとっては常時カマドの前で座ったり立ったりする負担から解放し炊事を楽にしてくれ、朝食の用意のために早起きする必要をなくし、夕時にはちょっとしたうたた寝の時間まで捻出してくれるかもしれないものであった。電気炊飯器が女性にとって日々繰り返される米を炊くという家事にかける時間を軽減してくれる「時間節約」家電であったことは明らかである。しかし東芝の宣伝文句からは、電気炊飯器が主婦にもたらすものは多少の睡眠もしくは休憩時間だけではない、ということもわかる。三つめの宣伝文句は、電気炊飯器を使えば主婦以外の誰でも簡単にご飯を炊くことができると謳っているが、それが具体的に誰を指すのかは明確にしていない。しかし、この宣伝文句は男性を想定していたり、電気炊飯器を使うと炊事が男性陣の仕事にもなりうることを示しているのではないと思われる。むしろ、この三つめの宣伝文句は、電気炊飯器によって、義母から炊飯のコツを教わらなくとも（そして配偶者から不当に自分の母親と家事の腕前を比較されずとも）、主婦の誰もが完璧に美味しいご飯を炊くことができるという意味だと思われる。

一九五六年に東芝は、四〇年代後半に初期の電気炊飯器モデルの失敗で失った顧客の信頼を取り戻すため、販売の際に電力会社に協力を要請した。当時の東芝や松下電器は、自ら自動式の電気炊飯器を一軒一軒を訪問して売り歩いたり、人を集めて広場や団地（松下電器の訪問販売の例としては、大阪の千里ニュータウンがあげられる）で実演販売する方法が取られていた（Nakano 2009）。その際、人を集めるのに電力会社の営業マンに協力を求めたのである。東芝はさらに、百貨店、そして後に自社の電気機器販売店にて実演販売を行った。東芝販売店のオーナーの一人によると、一九九〇年代に台頭したどのメーカーとも提携していない家電量販店にとってかわられるまでは、東芝販売店のような小売店舗での販売が家電商品の小売の中心だったという。図4-6は、自動式電気炊飯器の第一号機の実演販売の写真である。うち一枚には、多数の男性客が新しい電気炊飯器を囲んでいる様子が見られ、販売員が女性であることがわかる。

女性も、これら家電商品の直販と人気上昇に貢献した。一九六〇年代初めに松下電器は「パパママストア」、街の電気屋さん、とも呼ばれた小売販売店に女性の販売員を採用し、炊飯器を含む家電販売の担当をさせた。彼女らは社による一斉トレーニングを受けて常に新商品の知識を得、顧客に対応できるように訓練されていた（Nakano 2009）。女性は、また、後には炊飯器のデザインや技術にまで関わるようになっていった。中野嘉子によると、一九七〇年代まで松下電器では、家電のデザインや技術はすべて男性社員が担当していたが、彼らにとって家電部門の担当になることは非常に「残念」なことであり、彼らはより高度な技術を必要とする部門への異動を希望した（Nakano 2009）。ところが、一九七九年になって松下電器は、大学院家政科で修士の学位を取得した「炊飯のプロ」である女性を採用した。彼女は小さな成功を積み重ね、釜の温度調節技術に改善を加えることで、より美味しく風味のある「完璧なご飯」を炊く炊飯器を作り上げた。以後、同社の炊飯器を担当する部門は女性の技術者を複数採

図 4-6　百貨店にて自動式電気釜 1 号機を販売する東芝（1955〜56 年頃）

出所：東芝提供資料

用し、そのうち彼女らはライスレディと呼ばれるようになった（Nakano 2009: 132–136）。また、営業部門にも女性が配属された。初期の技術開発に携わり、のちに松下電器のクッキングシステム事業部の役員になったライスレディの一人は、日本ではいかに米を美味しく炊き上げるかに強いこだわりがあり、他のアジア諸国に比べて炊飯器に求めるものが異なると述べている。日本では「炊飯器は美味しい白飯を炊くことのみに使用され、それ以外の用途に使うことは考えられない」。だが、アジア諸国では炊飯器は他の食物も調理できるような「マルチ調理機」でなければ購入する人はいない（Nakano 2009: 155）。

つまり、日本の消費者は「美味しいご飯」を炊く機能しかない機器に、高いお金を払うことを厭わないのである。主婦が炊飯器にそれ以上の機能を求めることはない。この米への文化的ともいえる考えが、国内市場において炊飯器のデザインや販売、消費活動に大きな影響を与えたことは確かである。しかしそれは同時に、米を炊くだけの機能をもった炊飯器を、日本では比較的目立たない、主婦のための家電という位置づけに留めることになった。それは、炊飯器がマルチ調理機としてアジア諸国で得た高いステータスとは異なるものであった（Nakano 2009: 176）。

米を炊くという唯一の仕事を与えられて一九五〇年代半ばに市場に登場した電気炊飯器は、日本の女性の炊事事情を一変させた。そしてその市場への影響は素早く、著しいものがあった。大ヒット漫画の「サザエさん」の主人公であるサザエさんは、日本の主婦を代表する登場人物である。ある研究者によれば戦後初期の日本人の日常生活は、サザエさんを通して垣間見ることができるという（玉城 二〇〇三）。サザエさん一家が東芝の電気炊飯器を使い始めたのは、一九六〇年とされている（Goo 2005）。電気炊飯器は、市場に出てわずか四年で、漫画にも登場するほど日本人の日常生活の一部になっていたのである。

電気炊飯器のような「時間節約」型家電が実際どの程度、女性に時間的ゆとりをもたらすことができたのかについては、確かに議論の余地がある。電気炊飯器の登場は、勤めに出ることができるようになったり、自由な時間を楽しんだり、他の家事をこなす時間に充てるといった近代的な主婦や家庭のイメージづくりに果たしてどの程度役立ったのだろうか。専業主婦なら、カマドでの炊飯にかけていた時間を単に他の家事にまわしたり、美味しいご飯と一緒に食卓へ出す手間をかけたおかず作りに精を出しただけなのかもしれない。だが、電気炊飯器のような「時間節約」型家電によって、主婦が収入を得られるパートタイムの仕事につくことが可能になったと、少なくとも主張することができよう。数々の「時間節約」型家電の登場が、女性の家事にかける時間の短縮につながったことは間違いない。高度成長期に、パートタイム（パート）で働く女性への企業の需要が高まり（Macnaughtan 2005）、そのため家事時間を節約しうる家電は、労働の供給源である既婚女性が、家庭の主婦業を主としながらも労働市場に参加し、賃金を得ることを可能にしたのである。

「プロジェクトX」で三並家の三男・親史がコメントしたように、風美子は東芝の自動式電気炊飯器開発のための実験を行いながら、女性の炊飯の時間が短縮され、男性のように外で稼ぐ仕事に出られる可能性を考えていた。親史はまた、番組でこのようにコメントしている。「大正時代の後期より、多くの大手メーカーが電気炊飯器の開発に取り組み、失敗に終わっていた。我々が手掛けた自動式電気釜が成功したのは、男性だけではなくて、女性や子供たち家族全員が開発に取り組んだからではないかと思っている」（ＮＨＫ「プロジェクトＸ」制作班編 二〇〇二）。一九六〇年代から、メーカーも広告代理店も、電気炊飯器などの女性向けの商品の場合、開発にも営業にも女性担当者が関わっているほうがよりよい結果が得られると、徐々に感じ始めていた。

消費者としての女性の役割

一九五〇年代から一九六〇年代にかけて、主婦業を担う女性は都市部の新しい家庭の象徴として、味覚やファッション、消費に決定権を持つようになってきた。百貨店は「家事の効率上昇」、「家事の専門家・管理者としての主婦の地位確立」をねらった新しい家電商品を販売した（Young 1999: 65）。このように家計の管理者としての役割を通して、女性、特に主婦は高度な消費者意識と消費者行動を身につけた人々と認識されていった。彼女らは家庭において財布の紐を握る人であり、またそれぞれの地域の消費者団体における主要なプレーヤーであった。一九四八年の設立以来、主婦連合会は戦後の消費者運動の先頭に立ち、政府や生産者に、消費に関する事柄についていかに女性の役割が重要であるかを論証してきた。女性、特に主婦は、消費についての豊かな知識を持ち、責任感ある行動をとる消費者として、環境問題に配慮し、消費者の権利を守る活動の重要なプレーヤーとして、さらには彼女ら自身が市場において活発な消費者であると見られるようになっていった。一九七〇年代以降、女性消費者は広告代理店や市場調査を行う人々から、二つの異なるカテゴリに分類されるようになった。働く若い未婚女性と、少し年上の既婚の専業主婦である。シュテファニー・アスマンは、日本の女性誌がこの類型化をさらに確固たるものにしたと説明している（Assmann 2003）。外で稼いで働く女性と、家事を専業に行う主婦が、くっきりと二分割されたのである。そして、これら女性誌はそれぞれのカテゴリに属する女性に、何を購入したらよいかというルールや指示を示す、視線誘導標であったと論じている。

このように女性をわかりやすい消費者グループに類型化する動きは、この後も続いた。一九九七年の市場調査報告書では、さらに細かく、以下の四つのカテゴリに分類されている。①シルバー（五〇歳以上の女性）、②働く未婚女性（二〇～三九歳までの未婚女性）、③若者（一〇～二四歳までの女性）、④影響力のある女性（二〇～四九歳の既婚の働く女性および専業主婦）。この最後のグループの女性はさらに二つのサブカテゴリに区分された。ひとつは「内向型主婦」で、もうひとつは「物質主義者」である。「内向型主婦」は自分の生活スタイルや地域、環境に興味があり、「家で使う商品」の主要な購買対象者である。これに対して「物質主義者」は物やお金を得ることに幸せを見出すタイプで、贅沢品、服飾品やブランド品を購入し、「バブル期の面影を引きずる」ような傾向があるとされた（TrendScope 1997: 10, 16–17）。二〇〇八年の読売新聞の消費者トレンドレポートによると、当時のアラフォー女性（四〇歳前後の女性）が日本での四つの重要な消費者プロフィールの一つであるとされている。この年齢の女性は、ちょうど社会人になったころにバブルを体験し、贅沢に囲まれた生活を送り、活動的でエネルギッシュで結婚後も働き続けることを選び、安定して消費を続けるグループであるという（Yomiuri 2008）。ここから、専業主婦であれ働いている女性であれ、三〇歳以上の既婚者が多いグループの女性が、明らかに家電用品の消費対象者として見られていたことがわかる。

この対象者の選別はそもそも、彼女らのような女性が家庭で強い決定権を持つという一致した意見に導かれている。彼女らが家計に責任を持ち、収支を調整し、借金を最低限に抑え、安定を好み、従順な「中流」家庭を築くというイメージを投影しているものである。一九八一年のジェトロの調査によると、四三％の既婚女性が家計管理を一人で任されており、四〇・七％が配偶者とともに家計管理を行っているという結果が出ている。配偶者がすべての家計を管理していると答えたのはわずか一六・三％だけであった（JETRO 1981: 10）。同調査によると、五九・一％の女性が、家電製品購入の際の単独決定者であると回答している。配偶者とともに決定する女性は三七・二％である。なお、配偶者がすべての決定権を持っていると回答したのは一・八％で、これがラジオやテレビの場合は三二・七％、自動車の場合は四四・二％になる。

この一九八一年のジェトロ調査は、さらに、消費者が購入する商品は主に国産品だとしているが、消費者の購買力が上がるにつれて外国製品の消費欲が強まっていると記している。また、「日本の市場も変化を続けており、それにともなって日本の消費者であり主婦である女性も同様に進化している」と述べている（JETRO 1981: 1）。

外国製の商品、特に贅沢品や食料、ブランド品を含む服飾品などの需要が戦後高まっていったのは確かだが、それらは価格、品質両面で、強力な国産品と対抗しなくてはならなかった。一九七八年に実施された東京および横浜での一〇〇〇人以上の女性に対する調査によると、「外国の商品は日本のものよりも質が高いと思う」という設問に賛成したのは、たったの一五％であった（JETRO 1981: 18）。さらに、外国製品は、日本の生活に適切で、取り入れてよいことを証明しなくてはならなかった。日本の住宅や部屋は西洋よりも平均的に小さく、部屋も様々な用途に応じられるような作りの場合が多かったので、商品はそのような住宅事情に柔軟に対応でき、コンパクトで、耐久性がなければ受け入れられなかった（JETRO 1981: 13）。これは、特に家庭用品、台所用品や家電について言えることであった。日本の主婦で、西洋式の食器セットを一式欲しいと思う者は少なく、それよりも、小ぶりで様々な柄や形の食器を多数取り揃えることを好んだ（JETRO 1981: 14）。通常、日本の台所には外国製の大きな冷蔵庫やオーブンの設置は不可能であり、国産の家電が市場を占めた。国産の電気炊飯器は、美味しいご飯を炊くことで女性を助けた。効率よくコンパクトにまとまった機器は場所をふさぐこともなく、ご飯をよそうために別の部屋に持ち運ぶことも簡単にできた。

電気炊飯器の発展は、日本の食事における米の重要性、主婦にとっての炊事の重要性（現実的にも、またシンボルとしても）、そして日本のメーカーの技術向上を伴う成長と関係している。消費者としての女性、特に既婚女性は、彼女らに必要な商品に影響を与えたが、それは近代的な生活のなかで主婦の座を確立するためであった。電気炊飯器は近代的な技術を取り入れた商品として、都市部の新興住宅に住む、中流家庭を営む女性に受け入れられたのである。

電気炊飯器が市場に与えた衝撃

本章では、実際の消費者の「声」をすくい上げる試みとして、電気炊飯器の購入と使用について独自の調査を行った(9)。主な対象者は電気炊飯器を購入し、使用した経験がある日本人女性である。調査は対象者数が少ないため包括的とは言えず、また、対象者はこの商品の購入者の母集団を正確に反映したものではない。しかし調査で得た回答はこれまで検証してきたテーマについて、特に電気炊飯器の消費にジェンダー（性差）があることについて多少なりとも答えを見出す一助となると考える。調査結果は、電気炊飯器の消費者が主に女性であるという説を裏付けるものであった。回答者のうち、女性の九三％が電気炊飯器を自分で購入したことがあると答えており、また、五四％がもらったことがあると答えている。もらったことがある人のうち、「贈り物」として受け取った人の八一％が、別の女性に買ってもらったと回答しており、そのうち五五％は贈り主が母親だった（一八％は贈り主が配偶者であったと回答した）。子供のころに家庭で電気炊飯器を購入したことについて尋ねると、五四・三％が購入時のことを覚えており、うち八三・五％は購入決定者が母親であったと言っている（九・六％は購入者が父親であったと回答した）。

自分が購入したときの決定理由を確認した質問では、最も多かった回答が「高機能な技術が搭載されていること」（四五・八％）、次いで「価格」（一八・三％）、「サイズ」（七・五％）、「デザイン（見た目）」（五・八％）、「メーカー（ブランド）」（一・七％）となった。全体の三四・七％だけが、なんらかの広告に影響されたと回答した。大半を占める七二・五％もの回答者が、炊飯器を複数回購入した経験があり、このうちの一一・一％は過去一二カ月以内に購入、四五・三％がここ一〜五年の間に購入、二九・一％が過去五〜一〇年の間に購入、そして一四・五％が一〇年以上前に購入したことがあると答えた。複数回購入経験がある者のうち、四五・三％は、壊れたことが買い替えの理由で、二五・六％は新しい型に変えるためであった。回答者の約半数、四九・三％が炊飯器を少なくとも一日に一度使用しており、二一％は週に平均三〜四回ほど使用していると答えた。

電気炊飯器が女性の（母親や祖母も含む）日々の生活に与える影響の度合いについては、四八・四％が「非常に影響が大きかった」、三五・二％が「影響が大きかった」、一三・一％が「ある程度の影響があった」、三・三％が「影響が少なかった」もしくは「影響はなかった」と答えている。なお、電気炊飯器全般についての自由回答では、多くの回答者が機器の「時間節約」効果について触れ、いかに炊飯器が使いやすく、効率的で信頼できる機器であるかを語り、炊飯器によって生じる時間を自由に効率よく使える、と述べている。また、多くは、技術の向上が電気炊飯器にとって極めて重要であると言い、特に「自動タイマー」と「保温」機能によって、家族がバラバラに食事を取らなければならない時でも、全員がいつでも美味しいご飯が食べられるようになったと回答している。さらに、この電気炊飯器が家事の「負担の軽減」「時間の短縮」に役だったと述べている。

多くの女性がガスコンロに土鍋または鍋をかけて米を炊くことは比較的簡単だが、普段、白飯を炊くのに使用するのは炊飯器であると回答した。数名が、土鍋で炊くときよりも火加減の調節などを見張ることもなく、手間と時間の節約になったと回答したが、カマド炊きから炊飯器への移行に比べるとその差は小さかった。ある女性は、「七〇年前にいかに苦労したか、想像もできない」と述べ、また、別の女性は「私の祖母は、頻繁に炎を調節するため、米を炊くときはカマドから離れられなかった」と書いている。その他、「私の母の家族は大家族で、家の外にあるカマドに薪をくべて早朝から米を炊いていた。おかずは二品作るだけでも大変だったと思う。祖母は教師だったが、仕事と家事を主婦としてどう両立させていたのか、想像もできない」とコメントしている。複数の回答者が、電気炊飯器は「なくてはならないもの」であり「必須」アイテムである、と書いている。

また、「ご飯は主食だから、美味しくなければならない」、と米がいかに日本の「文化」として根付いているかを強調した回答も複数あった。また別の回答者は、電気炊飯器は「米を中心とした日本の食文化を守った」とし、他にも「私も私の母も米を食べることが大事だと考えていて、毎日、食べている。値段が高くても美味しいお米を買うようにしている。炊いたご飯が余ったとしても捨てることはしない、なので炊飯器は美味しく炊くことと、「保温」機能を重視している」というコメントがあった。

炊飯器も、いまや商品ライフサイクルの成熟期に差し掛かっているのかもしれない。ある回答者からは、「日本社会で炊飯器を持たない家庭はないと言えるかもしれないが、それゆえにいまや炊飯器の重要性は低い。電子レンジのほうが生活への影響力が大きい」という指摘があった。もう一人は「無洗米の普及で、米を研がない人、また炊くのに炊飯器を使わない人が増えていることが寂しい」と述べた。また、数名の回答者から、技術が進むにつれて次々とモデルチェンジを行う炊飯器について意見が出た。そのうちの一人は「近頃は高価な炊飯器が売られているが、技術が進んでいるので安価な炊飯器でも十分美味しいご飯が炊ける」、また別の一人は「最近の炊飯器は機能が多すぎる。最低限必要な機能だけに絞っても良いのではないか。価格が高くなりすぎている」と述べている。その他、「自分の母の時代の炊飯器に比べると（母の時代の炊飯器は単純な構造と機能しかなかったために逆に壊れる部分が少なく、二〇年以上も使うことができた）最近のゴム製部品を使う炊飯器は七、八年しか持たない」「テレビ広告ではたくさんの高性能な炊飯器が宣伝されているが、私にはＩＨ、マイコン、カマド式の電気釜の違いはよくわからない。普通にご飯が炊ければ十分。私が持っているのも簡単なもの」という意見もあった。しかし、なかには従来のカマドで炊いたご飯のほうが美味しいと答える回答者もいた。このような考えが、カマド式炊飯器など、カマドで炊いたご飯の味の再現に挑戦するような様々なモデルの製作に大きな影響を与えたことは確かである。

進歩する技術を好意的にみるコメントもあった。「炊飯器は便利になってきている。釜で米を研がなくても炊けるものも開発されている。それに、上部から蒸気を出さない工夫をした炊飯器の登場など、進化を続けている」「いろいろな炊飯器を試してみて、現在のものに落ち着いた。炊飯器によって、結構ご飯の味に差が出る。ご飯が美味しいだけで、どんなおかずも美味しい」「炊飯器はそもそも女性の家事の負担軽減のために開発されたのかもしれないが、いまやいかに美味しいご飯を炊けるか、に価値が移動している。一〇万円もする炊飯器が売れることがよい証拠」などである。「米を主食とする国民にとって、炊飯器は生活必需品。高い性能を持つ高価なモデルも登場し、最高のご飯を炊くことができる（柔らかすぎず、固すぎず、ツヤがあり、適度なもっちり感がある）。一〇万円以上もする炊飯器もあるが、日々、家で美味しいご飯を食べるための出費は惜しまない。惜しむらくは、モデルチェンジがあまりにも頻繁なこと。最新モデルが一番良いと思っているので、次々に買い変えたくなる気持ちを抑えるのが大変。馬鹿馬鹿しいことだが、私の母（七四歳）は一ダースもの炊飯器を持っていて、どれが一番良いか比べたりしている」という人までいた。

いくつかのコメントは、技術、歴史、そして米の重要性を関連づけたものだった。例えば、「人は、時計の振子のように歴史をいったりきたりする。炊飯器はガスから電気式、自動タイマーや保温機能までも搭載したモデルに発展したのに、コメントを読む限り、ガスやカマドで炊いたご飯のほうが美味しいみたい（子供のころの懐かしい思い出の味ということもあるかもしれない）。そういう思いをメーカー側も受け取って、釜や圧力機能に工夫を持たせた電気炊飯器を売り出している」。ある女性は、「私の家族が最初に炊飯器を買ったときは、ガス式の炊飯器だった。だけど家族の人数が増えるにつれて、毎食の準備とお弁当のために、電気炊飯器が必須になったのだと思う。初期のころの炊飯器は、今のものと比べようがないくらい性能が違う。以前は保温するとご飯は固く黄色く変色したものだが、今の炊飯器は美味しい状態のままで保温してくれる。それに、炊飯以外の機能も充実している。でも、冷凍食品の技術、そして電子レンジの技術向上で、炊飯器の炊きたてご飯に頼らなくても美味しいご飯が食べられるようになってきている。一九七〇年代、一九八〇年代に炊飯器に必要として考えられてきた機能は、現在の需要に合っているとは言えないような気がする。七〇年代、八〇年代には（炊飯器は）女性の家事労働に大きな影響があったと思うが、今はもう違うのではないか」。

調査全体の傾向として、電気炊飯器の登場が、女性に労働の機会を与えながら、ご飯を中心とした夕飯の支度も可能にしたという認識が見られた。ある五〇代の女性は「私の世代の女性だと、すでに自動タイマー機能つきの炊飯器があったから、朝のうちにタイマーをセットし、仕事に出かけることができた」と述べた。また、「働く女性の数は増加している。早朝の食事や仕事の後の夕飯の支度も、電気炊飯器があるおかげでとりあえずすぐに暖かいご飯が食べられる。女性にとって、これは自由と安心感につながっていると思う。炊飯器はご飯を炊くだけではなくて、女性に一息つかせ、他のことを考えるゆとりを与えるものだと思う」というコメントもあった。「炊飯が楽になったおかげで、女性はより気楽に働きにでることが可能となった」「炊飯器は女性が自由に社会に出ることを可能とした。特にそれは自動タイマー機能によるところが大きい」と述べた人もいる。

おわりに

開発の初期段階から一九五〇年代に国内市場に登場するまでの自動式の電気炊飯器の歴史を辿ることによって、本章では東芝を例にメーカー側の視点と、女性を中心とした消費者側の視点の融合を試みた。それから五五年の歳月を経た現在でも、依然として炊飯器は重要な機器である。インタビューを行った東芝の担当部長は、電気炊飯器がいまだに同社の生活家電部門にとって中心的な商品であり、「その商品の重要度は非常に高い。それは、米という、日本人にとっての主食を炊きあげるものだからだ」と話した。

この炊飯器というささやかな家電が、日本のどこにでもいる女性の生活に変革をもたらした。残念なことに、この商品の最初の消費者である風美子は「プロジェクトX」には登場しない。彼女はまだ四五歳という若さで、一九五九年という、ちょうど炊飯器ブームが起こり始めたころに亡くなっている。しかし、彼女は入院中に病床で全国の主婦から、いかに日々の炊飯が楽になったか、そして朝晩と時間にゆとりができたかを書き綴った感謝の手紙を多数受け取ることができた。この炊飯器が現在まで重要な家電商品として存在し続けていることを、彼女が喜んでいることを願う。最後に、調査のある回答者の言葉を伝えたい。「(今回の調査で) 炊飯器のことを考える機会を持てたことは本当に良かった。これまで考えたこともなかった。私はいま、三四歳。電気炊飯器は生まれたときからすでに身近な存在だった。炊飯器がいかに女性に影響あるものであったか、いかに時間と労力を軽減するものであったか、これまで想像もしたことがなかった」。

注

(1) アジア市場における電気炊飯器の影響については、Nakano (2009) を参照。

（2）本章では株式会社東芝の協力で提供いただいた資料の出所を東芝提供資料としている。これらの資料については東芝のウェブサイト、URL: http://toshiba-mirai-kagakukan.jp/learn/history/ichigoki/1955cooker/index_j.htm などで詳細を確認することができる。また、株式会社東芝には対面インタビューの機会をいただき、メールでも数々の図表、データやスローガンなどの情報を提供いただいた。

（3）本章は、ＮＨＫの番組である「プロジェクトＸ　挑戦者たち」の一話として取り上げられた自動式電気釜の開発物語と、東芝より提供された資料を元にしている。

（4）「プロジェクトＸ　挑戦者たち」はＮＨＫで毎週放送されていたドキュメンタリー番組である。全一八七話が二〇〇〇年三月から二〇〇五年一二月の間に放送された。戦後の技術革命に携わったが今や忘れられかけている企業と人々の努力の物語を主に取り上げた番組である。改革の起源となった話を綿密な取材に基づきＮＨＫがまとめたもので、歴史的資料としても興味深い。また、放映当時、日本で非常に高い人気を得た番組でもある。本章で紹介する自動式電気釜の開発物語は、二〇〇二年に放映されたシリーズの四二番目の番組である。

（5）番組では、炊飯実験用に実にトン単位の米が必要で、その米は三並がヤミ市から入手したことを記録している。

（6）東芝の担当者は、このデータの欠陥に驚いていた。データが存在しない理由として、電気炊飯器が「女性向けの商品」であったことが理由かもしれないと述べている。経済産業省には確認が取れなかった。

（7）統計データは経済産業省（MITI、現在では METI）の編集によるものである。詳細は http://www.stat.go.jp/english/data/chouki/08.htm を参照。

（8）このデータは国内生産の数値である（海外輸出向けの生産も含まれるかもしれない）。日本のメーカーによる海外での生産は、一九八〇年以降急激に伸びを見せ、国内生産の「空洞化」につながった。

（9）この調査は、www.surveygizmo.com サイトを利用しオンラインにて行われた。調査期間は二〇一〇年一〇月から二〇一一年一月までの三カ月間。回答者数は有効回答が一三五、途中棄権者や不完全な回答が一一七だった。回答者の全員が日本人（国内在住八八％、残り一二％は国外在住）、九七・四％の回答者が女性で、最も多い回答者は既婚の三〇代、四〇代女性であった（年齢別内訳は二五〜二九歳が四・三％、三〇代が四一％、四〇代が四一％、五〇代が一〇・三％、六〇代が三・五％。婚姻別内訳は既婚者六二・三％、未婚者二五・四％、離婚者七・〇％、同棲者二・六％、死別者二・六％）。

引用文献

NHK「プロジェクトX」制作班編（二〇〇二）『プロジェクトX　挑戦者たち　電気釜　町工場一家の総力戦』日本放送協会

小菅桂子（一九九一）『にっぽん台所文化史』雄山閣出版

玉木悦子（二〇〇三）『「サザエさん」にみる戦後日本人のくらし』実践女子大学生活文化学科

東芝株式会社（二〇〇九）「1号機ものがたり　1890-1997 なつかしの電化製品」東芝未来科学館 http://museum.toshiba.co.jp/history/1goki/1955rice.html

山口昌伴（一九八八）『台所空間学――その原型と未来』建築知識

山口昌伴（二〇〇八）'The Japanese Kitchen: Modern Era to Innovation'. ブログ URL: http://1st-japanese-food.blogspot.com/search?q= yamaguchi

Assmann, S.（2003）'Japanese Women's Magazines: Inspiration and Commodity', in *Electronic Journal of Contemporary Japanese Studies*, Discussion Paper 6 2003

Bowden, S. & Avner, O.（1994）'Household Appliances and the Use of Time: the United States and Britain since the 1920s', in *Economic History Review* 47（4）, 725–748

Costa, J. ed.（1994）*Gender Issues and Consumer Behaviour*, Sage Publications

de Grazia, V.（ed.）（1996）*The Sex of Things: Gender and Consumption in Historical Perspective*, Berkeley CA: University of California Press

de Vries, J.（2008）*The Industrious Revolution*, Cambridge: Cambridge University Press

Francks, P.（2009a）*The Japanese Consumer: An Alternative Economic History of Modern Japan*, Cambridge: Cambridge University Press

Francks, P.（2009b）'Inconspicuous Consumption: Sake, Beer, and the Birth of the Consumer in Japan', in *The Journal of Asian Studies* 68（1）, February 2009, 135–164

Goo（2005）今日のことあれこれと『東芝が「電気釜を発売」した日』ブログ URL: http://blog. goo.ne.jp/yousan02/e/b30cf4698e2c3b76afa1f1ebb6dd2057?st=1（二〇〇五年一二月一〇日アクセス）

JETRO（1981）*The Female Factor in Japan's Import Market: a Survey of the Purchasing Attitudes and Experience of 687 Women*, Tokyo: Japan External Trade Organization（JETRO）

Macnaughtan, H.（2005）*Women, Work and the Japanese Economic Miracle: the case of the Cotton Textile Industry, 1945–75*, London: Routledge Curzon

Macnaughtan, H. (2006) 'From 'Post-war' to 'Post-bubble': Contemporary Issues for Japanese Working Women', in Matanle, P. & Lunsing, W. (eds.), *Work, Employment, and Society in Contemporary Japan*, Basingstoke: Palgrave Macmillan

Nakano, Y. (2009) *Where There Are Asians, There are Rice Cookers: How "National" Went Global via Hong Kong*, Hong Kong: Hong Kong University Press

Panasonic Corporation (2011) *Panasonic Corporate History: Innovative Products, 1956, Automatic Rice Cooker*, Accessed at: http://panasonic.net/history/corporate/products/inp1956.html

Partner, S. (1999) *Assembled in Japan: Electrical Goods and the Making of the Japanese Consumer*, Berkeley CA: University of California Press

Partner, S. (2001) 'Taming the Wilderness: The Lifestyle Improvement Movement in Rural Japan', in *Monumenta Nipponica* 56 (4), Winter, 487–520

Sand, J. (2003) *House and Home in Modern Japan: Architecture, Domestic Space and Bourgeois Culture 1880–1930*, Cambridge MA: Harvard University East Asia Center

TrendScope (1997) *Trend Watch: The New Consumer Trends in Japan*, TrendScope, August 1997, Tokyo

Yomiuri (2008) *About Japan: Consumer Trends*, Accessed at: http://adv.yomiuri.co.jp/m-data/english/market/about_japan2.html

Young, L. (1999). 'Marketing the Modern: Department Stores, Consumer Culture, and the New Middle Class in Interwar Japan', in *International Labor and Working-Class History* 55, Spring, 52–70

第 II 部

伝統・近代・消費の成長

第5章　家計史料からみた消費生活の変容

中西　聡
二谷智子

問題の所在と事例

近年の日本経済史学界の関心は、以前に比して生産局面から消費局面に比重が移っている。その背景には、量よりもむしろ品質によって消費市場が規定される現在の社会状況があろうが、近年の著作に限っても、消費者を焦点に据えた原田（二〇一二）や田村（二〇一二）があり、大衆消費社会を焦点に据えた満薗（二〇一四）や山口（二〇一四）などがある。そして二〇一〇年に完結した東京大学出版会の日本経済史シリーズでも、消費生活がテーマの一つとして取り上げられ、幕末・明治前期を対象とする第一巻に、「文明開化と民衆生活」という章が設けられた（中西二〇〇〇）。その章では一九世紀後半の地方資産家と自作農の消費生活が家計史料をもとに比較検討されたが、階層間・地域間の差異は十分には解明されておらず、また現時点では、中村隆英らの研究があるものの（中村編一九九三）、家計分析の事例研究が少ないため、消費生活の全体像の解明には至っていない。そこで本章では、富山県の地主のM家、愛知県の醸造家のX家、山形県の自作農のK家の事例を取り上げ、家計関連史料の分析から消費生活の諸相に迫ることとする[1]。

消費生活には多様な局面があり、例えば先行研究の中部家庭経営学研究会編（一九七二）では、家庭生活が、「家族関係・家庭経済・衣生活・食生活・住生活・健康生活・家庭文化・家庭教育・女子教育・婦人問題・社会福祉」に分類された。家庭生活は、各家庭の生活様式とそれを取り巻く社会環境の相互関係を念頭において分析される必要があると考えられ、その諸領域は、生活様式そのものを規定する「衣食住」と、社会環境との相互規定性の強い「健康・教育・文化」などの側面に大きく分けることができる。それゆえ本章では、日常の生活様式により関連の深い「衣食住」に関し、衣料品や食料品の購入に着目し、社会環境と家庭生活の境界領域に関しては、医療関係支出と教育関係支出について検討する。

まず、富山県のM家を取り上げる。M家は、富山湾に面する新湊に居住し、その後背地に広く耕地を所有していた。近世期には海運業に携わり、地元で有力な資産家であったものの、近代以降は松方デフレ期に損失を出して海運業から撤退し、以後は地主経営に専念した[2]。次に、愛知県のX家を取り上げる。X家は、愛知県知多半島の小鈴谷で近世期から醸造業を営み、近隣の土地も所有した有力な資産家であり、近代期には、麦酒製造やパン製造へ進出し、醸造業を柱とする多角経営を行った[3]。続いて、山形県のK家を取り上げる。K家は、山形市から一〇キロメートルほど南に位置する西郷村にあった。近代初頭のK家は、標準的な経営規模の自作農であったが、その後徐々に経営面積を広げ、二〇世紀初頭には、かなり有力な自作農となった[4]。そして本章の最後に、これら三家に、二〇世紀初頭の消費支出が判明した家庭を加え、地域環境が消費生活全般の相違とどのように関連しているかを考察してまとめとする。

本論に入る前に、近代日本の物価水準の変化を確認する（図5‐1）。M家・X家・K家の居住県の県庁所在地である富山市・名古屋市・山形市の卸売米価を示した。三都市で米価の差は小さく、いずれも同じような変化を示した。すなわち、一八八〇年代前半の松方デフレ期に一時的に米価は半分になったものの、その後緩やかに回復し、

図 5-1　都市米価の動向

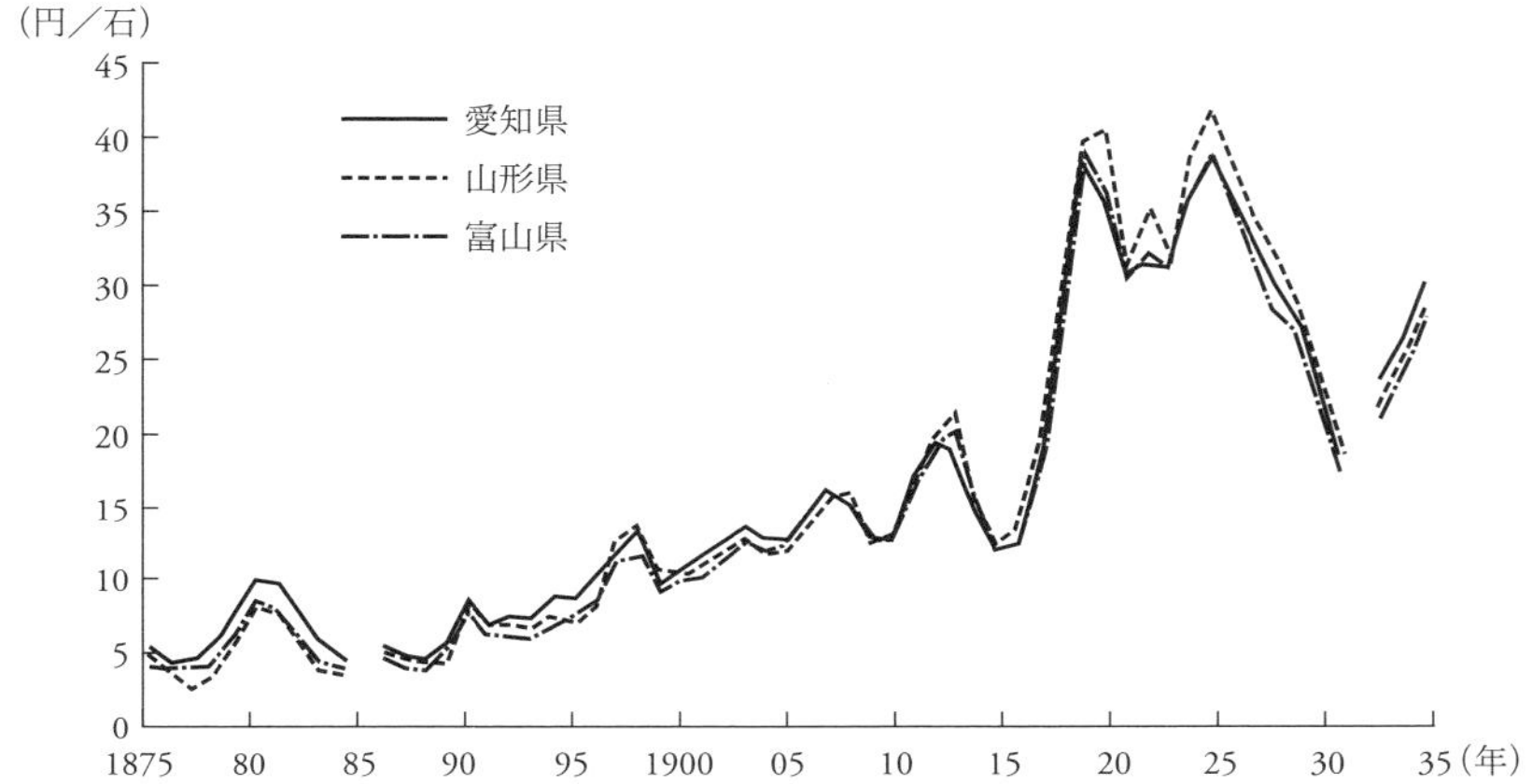

注：1875〜84 年は各府県の中品の 1 ケ年平均相場。1886〜99 年は愛知県は名古屋，山形県は山形，富山県は富山の年平均相場。1899 年の愛知県のみ岡崎。1900〜21 年は愛知県は名古屋，山形県は山形，富山県は富山の各米穀取引所年平均相場。ただし，山形県は 1902 年以降は酒田米穀取引所年平均相場。1922 年以降は，愛知県は名古屋，山形県は酒田，富山県は富山の各米穀取引所の清算取引先物年平均相場。1902・03・34・35 年の富山県は高岡米穀取引所のデータ
出所：各年度『日本帝国統計年鑑』より作成

二〇世紀初頭には一八八〇年代初頭の水準に戻った。そして、一九一〇年代前半に乱高下したのち、第一次世界大戦期に急騰した。一九二〇年代前半には、米価は高いまま推移したが、二〇年代後半に急落し、三〇年代初頭を底に再び上昇した。

M家の消費生活

食料品購入

食生活を解明するには、毎日の食事の献立が判るとよいが、ふだんの献立は記録のないことが多いため、購入した食料品から推定してみる。M家には、小売商から後払いで購入したことを記載する通《かよい》帳類（「御通」）が多数残されており、通帳類から同家の食生活がうかがえる（表5-1）。M家は、野菜類は主に地元の小売商から購入し、その種類は、近世末期から二〇世紀初頭まで基本的に変わらず、近代期に西洋から移入された野菜の購入はみられなかった。ただし、一九三〇年代になるとほうれん草やジャガイモなど近代以降に新たに栽培されるようになった野菜や、みかんやバナナ

表 5-1　M 家所蔵通帳類金額一覧

単位：円

年度	野菜	魚	酒・醤油	豆腐類	呉服	売薬	紙・蠟燭
1876			31.6				
1877					18.3		
1888	24.7	67.0	43.2	0.6	179.7	1.4	3.7
1889	22.0	82.3		0.2	149.8	3.3	6.3
1893	27.7	52.3	69.4		85.2	15.5	5.6
1900	48.0	85.7			170.0	13.5	9.4
1901					224.9		
1902	42.4	83.5			488.5	8.1	7.5
1903	47.2	107.5			1,093.6	11.9	11.8
1908			54.2				
1916				0.2			1.1
1923		131.5	260.1	9.4	231.5		
1929	33.9	398.1	301.2	10.1	19.9	104.2	
1932	17.0	297.1	245.5				
1933	25.4	462.7					
1940	59.2	281.4					
1941		53.2					

注：M 家に残された通帳類の金額を，年度と種類別に集計して示した。以下の各表とも小数点第 2 位（表 5-5 と表 5-13 は小数点第 1 位）を四捨五入して示した

出所：各年度，各種「御通」（M 家文書，M 家蔵，以下 M 家文書はいずれも M 家蔵）より作成

などの果物も買い入れており、同家の食生活は、一九一〇年代から二〇年代に大きく転換したと推測される。ただし、購入先は一九世紀末から一九三〇年代まで同じであり、年間に購入した代金もそれほど変化はなかった。

M家は港町に住んでおり、地元の小売商から魚も多数購入した。魚の種類は、ぶり、いか、いわし、たらなど地元富山湾で漁獲されたものが多く（新湊市史編さん委員会編 一九九二：三九三―四三二）、購入額は一九世紀末が一〇〇円未満であったのに対し、一九三〇年代は三〇〇～四〇〇円に増大したものの、購入先は一九世紀末から一九三〇年代まで同じであった。一方、酒、醤油など醸造製品の内訳は、一九世紀末と二〇世紀初頭で大きく転換した。一九世紀末に購入した酒は、隣県である石川県の銘柄酒が多かったが、二〇世紀初頭になると、「正宗」や「月桂冠」など全国的に有名な、遠隔地の銘酒を購入するようになった。ただし、購入先は地元の酒店で変わらず、二〇世紀初頭にはビールもこの酒店から買い入れるようになった。醤油に関しては、一九世紀後半は「白醤油」「たまり醤油」といった種類だけ帳面に記載されていたが、二〇世紀

に入ると、大野醬油、龍野醬油と産地が記載され始め、一九三〇年代には、旭、太陽、キッコー印などの醬油の銘柄が記載されている。醬油類は年間購入額にそれほど変化はなかったが、酒類は年によって購入額が大きく異なっており、酒購入量は、冠婚葬祭などの家の行事によってかなり変動したと思われる。豆腐類は、一九一〇年代までは生豆腐、焼豆腐、揚げの三種類がほとんどであったが、二〇年代以降は、こんにゃくやおからの購入がみられ始め、食生活が豊かになったと思われる。

以上からみて、二〇世紀初頭までは、M家の食生活は近世期とほとんど変化がなかったと考えられる。ただし旅行などの非日常生活の状況は異なった。一八八一（明治一四）年にM家は約八〇日間にわたって東京・大阪・京都を家族で旅行した。その際、東京へ行く途中の名古屋で一回、東京で二回、横浜で二回の合計五回、多額の代金を払って西洋料理を食しており、ほかにも頻繁に著名な料理屋で食事したり、鶏肉や葡萄酒も購入した(5)。M家の地元は、東京や横浜からかなり離れており、文明開化を体験することが難しかったため、旅行の機会に思い切り洋風の食生活が見られたのであろう。

しかし地元の法事は、同じ非日常とはいえ食生活にそれほど変化がなかった。M家には、一八四〇年代から一九三〇年代までの法事の献立が残っている。法事であるため、基本的に精進料理であり、魚や肉はないが、使われた野菜の種類はほとんど変化がなかった。しかし果物は、近世期は、「橙」「九年母」「金柑」のような伝統的な柑橘類が中心であったが、近代期になると「みかん」が目立ち、二〇世紀に入ると、「リンゴ」「梨」などがよく用いられるようになった(6)。

衣料品購入

M家は、一九世紀までは新湊から少し内陸に入った高岡町の呉服店中川小平から主に反物を購入していた。中川小平は、明治三一年版『日本全国商工人名録』に高岡市の呉服太物商として営業税額約三八円と記載され、高岡市

表 5-2　M 家衣料関係支出相手先別一覧

単位：円

相手先	所在	1900 年度	1903 年度	1907 年度	1909 年度	1913 年度	1917 年度	1928 年度	1930 年度
中川呉服店	高岡	99.0	114.5				6.0		
中島呉服店	新湊	71.0	67.6	575.5	418.3	220.4	186.0	80.0	0.8
梅田呉服店	高岡		461.7	302.9	314.0	487.4	461.1	2,693.0	1,980.0
千田屋	金沢		417.2		22.0				
廣瀬喜三郎	高岡		32.6	65.0	128.0	104.2			
亀井洋太郎				212.4	17.5				
河崎覚太郎	東京			21.1		65.8			
塚本洋服店				5.0	0.9	47.5			
田守政七	金沢				86.3	7.5			
宝田長五郎					24.7	14.9	8.5		3.1
石橋						4.5		85.0	
小泉洋服店							1.9	68.7	119.0
三越呉服店					22.5	4.7		松坂屋	48.5
白木屋呉服店	東京						232.7		82.0
その他とも計			1,093.6	1,214.9	1,068.9	1,053.4	1,080.2	3,228.9	2,233.4

注：1900 年と 1903 年は通帳として残されたものについて集計。三越，白木屋，松坂屋は百貨店と考えられる

出所：明治 33 年「呉服通」「現金通」，明治 36 年「現金売上通」「呉服物通」「呉服通」「物品通」「物品売上通」，明治 40 年「出納仕訳帳」，明治 42 年「金銭出納帳」，大正 2・4 年「金銀出納帳」，（昭和 3 年）「累年出納簿」（以上，いずれもM家文書）より作成

の呉服太物商五八軒のうち四番目に営業税額の高い有力者であった（渋谷編 一九八四：一〇二―一〇三）。ところが、二〇世紀に入ると隣県の県庁所在地の金沢や、地元新湊の呉服店からも買い入れるようになり、購入金額が急激に増大した（表5―1）。一九〇〇年代以降は、家計支出を示す帳簿が残されているので、表5―2に、衣料品購入額を相手先別にまとめた。購入金額からみてM家は比較的高級な呉服を、京都に本店のある梅田呉服店の高岡支店や金沢の呉服店から買い入れたようである。新湊の中島呉服店からの購入も増大し、中川小平から中島呉服店へ購入先の比重を移していった。

　これらの呉服店でM家は多種多様な織物を買い求めたが、一九世紀末からはシャツ・ム（モ）スリン・キャラコ等の舶来品を購入するようになった。なお、金巾《かなきん》も一九世紀末には毎年のように買い入れたが、この頃の金巾は輸入綿布ではなく、国産の薄地綿布の可能性もある。M家が、一九世紀までは地元新湊ではなく、少し離れた高岡の呉服店から主に購入していた背景には、小売商の分布があったと考

えられる。(7)

例えば、一八八五・八七年の高岡市街と新湊市街の人口にはあまり差がなかったが、新湊市街は漁港町で、八五年には魚類小売商一六四軒に対し、呉服太物商は一七軒、八七年には魚類小売商一二〇軒に対し、呉服太物商は二一軒に過ぎなかった。一方高岡市街は、近世期に高岡「綿場」が開設され、繰綿・綿布流通の結節点となったため、一八八五年に魚類小売商六九軒に対し、呉服太物商は一五〇軒、八七年にも魚類小売商五六軒に対し、呉服太物商は一一四軒と、新湊市街に比べて圧倒的に呉服店が多かった。特にM家のような有力資産家の購入する比較的高級な呉服や舶来織物は、一八八〇年代までは新湊では販売されていなかったと思われ、二〇世紀に入って新湊の呉服店でもそれらを扱うようになると、M家も新湊で購入するようになったと考えられる。

二〇世紀初頭に急増したM家の衣料品購入金額は、一九一〇年代は比較的停滞する。ただしそうしたなかで、三越や白木屋など、近代的百貨店に展開しつつあった大規模小売店からも購入するようになったことに注目したい。もっともM家が東京など大都市にあるこれらの店舗に直接出向いたのではなく、通信販売・出張販売などを利用したり(満薗 二〇一四:第三章)、表5-2に登場する東京の河崎覚太郎に依頼して買い求めたと考えられる。また、塚本洋服店など洋服を専門に扱う店でも買い物をするようになり、衣料の洋風化が次第に進展した。

一九二〇年代前半は、家計支出の史料が残されていないが、二三(大正一二)年の中島呉服店の通帳でM家の購入内容をみると、(8)購入品全体のなかでモス(リン)がかなりの比重を示した。友禅も買い入れているがモス生地で、舶来起源の織物の購入で反物の単価を抑えている傾向がうかがえる。その後M家の衣料品購入額は、一九二〇年代後半に急増したと思われ、購入先は専ら京都に本店がある梅田呉服店の高岡支店となった。そして一九二九(昭和四)年からの昭和恐慌により再び衣料品の購入は減少し、小泉洋服店や白木屋・松坂屋などを中心に、洋装品の比重が高まったと考えられる。

表 5-3　M 家医療関係支出の推移

単位：円

項目	1907 年度	1909 年度	1913 年度	1917 年度	1928 年度	1932 年度
開業医　　計	14.0	2.2	98.3	173.5	309.3	43.3
うち河合	5.6	0.7	98.0	153.4		
岩城	4.4					
和田	4.0					
越野		1.1	0.3			
山田		0.4				
英				20.1		
堀井（歯科）					285.6	
杉本					14.2	43.3
大澤					9.5	
病院	9.9	1.5		137.1		
薬代	25.8	0.3	40.7	28.5	8.4	17.2
店舗売薬	7.3				23.7	
合計	57.0	4.0	139.0	339.1	341.4	60.5

注：店舗売薬欄は，薬の名称が記されている有名売薬を示した。1932 年度は 6 月と 12 月の節季末の支出のみを集計

出所：明治 40 年「出納仕訳帳」，明治 42 年「金銭出納帳」，大正 2・4 年「金銀出納帳」，（昭和 3 年）「累年出納簿」（以上，いずれも M家文書）より作成

医療関係支出

ここでは、医療関係支出の内容を検討する。表5-1から判るように、売薬の購入費は、M家では、食料費や衣料費に比べてはるかに少なかった。購入先は地元の薬局で、近世期にすでに長崎貿易を通して日本に輸入されていた生薬に加え、近代期には西洋から輸入された原料を使用した薬を利用するに至った。表5-3より、二〇世紀初頭のM家の医療関係支出をみると、一九〇七・〇九年の医療関係支出は少なく、特に〇九年はほとんどなかった。一九一〇年代になると、一九〇〇年代よりも増大し、開業医に支払った医療費が増大した。この背景には、第一次世界大戦期に開業医の医療費が上昇したことが大きいが（青柳一九九六）、一九一七年の金沢の病院への入院費も大きな負担で、M家の地元には設備の整った病院がなく、金はかかっても地方都市の金沢の病院へ入院させたと思われる。

一九二八～三二年は年により医療関係支出の増減が激しく、二八年は歯科治療で多額の出費をした。ただしそれ以外の支出は少なく、M家は、入院や歯科治療のような特別な医療行為には金を惜しまなかったが、日常的な

表 5-4　M家教育関係支出の推移

単位：円

項目	1907 年度	1909 年度	1913 年度	1917 年度	1928 年度	1931 年度
書籍代	16.5	2.9	4.2	7.6	90.6	21.9
授業料	14.0				150.0	40.0
文具代	49.9	23.9	2.6	3.5		
教育関係寄附	100.0		3.0			
その他	3.0			学資	1,457.0	195.0
合計	183.4	26.8	9.8	11.1	1,697.6	256.9

注：1931 年度は 1 ～ 6 月分のみ集計。1907 年度のその他欄は短靴代

出所：明治 40 年「出納仕訳帳」，明治 42 年「金銭出納帳」，大正 2・4 年「金銀出納帳」，（昭和 3 年）「累年出納簿」（以上，いずれもM家文書）より作成

医療費はあまり使わなかったと言える。一九二九年の医薬品の購入内容を「通帳」でみると(9)、二〇世紀初頭までと購入先が変化し、品目も消毒薬が多く、脱脂綿や氷枕のような家庭内医療用品なども買っている。逆に生薬はほとんど購入されなくなり、一九三〇年前後には、薬は医者の処方薬を飲み、町の薬局では消毒薬や家庭内医療用品を主に買うなど、利用方法により購入先を分けるに至ったと考えられる。

教育関係支出

教育関係の支出は、学齢期の子どもの存在に大きく左右される。表5－4をみると、一九〇七年度は学齢期の子どもがいたため授業料がかかり、学校にも一〇〇円の寄付を行ったが、学齢期の子どものいない〇九～一七年度にはほとんど支出はなかった。ところが、一九二八年度は、三名の子どもを東京の学校に行かせていたと推定され、授業料のほかに多額の学資（生活費の仕送り）を支出している。三名のうち二名が学校を修了し東京にいるのが一名だけになった一九三一年度は支出が急減した。その意味では、教育関係支出は不定期に家計に大きな負担となるが、地方から東京の学校に行かせると、授業料をはるかに上回る多額の学資が必要となり、それが可能となったのはM家が有力資産家であったからと言えよう。

X家の消費生活

食料品購入

X家の家計支出を示す帳簿では、米・麦などの主食は量と金額のみ計上されているので、副食費の内容を検討する（表5-5）。副食費の内容を、一八七九（明治一二）年から一九〇九年度まで五年毎にみると、合計額は一八七九年度の五三円から、九四年度の二七一円、一九〇九年度の三九九円へ増大した。一九〇四年度までは魚の購入額が肉のそれを上回っていたが、〇九年度には肉の購入額が魚のそれを上回った。X家は臨海部に暮らし、日常的に魚を食べており、九四年度まで肉はあまり買わなかったが、九九年度以降は日常的に購入するようになった。ただし、一九〇四年度以降は主に鶏肉を購入し、時々牛肉も購入したが、豚肉は一度もなかった。愛知県では、養鶏業が近代期に定着・発展し、X家の地元でも二〇世紀初頭から鶏を飼育する農家が増加しており（常滑市誌編さん委員会編 一九七六：三一六）、X家の玉子の購入金額は、一八七九年度は一円にすぎなかったが、一九〇四年度には五一円に増えた。鶏肉は主に地元の小売商から買い入れており、この購買行動は、地元の養鶏業の発展と関係していたと思われる。同家は、地域の有力な事業家で、地域の新しい産業の発達を後押しするために、積極的に玉子や鶏肉を購入したのであろう。その意味で、いわゆる「地産地消」を体現するものであった。

また、X家は、生姜・蓮根・こんにゃく・茄子などの野菜を継続して買い入れていたが、一九〇四年度にりんご、〇九年度に白菜とネーブルを初めて購入した。食物の種類をみると、同家の食生活は豊かになったと言える。しかし全体としてX家の食生活は伝統的側面が強く、近世来の野菜・果物や地元産の鶏肉が消費の中心であった。こうした伝統的な食生活は、同家の家業と関連していたと考えられる。すなわち、X家は清酒・醬油醸造家として食文化の伝統を保持しており、地元の有力者として地域産業の発展を担っていた。X家は一八九八年に家業を会社組織

表 5-5　X 家副食費の推移

単位：円

項目	1879 年度	1884 年度	1889 年度	1894 年度	1899 年度	1904 年度	1909 年度
とうふ・あげ	3	8	4	17	12	5	11
酒	1	0	4	3	37	131	94
調味料	4	10	3	14	65	60	71
魚	29	107	38	88	65	94	54
玉子	1	3	5	12	10	51	9
牛乳	0	41	43	71	56	48	39
肉	0	7	9	7	23	55	71
うち鳥肉	0	7	5	6	0	28	53
野菜・果物	15	14	9	59	19	33	51
（主要品）	生姜 蓮根 こんにゃく 茄子 竹の子 ふき 人参 大根 うど 水瓜 ごぼう 椎茸 柚 ねぎ 梅 みかん 薩摩芋	生姜 蓮根 こんにゃく 茄子 竹の子 ふき 人参 苺 ぜんまい 瓜 ごぼう 椎茸 里芋 すいか	生姜 蓮根 こんにゃく 茄子 竹の子 ふき 柿 大根 うど 瓜 馬鈴薯 柚 里芋 すいか わさび みかん 薩摩芋 山桃 枇杷	生姜 蓮根 こんにゃく 胡麻 竹の子 ふき 人参 大根 うど ぜんまい ごぼう 椎茸 里芋 すいか わさび 梅	生姜 蓮根 こんにゃく 茄子 竹の子 ふき 人参 くず ぜんまい 瓜 ごぼう 椎茸 里芋 ねぎ わさび つくね芋 山芋	りんご 蓮根 こんにゃく 茄子 大根 ふき 人参 柿 ぜんまい 梨 ごぼう 椎茸 里芋 すいか わさび みかん 薩摩芋 山桃 枇杷	生姜 蓮根 こんにゃく 茄子 栗 せり 柿 大根 白菜 瓜 梨 椎茸 里芋 ネーブル
副食費合計	53	189	115	271	287	477	399
家計支出計	1,861	2,552	1,739	4,673	5,011	6,929	9,580

注：副食費合計は，この表で取り上げた 8 項目の合計。家計支出計は，すべての家計支出合計。「魚・肉代」のように，項目名がまたがって記載された場合が若干あり，それらは除いた。主要品は，野菜・果物のうち購入が判明したものを挙げた。X 家の会計年度として 3 月から翌年 2 月の年や，2 月から翌年 1 月の年があった

出所：明治 12・17・22・27 年「入用方当座帳」，明治 32・37・42 年「諸入用之帳」（以上，いずれも X 家文書，X 家蔵，鈴渓資料館保管，以下 X 家文書はいずれも鈴渓資料館保管）より作成

表 5–6　X家衣料関係支出の推移

単位：円

項目	1879 年度	1884 年度	1889 年度	1894 年度	1899 年度	1904 年度	1909 年度
綿・麻製品	18.0	22.0	8.9	12.2	13.8	6.4	48.5
絹製品	28.0	92.8	10.6	42.0	55.0	8.7	71.8
織物原料	14.8	36.6	19.6	29.0	19.7	17.7	14.4
加工賃	16.2	9.2	15.8	30.6	17.9	19.2	56.7
洋風既製品	1.1	0.9	5.4	2.0	91.1	19.0	71.7
小間物	49.2	41.3	8.7	20.9	52.5	11.5	23.4
内容不明分	257.9	212.0	79.7	147.5	160.6	135.2	377.5
うち名古屋買物	255.0	109.3	74.0	86.2	21.9	17.4	161.8
京都買物				9.6			43.6
東京買物					98.6	62.0	
合計	385.3	509.6	148.7	286.6	426.0	217.8	663.9

注：内容不明分は，単に呉服代などのように記載されたもの，そのうち購入場所が遠隔地の場合のみを別に取り上げた。綿・麻製品や絹製品は購入品名より推定したものも含む。洋風既製品は，シャツ・帽子・靴下など，洋風の衣料品で，小間物は，帯・足袋・羽織紐など。

出所：明治 12・17・22・27 年「入用方当座帳」，明治 32・37・42 年「諸入用之帳」（以上，いずれもX家文書）より作成

に転換し、以後、自家用の酒や醤油・味噌は自分の会社から購入する形を取った。近代期には葡萄酒・ビールの生産を試みたが、一八八〇年代に始めたブドウの栽培は失敗に終わり、同家らが共同で設立したビール会社も中央の大会社に吸収合併された（半田市誌編さん委員会編 一九八九）。家業を洋風な食文化に対応させることができなかったこともあって、X家は食生活の面で選択的に伝統を強く維持したと考えられる。

衣料品購入

X家の衣料品支出の内訳を表5-6に示した。X家は多様な地域の多様な相手からさまざまな衣料品類を購入し、その種類は次第に増加した。購入金額は年によって異なり、名古屋や東京など地元以外の大規模な呉服店からの購入金額に左右された。糸などの織物原料や綿つぎや染め物などの加工は農漁村の小鈴谷地域で間に合わせたが、織物は半田・河和・内海など知多半島各地の町場だけでなく、名古屋の大丸屋呉服店やいとう呉服店など後に百貨店に展開する大規模呉服店で買い入れた。X家と同様に、大阪府貝塚の米穀肥料商廣海家も、店員を大阪に派遣して呉服類や舶来品を購入させていたことが判明している（中西 二〇〇〇）。知多半島は木綿産地

であったが、加工度の低い白木綿であったため（浦長瀬二〇〇八）、X家も高級な呉服物は名古屋の大規模店で購入する必要があった。むろん、知多半島でも醸造業の主産地であり交通の要所であったため資産家の多かった半田では、多様な織物を手に入れることができたと考えられ、X家は一八八九年度に半田在住の親族を介してフランネルや秩父織を買い求めた。

全体的にX家は、綿・麻織物よりも高級な絹織物を多数購入しており、食生活と異なり、衣生活では「地産地消」の側面は弱かった。一八九九・一九〇四年度に当主が東京へ旅行した際には洋風の衣類を多数買い求め、一九〇九年度には名古屋だけでなく京都の大丸や高島屋からも呉服を購入した。遠方での買い物ができるようになったのは、鉄道網が整備されたためと考えられ、X家家族も愛知県内のみでなく関西圏まで頻繁に旅行するようになった（中西二〇〇六・〇七）。その一方で地元でも次第に舶来織物を含む多様な織物を買うようになり、近隣の内海の商人から一八八九年度に帽子とシャツを、九九年度にキャラコを購入した。その結果、地元での洋風既製品の購入額は、一八九九年度から急増した。

医療関係支出

X家の医療関係支出を、一八七九〜一九〇九年度について五年毎に検討する（表5-7）。開業医に対する支出からみて、X家は毎年数名の医師の診察を受けていた。一八七九・八四年度は伊東が、一八八九・九四年度は内藤が、一八九九・一九〇四・〇九年度は渡辺八一郎が主治医であったと考えられる。彼らはみなX家の居住する村の医師であった。ただし一九〇九年度に診療を受けた多田医師は、名古屋在住の小児科医であった（本田編一九二六）。地元の医者では手に負えない場合は、専門医の診療を受けるため名古屋まで子どもを連れていった。このようにX家は病人の状態に応じて医師を選択していた。一九〇九年度には家族が病院に入院して約八一円かかり、その年の支出の約三七％を占めた。X家は、地元の主治医で治療が難しいときは、金を惜しまず、治療水準の高い都市の大

表 5-7　X 家医療関係支出の推移

単位：円

項目	1879 年度	1884 年度	1889 年度	1894 年度	1899 年度	1904 年度	1909 年度
開業医　計	17.8	135.6	89.2	190.7	80.6	402.5	118.5
うち伊東	13.3	87.1	35.3	12.0	3.0	13.2	10.6
大澤	2.0	40.5					
内藤			52.7	110.2			
小田			0.2				22.0
鈴木（歯科）				39.0		32.3	
渡辺八一郎				6.5	55.8	140.1	73.9
澤（歯科）					11.7	9.0	
渡辺（歯科）					10.1		
樋口						205.0	
杉原（耳鼻科）						0.9	
加納（皮膚科）						0.8	
多田							10.0
その他	2.5	8.0	1.0	23.0		1.2	2.0
病院						7.0	81.3
薬代	54.1	1.5	0.1	2.4	2.4	3.2	0.9
店舗売薬	4.0	4.7		0.1			18.0
産婆				13.0			
看護雇		3.5		1.0		5.0	
按摩				12.6			
医療器具				12.8		4.6	1.3
合計	77.9	145.3	89.3	232.5	83.0	422.3	219.7

注：店舗売薬欄は，薬の名称が記されている有名売薬を示した。1884・94 年度の開業医のその他は歯科
出所：明治 12・17・22・27 年「入用方当座帳」，明治 32・37・42 年「諸入用之帳」（以上，いずれも X 家文書）より作成

病院に入院させた。歯科治療にも費用をかけ、一八九四年度には約三九円、九九年度には約二二円、一九〇四年度にも約四一円を支払った。また、一八九四年度に検温器、一九〇四年度にカテーテル、〇九年度に体温計など家庭用医療用品も購入し、家庭に洋風の治療技術を持ち込んでいる。

次に薬の購入についてみてみよう。一八七九年のコレラ流行時に、その対策としてX家は自分の蔵で働く人々に和漢薬の五苓散を配った。この薬の効能は、水瀉性下痢、急性胃腸炎、暑気あたり、頭痛、むくみ、とされた（岡崎一九七六）。その費用は約五四円で、一八七九年度における医療支出の約七〇%を占めた。ただし配った薬にはそれほど効果はなかったようで、X家はさらに西洋薬の希硫酸も購入している。当時、稀硫酸は下痢に効果があると言

表 5–8　X 家教育関係支出の推移

単位：円

項目	1879 年度	1884 年度	1889 年度	1894 年度	1899 年度	1904 年度	1909 年度
書籍代	2.0	4.0	2.3	11.1	11.6	17.3	60.0
月謝・授業料			14.1	15.0	13.3	24.5	51.9
洋風文具代		1.7	0.5	0.1	4.6	16.0	13.3
和風文具代		0.2	0.3	0.1	0.0	8.7	0.3
留学費用		11.9		11.8			1,022.2
教育関係寄附						64.5	106.6
その他			1.0	0.1	0.2	0.0	0.9
合計	2.0	17.8	18.2	38.1	29.7	131.1	1,255.0

注：洋風文具代は，消しゴム・鉛筆など洋風の文具で，和風文具代は，筆・墨など和風の文具代。留学費用は，名古屋・東京など地元を離れて生活して学校に在学した際の一切の費用

出所：明治 12・17・22・27 年「入用方当座帳」，明治 32・37・42 年「諸入用之帳」（以上，いずれも X 家文書）より作成

われていた。政府はコレラ対策として消毒薬である石炭酸の利用を人々に推奨していたが（山本 一九八二）、X家は自己投薬でコレラを治そうとした。ところが一八九九年になると石炭酸を買っており、当時流行していた赤痢など伝染病の拡大を防ごうとしたのである。一八七九から九九年の間にX家の伝染病に対する認識が変化したことが推測される。一九〇九年度には、近代期以降に発明された新しい調合薬を購入した。その一方で一八七九年度も一九〇九年度も膏薬を買っており、X家では伝統薬と近代期以降の新規の売薬が併用されていたことが判る。

教育関係支出

X家の地元の小鈴谷では、幕末期に寺子屋が二つ開設され、その後一八七二年の学制に基づき、七四年に鈴渓小学校が設立されて近代教育は始まった（常滑市誌編さん委員会編 一九七六）。しかし高等小学校の開校は遅れ、X家当主は有志とともに一八八八年に私立鈴渓義塾を設立し、溝口幹を招いた。表5–8を見よう。教育関係支出は授業料・書籍代・文具代などが中心であったが、一八七九・八四年度は、小学校に通う子どもがX家にいなかったと考えられ、授業料の支出はない。

私立鈴渓義塾が設立された翌年の一八八九年度は、伊三・のぶ・平助・熊吉・半助の義塾授業料がかかった。このうち「のぶ殿授業料」という記述から、のぶはX家の家族と考えられる。一方、「店伊三」「店の平助」

「小僧熊吉」とあるので、この三人は丁稚あるいは店員の子どもであろう。このように、X家は使用人やその家族の教育費まで負担していた。X家は、鈴渓学校を設立したことからみても教育にかなりの熱意をもっていたようで、家族のみでなく使用人にも近代的教育は必要と考えていた。実際、家族や使用人の子どもたちのために洋紙・消しゴム・鉛筆などを購入しており、鈴渓義塾では洋式の教育が行われていたと推察される。その後鈴渓義塾は公立の高等小学校となり、一八九九年度のX家は、丁稚や使用人の子どもの授業料を負担しなかった。

一九〇〇年代になるとX家では学齢期の子どもが増え、授業料が増大した。特に長男は通常の公教育の他に高木学校という私塾でも学んでおり、その文房具をX家は名古屋で購入した。一九〇九年度に家族が大学や女学校に入学すると、教育関係支出は大きく増えた。すなわち、長男は関西大学に籍を置いていたようだが、大学とは別に個人指導を受けており、次男も英語講習会で学んだ甲斐あって、最終的に二人とも東京へ留学した。二人の留学の費用として約五〇四円を支出しており、長男の関西大学関連の支出とあわせると約七二五円となり、一九〇九年度の支出の過半を占めた。そして三男はテニスを嗜んだとみられ、「ラケット直し賃」「テニス入用」などの支出がある。またX家は女子教育にも力を入れ、娘二人を神戸女学院に入学させ、その関係費用として約二〇八円を使うとともに、娘には琴を習わせたり、息子と同様に英語を学ばせたりした。このように一九〇九年度は子どもたちが地元を離れて生活して学校に在籍したため、それらの費用を合わせて約一〇二二円の支出をX家はしたのである。

K家の消費生活

食料品購入

M家・X家との階層的な差異を考察するために、自作農のK家の食生活を取り上げる。K家の家計支出を示す帳簿は、一八八〇（明治一三）年前後から一九五〇（昭和二五）年前後まで現存するが（財団法人農政調査会 一九五五）、

表 5-9　K 家副食費の推移

単位：円

項目	1881 年	1892 年	1902 年	1909 年	1917 年	1925 年	1933 年
豆腐・豆類	0.6	0.4	0.1	0.4	1.6	5.4	2.0
酒	5.1	0.4	5.6	23.1	6.1	23.0	23.7
調味料	2.3	3.0	3.2	4.7	10.0	14.5	12.3
魚類	6.1	2.3	1.4	2.8	9.9	42.0	32.7
玉子	0.1	0.8	0.2	0.5	0.0	5.6	3.5
牛乳	0.0	0.0	0.0	0.5	1.0	19.0	4.2
肉類	0.0	0.0	0.0	0.2	0.0	0.0	0.0
野菜・果物	2.2	2.1	1.1	1.8	1.1	7.2	4.7
	牛房 茄子 芋 桃 瓜 うど 梨 にんにく ねぎ	牛房 茄子 ねぎ 山菜 芋 瓜 梅 大根 桃 栗 くるみ 柿	いちご 芋 瓜 茶茸 梨 もやし	梨 山芋 もやし すいか さつま芋 瓜 蒟蒻 柿 きのこ	牛房 瓜 芋 そば ぶどう 柏 りんご 蒟蒻	みかん 梅 梨 茄子 すいか 桃 ぶどう 瓜 ほうれん草 そば もやし	玉ねぎ 梨 みかん バナナ 長芋 人参 蒟蒻 瓜 りんご 桃
副食費合計	17.1	9.3	13.4	35.3	31.8	124.5	94.5
家計支出計	165.5	102.4	271.8	456.4	450.2	1,853.8	896.6

注：家計支出合計には，農家経営などに関する支出は含めず。野菜・果物欄は主要な購入品を示した
出所：財団法人農政調査会（1955）より作成

本章では一八八〇年前後から一九三〇年代までを検討する。K家の所在地は山形市の南方の盆地であったため、X家に比べて副食費に占める魚の購入費比率は小さく、酒や調味料の比率が大きかった（表5-9）。K家は米作を主とするものの、畑をある程度所有していたので、野菜を自家消費していた可能性はあるが、副業の養蚕業のため桑を栽培しており、野菜の生産量は少なかったと考えられる（大場一九六〇）。肉はほとんど購入せず、野菜・果物もあまり買っていない。ここからK家の栄養源は、二〇世紀初頭までは主に主食の米や雑穀と、副食の酒であったと考えられる。購入したのは、ごぼう・茄子・芋・瓜のような近世期から存在した伝統的な野菜のみであり、同家の食生活はあまり豊かとはいえない。

しかし、一九二〇年代以降にその様

相が大きく転換し、魚の購入額が急増して、その種類も多様化した。その背景には、鉄道の開通と冷蔵輸送技術の発達があったと考えられる（高二〇〇九）。二〇世紀初頭までK家が購入した魚は、大半が地元山形県や北海道で獲れる鰊であったが、一九二〇年代以降は冷蔵して鉄道で運ばれるようになったおかげで種類も増えたと考えられる。このころK家は、牛乳のほか、近代期に栽培されるようになった西洋起源の野菜や果物も購入するようになった。ほうれん草・玉ねぎ・バナナなどで、それによって魚ほどではないものの、K家の野菜・果物の購入額も増大した。だが肉類は増えず、結局一九三〇年代も同家の食生活に肉類は定着しなかった。その意味では、魚と野菜を副食の中心とするK家の食生活は基本的に変わらなかったものの、魚と野菜の種類が一九二〇年代以降多様化することで、食生活は豊かになったと言えよう。

衣料品購入

K家の衣料関係支出の内訳をみると（表5-10）、二〇世紀初頭に大きな転換があったことが判る。一八八一年は九二年に比べて多いが、それは七七年から八〇年までインフレが続き、農民の購買力が増大していたためと考えられ、七八年時点のK家の衣料関係支出は、約一七円であり、それが八一年にかけてインフレにより名目額が増大し、その後八〇年代前半のデフレで、支出額が減少したと考えられる。しかしそのデフレ以上に、一八九二年・一九〇二年の支出額は大きく減り、特に高級品の絹製品の購入はほとんどみられなかった。この間は、綿などの原料を購入し、家内副業でみずから布地を織っていたと考えられる。

そのような自給の様相は、一九〇九年以降に大きく転換した。一九〇九年から家計全体の支出も増大したが、衣料関係では絹製品がかなり購入されるようになり、K家は、綿などの織物原料もある程度買い入れたが、同時に綿打ち賃や織り賃を支出した。家内副業で織るのはやめ、人を雇って加工させるようになったと考えられる。

ただし、洋風の既製品は一九〇九年時点では購入されず、一〇年代後半になってようやくシャツを買っている。

その一方でK家は一九〇九年には股引などの和風の下着も多数購入しており、足袋・浴衣など和風の衣類・小間物も買っていた。その点では、K家の衣料文化は和風が根強く続いていたと言える。

一九二〇年代にはK家の収入がかなり増えたため、衣料関係支出も急増した。紬・羽織など和風の高級衣料品が購入され、絹製品の購入額が増大した。洋風衣料としてシャツやネル木綿を求めたが、下着は股引・腰巻、小間物は帯・半襟など、主に和風の商品を買っている。K家の衣料文化は和風を維持したと言えるが、一九三三年になってようやく変化が見られ始めた。例えば、K家は五十嵐呉服店から三九円で上着二枚を購入したが、「上着」という記載が珍しく、価格から考えて洋風の上着を買ったと思われる。小間物でも一九三三年には子供用の帽子など、一〇年前なら考えられない商品を購入している。

表 5-10　K 家衣料関係支出の推移

単位：円

項目	1881 年	1892 年	1902 年	1909 年	1917 年	1925 年	1933 年
綿・麻製品	5.3	2.2	0.4	1.8	0.2	10.4	7.0
絹製品	7.1			13.9	6.7	43.3	3.1
織物原料	0.3	0.6	1.9	4.0	2.3	9.0	1.1
加工賃	2.1			10.5	1.4	8.4	
洋風既製品					2.8	8.1	4.4
小間物	2.1	1.7	2.7	6.1	6.5	19.3	3.6
着物として	11.4	1.9	3.3	2.3	3.7	6.9	1.7
下着類	1.8	0.0	0.4	4.9	10.4	14.7	2.5
呉服店				3.5			44.3
その他	0.1	0.0					
合計	30.1	6.3	8.8	47.0	33.9	120.0	67.6

注：綿・麻製品と絹製品は商品名より推定したものも含む。織物原料は，綿や糸など。洋風既成品はシャツ・帽子など洋風の衣料品で，小間物は風呂敷・足袋・羽織紐など。「着物として」は項目が「着物」とのみ示されたもの。呉服店欄は遠隔地の呉服店より購入したと推定される分で，1909 年は三越，33 年は伊藤呉服店と五十嵐呉服店

出所：財団法人農政調査会（1955）より作成

医療関係支出

K家の医療費支出の内訳をみると、一八七八年と九二年の支出は少なく、年間一円未満であった（表5-11）。この時期のK家は自宅で治療しようとしていたため、生薬代と売薬代が大半を占めた。しかし、二〇世紀に入ると、K家の近在の開業医に支払っていることから主治医を抱えるようになったと考えられ、支出の合計額は一一円前後となった。支払額と

表 5-11　K家医療関係支出の推移

単位：円

項目	1878年	1892年	1906年	1911年	1914年	1917年	1920年	1923年	1926年	1929年	1933年
開業医　計	0.1		10.0	10.6	12.2	7.5	82.4	43.7	39.1	9.4	11.7
うち梅津	0.1			10.1	3.6	0.2	10.5				
小林				0.5	8.6	4.2	65.5	28.4	35.6	5.5	6.1
朝倉						2.0					
佐々木分院						1.1	6.4				5.6
二本松								7.8			
その他			10.0					7.5	3.5	3.9	
病院　計							156.0	7.2			
うち至誠堂							156.0				
済生館								7.2			
薬代	0.1	0.4	0.1	0.4		0.1	63.4	4.6	6.1	12.4	4.4
店舗売薬		0.1				0.2	4.0	5.9	8.1	11.3	3.8
配置売薬						2.2	7.5		8.8		
眼洗い・目薬					0.2	1.3	0.1	2.4		0.5	
鍼・按摩						0.6	2.4	1.1	15.5	7.1	3.4
湯治							5.0	14.5	7.9	17.0	
その他							7.4	2.7	4.2		
合計	0.2	0.5	10.1	11.0	12.4	11.9	328.2	82.1	89.7	57.7	23.3

注：店舗売薬欄は，薬の名称が記されている有名売薬を示した。1878・92年は銭10貫文＝1円で円に換算して示した
出所：財団法人農政調査会（1955）より作成

治療期間を勘案すると、一九一〇年代から三〇年代のK家の主治医は小林医師と考えられる。主治医に完全に頼ったわけではなく、薬も購入していたが、趨勢としては開業医への支払いの比重が増大した。

その後一九二〇（大正九）年に、家族の一人が隣の山形市の病院に入院したため支出は激増し、合計額は約三二八円となった。このうち入院費は支出総額の約半分を占めた。医師に対する支払いと市販の薬代もそれぞれ六〇円以上になっている。

医師による診療代と自己投薬のほかに、一九一四年以後に目薬と眼洗い費用が、一七年以後に鍼治療と按摩の費用が、二〇年以後に湯治の費用が、それぞれK家の家計支出に計上された。このように、少なくとも一九一〇年代以降のK家では、経済的に余裕が生まれたため、治療方法の選択肢を増やすことができた。

教育関係支出

Ｋ家の教育関係支出は、一九世紀末はかなり少なかった（表5–12）。一九〇九年には、Ｋ家は授業料としてある程度の金額を支出し、同家の子弟が高等小学校に進学したことが教育費の増大につながった。収入が増大した後も、年によって支出の増減は激しかった。子どもの年齢に応じて教育費がかなり変動するため、高収入になれば支出も増大するとは限らない。その点で、教育関係支出と、病人の有無に応じて年によってかなり変動する医療関係支出は類似性があった。実際、Ｋ家は一九二五年に上の山学校に授業料として一一円を支出しており、就学児童のいなかった一九一七年・三三年に比べれば、二五年の支出はかなり多かった。とは言え、Ｋ家には子どもを遠隔地の高等教育機関に留学させる金銭的余裕はなかったため、全体としてＸ家に比べて教育関係支出はかなり少なかった。

表 5–12　Ｋ家教育関係支出の推移

単位：円

項目	1881 年	1892 年	1902 年	1909 年	1917 年	1925 年	1933 年
書籍代	0.2	0.1	2.9		1.1	15.8	0.2
月謝・授業料	0.2	1.0	5.8	30.7	5.1	16.0	7.9
文具代					0.8	2.6	0.9
教育関係寄附				0.3	1.6		
合計	0.4	1.1	8.6	31.0	8.5	34.4	8.9

出所：財団法人農政調査会（1955）より作成

近代日本の消費生活の様相

Ｍ家・Ｘ家・Ｋ家の事例を比べると、どの家も一九世紀末までは近世期の食生活をそのまま維持しており、二〇世紀初頭から徐々に変容が見られ、Ｍ家とＫ家では一九二〇年代に比較的大きな転換が生じた。ただし、近世期から食べていた魚や野菜を食べなくなったわけではなく、それらを中心としながら新たな種類を取り入れ、食生活が豊かになったと言える。例えばＸ家は、二〇世紀初頭に急に鶏肉を購入するようになったが、それは地元産業の振興と関係があり、自ら好んだとは必ずしも言えない。実際、Ｘ家は一八八四（明治一七）～九四年度に遠隔地の商人などから少量の鶏肉を購入したが、あまり増えず、九九年度にはまったく買っていない。それが、地元で養鶏業が開始された二〇世紀に入ると、近在の小売商から定期的に購入するようになった。

衣料品にかんしては、M家・X家・K家の地元では、百貨店のような近代的呉服店はなかった。しかしX家は、近代初頭から大都市の名古屋へ出向いて買物をしており、洋風の衣料品に触れる機会は多かった。実際、X家は名古屋のみならず、当主が東京へ行った際にも高価な呉服のほか洋風の衣類も購入しており、かなり早くから洋風の衣料文化が同家の生活に入り込んでいた。ただし、X家は呉服もかなり買っており、日常生活では、和風が衣料文化の中心であったと考えられる。

M家も、一九一〇年代以降は遠隔地の百貨店から衣料品を購入し、呉服でもモスなどの舶来素材のものを求め、また塚本洋服店や小泉洋服店など洋服専門店からも買うなどしており、衣料の洋風化はその頃から進んだ。とは言え、一九三〇（昭和五）年時点でも主な購入先は、京都に本店のある梅田呉服店であり、X家と同様に、日常生活では、和風が衣料文化の中心であったと考えられる。それに対しK家は、一九二〇年代まで洋風の衣料品に触れる機会はほとんどなく、シャツをたまに購入したに留まった。ただし、一九二〇年代後半から百貨店が地方の出張販売に力を入れ（満薗 二〇一四：第三章）、三〇年代には東京・大阪の百貨店が主要地方都市に出店を進め（平野 一九九九）、K家が洋風の衣料品に触れる機会が増大した。それとともに、K家は洋風の上着や帽子を購入するようになり、大都市から遠く離れた農村部でも洋風の衣料文化が徐々に浸透するに至った。

医療関係支出の変化からは、各世帯の健康に対する考えの共通点と相違点を確認できる。M家は、一九一〇年代以降に医療関係支出が増大した。この背景には第一次世界大戦期の開業医の診察費の高騰があり、M家は、入院や歯科治療のような特別な場合は惜しまず医療費をかけたものの、日常的な医療費はあまり支出しなかった。K家も、一九〇〇年代以降になると開業医の診療を受けるようになったが、それ以前は、重い病気でないと判断すれば自分で薬を飲み治そうとした。K家は、いわゆる自己投薬を中心にしていたが、時代とともにその薬は変化した。これに対してX家は、一八八〇年頃にはすでに複数の開業医の診療を受けており、九〇年代にかけては主治医も変えた。
三家に共通する特徴は、二〇世紀に入って以降、病状次第では、たとえ高額であっても当時の最先端医療サービスを受けられる病院を選択したことである。資産家と自作農という社会的階層の違いは、それぞれが選択した医療サービスの内容に現れた。直接に様々な農作業や副業に従事したK家の人々は、その疲れを癒すために鍼・按摩、湯治やひる吸いなどの治療を受けたが、内訳を見る限り、X家はそういった治療は受けなかった。

教育関係支出も年によって増減が激しかった。M家とX家では、子どもが遠隔地の高等教育機関に留学すると費用が非常に多額となった。K家は留学させるほどの金銭的余裕がなかったため、M家やX家に比べればかなり支出は少なかったものの、子どもが高等小学校などへ進学した際には、ある程度の授業料を支出した。このように入院や留学など非日常的な多額の支出があるかどうかに、資産家と自作農の所得階層間格差が明確に現れた。

最後に、二〇世紀初頭における消費支出全体の動向を、M家・X家・K家のほか、大阪府の廣海家とB家、富山県の森元家、新潟県のC家を加えて、比較検討する（表5-13）[10]。このうち、廣海家は地方有力資産家であり商家である。森元家は自作農で、B家とC家はいずれも教員で都市中間層に属する。各世帯の人数は、C家が一九一〇年度に二名と少なく、それ以外は表5-13の時点でB家の四名からX家の八名前後の間にあったと推定される。ただし、M家・X家・廣海家はそれぞれ数名の家内使用人を雇っていたので、その支出も表に含まれていると思われる。

まず階層差を念頭において、資産が同じ程度と思われるM家とX家と廣海家を比較する。この三家のうちX家の旅行費と教育費が一九〇九年は突出したため家計支出額が増えたが、家計総支出を増大させるほど教育費や遊興費を使えたのは、所得に余裕のある資産家の特徴と言えるであろう。それに比べると衣食住に関する支出はあまり相違がなく、M家の家具・器具費の少なさが目立つ。家具・器具費では、西洋起源で近代期に新たに日本で生産され始めた文物が多く、X家は、ランプ・時計・石油ストーブ・蓄音器などを購入した。X家は名古屋、廣海家は大阪とそれぞれ大都市に比較的近く、新しい文物を買いやすかったが、M家は大都市から離れていたため、購入がむず

表 5–13　1909 年度前後における各家の年間家計支出内訳　単位：円

分類	X 家	M 家	廣海家	K 家	森元家	B 家	C 家
米麦	455						
勝手入用	815	859	1,458	35	71	143	60
給料	479	198	213	0			
修繕	282	59	203		28		127
音信	199	320	399	17	32	48	15
医薬	220	46	109	5	6		3
旅行	2,350	123	138	13			7
呉服・小間物	664	1,072	1,022	76	32	123	46
家具・器物	710	142	748	26	6	82	9
教育	1,255	0	3	0	18	12	2
雑費	566	444	181	54	29	103	33
貯金・寄付	200	501	14	5	302		
諸税	457	2,614	535	163	136		
法事・出産	203	47					
生命保険	725	488	33		70		
合計	9,580	6,913	5,056	456	730	510	302

注：X 家の分類に即して他の家の家計支出項目を分類して示したが，各家で分類区分が異なるため，完全に対応しているわけではない。森元家は 1908 年度，B 家と C 家は 10 年度，それ以外は 09 年度。諸税の項目の耕地・山林の地租は除く。K 家は，山形県の自作農世帯，森元家は，富山県の自作農世帯，B 家は，大阪府の小学校教員世帯，C 家は新潟県の小学校教員世帯。K 家・森元家は農業経営関係の支出は除いた。また森元家の貯金・寄付欄は，証券と頼母子の合計で，生命保険欄は，貯金・保険の合計を示した。B 家の雑費には，医薬・旅行・諸税などを含むと思われる

出所：明治 42 年「諸入用之帳」（X 家文書），明治 42 年「金銭出納帳」（M 家文書），明治 38 年「諸払帳」（廣海家文書，廣海家蔵，貝塚市教育委員会保管），石井・中西編（2006：61，表 1–7），財団法人農政調査会（1955），高井（1978：170），中村編（1993：54，表 B–4，70，表 C–3）より作成

かしかったと考えられる。それゆえ、前述のようにM家は、東京・大阪・京都を旅行した際に、西洋料理などを頻繁に食すとともに、新しい文物を土産品として大量に購入した。

自作農・都市中間層の四家は、それぞれ年間消費支出額が三〇〇～七〇〇円前後で、M家・X家・廣海家のような有力資産家よりはるかに少なかった。同じ自作農でもK家が呉服・小間物費の比重が高く、森元家が食料品費（勝手入用）の比重が高かったのは、K家が山形盆地に居住して海産物に恵まれなかったのに対し、森元家が海岸部に暮らしていたことがあろう。大都市に暮らすB家は、K家・森元家よりも家具・器具費の比重が高く、所得に余裕のある都市中間層は、食生活よりも、住環境の充実に費用を割いたと思われる。実際、C家は修繕費が支出のかなりの比重をしめたが、これは家を新築した費用であった。

このような各家の生活環境を考えた場合、M家は近代期においてはまだ洋風か和風かを選択する余地はなく和風の生活を送らざるを得なかったのに対し、X家は洋風の生活を送ることもできたが家業との関連もあって主体的に和風の生活を維持したと言える。消費支出総額でM家よりはるかに少ないB家の方が、一九一〇年度に和服類の購入が約二七円に対して洋服類の購入が約五一円と上回り[11]、M家よりも洋風の生活のように思われる。この背景には、B家の職業が教員で洋服を好んだことがあろうが、農村部の有力資産家層よりも都市部の中間層の方が、洋風か和風かを選択できたように思われる。

以上のように、近代日本の消費生活では、都市部と農村部の地域的差異、所得階層間の差異、職種間の差異が複雑に関連して、洋風の生活が部分的に普及するようになったと考えられる。むろん、その一方で、X家のように主体的に和風の生活を維持した家も多かったと思われ、和風から洋風への流れを過度に評価することも問題である。特に現代の食料問題を考えると、遠隔地産の新しい産物に頼らず、地元産の魚と鶏肉・鶏卵を主に食し、自家製の酒や調味料を用いるX家の「地産地消」生活を再評価する必要があるように思われる。とは言え、そうした「地産地消」の動きが、直接生産者の側からはあまり見られなかったところに近代日本の限界もあり、地方資産家が会社設立などの際の資金提供のみならず、消費面からも地域産業の振興を図ることになったのである。

注

(1) 本章では、匿名性に配慮して分析対象の家名をアルファベットで示した。なお本章作成にあたり、史料閲覧の際にお世話になったM家の皆様、X家の皆様、鈴渓資料館、廣海家の皆様、貝塚市教育委員会に厚く感謝申し上げます。
(2) M家については、中西(二〇〇九:第六章)を参照。
(3) X家については、中西・二谷(二〇一〇)および篠田(一九八三)を参照。
(4) K家については、大場(一九六〇)を参照。同書で大場は、繭販売額が増えたことで一九一〇年代後半からK家の農業収入が急増したことを示した。また一九〇八年以降の同家の消費支出に関する先行研究もある(後藤 一九七八・七九)。

(5) 明治一四年「東遊日費録」(M家文書、M家蔵)。
(6) 中西(二〇〇〇)および、大正二年「大悟院釈安詳二十三回忌法会帳」、大正一二年「亡父三十三回忌法会諸事控」(M家文書、M家蔵)より。
(7) 以下の記述は、明治一八・二〇年度『富山県統計書』を参照。
(8) 大正一二年「御通(中島呉服店)」(M家文書、M家蔵)。
(9) 昭和四年「御通(泉田薬局・今泉薬局)」(M家文書、M家蔵)。
(10) 以下の記述は、中西・二谷(二〇一〇)を参照。
(11) 中村編(一九九三)五八頁の表B-5-1を参照。

参考文献

青柳精一(一九九六)『診療報酬の歴史』思文閣出版
石井寛治・中西聡編(二〇〇六)『産業化と商家経営』名古屋大学出版会
浦長瀬隆(二〇〇八)『近代知多綿織物業の発展』勁草書房
大場正巳(一九六〇)『農家経営の史的分析』農業総合研究所
岡崎寛蔵(一九七六)『くすりの歴史』講談社
高宇(二〇〇九)『戦間期日本の水産物流通』日本経済評論社
後藤和子(一九七八・七九)「K家・家計記録の生活史的研究」(その一・二)『岩手大学教育学部研究年報』第三八・三九巻
財団法人農政調査会(一九五五)『自作農農家々計に関する諸記録』
篠田壽夫(一九八三)「知多酒の市場」豊田工業高等専門学校『研究紀要』第一六号
渋谷隆一編(一九八四)『明治期日本全国資産家・地主資料集成』第三巻、柏書房
新湊市史編さん委員会編(一九九二)『新湊市史 近現代』新湊市
高井進(一九七八)『明治期農民生活の地域的研究』雄山閣出版
田村正紀(二〇一一)『消費者の歴史』千倉書房
中部家庭経営学研究会編(一九七二)『明治期家庭生活の研究』ドメス出版

常滑市誌編さん委員会編（一九七六）『常滑市誌』常滑市
中西聡（二〇〇〇）「文明開化と民衆生活」石井寛治・原朗・武田晴人編『日本経済史一　幕末維新期』東京大学出版会
中西聡（二〇〇六・〇七）「輸送網の近代化と旅文化の変容」上下『経済科学（名古屋大学）』第五四巻第三・四号
中西聡（二〇〇九）『海の富豪の資本主義』名古屋大学出版会
中西聡・二谷智子（二〇一〇）「近代日本における地方資産家の消費生活」『経済科学（名古屋大学）』第五七巻第四号
中村隆英編（一九九三）『家計簿からみた近代日本生活史』東京大学出版会
原田浩介（二〇一一）『消費者の戦後史』日本経済評論社
半田市誌編さん委員会編（一九八九）『新修半田市誌』本文篇中巻、半田市
平野隆（一九九九）「百貨店の地方進出と中小商店」山本武利・西沢保編『百貨店の文化史』世界思想社
本田六介編（一九二六）『日本医籍録』第二版、医事時論社
満薗勇（二〇一四）『日本型大衆消費社会への胎動』東京大学出版会
山口由等（二〇一四）『近代日本の都市化と経済の歴史』東京経済情報出版
山本俊一（一九八二）『日本コレラ史』東京大学出版会

第6章　甘味と帝国
――帝国日本における砂糖消費

バラック・クシュナー

はじめに

欧州および北アメリカ大陸で起こった消費革命を研究するうえで、「砂糖」は特徴的な存在であり、工業の発展と、文化や人々の生活の変化がいかに砂糖の消費量に影響を与えたかを示す文献の多さもそのことを物語っている(Mintz 1985; Mazumdar 1998; 明坂 二〇〇二、Woloson 2002)。日本でも工業化が進むにつれて砂糖の消費は著しく拡大した。本章では、日本人の日常生活にいかに砂糖が取り入れられていったか、そのいくつかの方法について考えてみたい。その際、甘味摂食の拡大を近代性を測る指標とし、日本が世界の国々と肩を並べるに至る過程を説明する。明治から戦後までの甘味食品の増加が、食品製造技術の向上によってもたらされたことは確かである。しかし同時に、砂糖を使用した新しい菓子類のメディアを活用した宣伝や、「産業」政策としての農業政策による部分も大きい。これらすべての変化が日本人の味覚を刺激し、「外国」のものとされていた味覚の獲得を導いたのである。

甘味食品の市場はもちろん明治維新より前からあったものの、近代以降、それまでやや閉鎖的であった日本人の食嗜好が、急激に開かれることとなった。特に、チョコレート、キャラメル、甘味料入り健康飲料の出現がそれに拍車をかけた。ここでは、これらがいかに砂糖を使用した食品の「甘味」、そして近代的な「食事」のコンセプトを変えたのか、また、その消費が経済と文化にどのような影響を与えたかを考察する。甘味の新しいイメージは砂糖の評価を高めて消費を増加させ、日本における甘味の定義を変えた。近代化が始まった二〇世紀初頭、特に戦時中において、砂糖は確かに贅沢品であった。しかし砂糖の消費が日本の近代性、そして当時の大日本帝国での消費活動を考える際に不可欠なものであったことを主張したい。

本章の目的は日本の砂糖消費の拡大を牽引した歴史的な動因を検討することにある。この消費拡大は明治時代に始まる食文化の変化と、一九世紀後半に台湾から輸入されるようになり帝国経済を支えることになった「新しい」砂糖によってもたらされた。明治および大正時代に砂糖を使用する食品が開発され、当時の文化、メディアの流行に乗って新規ビジネスの機会と、新たな味覚をもたらした。本章では「消費」に広い意味をもたせた定義を採用している。それは、ビクトリア・デ・グラツィアの言葉を借りれば、「コモディティ化、それを取り巻く状況の観察、商業取引全般、社会福祉改革などのプロセス、商品への欲求や販売方法のプロセスの変化。耐久および非耐久財の購入と利用の仕方、商品のサービス全般とその商品イメージ」ということになる (de Grazia 1996: 4)。ジョン・クラマーはさらに、「消費は、その国の文化のあり方や経済組織をより鮮明に表わす」(Clammer 1997: 3) ため、消費活動を研究することが我々の歴史への理解を深める手助けになると論じている。また、甘味食品の消費拡大は、消費主義の勃興を反映している。ピーター・スターンズによると、甘味食品の増加は、「人々が、生存のためではなく、また伝統的価値の表出とも関係のない物を、人生の目的や楽しみの一つとして求める社会」の特徴であるという (Stearns 2001: ix)。

それにもかかわらず、フランクスが指摘するように「日本の経済史研究は常に供給側の研究に留まり、しかもその量(特に「供給が足りているか」)に集中し、「何が」「なぜ」の研究には至っていない」(Francks 2009a: 136; また Francks 2009b も参照)。本章では、この研究の欠落を、日本社会の「甘味」への態度の変化や甘味食品の販売方法を分析することによって埋め、日本で砂糖が「どれだけ」消費されたかだけではなく、「なぜ」消費されたのかについての答えも探っていきたい。

明治時代以前の砂糖とその消費の基盤

近代日本における砂糖の歴史は、消費活動のパターンの変化、拡大する市場、そして消費者ニーズに応えようとする帝国の政策からなる一連のつながりの結果である。だが、砂糖そのものは明治以前より日本に存在していた。砂糖はそもそも、中国、韓国、沖縄からもたらされ、何世紀にもわたって珍重されてきた品であり、政治の場や、高貴な人々の茶会にて提供される和菓子の主要原材料であった。エリック・ラスの分析によると、徳川時代などの菓子は甘味がさほど強くはなかったものの、「客にとって菓子とは、甘さを味わうことよりも、提供されることそのものが特別な意味を持った」という（Rath 2008: 45–46）。将軍家の集まりで提供される「菓子」は、本来の意味である「果物」を指すことが多かったが、同時に砂糖を使った食べ物を指すこともあった。さらに南日本では、すでに徳川時代に様々な種類の甘味料が存在していた。

砂糖は確かに江戸では高価な貴重品であったが、徳川時代も後半になると多くの庶民の口に入る様々な菓子にも使用されるくらいに広まった（伊藤 二〇〇八：四一）。歴史家の牛嶋英俊は、江戸後期には都市部で飴売りの数が急激に増加したとしている。また江戸時代の庶民生活を絵入りで詳しく記録した『守貞謾稿』には大阪、京都、江戸で激増した飴売りの様子が詳しく描かれている（喜田川 一九九二）。他の物売りと同様に飴売りも天秤棒をかついで市中を歩きまわったり、飴が溶けないように傘をさした大樽を道端に設置し、通りがかりの客を呼び込んだりした（牛嶋 二〇〇九：四二）。コンスタンチン・ヴァポリスは、飴売りの道端での商売と「参勤交代制」の影響を分析し、参勤交代で移動する武士を客とした飴売りが街道沿いに多く存在していたとみている。また、「参勤交代制」

が近代の日本の道路の開発、商売や旅行業にも影響を及ぼしており、瞬時に多くの「消費者」をつくる原因にもなったと述べている（Vaporis 2008: 192）。

これら徳川時代に登場した多くの新しい食品や販売流通経路は、中世および近代化前期に中国やオランダと接点のあった長崎を経由して日本に導入された。それ故、商品の販売方法は日本古来のものではなく、外国より輸入された方法が反映された。江戸時代には、飴売りはよく中国風の衣装を身にまとって飴を売り歩いたため、唐人（中国人）飴売りと呼ばれた。唐人飴売りは衣装だけではなく、ポルトガル語で「小さなトランペット」という意味のチャルメラ笛を吹きながら飴を売り歩くことが多かった（牛嶋 二〇〇九：五五）。チャルメラの演奏は大抵、デタラメに音を出していただけであり中国風の言葉のイントネーションや雰囲気を真似したものであったが、重要なのは飴を買うことと異国情緒を結びつけるイメージづくりであった。唐人飴売りはその後全国に広まり、明治後半まで見られた。明治時代以前からの飴売りと砂糖の消費は、こうして都市化と工業発展を遂げる近代に引き継がれていったのである（牛嶋 二〇〇九：五六―五七）。

明治時代の砂糖消費の発展（1）

一九世紀半ばから二〇世紀初めに日本で起こった生活習慣の激変について、柳田國男は以下のように述べている。

明治以降の日本の食物は、ほぼ三つの著しい傾向を示していることは争えない。その一つは温かいものの多くなったこと、二つには柔らかいものの好まるるようになったこと、その三つにはすなわち何人も心付くように、概して食うものの甘くなってきたことである。（柳田 一九七六：六〇）

食事の合い間にいただくお茶にも簡単な食事がつくようになり、「明治時代に広まった茶の習慣は、農民の仕事の合間の休憩時間の増大につながり、また、働いていない人々も退屈しのぎに何杯もお茶を飲むという習慣が生まれた」（Yanagita 1957: 44）。これによって、茶とともにいただく菓子が必要となり、より多くの茶菓子が茶とともに消費されることとなった。日本の食事では本来、砂糖が使われることはなく、一九世紀の砂糖の消費量は西洋と比べても少ないものであった。だが、台湾への領土拡大と最新の砂糖製造技術の開発によって、明治のビジネスマンはより多くの新しい甘味食品の製造を可能にし、それらを帝国の国民に提供した。その結果、砂糖という調味料の地位をこれまで以上に高め、菓子市場の拡大に成功したのである。この変化を可能にした一つの大きな要因は、沖縄を含む南方の島々での「黒糖」生産から、台湾より輸入したサトウキビ糖の国内での「白砂糖」精製へのシフトにあった。

しかし、明治時代の日本人が砂糖を使った甘味食品を好んだとはいえ、それは彼らがすぐに欧州や米国の味覚に傾倒したということを意味しない。一八七一年に米国や欧州へ派遣された岩倉使節団の大使たちはある時、フランスのチョコレート製造工場を見学した。チョコレートはまだ日本人にとって未知のものであったため、「貯古齢糖」などの漢字を当て、「ちょこれいと」と発音した。このチョコレートは、当初、バター臭さ、ミルク臭さが非常に敬遠された（日本チョコレート・ココア協会 一九五八：七―八）。このような西洋の食事に対する苦言は使節団だけではなく、個人の海外渡航記や外交、商談のために外国を訪れた日本人にも多くみられた。岩倉使節団の正使であった新見正興は手記に、米国での晩餐はほとんど食べられるものがなく、少ししか食することができなかったこと、自室へ戻って味噌汁を作って食べたことなどを記している。また、使節の一人であった野々村忠実は、船での食事について、「唯一、食べられるものはパンであった。私はパンに砂糖をかけて、飢えを凌いだ」と記している（Katō 1975: 194; Finn n.d.: 24）。

だが、明治も半ば以降になると、砂糖や砂糖を使った西洋の菓子は、日本でも上流階級の宴席で供されるだけで

図 6–1　明治時代の東京の飴売り

落語に登場するような飴売り（左上）が，当時の他の商人とともに描かれている。飴売りは頭に大きな桶を乗せ，売り物である様々な種類の飴を入れて運んでいる。
出所：平出（1902: 46）

はなく、子供向けの物語にも登場し、庶民が日常生活で食べるものになっていった。当初まずいと言われ、人気がなかった西洋の菓子も、時が経つにつれて大人も子供も大喜びで食べる物へと変化を遂げたのである。それはまた、文字情報や文学、広告や様々な商売を通し、日本人の潜在意識に徐々に浸透していった。落語の演目の一つとして流行った噺に、あまり賢くない庶民の与太郎を主人公とする「孝行糖」がある。当時いかに日常生活に菓子が浸透していたのかを知る好い例である（矢野 二〇〇二：八三―八七、図6－1も参照）。唐人飴売りの様々な売り声や鳴り物は、時代を表す象徴となり、観衆にとってその売り声や鳴り物は娯楽にもなった。「孝行糖」の噺はここでは詳しく記載しないが、このような生活に密着した落語にも取り入れられた菓子や菓子の消費は、それがいかに明治という時代に文化として根付いたのかを証明するものである。

帝国主義と砂糖

工業化と都市化の速度が加速した二〇世紀初頭、人々の甘味食品の消費はかつてなく増加していった。個人の贅沢品の消費量増加を、国富拡大の指標としている欧米の歴史研究では、東アジアについてより詳しく研究する必要があるとしている（Pomeranz 2002; de Vries 2008）。現在のところ判明している事実からは、砂糖の摂取が伝統的な食生活に違和感なく取り入れられ、宣伝や広告の力によって大衆へと広まり、ついには文化として受け入れられるまでになったと考えてよいと思われる。このような理由から、砂糖を使用した甘味食品の一部である「菓子」は、甘味食品の宣伝広告によって、国家主義、帝国主義や近代性（商品パッケージや衛生面への配慮などに表現される）が、社会にいかに浸透していったのかを考察する事例として、取り上げるのに相応しいといえる。

このプロセスのカギを握るのは、一八九五年の台湾の日本への割譲である。台湾は、数々の研究報告書からもわかるように、当時すでに砂糖の製造において非常に重要な位置にあった。ピアリー北極探検隊に参加していたジェームス・W・デヴィッドソンは、ちょうど日清戦争（一八九四〜一八九五年）が始まるころに台湾を訪れた。彼の日記には台湾では日本の統治下に入る以前から、砂糖の製造が大規模に行われており、多くの人がその仕事に携わっていたこと、その収益は台湾の主要産業であるお茶の栽培に次ぐものであったことが記されている。一八九〇年には、英国領事館大使のW・ウィカム・マイヤーズが「フォルモサ（台湾）が日本という、砂糖の需要が高い、素晴らしく好条件の大きな市場を得ることができることは幸運である」と本国に報告している（Davidson 1988: 452）。

帝国日本は台湾の砂糖を得た。しかし実際に輸入が始まる以前から、多くの子供向け物語を通して、帝国主義という衣を着せられた砂糖は日本に上陸していたのである。一八九五年四月に出版された「今日の童物語」の「今桃太郎」は、台湾が統治下に入った直後の、まだ正式な植民地制度が導入される前に出現した。桃から生まれた桃太郎は日本の昔話の主人公としてあまりにも有名であるが、この「今桃太郎」版では、おじいさんとおばあさんは東京土産として桃の形をした三つの菓子をもらうことになっている。その桃の菓子の一つ目には小さなラッパが入っており、二つ目には日の丸、そして三つ目に桃太郎が入っていた（Henry 2009: 221–222）。桃太郎は物語の中で鬼ケ島に住む鬼を退治することになっているが、ここでは台湾を鬼ケ島に見立て、日本からきた桃太郎（帝国軍）が鬼退治（台湾征服）を行うことになっている（Fraleigh 2010: 43–66）。征服完了の儀式で桃太郎は、鬼ケ島の特産物であるサトウキビから作った甘い飲み物の入った大きな椀を受け取ったというくだりがある。物語は最後に、桃太郎が鬼ケ島を「台湾（大きな椀）」と名付けて締めくくられる。文学者のデビット・ヘンリーは「帝国主義を、冒険と甘いご褒美という物語の構図で表現したことで、子供にも分かりやすく受け入れられるように工夫した」と述べている（Henry 2009: 221–222）。

日本はすぐに砂糖製造に着手したわけではなかったが、取りかかるのにさして時間はかからなかった。台湾の製糖工場は帝国にとって初めて資本を投下した国家プロジェクトであり、帝国の威厳を保つためにも工場は必ず成功させねばならず、国家最優先事項でもあった。経営史家の久保文克によると、台湾の製糖工場の成功は、帝国全体に非常に大きな影響を与えるが、逆に、失敗すれば大きな失態として衝撃を与えるであろうと認識されていた。その台湾での製糖工場は一九〇〇年一二月に日本の監視下でビジネスを開始した（久保 一九九七：三〇）。

しかし、なぜ二〇世紀初期に、まだ日常的に必要とされていない砂糖を大量に国内に供給しなくてはならないと考えたのかは、疑問として残る。答えの一つは、台湾での砂糖製造に成功し、帝国の業績としたかったのだろうが、それ以外にも、帝国政策は留まることを知らぬ国民の消費欲に応えなくてはならなかった。歴史家のスチェタ・マズムダールの推定によると、日本の一人当たりの年間砂糖消費量は、一八八八年の二・二七キログラムから一八九七年には四・五五キログラム、また一九〇三年には五・四五キログラムに増加した。沖縄諸島での生産は、このとき、増加する需要に対して五分の一以下まで落ち込んでいた（Mazumdar 1998: 375）。

明治という時代を通して、砂糖は調味料としてだけではなく、大きく成長する菓子ビジネスの原材料として人気を高めていた。ただし、消費の拡大は何もせず得られた結果ではなく、商売の手法、特に宣伝広告によって国民が砂糖の価値を認め、商品を購入するようになったことで得られた結果だったのである。

二〇世紀初期の菓子ブーム

消費の歴史を研究するにあたって、消費と宣伝広告の関係は常に語られてきた。近代メディア・広告史で著名な山本武利は、近代の日本社会において宣伝広告という活動が、いかに重要で社会を形作ったのか、新しい社会へと牽引する要素であったかを論じている。しかしながら、少なくとも日本の戦前および戦後初期に限っていえば、宣伝広告に関するどの研究も政府の「ムダな消費を抑制するための」キャンペーンに関したものであり、これが歴史における宣伝広告の真の姿の理解から我々を遠ざける要因となっていた（山本 一九八四：iii）。

日清戦争から日露戦争、そして第一次世界大戦の戦時期を対象とした山本による宣伝広告の研究は、新聞・雑誌の商業化の加速を明らかにしている（山本 一九八四：一一七）。これら紙媒体の収入は増加する読者によってもたらされるばかりではなく、広告収入の増加にもよっていた。増加した収入は記事の充実のために充てられ、記事の充実はさらなる発行部数の増加につながった。国内の交通、商業、食事の変化がさらに進むと宣伝広告も発展していった。徳川時代に培われた宣伝方法も完全に見限られたわけではなく、多くの企業は売り上げを増やすため、そして新商品の宣伝のためにチンドン屋を利用し続けた。しかし、宣伝広告に革命が起こっていることに疑いの余地はなく、それは宣伝方法だけではなく、もっと基本的な商品デザインやパッケージにも現れるようになっていった。

拡大する媒体では、新しい商品、菓子の宣伝は頻繁に行われた。例えば、子供に人気があった宣伝に、一九〇五年、対馬沖海戦にてロシアに大勝利を収めた東郷平八郎長官を称えた「バルチック艦隊全滅記念東郷マシュマロ」があった（昭和女子大学食物学研究室 一九七一：二七八）。また、当時の新聞には様々な菓子の宣伝広告が載るだけではなく、村井弦斎による「食道楽」という連載記事が掲載されていた。これは後に一冊の本としてまとめられ、一〇万部を超えるベストセラーとなった（Aoyama 2003: 253. また、Aoyama 2008 も参照）。

明治の読者、消費者は、外国の飴や石鹸など様々な商品について、長文の広告を熟読した。企業は西洋のチョコレートやキャラメルなど菓子の市場開拓のために、カラー刷り広告を取り入れたり、大々的なスローガンを掲げたり、それまでにない宣伝手法を用いて消費者に訴えた（山本・津金澤 一九八六：一九六）。そうした商品の一つに箱入りキャラメルがある。現在ではキャラメルを置いていないコンビニはないと言えるほど定番の菓子であるが、面白いことに当時、キャラメルは人気がなく、宣伝も失敗していた。それは当初、主に日本に住む外国人が購入するためのものであった。岩倉使節団がキャラメルに出合ってから三〇年も経過していたが、相変わらず日本人にはバター臭さやミルク臭さが不評だった（山本・津金澤 一九八六：一九九）。しかしそれにもかかわらず、明治製菓株式会社の定款は、文明の発達度合や国の民度はその国の砂糖の消費量によって測れるものだと宣言し、二〇世紀初頭の日本において、甘味の文化的な意義を力説している（明治製菓社史編集委員会 一九六八：四〇）。

一八九九年、まさに国民の食生活が大きく変わろうとする頃、のちに森永製菓の初代社長となる森永太一郎がチョコレート、キャラメル、マシュマロ、バナナ味の菓子などを全国に向けて販売し始めた。森永太一郎は二四歳のときに米国へ渡ってキリスト教信者となり、一〇年もの間米国に留まった。森永の菓子はほぼすべてが日英両方の表示があり、その英語表記は消費者に森永の菓子が西洋のものであることを印象づけた。ただし、その珍しさや外国情緒を理解し受け入れた消費者は少なく、西洋の菓子の市場は限られており、その拡大には時間を要した。学生人口は増加していたが、夜に外食をすることが多い彼らでさえ、西洋の菓子よりも比較的安価に購入できる羊羹や路上で買える干し芋などを好んだ（井上二〇一〇：一六九）。

森永製菓株式会社はさらに工夫を凝らして、いかに西洋の菓子が魅力的で美味しいかについての説得を続けた。ちょうど二〇世紀になるころ、まだ多くの消費者の収入が低く箱入りのまとまった菓子を買うのに躊躇していたとき、森永はライバル企業とともに菓子のバラ売りに踏み切った。また、その後、種類の異なる菓子を混ぜて袋詰めにして少額で売るなどの画期的な販売方法も編み出した。一九〇八年には、携帯可能な小さな箱に入れたキャラメルを売り出し、外出先や歩きながら食べられるように工夫した（森永製菓株式会社 二〇〇〇：五八）。この携帯用箱の出現により、従来にはなかった外出先で菓子を食べるという新たな消費機会が作られることになった。この成功をもとに、小さな箱入りキャラメルのパッケージに「口中香味一袋一銭」などのスローガンを印刷するようになった（森永製菓株式会社 二〇〇〇：五四）。山本武利は、これとは異なり、ポケット・サイズの箱入りキャラメルが一箱二〇粒・一〇銭で、初めて販売されたのは一九一四年の東京大正博覧会であったと主張している（山本・津金澤 一九八六：二〇二）。いずれにしても、この小さな携帯用箱入りキャラメルは、近代性を象徴する斬新なものであり、過去の唐人飴売りとは異なる方法で販売されていたことは明白である。人々はいまや、都市部の新しい娯楽である活動（映画）の際など、いつでもどこでもキャラメルを食べることができるようになったのである。

しかし、菓子の販売は一夜にして変化を遂げたわけではない。唐人飴売りが完全にいなくなったのではなく、都市部から離れた村などでは相変わらず飴売りが子供に菓子を売っていた。さらに鉄くず屋は、現代のリサイクル業者と同様に、主婦や子供が集めた鉄くずと菓子を交換していた（牛嶋 二〇〇九：六二）。牛嶋英俊は、実はこの唐人飴売りの衣装は中国のものでなく韓国のものであると独自の説を述べている。当時度々朝鮮通信使が日本を訪れており、それを模したものであるとする。だが、時とともに事実は曖昧になっていった。確かに、一九一〇年の韓国併合により、多くの韓国人による飴売りの活動が新聞でも紹介されるようになった（図6‒2参照）。韓国人は日本では低賃金の重労働を強いられることが多かった。そのため、飴売りは生活費を稼ぐ比較的楽な副業として、大勢の韓国人が行っていた（牛嶋 二〇〇九：一二一、Silverberg 2006: 206–212）。

図6–2　植民地時代の韓国の飴売り

出所：統監府（1910：頁番号記載なし）

こうして、従来の菓子と、近代的な会社がより商業的に生産した菓子は競合するようになっていった。この競争のなかで、森永製菓は新しい宣伝の手法を積極的に取り入れていった。例えばまだ珍しかったトラックを購入し、輸送用だけではなく宣伝カーとして利用する、などである。当時はトラックが少なく、森永製菓の宣伝用トラックのナンバー・プレートには数字の2が記載されていただけであった。森永はこうして西洋の新しい菓子を、斬新なパッケージで、最新の技術を用いてはこぶようになった。この宣伝トラックが動く広告として成功すると、森永はさらに従来のチンドン屋にヒントを得て一七名からなる独自のマーチングバンドを結成し、スマートな制服を着せて演奏させ、自社の商品を宣伝した。このような森永の会社全体によるデザインやプロダクト・プレイスメント、パッケージングの戦略によって、会社の売り上げは上昇した。帝国期に、森永は日本国内に留まらず、韓国、台湾、中国などでの国際販売にも力を入れた。また、奉天（現在の瀋陽）、平壌、台北などに営業所や工場を設置した。森永製菓の店舗は帝国全土で人気店となっていったが、その周辺に位置する香港でも人気であった（森永製菓株式会社二〇〇〇：一一二―一一三）。

森永製菓が日本で初めて菓子製造企業として成功したとするならば、その森永製菓に先駆けて一九一六年に初めて国内でミルクチョコレートバーの製造販売を開始したのは明治製菓株式会社だった。菓子の人気は、増え続ける豊富な種類によって支えられていたが、それだけではなく、工業都市社会において手軽に美味しく栄養を補給できる、新たな食生活の象徴としても人気であった。砂糖をかけた食パンの朝ごはんは、準備に二時間もかかる従来の和食より魅力的であった。それは、夏目漱石の小説、「吾輩は猫である」に登場したことでさらに人気となり、人々の新しい「文化生活」への傾倒に拍車をかけた。

砂糖の消費が明治および大正時代に拡大するにつれて、砂糖は社会の文明化のレベルや栄養への理解力を測る物差しとなっていった。二〇世紀になるころ東京帝国大学の教授、河本禎助は日本人により多くの砂糖を食するように提言した。(2) これは価格高騰中の他の主食物と比べて、砂糖がより安価に高カロリーを摂取できたからである。帝国統治下にあった台湾は特に砂糖製造が可能であったため、主食物の代用として日本に充分必要な量の砂糖を供給できるとされていた。日本銀行は、一人当たりの年間砂糖消費量は二〇世紀初めから日本と中国との戦争が激しくなった一九三〇年代末にかけて三倍に増え、約一五キログラムになっていたと推計している（Bank of Japan Statistics Department 1966: Table 129）。フランクスが、篠原三代平（一九六七）のデータを元に計算したところ、一人当たりの砂糖に対する年間実質支出額は、一九三五年において一八七五年の二倍に増えていることが明らかになった（Francks 2009a: 148–150）。

砂糖は家庭料理やチョコレート、キャラメルという形で消費されるだけではなかった。大正時代になると、冒険家兼起業家の三島海雲が、日本人の味覚をさらに変える飲料の製造を始めたのである。明治後期や大正時代に開発された甘味食品の数々は、大衆に大日本帝国の冒険的要素、神秘的な東洋の要素や健康維持に役立つ要素のイメージを与えた。三島は常に愛国主義者であり、日本の役に立つことを目標とし、仏教徒としての信仰心も厚かった。諸外国を旅してまわった経験を持つ三島は、日本に戻ってから、かつて旅したモンゴルで飲んだことがあり、大層気に入っていた乳酸飲料を真似たものの開発を試みた。ところが、当初、その試みは失敗に終わった（カルピス食

品工業 一九八九：二二一―五〇）。苛立った三島は、社員を集め、新しい飲み物の開発に知恵を絞るように促した。社員の一人が、試験的に作った飲料に砂糖を加えて発酵させてみたところ、二日後に当初よりも優れたものになっていることが判明した。また、三島は、国民の健康を考え、日本人の普段の食生活に不足していることが科学者によって指摘されていたカルシウムをこの乳酸飲料に追加することを思いついた（カルピス食品工業 一九八九：五四―五五）。こうした試行錯誤の結果、出来た商品が「カルピス」である。カルピスはその甘さと健康への配慮によって爆発的な人気となった（Roberson 2005: 365–384）。また、一九二〇年代に人気が高まり、その数が増えはじめた喫茶店では飲み物に入れるための砂糖が常にテーブルに置かれるようになり、ラムネなどの甘い炭酸飲料は子供にとって楽しみとなった。

一九二〇年代において、「栄養摂取」は強く健康的な国づくりのためのカギとなり、菓子は日々に必要なカロリーを提供するものであった。一九二二年、文部省は初めて学校の給食についての調査を行い、当時の政治家が掲げた「栄養立国」の実現へ向けた運動につながっていった（萩原 一九八七：一二）。現代と違い、砂糖はこの健康増進運動の重要な部分をなすと考えられていたのである。一九三〇年代になり、日本はますますアジア諸国への介入を深めていっていた。政府は厚生省を立ち上げるために動いており、強く健康な国民のための政策を検討していた。健康のためにスポーツは重要な要素であったが、栄養のある食生活と高カロリー食も重要だと考えられていた。

政府のそのような動きのさなか、都市化現象は、すぐに食べることができる半調理・調理済みの食品への需要を増大させていっていた。このような調理済みの食品には砂糖が多く使用された。欧州では、第一次世界大戦中に砂糖の大衆消費が伸びたが、同様の変化が日本にも見られるようになっていた。政策の企画や調査によって消費者が求めるものが認識されるようになり、フランク・トレントマンによれば「戦争は消費者に新しい社会的、道徳的、政治的責任を負わせた。それは特に生産者志向の国の伝統に関してそうであった」（Trentmann 2006: 43）という。第一次世界大戦中に売上げを伸ばした小箱入りのキャラメルを見れば、これらのことは明らかである。日本人の菓子飲食は、それまでの西洋菓子嫌いから急激な変貌を遂げた。一九一四年に森永製菓は一万一三六三キログラムほどのキャラメルを売ったが、一九二二年には爆発的に増加をみせ、六万八一八一キログラムとなった。明治製菓は特にチョコレートを重視し、一九二六年には明治ミルクチョコレートというブランドを、美味しく健康的で栄養価の高い菓子として売り出した（山本・津金澤 一九八六：一九七）。大正時代後半には、女性誌の料理レシピ記事は西洋のデザートがいかに家族の健康を守り、日常の料理の幅を広げ、食欲増進につながるかを繰り返し強調している（村瀬 二〇〇九：六五、佐藤 二〇〇二：二〇—二五）。

民間も政府も、日本帝国の問題として国民の健康の改善に注目しており、それは生活水準の改善を目指す「生活改善運動」へと発展していった。数々のキャンペーンに共通したのは、いかに栄養の高いものを摂取するか、健康的な食事を標準化するか、各家庭および地域社会の衛生面を改善するかであった（南 一九八七：六〇—六五）。柳田國男が見たように、この間、日本の消費者は西洋の菓子に慣れていっただけではなく、より甘味の強い食べ物を好むようになった。例えば、近代の日本や韓国の食生活を研究しているカタジーナ・チフィエルトカは、一九二〇年代に日本帝国軍は兵隊に食後のデザートとしてドーナツを出していただけではなく、シチューやカレーなど、砂糖を調味料として使った肉料理を供与していたと述べている（Cwiertka 2002: 9）。

また、川本三郎によると、明治の唐人飴売りと一九一〇年代から三〇年代の甘味商品と加工食品の市場拡大には確かなつながりがあるという。川本は、大正時代に活躍した作家、永井荷風、谷崎潤一郎、佐藤春夫らの文学作品のトレンドの分析から、次のような潜在意識の分断を発見した。明治維新、軍事的な地位の向上、そして第一次世界大戦時における連合国側への参加によって、少なくとも表面的には、日本社会はより豊かに繁栄しているように見えた。しかし谷崎は「西洋化」の水面下で、人々は多くの不安を抱えていたとみている。一九二〇年代、多くの知識人は日本という国がそれまでの伝統を捨て、本来の姿を見失っていると感じ始めていたのである（川本 二〇〇八：一七五—一九六、Rimer 1990 も参照）。知識人（そして消費者）は失われた日本の伝統に代わるものとして、中国や台湾の製品を多く購入した。二〇年代後半から三〇年代初めまでの中国消費ブーム、また台湾を含む南国の島々産の商品の消費量の上昇は、懐かしの「アジア」への回帰であったと思われる。川本はこの社会および消費現象を「異国への憧景」と呼んだ。

こうした大正期社会の混成された発展の仕方を嫌う者も、魅力に思う者もいた。高尚なものから、下賤なものまで、常に様々なスタイルが入り混じっており、近代日本史研究者ミリアム・シルバーバーグの言葉によると、二〇年代後半には「日本大衆文化の異形」が創りだされた。東京の浅草では、劇場や映画館、買物客や社寺参詣者が、混沌とした遊園地のような雰囲気を醸し出しており、またそこは、「食べ物の祭典」の場でもあった。上京してきた田舎の観光客が浅草観音に参詣し、工員が休みの日に活動映画を見に行き、浮浪者も含め人々が東洋・西洋由来の、あらゆる食べ物にありついた（Silverberg 2006: 205）。このような東京の歓楽地は決して大人が独占するものではなく、子供もまた、消費活動に参加したのである。一九二〇年代から五〇年代にかけて、子供の最大の娯楽といえば「紙芝居」だった。自転車に紙芝居と菓子を乗せてやってくる紙芝居屋さんは、常に子供に人気だった。紙芝居を見るには大抵、水飴などの菓子をまず買うことになっており、子供はそのため直接、菓子の消費者として消費活動に参加していたのである（詳細についてはKushner 2009: 243–264参照のこと）。

二〇世紀の最初の数十年間に、砂糖が菓子や飲料という形で日本人の日常生活に根付いたのは、帝国の政策の副産物であり、当時の特殊な経済的・社会的背景によるものであった。菓子の製造、新商品への砂糖の使用、日常的な甘味食品の飲食、斬新でモダンな宣伝広告の効果によって、庶民は競争が激化する加工食品市場での甘味食品の消費に関わったのである。また、製菓会社は外国の人気映画俳優や著名人の来日という機会を利用し、その外国という要素を盛り込むことで、増大する国内の甘味市場に売り込むことができた。一九三二年五月一四日には、暗殺をからくも逃れたかの有名な喜劇俳優チャールズ・チャップリンが初来日した。華やかなファンファーレを受けての到着であった。この機会に飛びついて便乗商品をつくったのが二大製菓会社、森永と明治である。両社はチャールズ・チャップリンを歓迎する消費者向けに、特別な菓子を用意した。森永はチョコレートバーをくるむ銀紙に、日本語と英語で「チャーリー・チャップリン歓迎」の文字を刷り込んだ。明治はキャラメルの箱にチャップリンの似顔絵を載せ、「チャップリン来日で幸せいっぱい、キャラメルは楽しさいっぱい」というフレーズもつけた(Silverberg 2006: 213)。

菓子と戦争

戦時中の日本の兵隊がいかに厳しい生活を強いられていたかはよく知られており、通常は、第二次世界大戦中の日本で菓子を連想することはない。一九四〇年代の状況についての現実を否定するものではないが、しかし、太平洋の島々での戦争映画で目にしたものが、戦中の日本の状況のすべてだと思い込んでしまう傾向があることも否めない。(3) 歴史家の一ノ瀬俊也は、この件について、少なくとも戦争初期の資料等を見直し検討しなおすべきだと述べている。第二次世界大戦までの時期の日本社会の文化的背景からは、砂糖の消費量が一九二〇年代から戦時中、戦後にかけて増加している点が浮び上がってくる。一ノ瀬は、多くの兵士が家族に宛てた手紙でお金を無心していたことを明らかにした。彼らは常に腹をすかせており、軍の基地や施設の売店で、食料品やスナック菓子などを買う金を必要としていたのだ(一ノ瀬 二〇〇四:一四一、Lone 2010: 88)。この売店は「酒保」と呼ばれており、軍の許可を得た民間人が経営していた。店には菓子や酒も置いてあり、配給された乏しい食事では足りない栄養を補うことができた(益田 二〇〇四:三三)。

日本の兵隊はかくて、甘味食品や加工食品を食べながら、中国本土や太平洋での戦争に従事した。もちろん、戦争は何年にもわたった悲惨な歴史であり、やがて国を破壊するまでに至った。そのような、経済的にも心理的にも、そして物理的にも混乱した時期にあり、また、一九三〇年代後半には軍隊への仕送りのために さらに厳しい節制が求められた状態を考えると、菓子や甘味食品が最も早く市場から姿を消したと思われるであろう。だが現実は、そう明確に白黒をつけられる状況ではなかった。すでに菓子類が、日本人の日常食生活に根付いていたため、菓子製造会社は戦争をもビジネス・チャンスととらえ、人々にさらなる消費を促した。菓子の製造、消費がいかに国のためになるか、愛国心に基づいた行動であるかを説いたのである。一九三七年に中国で全面戦争が開始されたとき、前線にいた兵士の銃後の家族は躊躇なく「慰問袋」にキャラメルの箱を入れた。日本人にとってすでに菓子は日常生活の一部であり、積極的に消費するものとなっていた。特に中国で戦争をしていた兵隊の間では、菓子や甘味食品を求める声が強かったようである。一九三七年九月、上海付近の前線では予想に反した苦戦を強いられており、彼らの日記には「戦場で唯一、手に入らないものは菓子だ。砂糖が全くないので、皆、代わりにソルガムを噛んで凌いでいる。仲間数名がソルガムを手に入れようと田畑を襲ったが、敵の攻撃を受けて空手で帰ってきた」とある(Moore 2006: 123–124)。

一方、日本国内では菓子の売上が宣伝広告とともに三〇年代を通して伸び続けた。一九三八年六月、明治製菓は自社のチョコレートやキャラメルなどの菓子製品を積んだ宣伝カーで営業を開始し、社歌を鳴らしながら市町村をめぐって菓子を販売した。その後、明治製菓は自社のキャラメルとチョコレート用の宣伝歌を募集し、コンテストに優勝したイメージソングを、それぞれ「明治キャラメルＣＭソング」、「明治チョコレートＣＭソング」としてレコード化した(明治製菓社史編集委員会 一九六八:五二―五三)。川本によると、明治チョコレートのイメージソング「南国の若人」は菓子を食べる行為とエキゾチックな南国の島々を連想させるもので、歌詞自体は特に深い意味を持たないものの、一部に次のようなフレーズがある。「南国生まれの若人　口に言えない　憧れの　とろりとけては　また募る　召しませ　明治チョコレート」(明治製菓社史編集委員会 一九六八:五三)。

銃後と戦場はよく知られているように、日本の兵隊が中国でいかに耐え忍んでいるかを描いた戦時報道によって結びつけられていた。戦前から人気があった小説家の火野葦平は、兵隊の前線での試練や苦難を鮮明に描き、ベストセラーとなった。なかでも、兵隊三部作といわれ、一九三八年に相次いで出版された『麦と兵隊』『土と兵隊』、そして翌年出版された『花と兵隊』が大ヒットとなり、火野を兵隊作家、従軍作家として有名にした。朝日新聞社は人気作家となった火野のために全国ツアーのスポンサーとなり、読者から賞賛と収入を得た。火野によると、戦時中は多くの企業が彼の小説をもじって「○○と兵隊」という名前の商品を売り出し、商品と軍事社会とのつながりを強調したという。彼がもし『ビールと兵隊』という小説を出版するならば、一生タダでビールを提供するという企業まで現れたようだ（Rosenfeld 2002: 52）。

チョコレートもまた、明治製菓によって、『○○と兵隊』フレーズの流行にのせられた[4]。明治製菓は東宝映画と組んで、一九三八年に「チョコレートと兵隊」という映画を発表したのである。佐藤武監督の愛と悲劇の物語である。この映画を通して、大衆のチョコレートへの欲望は、中国の前線と日本の銃後を、それまでのイメージソングや慰問袋だけではなく映画という形で関連づけることに成功した。映画の主人公は斎木という男で、まだ小学生の一郎という息子と、娘を持つ小さな村の印刷屋である。中国の戦争に駆り出されるまでは穏やかな日常生活を送っていた一家だった。息子の一郎は、チョコレートの包装紙集めに夢中だった。たくさん集めて賞をもらうのを楽しみにしており、父の斎木もこのことは知っていた。この息子の夢を叶えようと、斎木は前線に出向いてから仲間の兵隊にも頼み込んでチョコレートの包装紙を集め、日本にいる息子に送ってやるのだった。包装紙を受け取った一郎は大喜びでさっそく賞をもらおうとするが、一郎の母の提案で、たくさんの包装紙をすべて手紙とともにチョコレートの会社に送り、事の次第を説明することとした。父・斎木の息子への、家族への、そして国への愛を知ったチョコレート会社の社員は感激し、社長は前線にいる斎木や仲間の兵隊に大きな慰問袋を送ったのだった。斎木はその後もチョコレートの包装紙を集め続け、さらにたくさんの包装紙を息子に送る。だが、その包装紙が家族のいる村に到着したのは、当の斎木が前線で死んだという知らせと同時となってしまった。チョコレート、またはチョコレート会社が日本に残された家族と前線で戦う兵隊の心を、家族と友人を、そして小さな村と帝国の間を、つないだ。この事実に感銘を受けたチョコレート会社の社長は、その後、一郎の学費を援助してやるのであった（斎木の娘も登場するが、この物語では特に娘のその後については言及していない）。

この悲劇の映画の最後を飾るのは、斎木の二人の子供がチョコレート会社から贈り物をもらって輝くばかりの笑顔を見せるシーンである。父は亡くなってしまったが、それでも子供には明るい未来が待っているような結末となっている（ハーイ 一九九五：一七一—一七二）。この映画の複製版は第二次世界大戦開始直後に米国人によって映画監督フランク・キャプラと文化人類学者ルース・ベネディクトの手に渡った。映画は日本人の、戦中の心理を探るための資料とされた。このとき、キャプラが、この戦時のプロパガンダ映画が悲哀や悲劇に満ちており、反米映画というよりは、悲劇であると主張したため、アメリカ人の観点からは、この映画は戦争反対を唱える作品ということになった（ハーイ 一九九五：一七二）。だが日本では、「チョコレートと兵隊」は確かに戦争プロパガンダ映画で大衆を煽動することを目的としており、それに多少の人間性の要素を加えることで軍隊と社会を結びつけようとしたものであった。「チョコレートと兵隊」は歌にもなり、大ヒットし、レコードで売りだされた（明治製菓社史編集委員会 一九六八：五四）。この物語は人々の印象に強く残り、戦後も、戦争による犠牲や悲劇の象徴として記憶された（『朝日新聞』一九六七年八月一四日付）。

このように消費と戦争は菓子などの甘味食品の消費からもわかるように、強い結びつきがある関係だった。これはフランク・トレントマンらのような消費の歴史の専門家の以下のような研究結果を部分的に否定することになる。「二〇世紀初頭の日本のような社会では、商品を使用する者、購入する者は自らを消費者であると認識するのは難しく、自分は国民であるという意識のほうが重要であった。結果として、よりネガティブな印象のある消費（消し去り、費すの意味を含む）する者よりも、生産者・愛国者というアイデンティティを選ぶことになった。したがって日本人には、消費者としてのアイデンティティが希薄である」（Trentmann 2006: 51; Garon 1998: 312-334, 2000: 41–78も参照）。軍事化された消費活動とそれに対応する軍事化された宣伝広告を消費活動ではない、何か別のものとして扱うとすれば、我々はどうやって戦時中の日本での多様な消費財の生産と販売の成長を説明できるのであろうか（若林二〇〇八、難波一九九八）。フランクスが指摘するように、この消費活動への無理解は「消費そのものを悪と捉え、倹約、貯金、自足の考えを善とする日本の社会観念」からくるのかもしれない（Francks 2009a: 138）。しかし、この社会観念が菓子の売上を阻むことも、市場規模を小さくすることもなかった。戦争が終結するや否や、砂糖と甘味食品の市場は以前にも増して勢いよく、成長をみせるようになったのである。

「チョコレートと兵隊」は、国家は認めなくとも、消費と宣伝広告が戦時中の社会でも力を持っていたことを証明した。政府が心配するのは消費活動一般ではなく、目に余るほど過剰な消費であった。したがって企業は特に制限を受けることもなく人々に消費をお国のための負担であると宣伝し続けることができた。

戦後の砂糖消費ブーム

戦争が終わり、国は貧困に陥った。甘味食品や菓子は日常の一部ではなくなり、以前のように「外国のもの」という目で見られることとなった。紙芝居屋でさえ、少ない菓子でやりくりをするほかはなかった。大人気を博した紙芝居「黄金バット」の作者である加太こうじによれば、その当時の紙芝居の菓子は小麦粉を薄く溶いて魚油で揚げたせんべい状のものや芋けんぴだったらしい（Kushner 2009: 261）。連合国占領期にアメリカ兵が、道にたむろする孤児へキャンディーやチョコレートを投げてよこしたという話は、勝者であり体格が良くチューインガムを嚙むアメリカ兵の慈愛のイメージとして記憶されている。この行為は占領下の日本人の不安を和らげるのに役立ったかもしれないが、他の国、例えばオーストラリアの報道陣はアメリカの日本への施しには批判的であった。菓子をもらうことでその時子供であった日本人にアメリカの好印象が残ったが、同じように菓子や商品を提供できなかった他の連合国は、戦後、日本との関係でアメリカよりも不利な立場に立たされると感じたのである。当時のオーストラリアのメディアは以下のように記している。「我々の兵隊（オーストラリア人）は、アメリカ兵に比べて、ガムやキャンディー、タバコなどを日本人に渡したりしない。さらに、アメリカ兵は元来持ち合わせているセンチメンタリズムから、より日本人に対して気さくに、優しく接するのだ」（Takemae 2002: 73）。

かつて近代性や帝国主義を大衆に示すことに成功した菓子製造業界は、復興にかける日本において、新しい宣伝広告をとおして再度、大衆の信頼を得たいという熱意を持っていた。一九四七年一〇月、農林省食糧管理局食品課は全国菓子協会に公文書を送り、米国が大量のココアを放出する計画があるので、そのココアをどのように商品化したらよいかと相談した（森永製菓株式会社 二〇〇〇：一四九）。協会は二大企業の森永と明治に話を持ちかけ、ココア味のキャラメルを製造することを決めた。このココアキャラメルの製造には、日本中の工場のたいへんな努力を要した。しかし、翌年の八月にはすでに全国の重工業労働者や子供にココアキャラメルが配給されるようになった。終戦直後の、まだ菓子を買うのが難しかった時代に、無償で提供されることもあったのである。

砂糖や砂糖を原料とする甘味食品は、近代初期には外国とのつながりが深かったが、一五〇年もの間にその味や食感は深く日本の文化に根付き、消費者を魅了した。それらの消費は、単に砂糖の輸入量や数値で測れるものではなく、日本が単純に西洋の習慣を取り入れただけでもない。帝国と宣伝広告のつながりが、日本の消費者がこれらの新しい味覚と加工食品を理解し、高く評価するようになる背景であったことが明らかになった。菓子は日本の帝国主義、戦争、占領とも結びつきがあった。このことは、先行研究で判明していた事実以上に、日本の消費活動が奥深いものであったことを示している。

砂糖が大量に消費されない社会では、菓子が近代の形成に重要な役割を果たした。その事実は、我々が日本の消費の歴史を帝国と文明化というより大きな枠組を意識しつつ、別の視点から改めて考え直さねばならないことを示唆している。また、砂糖の消費が日本と西洋でいかに異なるのか、日本固有の特徴がないかどうか、慎重に確認していく必要がある。

注

（1）この場を借りて、明治時代の砂糖消費についての数々の誤解を正して下さった中西聡教授にお礼を申し上げたい。その情報の多くは紙幅の都合により割愛したことをお詫び申し上げる。

（2）この提言は繰り返し行われた。日本評論社（一九二六：一二一）はまた、砂糖が必要カロリーを満たしているとする証拠を出版した。山登り中でも簡単に摂取でき、兵隊が携帯するのに適していて、簡易な栄養源だった。報告書は、砂糖が軽く携帯できるサイズであるにもかかわらず体に必要なカロリーを摂取できると推奨している。

（3）藤原（二〇〇一）など参照のこと。日本兵が太平洋の島々でいかに死亡したか、その様子が詳細に記されている。

（4）映画「チョコレートと兵隊」はほぼ入手困難であり、コピーを提供して下さったアンドルー・ゴードン教授に大いに感謝している。

引用文献

明坂英二（二〇〇二）『シュガーロード――砂糖が出島にやってきた』長崎新聞新書
一ノ瀬俊也（二〇〇四）『明治・大正・昭和　軍隊マニュアル――人はなぜ戦場へ行ったのか』光文社新書
伊藤汎監修（二〇〇八）『砂糖の文化誌――日本人と砂糖』八坂書房
井上義和（二〇一〇）「若者の夜食はどう変わってきたか」西村大志編『夜食の文化誌』青弓社
牛嶋英俊（二〇〇九）『飴と飴売りの文化史』弦書房
カルピス食品工業株式会社社史編纂委員会編纂（一九八九）『70年のあゆみ』カルピス食品工業
川本三郎（二〇〇八）『大正幻影』岩波書店
喜田川守貞（一九九二）『守貞謾稿　全五巻』東京堂出版
久保文克（一九九七）『植民地企業経営史論――「準国策会社」の実証的研究』日本経済評論社
佐藤卓己（二〇〇二）『「キング」の時代――国民大衆雑誌の公共性』岩波書店
昭和女子大学食物学研究室（一九七一）『近代日本食物史』近代文化研究所
統監府編（一九一〇）『大日本帝国朝鮮写真帖――日韓併合紀念』小川一真出版部
難波功士（一九九八）『撃ちてし止まむ――太平洋戦争と広告の技術者たち』講談社

日本チョコレート・ココア協会編（一九五八）『日本チョコレート工業史』日本チョコレート・ココア協会
日本評論社（一九二六）『社会経済体系』日本評論社
ピーター B・ハーイ（一九九五）『帝国の銀幕――十五年戦争と日本映画』名古屋大学出版会
萩原弘道（一九八七）『実践講座　学校給食第一巻　歴史と現状』名著編纂会
平出鏗二郎（一九〇二）『東京風俗志』冨山房
藤原彰（二〇〇一）『餓死（うえじに）した英霊たち』青木書店
益田豊（二〇〇四）『従軍と戦中・戦後』文芸社
南博（一九八七）『昭和文化　正』勁草書房
村瀬敬子（二〇〇九）「メディアと家庭料理1　婦人雑誌と料理――食情報の大衆化と「娯楽」化」『食文化誌ヴェスタ』第七三号、味の素食の文化センター
明治製菓社史編集委員会編（一九六八）『明治製菓の歩み――創立から50年』明治製菓
森永製菓株式会社編（二〇〇〇）『森永製菓100年史』森永製菓
柳田國男（一九七六）『明治大正史――世相篇』講談社
矢野誠一（二〇〇二）『落語長屋の四季の味』文春文庫
山本武利（一九八四）『広告の社会史』法政大学出版局
山本武利・津金澤聡廣（一九八六）『日本の広告』日本経済新聞社
若林宣（二〇〇八）『戦う広告――雑誌広告に見るアジア太平洋戦争』小学館

Aoyama, T. (2003) 'Romancing Food: The Gastronomic Quest in Early Twentieth-Century Japanese Literature', *Japanese Studies*, December
Aoyama, T. (2008) *Reading Food in Modern Japanese Literature*, Honolulu: University of Hawaii Press
Bank of Japan Statistics Department (1966) *Hundred-Year Statistics of the Japanese Economy*, Tokyo: Bank of Japan
Clammer, J. (1997) *Contemporary Urban Japan – Sociology of Consumption*, Oxford: Blackwell Publishers
Cwiertka, K. J. (2002) 'Popularizing a Military Diet in Wartime and Postwar Japan', *Asian Anthropology* 1
Davidson, J. W. (1988) *The Island of Formosa: Past and Present: History, People, Resources, and Commercial Prospects*, Taipei: Southern Materials Center

(reprint of 1903 publication)

De Grazia, V. (1996) *The Sex of Things: Gender and Consumption in Historical Perspective*, Berkeley CA: University of California Press

de Vries, J. (2008) *The Industrious Revolution: Consumer Behaviour and the Household Economy, 1650 to the Present*, Cambridge: Cambridge University Press

Finn, D (no date given) 'Guests of the Nation: The Japanese Delegation to the Buchanan White House', *White House History* 12

Fraleigh, M. (2010) 'Japan's First War Reporter: Kishida Ginko and the Taiwan Expedition', *Japanese Studies* 30 (1)

Francks, P. (2009a) 'Inconspicuous Consumption: Sake, Beer, and the Birth of the Consumer in Japan', *Journal of Asian Studies*, 68 (1), February

Francks, P. (2009b) *The Japanese Consumer - an Alternative Economic History of Modern Japan*, Cambridge: Cambridge University Press

Garon, S. (1998) 'Fashioning a Culture of Diligence and Thrift: Savings and Frugality Campaigns in Japan, 1900-1931', in Minichiello, S. A. (ed.), *Japan's Competing Modernities: Issues in Culture and Democracy, 1900–1930*, Honolulu: University of Hawai'i Press

Garon, S. (2000) 'Luxury is the Enemy: Mobilizing Savings and Popularizing Thrift in Wartime Japan', *Journal of Japanese Studies* 26 (1)

Henry, D. (2009) 'Japanese Children's Literature as Allegory of Empire in Iwaya Sazanami's *Momotaro (The Peach Boy)*', *Children's Literature Association Quarterly* 34 (3), Fall

Katō, H. (1975) 'America as Seen by Japanese Travelers' in Iriye, A. (ed.), *Mutual Images, Essays in American-Japanese Relations*, Cambridge MA: Harvard University Press

Kushner, B. (2009) 'Planes, Trains and Games – Selling Japan's War in Asia', in Purtle, J. and Thomsen, H. B. (eds.), *Looking Modern: Taisho Japan and the Modern Era*, Chicago: University of Chicago Press

Lone, S. (2010) *Provincial Life and the Military in Imperial Japan*, London: Routledge

Mazumdar, S. (1998) *Sugar and Society in China*, Cambridge MA: Harvard University Press

Mintz, S. (1985) *Sweetness and Power: The Place of Sugar in Modern History*, New York: Viking

Moore, A. W. (2006) 'The Peril of Self-Discipline: Chinese Nationalist, Japanese, and American Servicemen Record the Rise and Fall of the Japanese Empire, 1937-1945' PhD dissertation, Princeton University Department of East Asian Studies

Pomeranz, K. (2002) 'Political Economy and Ecology on the Eve of Industrialization: Europe, China, and the Global Conjuncture', *The American Historical Review* 107 (2), April

Rath, E. C. (2008) 'Banquets Against Boredom: Towards Understanding (Samurai) Cuisine in Early Modern Japan', *Early Modern Japan* XVI, pp. 43–55

Rimer, J. T. (ed.) (1990) *Culture and Identity: Japanese Intellectuals during the Interwar Years*, Princeton NJ: Princeton University Press

Roberson, J. (2005) 'Fight!! Ippatsu!!: 'Genki' Energy Drinks and the Marketing of Masculine Ideology in Japan', *Men and Masculinities*, 7 (4)

Rosenfeld, D. M. (2002) *Unhappy Soldier: Hino Ashihei and Japanese World War II Literature*, Oxford: Lexington Books

Silverberg, M. (2006) *Erotic, Grotesque Nonsense – The Mass Culture of Japanese Modern Times*, Berkeley CA: University of California Press

Stearns, P. N. (2001) *Consumerism in World History: the Global Transformation of Desire*, London: Routledge

Takemae, E. (2002) (translated Robert Ricketts) *The Allied Occupation of Japan*, New York: Continuum

Trentmann, F. (2006) 'The Modern Genealogy of the Consumer – Meanings, Identities and Political Synapses', in Brewer, J. & Trentmann, F., *Consuming Cultures Global Perspectives: Historical Trajectories*, Transnational Exchanges, Oxford: Berg

Vaporis, C. (2008) *Tour of Duty: Samurai, Military Service in Edo, and the Culture of Early Modern Japan*, Honolulu: University of Hawai'i Press

Woloson, W. A. (2002) *Refined Tastes: Sugar, Confectionery, and Consumers in Nineteenth-century America*, Baltimore: The Johns Hopkins University Press

Yanagita, K. (1957 edited and compiled) *Japanese Manners and Customs in the Meiji Era*, vol. 4, Tokyo: Ōbunsha

第7章　着物ファッション
——消費者と戦前期日本における繊維産業の成長

ペネロピ・フランクス

はじめに

「日ノ本では千年以上もその衣装を変えることはなかった」とは、一六〇九年に船の難破によって日本に上陸したスペイン人の商人に向けて、ある日本の役人が発した言葉である。この言葉には続きがあり、「(スペイン人は)かくも気まぐれであろうか、衣装を二年ごとに変えるとは」とスペイン人の衣裳について批判をしている。これは、フェルナン・ブローデルの著書『日常性の構造』に引用され有名になった出来事であったが、著者はこの引用を通じて、ヨーロッパにおける資本主義および工業化の台頭を刺激した、伝統と変化に対する人々の態度の象徴としてファッションがあげられることを指摘したのである。「未来があるのは、衣装の色、素材、形を変えることに熱心な変わりやすい社会である」(Braudel 1981: 323)。実際にブローデルは、その後衣服の消費を決定づける流行現象の勃興と、ヨーロッパ経済の核となる地域を変貌させせ始めた生産と貿易の成長とがリンクしていることを跡付ける作業を進めている。しかしこのブローデルの示唆は長い間、研究者の間でも忘れられていた。工業の発展については、技術や組織の変化といった供給側の観点からの研究が中核をなしていたからである。だが近年になって消費者を中心に捉えた経済史研究が進展し、今では、産業革命自体を論じる際の「必要不可欠な同類（necessary analogue）」である「消費革命（consumer revolution）」[1]の一つの要素として、衣服ファッションを無視することはできなくなっている。

それゆえ現在では、ファッションは「消費にとっての文化的触媒」（Lemire 2009: 206）であり、繊維品の需要成長に拍車をかけ、工業化経済における中核部門の技術変化と投資を支える要因として捉えることが可能となっている。一八世紀のヨーロッパではインドなどから輸入され、後に国内の製造業者も模倣品を作った斬新で新しい綿織物が衣服の革新を促し、また「ファッション・システム」と名付けられた衣装スタイルの目まぐるしい移りかわりを促進した。富裕層はより時間と金をかけて最新のファッションを追ったが、中流や下層階級の者でも、可能な範囲で流行を取り入れ、自分なりに工夫もした。それは例えば古着市場の利用であり、あるいは真にお洒落な者が使う装飾品の、「ポピュラックス（大衆的贅沢品）」版の購入であった（Lemire 2005: ch. 5）。その結果、織物需要は、量的な拡大とともに迅速な品質とデザインの変化を求めるようになった。それが「綿業革命」を引き起こし、また産業革命で中心的な役割を果たした織物生産の技術とデザインの革新を背後から支えたのである。

このように、ファッション・システムの出現は、欧米の産業資本主義の発展の本質をなす一部と捉えられるようになった。ところがこと日本では、少なくとも第二次世界大戦までは、所得水準の低位が「狭隘」な国内市場しか生み出さなかったとされており、工業化を支えた消費者需要の役割は見過ごされてきた。同様に衣服に関して、消費やファッションと産業成長の関連性は排除されてきたが、それは大多数の日本人、特に女性が、和服を着続けたという事実に立脚している。和服用の織物は伝統部門で生産されており、そこでは産業発展を牽引するといわれる供給側の諸要素――外部から持ち込まれる技術や事業構造、製品――は機能しないと考えられていた。同時に、ファッションを西洋の産業経済と、そこで着用される衣料に密接に関係している現象と考えるならば、ブローデルの逸話が示しているように、衣服に変化を求めず、伝統的な衣服を良しとする非西洋世界[2]では、ファッション・システムは存在できないことになる。着物を身にまとった日本人は、そのようなわけで、他の地域の工業化のプロセスでは重要な役割を果たすファッション主導による繊維製品の需要の成長を経験することはできなかったはずなのである。

このような理解は、徳川時代後半から第二次世界大戦までの経済発展と工業化の時代に、衣装スタイル、特に女性のそれが数々の変化を見せたことを無視している。また、他の国々と同様に日本においても、新しいファッションが大衆的な広がりを持つに至るメカニズムが存在していたことも考慮に入れていない。さらにいうならば、日本の衣服の原材料生産に携わっていた伝統部門についても、現在ではもはや旧態依然としているとは考えられていない。それゆえ、国内の繊維品需要が工業化を推し進め、発展させる条件を提供したととらえることも可能になっている。以下では、和服用をその中心的な商品としていた衣服市場向けの生産が、量的にも、また質的にも、繊維産業の発展にとって、決定的な役割を果たしたことを示したいと思う。「伝統的」な衣料の特質と、そこでの流行現象の加速は、日本の近代化を支える産業の経済的、技術的変化を説明する上で本質的に重要な要素であった。それはつまり、着物ファッションの消費者自身も、産業成長の特有な性質を決定づけるのに固有の役割を担っていたということなのである。

繊維産業と国内市場

繊維品の生産は、工業化を遂げた他の国々と同様に、戦前期日本の工業化においても、中心的な役割を果たしたと理解されてきた。繊維品生産は一八七四年から一九四〇年まで、年平均実質六・六%の成長を続け、一九〇〇年までに限れば年平均実質一〇%以上の成長率を記録している（Ohkawa and Shinohara 1979: Table 5.4）。繊維品の製造業生産額に占める割合は、一八七〇年代の約二〇%からピークの一八九〇年代にはほぼ五〇%となり、その後も一九三〇年代半ばまで常に三〇～四〇%を維持した（表7－1）。この過程において、主に関心が向けられていたのは、

表 7–1　国内経済における繊維製品と織物の生産額（%）

	製造全体に占める繊維製品の割合	繊維品生産に占める輸出＊の割合	繊維品生産に占める織物の割合	綿織物生産に占める輸出＊の割合	絹織物生産に占める輸出＊の割合
1875	22.3	14.9	44.8	0.1	0.2
1880	27.9	10.6	42.5	0.2	0.3
1885	28.4	18.3	40.8	1.0	0.5
1890	36.1	13.1	35.8	0.5	7.3
1895	47.3	19.7	37.5	3.7	19.2
1900	35.8	24.1	41.5	9.3	22.3
1905	31.9	37.3	35.0	16.1	50.1
1910	33.6	40.0	40.8	16.8	29.1
1915	33.1	40.7	39.5	21.1	35.5
1920	34.3	38.2	43.8	48.3	33.9
1925	39.4	45.2	37.4	56.1	28.3
1930	30.6	37.2	42.2	55.2	16.8
1935	29.1	37.2	44.2	61.2	13.4

注：＊大日本帝国外への輸出
出所：篠原（1972：表 1，18），日本銀行統計局（1966：表 116（1）），Ohkawa and Shinohara（1979: Table A19，A26）

常に輸出である。国産の繭から繰り出された生糸は、一八五〇年代の貿易開始以来、外貨獲得のための主な輸出品だった。綿糸の原料は輸入綿花であったが、国内で初めて形成された近代的な繊維工場が、一八九〇年代以降、順調に海外での販売を伸ばした。また一九～二〇世紀転換期には、紡績と織布を兼営する工場が登場し、輸出用の綿布生産に参入した。これら輸出向けの繊維生産の成長は、日本の工業化にとって決定的に重要とみなされてきたが、それは単に生産と輸出が拡大しただけではなく、相対的に規模の大きな繊維工場が機械化と工場労働力の開発を先駆的に進め、近代的な技術や産業組織の受容を推し進める原動力と考えられたからである。

しかしそうであったとしても、輸出向け生産と大規模工場の出現だけで、繊維産業の役割を包括的に説明することは、到底無理な話であった。一九一〇年代、一九二〇年代の繊維製品の輸出がピークとなる時点であってさえ、輸出品の割合は、繊維製品総生産額の半分以下だったのである（表7－1）。国内市場は繊維製品の生産に依然として強く影響し、「近代的」「伝統的」双方の部門に対し、輸出拡大と連動しつつ、あるいはそれと補完関係を形成しながら、成長を後押しした。機械制綿糸紡績企業の生産量は一八八〇年代から第一次世界大戦にかけて五〇倍以上になったが、一八九〇年代以前の輸出量は微々たるものであり、一九一四年になっても、輸出量は生産量の三分の一程度であった（阿部 一九九〇：表2（3）-1）。それゆえ、大規模な綿糸紡績工場の設立によって増産したものの大半は、国内の綿織物業で使用されたのである。生糸については、大規模な器械製糸工場での生産の大部分が輸出用であったのは確かだが、しかしそれでも、戦間期の生糸生産量の三〇〜四〇％は国内の絹織物業によって利用されていた。その多くは低級品の手挽き業者か小規模工場産の製品であり、国内市場用の絹織物業者向けであった（Matsumura 2006: 96–97）。

それゆえ、戦前を通じて繊維生産額の四〇％を占めていた織物部門は、大規模近代工場であれ、「伝統的」な生産者であれ、日本製の糸の主な需要者であった。一九世紀末までは織物の輸出はほぼ皆無であったと言えるし、その後、綿布生産では五〇％以上が輸出されることになるが、絹織物ではその割合は三分の一を超えることはほとんどなかった（表7-1）。つまり、日本の繊維品生産者――紡績業者と織物業者――にとって、国内の衣料素材市場は、主要なターゲットであり続けたのである。

そしてこの国内市場は急速な拡大をみせていた。衣料支出は一八七四年から一九四〇年にかけて、年平均で実質五％前後の成長を遂げており、それゆえ、一人当たり年平均衣料支出は一八七〇年代と一九三〇年代では実質一〇倍の差がみられたのである。全消費支出に占める衣料支出の割合は、一八七〇年代では約三％であったのに対し、一九三〇年代には一二％となった（篠原 一九六七：表4、Ohkawa and Shinohara 1979: Table 8.3, 8.6）。この間に衣料品の相対価格が三分の二程度に低下したことを考えあわせると、日本人は安くなった衣料品をより多く購入し、そのことが国内の繊維製品市場の成長の原動力となっていたといえる。

この成長は、世界の他の地域と同じく、家庭内での自家生産から素材購入への移行に端を発し、それは特に綿製品について当てはまった。徳川時代も後半に入ると、都市部ではほとんどの人が衣料を購入していたが、農村部では、衣料素材を新品の布であれ古着であれ、あるいはまた織物自家生産用の糸として購入する者は、現金を有する比較的富裕な人々に限られていた（谷本 一九八七：五四―五五）。だがその後の時代においては、都市部に限らず農村部の消費者も、所得の増加と価格低下によって綿布市場に参入していく。この拡大する需要の一定部分は、当初は輸入品の広幅綿布でまかなわれており、輸入最盛期の一八七〇年代には、国内で消費された綿布の三分の一は輸入物であった。また、綿製品だけではなく、輸入毛織物なども日本市場に出回った。しかしこれら輸入品は、和服用の織物とはデザインも品質もまったく異なるものであり、従来の綿布を求める消費者に生産者側が対応し始めたため輸入綿布は徐々に減っていった。この現象については、後述する（谷本 一九八七：六〇―六三、Saitō and Tanimoto 2004: 278–294）。このように日本の生産者は、国内衣料市場を舞台に、輸入品と競争し、一八八〇年代の一時的落ち込みにも耐えた。彼らは消費者の需要に応えるべく、仲買商や小売業者とネットワークを築きながら、急速に成長し、かつ、競争も激しい国内市場に製品を供給し続けたのである。

後で詳述するが、繊維製品の生産者の多くは、特化、差別化した製品を比較的少量生産していた。内田星美の推定によれば、輸出向け製品の本格的生産が始まる以前の一八九〇年代には、綿布の半分は縞もしくは絣模様の、着物用の先染め・小幅綿布で、いずれも地方の織物生産地で作られたものであった。残りの半分は、ほぼ平織の白木綿から成っており、目的によっては工場生産品や輸入品が使われたが、こと「伝統的」な和服用は、柄物と同じく国内の小規模な機屋が織ったものだった。白木綿は、浴衣地用に染められたり、晒工程をへて裏地や足袋などの原料としても使われた（Uchida 1988: 159–161）。絹は、着物や小物用の織物として、綿よりもさらに小幅織物が支配的であり、小規模な専門化した織物業者によって生産された。

こうして繊維製品の生産には一定の分業関係が成立した。輸出に特化した大規模兼営織布工場は、成長を続ける国内市場の大部分を小規模織物業者に委ねることとなった。綿織物の場合、大多数の織布労働は賃織りとして自宅で行われるか、少規模な作業場で営まれた（Tanimoto 2006: 12–13）。織物業は、「産地」と呼ばれる地域特有の織物生産に特化した、地方の産業地域で営まれることが通例となってくる。阿部武司と斎藤修は、織物産地で生産される綿布は一九一九年には綿布生産全体の八一％、一九二九年でも六四％に上ると推定している（Abe and Saitō 1988:

146)。織物生産全体では一九四〇年に至るまで、五名以上の職工を有する機業場の九〇%が最も規模の小さい職工雇用五〜二九名のカテゴリに属しており（Minami 1987: 215）、また多くの家内工業（五名未満の雇用規模）が生産を続けていた。大規模な生産者が海外市場を開拓してシェアを高め、いくつかの産地の生産者も輸出業者化に成功する一方で、[3] 小規模な地方の織物業者、染色や整理業者も、国内の和服市場への供給者として生き延びていたのである。

この市場の伸びは、日本の消費者も他の国の消費者となんら異なることなく、経済的に余裕があれば、より多くの衣料品を頻繁に手に入れたいと思っていたことを示している。支払い能力が高まり、衣服への欲求が強まった消費者は、衣料品の供給源を小規模業者が占めていた国内の織物業に求めたのである。その結果、日本国内向けの和服用織物生産は、戦前に拡大を続けた繊維品産業において、独特かつ重要な要素としてその立場を維持した。次の節（ファッションと日本の衣料）では、それを支えていたのが、衣料の消費需要の開拓であり、それは日本の在来的なファッション・システムによって規定されたものであることを論ずる。それに続く節（需要と供給の相互作用――ファッションと繊維産業の発展）では、今度はその消費需要が、「伝統的」ではあるが決して「静態的」ではなく、それに応じる生産者の性格を規定する主要な要因となっていたことを明らかにしたい。

ファッションと日本の衣料

第二次世界大戦以前に国内繊維品市場を支配した絹や綿の織物は、衣服や小物の素材としてふさわしいようにデザインされていたが、そのデザインの基本型は、徳川時代にほぼ固まっていた。着物と羽織のほか、帯、襦袢、襟、紐、財布、足袋、草履など数多くの小物が含まれる。一九世紀半ばより西洋との接触が増えたことによって、日本人は西洋風の衣服を知り、かなりの数の男性――決して全員ではないが――が次第に事務仕事を含む公的な活動の場において、スーツや制服を着るようになった。ただし、そのように西洋の衣服を受け入れた者でも、くつろぐ時には和服でいることを好んだ。戦間期になると、「進んだ」考えを持つ若い女性や都市部のエリート、また、「近代的な」制服を受け入れざるを得ない者は、日常生活でも時に西洋式の衣服を着用するようになり、子供も安くて機能的とされた西洋式の衣服を着せられることが増えた。それにもかかわらず大多数の女性は、裕福か貧しいかを問わず、日本式のファッション・スタイルを維持したため、戦間期の観察者による、当時、最もお洒落で最先端のファッションの街とされていた銀座での記録においても、女性は大部分が着物を着用していた(4)。

着物は、西洋の衣服のように体型に合わせて縫製されるのではなく、通常、反物として布のまま販売され、家庭内、もしくはお針子によって仕立てられた(5)。また着物は洗濯やお直しのために定期的に解体された。歴史的に生地市場はオートクチュールと既製品の二つのタイプに分けることができる。見本の柄を元に一枚一枚注文を受けて染め上げたオートクチュール部門と、縞柄やその他の意匠がすでに染め抜かれている絹布や綿布を扱う既製品部門である（木島 二〇〇六：六八）。いずれの場合も、後に百貨店となる呉服商で販売されたが、反物は旅商人によっても広く販売され、活発な古着市場も常に存在した。また貧しい家庭では一九世紀末頃まで、自ら綿や麻から糸を紡ぎ、布を織って、伝統的な柄の反物にしていた。

西洋のファッション・システムの研究者の間では、中世ヨーロッパの都市において始まった、布を体に巻きつける方式から、寸法を測り、裁断して縫い合わせた衣服を着用する方式への移行を、ファッションの出現における分岐点とするのが定説となっている（Wilson 2007: 16）。着物についても、たとえば袂を切りとることがそのような変化に相当するとみなすことも可能ではある。しかしそれは和装で一般的であったとはいえず、かえって着物は基本的に変化のない「伝統的」なスタイルのままであり、ファッションにも左右されることはない、とする信念を強める結果となっている。その他の面においても、着物はファッション・システムの成立にとって理想的な、迅速な買い換えを促すような衣料とはほど遠いとみなされている。徳川時代にも、男女を問わず着物に流行はあったが、その対象は、特に絹製の場合、高価な手工業品というべきものであり、一部の富裕層にしか手に入らなかった。一般的に反物は耐久性に富み長期間使用できるように作られており、そのため価格も相対的に高かった。個人の体格に特に合わせるわけではなく、また合わせたとしても着丈に融通を利かせて縫われたため、着物は人から人へと引き継ぐことができ、幾度も縫いなおされ補修され、大事に管理されているならば、世代を超えて着続けられる衣料であった。着物はある面で、投資対象や価値保蔵のための財に類似しており、遺産相続や持参金という形で手に入り、必要であれば質入れや古着市場を通じて現金化が容易な資産(6)であった。

しかしながら、戦前の支出の伸びが示すように、着物を消費財ではなく資産とする観念は、消費者がより多くの、より安価な衣服をより頻繁に購入する妨げにはならなかった。着物の存在が日本のファッションの在り方を規定していたとはいえ、ヨーロッパのファッション・システムを機能させたとされる多くの力も明らかに見出すことができる。次第に解明されつつあるように、綿布が世界中で受け入れられてきた理由は、麻織物やそのほかの繊維製品よりも安価で便利であるとともに、ファッションの可能性を広げたからであった(Styles 2009)。インド産の綿布との競争に刺激され、ヨーロッパの生産者は織物の素材として、より軽く、洗濯がしやすいだけではなく、生産面においても、色やデザインの素早い変化に広く対応できる素材を開発したのである。日本では、縞柄の高品質な綿布が一九世紀初頭に武士や都市の商人に人気となり、ややくだけた場に用いられる着物向けの比較的安価な絹織物と競合していた(田村二〇〇四:三〇二―三〇七)。これ以降、日本は衣料消費において独自の「綿の革命(cotton revolution)」を経験することとなる。はじめは都市部や町場から、やがて農村地域にも広がるこのプロセスにおいて、綿布の自給生産は廃れ、国内市場向けに商業的に生産された綿布がそれに取って代わった。

この変化は通常は供給側が牽引したものと解釈されており、例えばそれまで自給用に紡ぎ織っていた女性に、賃金稼得の機会を与えたことが注目されている。だが変化はそれだけではない。商業ベースで生産する織物業者は女性労働を用いて、より豊富な色とデザインの織物を、安定した品質で、かつ管理も着用も容易で扱いやすい形で供給することができたのである。一九世紀も、それ以降も、これらの縞や絣柄が標準的なデザインとして多く市場に出回った。最近の議論では、これらの柄の起源として、徳川時代に輸入されたインド産綿製品の影響も指摘されているが（Fujita 2009）、いずれにせよ、生産地域では、それぞれ特徴のある色やデザインの織物が盛んに開発されていた。だが着物一着分の反物は、決して安くはない。内田の提示したデータによれば、徳川時代の後期であっても、紡糸、織布を行う女性労働の一カ月分の賃金（日給換算）に匹敵したのである（Uchida 1988: 162–163）。それゆえ綿布市場の拡大は、他国の場合と同様、比較的日用性の高い衣料でも色や意匠の多様性を高く評価する消費者が増えたせいもあると言えるだろう(7)。

もっとも日本では、綿の着物がファッション性を帯びたとしても、反物における絹織物の地位が損なわれることはない。しかし拡大する衣料市場で販売を伸ばそうとする絹織物業者は、綿布とファッションをめぐる競争に関わらざるを得なかった。それゆえ絹織物の生産者も、着物にファッションを求める消費者の声に応えるべく、安価ではあるが扱いやすく斬新な商品の開発に勤しんだ。また、絹織物と競合するのは綿布だけではなかった。開港後、毛織物であるモスリンの和服用としての生産が増加し、その肌触りや着心地、染色・捺染可能で鮮明な色合いによって、絹織物の手ごわい競争相手となった（Rosovsky and Nakagawa 1963: 64–65）。着物というすでに定着した形状の衣服のために、日本でのファッション・スタイルで重要な要素となったのは生地そのものであったが、それが市場で成功し受け入れられるかどうかは、素材の違いというよりは、斬新な色やデザインが施されているかどうか、着心地が良くて高すぎず、しかし高級絹のような見た目と肌触りに近いかどうか、という点にあった。

「お洒落」の定義が常に最新の反物で作った着物を着ていることを指すのであれば、かなりの散財を覚悟しなければならない。反物の価格が下がると、より多くの消費者がお洒落を楽しむことができるようになった。同時に、着物という衣料は柔軟で適応力が高いことによって、日本は大衆的贅沢品（populuxe）が現実に普及するのに理想的な場となっており、大衆は創意工夫と装飾品によって富裕層のファッションを取り入れた。この大衆的贅沢品の存在は、国内市場において繊維製品に対する需要も拡大した。着物は定期的に洗い張りを必要としたため、その機会に、消費者は自分でやるかプロに頼んで最新の飾りや装飾品を施したのである。とりわけ帯が、女性の衣料の中で最もファッション性に富んだ要素となり、着物一式の費用よりも安価に、意匠と素材の幅広い選択肢を提供した（田村 二〇〇一：三四）。戦間期には、ファッションの戦場は多数の色や形状、デザインが可能な半襟に移った（中村 二〇〇五：七六）[8]。装飾品も着物ファッションに新しい素材や西洋の要素を取り入れる起動力となり、開港以来、ショールやバッグ、新素材の毛織物による柔らかく鮮やかな色合いの襟や裏地が近代的要素を加える手段として取り入れられた。

また、着物は耐久性があって長持ちし、誰にでも着られる形で仕立てられているため、大きな古着市場を形成することができた。この古着が、地理的な制約や所得の格差を超えて、広範な消費者にファッション＝流行を浸透させる手段となったのである。ベヴァリ・ルミアがイギリスの事例によって示しているように、古着市場の存在は消費者にとって高価なファッション商品を買うリスクを減じ、かならずしも裕福ではない階層の消費者にもファッションを広げる役割を果たした（Lemire 1991: 61–4）。田村均は、一九世紀半ばの地方におけるファッションの広がりを、質入品や盗品の分析によって明らかにしている。そこには比較的高価な絹織物や流行りの縞や絣の綿布が含まれていた（田村 二〇〇四：三一一–一六）。東京では、古着を取り扱う商人（dealer）は神田界隈に集積しており、それぞれ専門の分野をもち、種類や調達先の地域によって古着を注意深く区別した。そしてそれを運送店を通じて、近くの上野駅や秋葉原駅から、東北地方の商人に向けて送り出した（朝岡 二〇〇三：一六一–八〇）。いずこでも、古着商や行商人のネットワークが男性用、女性用の衣料、装飾品の市場を拡げ、はじめは都市部の消費者が求めた豊富な色、デザイン、織物のタイプが、このネットワークを通じて地方へ広まっていったのである。

よい着物は長く着られるとはいえ、消費者は一着だけ着続けるのではなく、複数の着物を所有し、着回すことを理想としていた。着物は、季節、年齢、身分によって色や柄、素材がそれぞれ異なっていたからである。もちろん

図 7–1　戦間期に繁華街をお洒落をして歩く若い女性たち

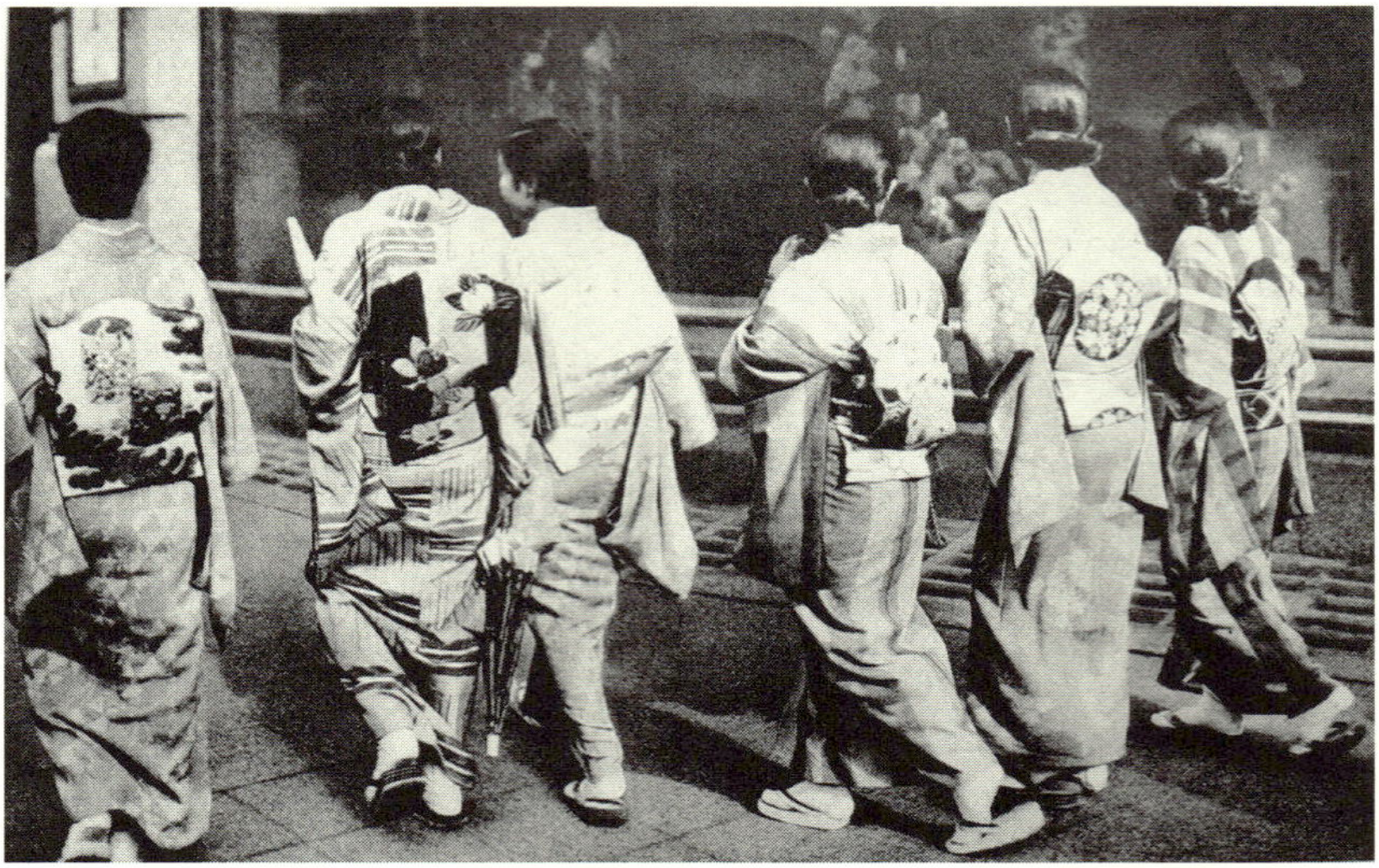

出所：*Asahi Shimbun*（1933: 24）

時の流れとともに、こうした構造の中でも、しきたりも変化したり緩和することはあったが、しきたりを守ることを望み、そうするだけの余裕のある人々は、季節や格式に応じた流行の着物を備えておく必要があった[9]。特に、普段着と晴れ着には、歴然とした違いが求められた。晴れ着は見せるためのもので、普段よりも手の込んだ流行の衣服で「お洒落」をして外出する習慣として、現代日本の街角でも観察される。それゆえ、経済的に可能になるや女性は、新しい着物や、着物が無理な場合は装飾品を購入し、祭日や休日のお出掛けの際に披露したのである（図7–1）。戦間期までに消費者の所得が増えたこと、そして都市部の新しい環境の出現が、衣装を披露する機会を増やしたことで、「お洒落」の習慣は上流階級の子女を超えて広まった（藤原 二〇〇六：三八―四〇）。

以上のように、日本の着物の形態に変化がなく、中国の衣服のように従来のゆったりした型から体に沿った仕立てへと変わらなかったからといって、ヨーロッパで衣料の需要の成長を促したファッションの力が、日本で発揮されなかったとは言えないのである。市場向けに生産された綿布は、増大する衣料消費者に対し、新しく安価で便利な織物として衣料品調達の豊富な機会を提供した。購買力が高まるにつれ、より多くの女性が都市部の最新のファッションを望めるようになる。着物が無理でも装飾品だけでも購入することが可能となり、最終的には絹物を買うことを夢見たのである。古着の流通は、よりファッションを広め、その変化についていくためのコストを下げることともなった。近代の波に乗った中国の女性は、ゆったりと流れるドレスからより体にぴったりと沿う旗袍に移行したが、これはヨーロッパで、体に合わせて布を裁ち、縫い合わせた衣服が作られたことと同類の進化である。日本の女性は、いかにして新しい色、風合いやデザインを、より安価で便利な綿、絹、毛の織物に、着物の基本形を維持しつつ取り入れていくかに腐心した。次節では、着物ファッションにおけるこの経路が、繊維産業に与えた影響を見ていくことにしよう。

需要と供給の相互作用——ファッションと繊維産業の発展

前節で説明したプロセスの結果、国内市場における繊維製品の需要は、ファッションによって規定される傾向があった。生産者の対応策の一つとして、富裕者の間で流行した都会的な高級呉服や装飾品を、より広い範囲で用いられる製品として開発し直すことがあったが、これは輸入品の新しい色や素材やデザインの影響を受けることにも繋がっていた。各地には小規模な繊維業者が集中して立地し、多様な色やデザイン、風合いや質感の製品を、それぞれの季節や行事に応じて、様々な価格帯で生産した。伊藤元重と谷本雅之が認識しているように、一九世紀後半以降の需要拡大で生まれた競争的市場において、小規模生産者から成る産地が成功するカギは、デザインや製品の魅力を不可欠の要素とする織物の「品質」にあった（Itoh and Tanimoto 1998: 58）。

大まかに言って、需要の変化は国内市場での個々の織物の売れ行きに反映されていたといえる。まだ織物の輸出が少なかった一九世紀末まで、「綿の革命」によって綿製品は国内で支配的な製品であり、絹製品は贅沢品として位置づけられていた。[10] しかしそれ以降、絹製品の市場シェアは、国内需要の成長を反映して継続的に拡大した。消費者の所得が増えて購買力が高まったことと、生産者が新機軸の安価な製品によって市場を大衆化させたことがその要因である。綿製品と絹製品（交織物を含む）の衣料消費支出に占める割合は、一九一〇年ではどちらもほぼ同じで四〇％を多少超える程度であったが、一九三〇年代になると、絹製品の支出は五〇％近くまで上昇したのに対し、綿製品は二五％を若干上回る程度にまで落ち込んだ（篠原 一九六七：表78）。織物全体における綿製品の割合は、一九一〇年以降多少は回復したが、それは基本的には輸出用綿布の生産の増加によるものだった。

このような市場の拡大に対応して、生産パターンの変化と多様化も持続的に進行していた。一八五〇年代の開港に伴い輸入品も流入するようになったが、海外で主流の広幅の綿布の大部分は、国内で生産される着物や小物用の綿布と競合しなかった。しかしながら、鮮やかな染色やデザインが施された毛織物やキャラコの登場は、消費需要の成長と多様化に応えるために生産者が向かうべき方向性を示唆していた。織物業者の国内市場における成功は、徳川時代の高級なファッション絹織物のような見栄えと手触りをもった大衆的贅沢品を、いかにして輸入材料と新しい技術によって可能性の広がった新しい色や風合い、デザインで、供給できるかにかかっていた。

綿布の生産者は、それゆえ、いつまでも従来の縞や絣を主力製品とするわけにはいかなかった。一九世紀末までこれらの生産者は、輸入品や工場産の織物ではなく、新素材のモスリンや綿フランネルなどの小幅織物や、低級品の絹織物、綿や後にはレーヨンとの交織物との競争に迫られた。これらの製品は決して標準的な綿布より安いわけではなかったが、従来の素朴な縞や絣よりも種類も色デザインも豊富で、高級絹に近い見栄えと手触りを備えていたのである（Uchida 1988: 167–168）。結果的に縞や絣の着物は徐々に農村の作業用などに格下げされ、現在では伝統工芸品になっている。消費者はバラエティに富んだ織物を、それまでは知られていなかったデザインで、安定した品質と供給量のもとで選べるようになったのである。

消費者の要求にどれだけ応えられるかは、織物業者の技術および経営組織によって規定される。綿布の製織に関していえば、多くの生産地において、輸入綿花を原料とする機械制紡績糸への移行が決定的に重要であった。工場製の糸は手紡ぎよりも安く品質が均一なだけではなく、より細く斉一であったので、染めると鮮やかでなめらかな仕上がりとなり、織物の色や意匠のばらつきをなくすことができた。そのことが成長市場の要請に応える品質の実現に大きく寄与していたのである（田村 二〇〇四：九―一二）。一方絹織物では、一九一〇年代に小規模業者が、国内の着物用市場の成長に対応することで再び息を吹き返した（Matsumura 2006: 94）。輸出用には向かない低品質の生糸を用いながら、織物の品質を高度に差異化することで、消費者の要求を満たすことに成功したのである。そして、この綿・絹双方において、合成染料の導入が従来の織物にはない色合いをもたらし、伝統的な染色技術も複合的に取り入れられたのである。

新しい投入財は技術改良と結びつくことで、品質を保ちつつ、安価な原材料による複雑な柄の織物の大量生産を可能とした（田村 二〇〇四：三八一―三八二）。絹織物に複雑なパターンの織りとデザインを可能とした改良織機とジャカード式機構の導入もそうである。電気モーターはどの産業においても、小規模生産者の存続に大きな役割を果たしたが、織物業ほどそれが当てはまる産業もないであろう。二〇世紀に入ると、電化と力織機の開発によって小幅の反物でも機械織りが可能となり、着物用織物の分野での力織機化が急速に進んだ（Minami 1987: ch. 10）。

機械化は疑いなく生産性の向上につながるが、小規模生産者にとっては、バラつきのない、斉一な製織が可能となり製品の品質改善がなされることも、大きな魅力であった。また、力織機化が大きく進んでも、常に製品の差別化とファッションの変化を望む消費者の要求に応え続けるには、労働力と技能の双方を高い水準で投入することが欠かせなかった。このような、小規模な伝統的生産者のみが扱える労働集約的かつ技能集約的な染色・織布技術が、独特で色とりどりの意匠の着物地の生産を可能とする鍵となっていた[11]。様々な色や柄を出すには、頻繁に機械を停止しなければならないため、機械化による費用削減効果は限定的にならざるを得ず、そのため規模の経済の発揮には制約が大きかった。さらに単純な平織や捺染（printed）織物に比べて、熟練が必要で費用も嵩むこうした染色を伴う手の込んだ織物では、製織工程が総生産費に占める割合は低かった（Uchida 1988: 165）。

このように、日本の衣料におけるファッションの発展は、技術的にも、また製品差別化の面でも、小規模生産者にとって有利であり続けた。しかし、ファッション・システムの一部に組み込まれれば、新たな組織問題への対処が必要になる。産地織物業者にとって、衣料需要成長への対応する上で重要だったのは、ターゲットとなる市場が要請する色・意匠に対応する織物を持続的に製造していく能力である(12)。伊藤と谷本は、仲買商が小規模な賃織り業者を組織し、製品をとりまとめて販売するにあたって、それらの業者に如何にしてバラつきのない高品質の製品を供給させるか、という問題に取り組んでいたことを指摘する（Itoh and Tanimoto 1998: 58–59）。伊藤と谷本が調査を行った地域では、地域の織物商人が問屋制を採用し、原料となる染糸の供給を通じて、市場のトレンドに合わせて製品の色とデザインを特定することで、小規模の家内賃織り業者が織り上げる製品の質を管理していた。

多くの場合、「ブランド」化を支える製品の品質をいかにして特徴づけるかが問題解決の鍵であり、小規模の織物業者や染色業者が結集して、特有の種類の織物のアイデンティティや品質を保証する組織を作っている(13)。こうした組織は小規模業者に対して、需要変動への対応には欠かせない市場情報の獲得を仲介した。最終的に小規模生産業者の集合が「産地（sanchi）」という産業地域（industrial districts）の形成につながる。産地が市場情報を提供し、市場への適応を容易化し、また、産地ブランドを規制した。地方の生産者組合は、たとえば百貨店バイヤーなどと連携し、ファッション市場が求める製品ラインの開発にあたった。電化と力織機の利用は、産地内で生産者の集中を促進するものでもあったが、市場の特質は依然として大量生産の大規模工場の設立にとって壁となっており、それが産地内で適切に組織化された小規模生産者が生き残り、発展を遂げることを可能とした。

それゆえ、一九二〇年代までには常に新しい織物が市場に出回るようになったが、その多くは依然として特定の地区や産業地域の小規模生産者が、その地方ごとの商標を付して供給する製品であった。阿部が示すように、たしかに戦間期の産地の綿織物業者にとって、昔ながらの縞や絣の反物の生産だけでは、事業を存続させることは不可能であった（阿部 一九八九：三九―四二）。だがこのことは、これら小規模業者の衰退や消滅が必然化したことを意味しているわけでない。一部は輸出用や国内向けの白綿布を織る大規模工場に転換し、他は綿フランネルなどの新製品を国内や外国向けに織り始めた。しかしながら、製品開発と新素材や技術の採用を通じて、多様化するこの時期のファッション・トレンドに対応できた者は、成長を続ける衣料市場で有利な地位を保つことができた。これは、絹織物の生産者により当てはまった。次節では、地方の小規模な絹織物業者が、戦間期日本のダイナミックなファッション市場で大きな成功を収める物語をみていこう。

銘仙着物

日本のファッション・システムは一九二〇年代に登場した銘仙着物によって完全に花開き、全盛期を迎えた。当時の流行の先端にいた女性たち、すなわち女性解放運動のシンボルとされ、恐れられてもいた「モダンガール」やカフェーの女給が銘仙を着ていたが、諸種の調査によればそれだけではなく、戦間期には銀座を歩く女性の半数以上が銘仙を着ていたし、地方の少女はこぞって銘仙風の着物をお洒落着として欲しがったのである。(14) 他の繊維品の一人当たり支出が一九二〇年代後半に減少するなか、絹織物への支出だけは銘仙が急速に拡がったこともあって伸びた。一九三〇年までに銘仙は小幅絹織物の販売額のほぼ半分を占めるに至っている（山内 二〇〇九：表2・3）。銘仙は日本の近代化を表現するような、非常に鮮明で斬新なデザインを盛り込んだものだったが、(15) その割に価格が安く、大量販売のファッション品にみられる特徴をいくつも備えていた。それにもかかわらず、銘仙はその名の由来の地域に集積している、小規模織物業者によって生産が続けられた。

銘仙の産地は伊勢崎で、日本有数の絹の生産地である群馬県内にある。(16) 徳川時代から農家世帯内の織り手が、低級品の生糸を用い、無地の平織で、着心地はよいがやや硬い織物を織っていた（藤原 二〇〇六：四九、寺田 一九七九：二二五―二三〇）。一九世紀後半を通じて、織物専門の産地に発展し、生産は織元によって組織されるようになる。織元は農家や小規模な生産業者に属する織工や染め職人に仕事を委託し、製品を地方の仲買や買次商を通じて売りさばいた。一八九〇年代に伊勢崎では、輸出用生糸の原料とはならない屑繭を使って、絹紡糸の実験が試みられた。一九一〇年代には力織機が導入され、新しい染色方法が開発された。これにより鮮やかな色とデザインを施した、比較的安価な絹織物の生産が可能となったのである。

伝統的には、絹地に絵柄を染め付けるには、費用も時間もかかる友禅の技法しか方法がなかった。友禅は反物にすべて手作業で絵を描く技法で、高度な技術を要する。しかし伊勢崎では伝統的な防染技法を改良し、型紙を使って糸の一本一本に染めつけ加工を行い、それを織り上げて意匠を表現した。続く製織工程で絹紡糸を混ぜて用いたところ、銘仙の特徴ともいえるぼかし柄を創りだすことができた。この技法で、大胆で色鮮やかなデザインの織物を、バラつきなく、相対的な意味合いであるが、大量生産方式によって生産することができたのである。

いったんこの技法の価値が認められると、新規で変化に富んだ革新的なデザインの開発が一気に進んだ。銘仙の着物（と羽織）は特にアールデコやアールヌーボー調のデザインが有名であるが、現存する銘仙着物をみるとキュビズムに影響された抽象柄や伝統的な花柄を劇的にアレンジしたもの、幾何学模様の反復など実に多様なデザインが考案されていたことがわかる（Dees 2009: 78–101）。このような着物が人気を博するにつれ、さらに多様な銘仙が開発された。もともとは低級品の絹を使っていたが、高級な絹糸で作ったもの、綿や化学繊維との交織物も現れ、「銘仙」の商標は、大衆向け大量生産品の安価な絹の着物から、「モダンガール」が着る高級お洒落着まで、あらゆるものに貼り付けられた（藤原 二〇〇六：四九）。銘仙の生産は伊勢崎以外にも広がり、他の織物の生産者も対応を迫られたため、関東大震災の起きた一九二三年から一九三〇年代後半まで、従来の抑制的で繊細なファッションとは大きく異なった、大胆な意匠を施した織物が市場を埋め尽くすこととなったのである（藤原二〇〇六：六四―六五）。(17)

しかし銘仙着物は、その見かけや生産方法が斬新だっただけではない。ファッション品としての販売や消費の在

図 7-2　戦間期，百貨店での反物の買い物

出所：*Asahi Shimbun*（1933: 233）

り方も、同様にきわめて革新的であった。大都市部の百貨店にとっては、ファッション・システムの技法を和服に応用する上で、格好の対象であった。山内雄気は、一九二〇年代末までには、ほぼすべての伊勢崎銘仙が大都市（東京、大阪、京都、名古屋）の百貨店で売られており、銘仙着物の売り上げは各都市の衣料品売上総額の約半分に達していたと結論づけている（山内 二〇〇九：七—一〇。図 7–2 参照）[18]。毎年、銘仙着物の新しいデザインが生まれ、女性誌などの媒体で広く宣伝された。銘仙は見栄えがよく店の集客には非常に効果的だったし、大売出しの目玉商品の定番となった。西洋の基準からみて銘仙絹は十分高品質で耐久性に富んだ衣料——現在でも戦前の銘仙がインターネットで多数取引されているほどである——なのであるが、より伝統的な呉服に比べると、安価で「使い捨て」が可能な着物だったのである（新田・田中・小山 二〇〇三：六六—七一）[19]。したがって、銘仙着物は既製品として販売できる、流行りすたりのある衣料であり、洗い張りをして大切に保管し、家族の財産として代々継承していくようなものではなかったのである。多くの女性にとって日常的に気軽に購入できるような品物ではなかったにせよ、銘仙着物は戦間期の幅広い層に、大衆ファッションの概念を

もたらしたのである[20]。

ただしこの状況は、銘仙絹がファッション市場の要求する常に新しいデザインを、大量に生産し続けられるかどうかにかかっていた。防染技術と力織機を駆使し、織工はかなり大量に生産できるようになってはいたが、依然として小規模な工場や作業場がそれを担っていた。伊勢崎銘仙ブランドは一八八〇年代に結成された製造業者の組合が管理し、組合は生産者と生産量が増えるなか、製品の品質維持に腐心していた（Matsuzaki 2006: 249–252）。需要が高まるにつれ、銘仙の技術は伊勢崎外の織物業者に模倣されていくが、デザインを実際に織物上で表現する技能は高度なため、大規模工場での量産はありえず、銘仙市場は依然として、労働集約的な技法を身に付け、それを実践できる小規模生産者による供給に依存していた。しかし地元の諸機関は、生産者が常に最新のファッション・トレンドに触れられる機会を確保しており、伊勢崎地方の製造業者組合などは、品揃えのため新しいデザインを指定してくる東京や大阪の百貨店との連携を図っている（新田・田中・小山二〇〇三：六六―六七）。

銘仙着物は、このように現代におけるファッション商品の特徴をほぼ備えていた。最新のトレンドを押さえながら、人目をひくよう計算されたデザイン、そのデザインが目まぐるしく変化するたびに行われる過剰なまでの宣伝広告。そして実用・耐久性よりも見て楽しむために商品は購買される。しかし生産は、小規模で地域を基盤とした事業として営まれており、比較的規模の大きな業者は化学染料やさらには化学繊維のような工場製の原材料を用いて、機械生産も行ったが、そこで用いられているのは頼りとなる労働集約的かつ技能集約的な伝統の技術であった。それは時代の変化に対応したまったく新しい需要の成長を反映しており、所得水準の上昇によって、若い女性が自身で得た賃金で、自らの意思で購入しお洒落をし、その姿を、近代化する日本の都市が提供する公的な場で披露する社会が出現した事実を示すものであった。もし戦争と占領によって、日本人の衣料生活が根本から変化を遂げなければ[21]、着物の大衆化への道が切り開かれていたかもしれない。「伝統的」な和服が近代的ファッションの題材となりうることが、近代化の進む戦間期の日本において、明瞭に例証されていたのである。

結論

戦前期日本の衣料需要とファッションの成長、その頂点的な現象としての銘仙着物の出現は、二つの仮説、すなわちファッションは、「伝統的」な衣料システムでは作用しないし、西洋の資本主義にのっとった大規模な生産と必然的に結びつく、とする議論の根拠を掘り崩した。日本でも経済成長と産業化が進展するにつれ、多くの消費者がヨーロッパと同じく、市場向けの製品の購入へと切り替えた。はじめは種類豊富で魅力的かつ手軽な綿布へ、後にはそれまで高級品で手が出なかった絹布へと向かった。しかし、和服の特質と、そこで発展したファッションは以下のことを含意している。すなわち、新しい技術や原材料の導入が反映された形で製造され、販売されたとしても、衣料品自体は従来の比較的小規模な事業体によって生産されており、それらの事業体は、産地に集中して立地していた。市場の要求を満たす織物を——たとえそれが新しく、ファッショナブルなデザインのものであったとしても——創造する技能の維持・開発は、この産地によってなされていたのである。

もちろん、この戦前の和服をめぐる需要成長と生産発展は、第二次世界大戦後のほぼ全面的な洋服への転換によって断ち切られる行き止まりの道筋であった、という見方もありうるだろう。実際着物は、特有の「伝統的」な形態に凍結され、最も格式の高い機会にしか着られなくなっている（Dalby 2001: 125–136）。だがそれを育み培ってきた生産者も戦前の製品とともに姿を消したわけではなかった。多くの生産者は戦前来培ってきた技術を利用し、洋服の布地の生産に切り替えた。伊藤と谷本は、第二次世界大戦後の織物生産において問屋制生産の方式が生き残り、さらに発展を遂げた事例を挙げている（Itoh and Tanimoto 1998: 63–66）。以前は綿布と絹布の生産に特化していた地域の小規模織物業者が、人造繊維と毛糸の大規模供給者の下請けとなり、広範な種類の差別化された製品を、柔軟に生産した。ロナルド・ドーアは一九七〇年代の織物業についての研究で、依然としてそれが小規模家族経営の領域であり、生産者は産地に集積していることを見出した（Dore 1986: 153–178）。その頃には、すでに大部分が西洋式の織物を生産していたが、細部にまで目を光らせ、品質にこだわり、製品の差別化を追求する姿勢は、戦前来の衣料とそのファッションによって形作られてきた市場を反映したものであった。日本の消費者は引き続き、西洋よりも高い割合で所得を衣料支出にあて、買い替えのタイミングも早かった。その要求に国内の繊維産業が対応可能であったことは――依然として枢要な部門は小規模で変化に柔軟に対応できる事業体に占められている――、輸入される繊維品や衣料品があまり多くなかったことからも例証される（Dore 1986: 193 and table 7.4）。既製服の伝統がないなかで、家庭内で購入した生地から衣服を縫製することは、女性がファッションにアクセスする道筋として、ミシンの手助けを得、対象が和服から洋服へと変化しながらも、戦後長く続いたのである（第3章を参照）。

日本は単に西洋に「追いつこう（catching up）」としたのではなく、独自の方法で産業化を進めたという考え方は、いまや次第に受け入れられつつある。小規模で労働・技能集約的な生産形態が、市場志向ではあるが、英米の資本集約的な産業化とは異なる制度と構造の中で組織され、産業化の過程において持続的にその役割を果たしていたとされる（Sugihara 2003; 斎藤 二〇〇八）。そうであるならば、戦前の衣料の物語は、着物のような「在来的」「伝統的」な財が「近代化」をとげるという伝統・近代の双方の役割を論証し、そうした財の消費者が、ファッションの創造を通じて、生産における技術的・経済的な変化の方向を決定する上で大きな影響力を持っていたことを示していた。歴史がどのように近代日本の産業経済を形成したのかを理解したければ、百貨店で購入したアールデコ調の銘仙着物を着て、その斬新なデザインとお洒落を街で披露した戦前の消費者の存在を無視することはできないのである。

注

（1）ニール・マケンドリックの先駆的な論文において造りだされた用語である（McKendrick 1982）。

（2）ファッションに関する研究者の間では、ファッションへの関与は、西洋式の衣服をどれくらい受容するかによるという仮説が広く受け入れられているように思われる（Wilson 2007 や最近の日本のファッションについては Slade 2009 を参照）。しかし中国の衣服を研究したフィナン（Finnane 2008）は、この仮説を断固として拒否している。

（3）戦間期には、綿織物輸出の四〜五割は産地から出荷されていた（阿部 一九八九：四―五）。

（4）たとえば一九二五年に銀座で行われたある調査によると、六七％の男性が洋装であったのに対し、洋装をした女性は一％にも満たなかった（城 二〇〇七：二六四）。

（5）着物はほどいて洗い張りができるように常に手縫いだったため、第3章でゴードンが指摘するように、ミシンは西洋式の衣服を作るための機器と考えられていた。産業化前のイギリスでも同様に、衣服は布を買い、仕立てたり直したりするものであったが一八世紀に至ると、軍服需要の拡大などの結果、既製服業が出現した。詳しくは Lemire（1997）を参照。

（6）衣服の価値の保蔵手段としての側面については、尾関（二〇〇三）を参照。

（7）Uchida（1988: 164）によれば、日本製の綿布が広まり、「日本の庶民は同時代の西洋の大衆よりもカラフルでファッショナブルな服装をしていた」という。確かに、一八八六年のイギリス副領事はイギリスの綿布輸出業者に対し、日本人の「変化と意匠の華やかさを求める好み」に合わせる試みがなされていないことを批判していた（Sugiyama 1988: 293–294 より引用）。

（8）村の少女たちは、綿の着物をお洒落にするべく、非伝統的な織物でつくった色鮮やかな帯や小物を身につけた。その描写は、朝岡（二〇〇三：六六―六七）を参照。

（9）『婦人画報』の読者で、一九四一年の調査に参加した中流階級の上層に属する二八九名の女性は、平均して一六枚から二〇枚もの着物を所持していた（むらき 二〇〇六：一〇〇―一〇一）。

（10）一八七五年には、綿織物は織物生産額の六四％で絹織物は二三％である。しかし一八九〇年代までに、綿織物の生産は全体の五〇％以下にまで落ち込んだ。篠原（一九七二：一八）を参照。

（11）高度な熟練と専門性を要する染色工程は、織物の魅力を産みだし、ブランド化する上で不可欠であったが、その費用は和服用綿布の生産コストの三分の一を占めていた（Uchida 1988: 162–163）。

（12）Abe and Saitō（1988: 145）によると、「伝統的」な織物産地にとって、意匠や手触りで他の地域の製品とすぐに区別できる織物を生産することが必要不可欠であった。

（13）具体例は Itoh and Tanimoto（1998: 61）および本章後述の銘仙着物の事例を参照のこと。

（14）銀座で行われた調査では一九二五年には五〇・五％、一九二八年には八四％の女性が銘仙着物を着ていたと記録している（山内二〇〇九：九）。

（15）古風な評論家は、女性が西洋のカーテンを着て歩いていると辛らつに評価している（新田・田中・小山二〇〇三：五四）。

（16）地域発展の物語は Matsuzaki（2006）を参照。

（17）例として図13-1を参照。

（18）中西と二谷は本書第5章で、X家のような農村部の裕福な家の家族が、衣料品を買い求めて大都市の呉服店や百貨店に出向いていたことを明らかにしている。

（19）銘仙着物は自宅で洗濯することができ、他の絹織物よりも取り扱いが楽だったため、お洒落な着物ではあったが、普段着のように使えた（藤原二〇〇六：五一）。

（20）一九二〇年代後半、伊勢崎銘仙着物の既製品が大阪の百貨店バーゲンで一枚五円から八円の間で販売された。女性労働者の給金が一日平均〇・九円の時代である（山内二〇〇九：表7、Ohkawa and Shinohara 1979: table A52）。ただし、この価格は赤字覚悟の目玉商品としてであり、客をより高額の商品に引きつけるためのものであった。

（21）この変化についてはゴードンの第3章を参照。

引用文献

朝岡康二（二〇〇三）『古着』法政大学出版局

阿部武司（一九八九）『日本における産地綿織物業の発展』東京大学出版会

阿部武司（一九九〇）「綿工業」西川俊作・阿部武司編『産業化の時代　上』岩波書店

尾関学（二〇〇三）「フローとストックの被服消費」『社会経済史学』第六九巻二号、九三―一〇七頁

木島史雄（二〇〇六）「百貨店の役割」小泉和子編『昭和のキモノ』河出書房新社

斎藤修（二〇〇八）『比較経済発展論』岩波書店

篠原三代平（一九六七）『長期経済統計6巻　個人消費支出』東洋経済新報社

篠原三代平（一九七二）『長期経済統計10巻　鉱工業』東洋経済新報社

城一夫（二〇〇七）『日本のファッション』青幻舎

谷本雅之（一九八七）「幕末・明治期綿布国内市場の展開」『土地制度史学』第二九巻三号、五四―六七頁
田村均（二〇〇一）「在来織物業の技術革新と流行市場」『社会経済史学』第六七巻四号、二三―四八頁
田村均（二〇〇四）『ファッションの社会経済史』日本経済評論社
寺田商太郎（一九七九）『やさしい織物の解説』繊維研究社
中村圭子編（二〇〇五）『昭和モダンキモノ』河出書房新社
新田太郎・田中裕二・小山周子（二〇〇三）『東京流行生活』河出書房新社
藤原里香（二〇〇六）「よそゆきと普段着」小泉和子編『昭和のキモノ』河出書房新社
むらき数子（二〇〇六）「キモノの数」小泉和子編『昭和のキモノ』河出書房新社
山内雄気（二〇〇九）「１９２０年代の銘仙市場の拡大と流行伝達の仕組み」『経営史学』第四四巻一号、三―三〇頁

Abe, T. and Saitō, O. (1988) ‘From Putting-out to the Factory: a Cotton-weaving District in Late-Meiji Japan’, *Textile History* 19 (2), 143–58
Asahi Shinbun (1933) *Changing Japan Seen through the Camera*, Tokyo: Asahi Shinbun
Bank of Japan Statistics Department (1966) *Hundred-Year Statistics of the Japanese Economy*, Tokyo: Bank of Japan
Braudel, F. (1981) *The Structures of Everyday Life*, trans. Reynolds, S., London: Collins（村上光彦訳『日常性の構造Ⅰ』みすず書房、一九八五年）
Dalby, L. (2001) *Kimono: Fashioning Culture*, London: Vintage
Dees, J. (2009) *Taishō Kimono*, Milan: Skira
Dore, R. (1986) *Flexible Rigidities: Industrial Policy and Structural Adjustment in the Japanese Economy 1970–80*, London: Athlone
Finnane, Antonia (2008) *Changing Clothes in China: Fashion, History, Nation*, New York: Columbia University Press
Fujita, K. (2009) ‘Japan Indianized: the Material Culture of Imported Textiles, 1550–1850’, in Riello, G. and Parthasarathati, P. (eds.), *The Spinning World: a Global History of Cotton Textiles*, Oxford: Oxford University Press, 181–203
Itoh, M. and Tanimoto, M. (1998) ‘Rural Entrepreneurs in the Cotton-weaving Industry of Japan’ in Hayami, Y. (ed.), *Toward the Rural-Based Development of Commerce and Industry*, Washington: The World Bank, 47–68
Lemire, B. (1991) *Fashion’s Favourite: the Cotton Trade and the Consumer in Britain, 1660–1800*, Oxford: Oxford University Press.
Lemire, B. (1997) *Dress, Culture and Commerce: the English Clothing Trade before the Factory*, Basingstoke: Macmillan

Lemire, B. (2005) *The Business of Everyday Life: Gender, Practice and Social Politics in England, c. 1600–1900*, Manchester: Manchester University Press

Lemire, B. (2009) 'Revising the Historical Narrative: India, Europe and the Cotton Trade, c.1300–1800', in Riello, G. and Parthasarathati, P. (eds.), *The Spinning World: a Global History of Cotton Textiles*, Oxford: Oxford University Press, 205–226

Matsumura, S. (2006) 'Dualism in the Silk-reeling industry in Suwa from the 1910s to the 1930s', in Tanimoto, M. (ed.), *The Role of Tradition in Japan's Industrialization*, Oxford: Oxford University Press, 93–120

Matsuzaki, H. (2006) 'The Development of a Rural Weaving Industry and its Social Capital', in Tanimoto, M. (ed.), *The Role of Tradition in Japan's Industrialization*, Oxford: Oxford University Press, 243–272

McKendrick, N. (1982) 'The Consumer Revolution of Eighteenth-century England' in McKendrick, N., Brewer, J. & Plumb, J.H. (eds.), *The Birth of a Consumer Society*, London: Europa Publications, 9–33

Minami, R. (1987) *Power Revolution in the Industrialization of Japan, 1885–1940*, Tokyo: Kinokuniya

Ohkawa, K. and Shinohara, M. (eds.) (1979) *Patterns of Japanese Economic Development*, New Haven and London: Yale University Press

Rosovsky, H. and Nakagawa, K. (1963) 'The Case of the Dying Kimono: the Influence of Changing Fashions on the Development of the Japanese Woollen Industry', *Business History Review* 37 (1/2), 59–80

Saitō, O. and Tanimoto, M. (2004) 'The Transformation of Traditional Industries' in Hayami, A., Saitō, O. & Toby, R. (eds.), *Emergence of Economic Society in Japan*, Oxford: Oxford University Press, 268–300

Slade, T. (2009) *Japanese Fashion: a Cultural History*, Oxford: Berg

Styles, J. (2009) 'What were Cottons for in the Early Industrial Revolution?', in Riello, G. and Parthasarathati, P. (eds.), *The Spinning World: a Global History of Cotton Textiles*, Oxford: Oxford University Press, 307–326

Sugihara, K. (2003) 'The East Asian path of Development', in Arrighi, G., Hamashita, T. and Seldon, M. (eds.), *The Resurgence of East Asia*, London: Routledge, 78–123

Sugiyama, S. (1988) 'Textile Marketing in East Asia, 1860–1914', *Textile History* 19 (2), 279–298

Tanimoto, M. (2006) 'The Role of Tradition in Japan's Industrialization: Another Path to Industrialization', in Tanimoto, M., *The Role of Tradition in Japan's Industrialization*, Oxford: Oxford University Press, 3–44

Tanimoto, M. (ed.) (2006) *The Role of Tradition in Japan's Industrialization*, Oxford: Oxford University Press

Uchida, H. (1988) 'Narrow Cotton Stripes and their Substitutes: Fashion, Technical Progress and Manufacturing Organisation in Japanese Popular Clothing', *Textile History* 19 (2), 159–170
Wilson, E. (2007 revised ed.) *Adorned in Dreams*, London: Tauris

第8章　甦る伝統
――患者と和漢薬業の形成

梅村真希

はじめに

二〇〇九年一一月、新内閣の行政刷新会議の事業仕分けで「漢方薬を健康保険適用から除外する」という案が出た。国の医療負担が増え、漢方薬の効果に対する疑問が表明される中での動きであった。これに対し、漢方薬を使用していた消費者は製造元とともに反対運動を起こし、案を一時保留とすることに成功した。

日本政府が伝統医薬である漢方薬に懐疑的なのはここ最近のことではなく、一〇〇年あまりも続いてきた現象である。鎖国状態から一転、一九世紀後半に開国してからというもの、政府は漢方薬に替わって西洋の医薬品や医療を取り入れてきた。これは日本の指導者による近代化政策の一環であった。政府が、伝統医薬や古来の治療法を「古い」ものとして絶やそうとしたのに対し、患者は、より手頃となった西洋の医療・医薬品も取り入れつつ、伝統医薬も使用し続けた。日本で伝統医薬がいまだ存続しているのは消費者の貢献によるところが大きい。この章では、日本社会における伝統医薬の衰退と再興、そして伝統医薬の「近代的」製品への進化について検証する。その際、なぜ再興が可能であったのか、またそこに消費者がどう関係したのかを明らかにしたい。

消費に関して西洋の歴史家は、消費社会が出現した時期、その構造、出現した理由、分析の方法如何について数々の議論を重ねている（Brewer and Porter 1994）。それに比べると、日本の消費の歴史についてはまだ研究が始まったばかりといわざるを得ない。消費社会が繁栄したにもかかわらず、日本の経済史家の分析の力点は、供給の側面に置かれていた。ペネロピ・フランクスが発表した数少ない日本の消費史研究の成果によれば、消費社会は工業化以前の徳川時代に出現したが、それは主に在来の伝統的な日用品の消費から生まれたものであった（Francks 2009）。斎藤修と谷本雅之も一九世紀の地方における消費について研究を行っている（Saitō and Tanimoto 2004）。本章は、これらの研究同様、伝統的な日用品の消費が、二〇世紀日本の消費社会を構成する一部であることを示す。さらに、商品の人気が変化する理由、変化の仕方、復活の理由についても述べていきたい。

その前に、この章で使用する「伝統」と「近代」の意味について説明したい。単純に「伝統」と「近代」を二項対立として捉えることは、両者が持つより流動的で曖昧な意味を見過ごしかねないとして、批判されることも多い（Tipps 1973）。「近代」的と思われていた西洋においても、薬が「科学的」でなければならない、という思想は時間をかけて社会に浸透していったのであり、この考え方が正統な学説とみられるようになったのは「Germ theory of disease（細菌説）」が広く受け入れられるようなった二〇世紀初めのことであった[1]（Bivins 2010: 34）。正統派医薬品という概念は世界中どこの国でも時代とともに流動的であった（猪飼 二〇一〇）。

このような欠点があるとはいえ、「伝統医薬」は近代的なバイオ医薬品とは明らかに異なる医薬品を指すのに有効である。ここでは、世界保健機構（ＷＨＯ）の使用する「伝統医薬」の定義を採用する。それは、

> ……植物、動物、鉱物ベースの薬を用いた、多様な保健活動、知識、信念……健康保持と病気の治療や診断、予防のために単独で、また複数組み合わせて用いるもの……その医療行為は行為が発生した国において「伝統的」と呼ばれるものである［他国ではその行為は代替医療と呼ぶ］。（WHO 2001: 1-2）

日本の和漢医薬

日本における伝統医薬は様々な種類の植物薬と理学療法から成る。植物薬は、民間薬、特許薬、そして伝統的な中国医薬の日本版ともいえる漢方薬があり、理学療法には鍼と灸療法などがある（WHO 2005: 193）。これら異なるタイプの伝統医薬は長年、様々な方法、範囲において生き残ってきた。伝統医薬を消費者のための製品として研究するために、この章では植物薬に注目したい。特に日本の植物薬で中心となる漢方薬について立ち入って検討する。

植物薬のうち、広く庶民が利用し、一般知識として認知されていた代表ともいえるものが民間薬である。しばしば特定の薬草が、特定の病気を治すために使用された。日本で日常的に使用される民間薬の例としては、ハト麦やドクダミなどがある。これらはお茶として飲まれたり、補助食品として摂られたりした。

売薬とは、主に商標登録がなされた秘薬や非秘薬を指す[2]。これらは医師の処方箋がなくとも、薬局や家庭薬行商人より購入することができた。一七世紀までには薬売り――特に有名なのが「富山の薬売り」だった――が、洗練され発展したビジネス手法によって薬を全国に販売するようになった。薬売りは各家庭に様々な薬を詰め合わせた薬箱を届け置き、後日、使用された分の対価を集金して回った。現代のホテルのミニバー精算形式と似ている。今ではあまり見かけない売り方ではあるが、貨幣の流通量が少なく、手持ちの現金がなかった庶民にとって、家庭に常備してある薬箱から必要なものだけを買いとることができるこのシステムは、従来の薬の売り方に対抗するものであった（玉川 二〇〇五）。

漢方は、歴史的に培われてきた医学の考えに基づいており、民間薬や売薬とは異なる。六世紀頃に日本に入ってきた中国医療を独自に体系化させた漢方は、時代を重ね、大きく二つの流派に分かれた。一つは薬草を用いた薬草療法、そしてもう一つは鍼・灸治療や按摩である（Otsuka 1976; 大塚 二〇〇一、新村 二〇〇六）。今日では、漢方薬は西洋薬を補完し、また代替する薬として使われている。

漢方専門医は歴史的にずっと、病気を体のバランスが崩れたことの現れとしてきた。そのため、患者に対して体のバランスを元に戻すことを目的とした治療を行ってきた。漢方薬とは、診断と医療法の理論に基づいて体調に合う数種類の薬草を配合したものを指す。専門医は通常、患者に合わせて配合した複数の漢方薬によって治療を行う（東 一九八二、Matsumoto, Inoue, Kaji 1999: 254–255）。一九六〇年代より西洋医療を学んだ医師たちは、漢方薬を西洋薬と並行して処方するようになった。このような漢方薬の使用は、他国の医療保険制度での伝統医薬の扱いとは異なっていた。他国では、伝統医薬は西洋薬とはまったく別の治療法として処方されるからである。例えばイギリスでは、ホメオパシー治療というのはホメオパシーを専門的に学んだ医師が行うものであり、通常の西洋医療のみを学んだ医師が行うことはない（WHO 2001: 124–128）。なお漢方薬は一九七〇年代から非常に人気が高まり、再興をみせている。これは、医師自身が「消費仲介人」として間接的に消費に関わっていることが影響している。

それが民間薬であれ、売薬であれ、あるいは漢方薬であれ、伝統医薬は現代の日本では、急性症状ではなく慢性症状の治療のために使用されている。その治療対象は、ほとんどがアレルギー、関節炎、高血圧などであり、伝染病や癌ではない。その安全性と効能に関しては、西洋のバイオ医薬品に比べて副作用が少なく、穏やかに効くとされている（Ohnuki-Tierney 1984: 91–122; 薬事日報社 一九五〇―二〇〇六）。また、漢方薬は最新の循環器系疾患薬や抗がん剤などと比べると安価である（新日本法規出版 二〇〇八）。

伝統医薬と消費の研究

伝統医薬が消費の研究において重要な理由はいくつかある。まず、日本の消費社会を調べるにあたって、広範囲に普及し消費されている医薬品は貴重な事例となる。特に日本は伝統医薬を含む医薬品の一人当たり年間支出額が継続して最も高い国の一つであるからである（OECD 2010; WHO 1996）。二番目の理由は、伝統医薬を分析すれば、伝統的な商品がいかに近代化と西洋化の波をくぐりぬけ、生き残ったのかを指し示すことができるからである。「伝統的」な商品がどのように年月を経て「近代化」し、その近代化が技術の革新や強まる規制、豊かさの増大や消費者の期待の変化に影響されていったかを探究していく。三番目の理由は、伝統医薬について調べることで、制度が消費者行動を形作る道筋だけではなく、規制の主体や製造業者が仕切っていたとされる産業発展の場に対して、消費者がどの程度の影響力を持っていたのかを知る機会も得られるからである。最後に四番目として、消費の仲介と消費の形成を通じて、最終消費者に成り代わって消費を決定する「消費仲介人」の役割に光を当てる。

薬や医薬品は開国し、本格的な工業化を始めるずっと以前より日本の消費社会の一部であった。伝統的な製薬会社は大阪府の道修町に集まっており、植物薬の流通の要として長い間知られてきた。代表的な西洋医薬品会社の武田薬品工業、田辺三菱製薬、塩野義製薬はもともと中国産や国産の植物薬の輸入・流通業者だった。一八世紀初めより、卸問屋らは道修町に集められた薬を検査し、価格を設定した。彼らは「株仲間」と呼ばれ、全国の薬の流通を牛耳る権利を与えられる代わりに、その品質についても責任を負うことを課せられた問屋の集団であった。彼らにより、大阪から全国に向けて、商品は流通したのである（日本薬史学会 一九九五）。

明治期の指導者は、伝統医薬の専門医を正当な医師と認めない決定を下し、伝統医薬の市場を非合法化した。伝統医薬の一部は市場や薬売り、薬草の採取などを通して引き続き消費された。専門医は伝統医薬を再評価するよう政府に呼びかけたが、政府は西洋薬のみを支持した。時代が進み、日本が軍事国家となり、反西洋の風潮が高まると、西洋薬を買うことができない庶民は伝統医薬を再び使用するようになっていった。

消費の歴史における伝統医薬の重要性は、その消費量が二〇世紀前半には減少したにもかかわらず、二〇世紀後半になって再び増加を遂げた事実から浮かび上がってくる。第二次世界大戦後の再興には複数の要因があったが、なかでも西洋薬が万能ではないことに気付いたこと、そして技術の進化により規格化され大量生産が可能となった伝統医薬を医師らが西洋薬と併用して処方できるようになったことが挙げられる。

消費者自身もこの動きに加わった。消費者の購入の意思なくして、伝統医薬の再興はなかった。戦後、消費者はそれまで以上に力を得た。大勢の消費者が以前よりも裕福になり、健康に留意しはじめ、多くの情報を得ることができるようになった。様々な治療法が現れるものの、慢性疾患を「完治」させるものは少なかった。そして医師自身が消費仲介人として力を持つようになっていった。

次節以降、過去の市場調査報告書や新聞記事などの情報を元に、一九世紀後半から二〇〇〇年までの期間、特に戦後に焦点をあて、消費社会における伝統医薬の進化と近代化、そして伝統医薬の人気復活のプロセスをみていく。その作業を通じて、医薬品のような規制の厳しい業界においても、消費者の声が商品の生産と使用に多大な影響を与えたことを示したい。

開国と漢方薬の衰退——一八六八年～一九一二年

すでに述べたように、一〇〇〇年以上もの間、漢方薬が医薬品の主流であったにもかかわらず、明治政府は一九世紀後半の開国とともに、庶民にその使用をやめさせようとした。近代化、西洋化を推し進めるため、政府は西洋薬を推奨し漢方薬の使用を抑えようとしたのである。一八七四年以降、西洋医療を学んだ者以外は医師と名乗ることもできなくなった。新しい法律は、一八世紀以降日本の消費社会で人気があった漢方薬を庶民の間から排除しようとしたのであった（菅谷 一九七六：三八—五〇）[3]。

この明治政権の法律に対し、漢方薬を処方していた医師はもちろん反対した。医師としての職業を守り、法律を退けるための対抗手段は三つあった。一つ目は、漢方薬が西洋薬と同様に、理論に基づいたものであると主張したことである。西洋薬の支持者は、漢方薬が非科学的で、体系的なアプローチが欠落し、透明性を欠いていると批判していたが、それに反論したのである（川上 一九六五：一五五—一五六）。

二つ目は、漢方薬が西洋薬よりも効能において優れていると証明しようとしたことである。漢方薬専門医は、西洋薬と漢方薬の効能を測定しようとした政府主催の試験に参加した。たとえば、政府は一八七八年に、脚気（白米に欠如しているビタミンBの影響によって引き起こされる病気）のための病院を設立し、西洋薬と漢方薬のどちらがより効き目があるかを調べた（太政官 一八七八、Carpenter 2000）。試験の結果は漢方薬に軍配が上がったが、漢方医らはなぜ漢方薬のほうが効能が高いのかを説明することに消極的であったため、科学主義が普及するなか、漢方薬の正当性はかえって貶められる結果となった（太政官 一八七九、一八八一、一八八二、東京大学医学部百年史編集委員会 一九六七：一三八、Oberländer 2005: 11–36）。

三つ目は、浅井国幹ら漢方医が一八七九年に漢方医学の存続のために政治的な団体「温知社」などを結成したことである（『讀賣新聞』一八九一年一月一三日三面、同年一一月二九日二面、一八九三年一月二二日二面）。彼らの信念や政治的議論等は『温知医談』などの機関誌に記録されている。これらの雑誌は、漢方薬の正当性を主張し、その利用を推進するために発行された（『温知医談』一八七九—八九年、継興医報社『継興医報』一八九三—九七年）。このような政治的な動きは一八九〇年代にピークを迎えたが、漢方医の医業継続が一八九五年の議会で否決されたため、終結した（衆議院 一八九五年二月六日）。

一九一〇年代の初め頃までに、公式的には西洋薬は漢方薬を制したことになっている。一八七四年時点で漢方医二万三〇一五名に対し、西洋医学を学んだ医師は五二七四名であった（厚生省 一九七六：四五）。その後全国規模の統計はとられなかったために正確な比較は難しいが、一九一〇年に東京の漢方医はたった八名に激減していたとされる（『讀賣新聞』一九一〇年七月二一日三面）。

ただし、ほとんどの医師が西洋薬を積極的に受け入れたことを忘れてはならない。一八九〇年代の政府の西洋薬推進運動に対し、表立って反対を表明した漢方医は二〇〇〇名にも満たなかったのである（菅谷 一九七六：四九）。

さらに、一八七四年の免許規制は、漢方医療を禁止したわけではなく、医師に対して、西洋医療を理解し、それに基づいた治療を行うよう求めただけであった。確かに、中国と戦争し、西洋の文化に追いつこうと励んでいる最中には、中国由来の医療が公的な支援を受けることは少なかった(4)。ただし明治時代の漢方薬の激減は、規制反対派の漢方医が西洋薬を学ぼうとしないことによるところも大きかった。彼らは、漢方薬はあくまでも西洋薬の代替品であるとし、補助的な役割とされることに断固として反対したのである。また、医療従事者の間に生じた、漢方医に医師免許を認可するかどうかについての意見の不一致も、ロビー活動の成果を失わせた（『讀賣新聞』一八九二年一二月五日一面）。

しかし、当時人気のあった新聞をみると、消費者自身は西洋薬に対して肯定・否定の相反する気持ちを抱いており、二〇世紀初め頃は依然として従来の伝統薬を使用していたことがわかる。新聞は、伝統薬の使用について何度も記事を掲載している（『讀賣新聞』一九三〇年四月二日二面、一九三二年九月七日九面）。消費者は政府の漢方薬撲滅の試みを、効果的に掘り崩していたのである。医学史家は、日本では西洋のものから民間のものまで、複数の異なる医療行為や医薬品が同時に消費されていたと指摘している（Lock 1984: 63）。鈴木晃仁によれば、それは消費者がどの医薬品に対しても相反する気持ちを持っていたことの現れであった（鈴木二〇〇八：一二九―一六二）。何しろ当時はまだ抗生物質が発明される前で、西洋薬の進化もそれほど目を見張るものでもなく、産業発展の程度に比べると、西洋薬の優位性には、疑問符が付いたままであった。したがって、医師の処方箋であれ、薬局または薬売りからの購入であれ、日本の患者は様々な薬の使用を続け、結果的には伝統薬の存続にも手を貸したのである。

現存する統計データからは、明治時代にどれほどの伝統薬が消費されていたのかを正確に把握することはできない。かりに信頼できるデータがあったとしても、医師免許を持たない医師のもとに通っていた患者の数や、様々な民間薬を使用した人々の数を把握することは不可能だろう（長尾一九〇八：四〇―四二）。一八七九年から一九一二年の間、医療や健康に関わる一人当たりの年間支出額は〇・六円から二・一円に増加した。なお、全生活費は一八・七円から八一・三円へ増加している（Ohkawa, Shinohara, and Meissner 1979: 338–339 のデータより試算）。日本人は、生活全般にかかる支出の五%に満たない額を医療や健康関連にあてていたのであり、この傾向は半世紀の間、変わらなかった。一般的に考えて、普通の庶民にとって医療費や薬代はかなり高額だったであろう(5)。マーガレット・ロックによれば、時にその品質が疑わしかったにもかかわらず、西洋医と西洋薬は高価であった（Lock 1984: 62）。ほとんどの日本人が漢方薬を使い続けた理由は、西洋薬が非常に高価だったのに、漢方薬と効果が違わなかったからである（富士川 一九八〇：一七四）。第二次世界大戦以前には、細菌説が貢献した主たる分野は、医療ではなく公衆衛生であった。

伝統医薬の再形成——大正および昭和初期

少なくとも政府の役人と医師の間では、明治末までに漢方薬と西洋薬の争いについては決着がついていた。だが漢方薬をめぐって二〇世紀初めに一つ変化があった。それは漢方医が、漢方薬を西洋薬の代替ではなく、補助的役割を担うものであると認め始めたことである。この考え方の変化は、両方の薬を使用するという、消費者の現実の行動を反映したものであった。大衆向け新聞・雑誌の普及率に明らかなように、このような言説は、両大戦間期における軍事主義、国家主義の成長を背景に発展した。

当時の二つの出版物に、西洋薬と漢方薬の関係についての変化を見出せる。まず、一九一〇年、和田啓十郎は『医界之鉄椎』の中で、西洋医学を学んだ医師として、日本の伝統的な漢方薬がいくつかの病気に効果的であると主張し、漢方の全面的な廃止に反対した（和田 一九一〇）。興味深いことに、和田は精神分析学者ルネ・アランディの著書『西洋医学の没落』が提唱するホリスティック治療の概念を用いて漢方薬の人気を高めようとした（Allendy 1929; Oberländer 1995: 242–253）。また、記者の中山忠直は国家主義的な言辞を用いて、日本の薬が西洋の薬に劣るということはありえない、もし漢方薬を再興させられるならば、西洋薬よりも優れていることが証明されるであろう、と主張した。彼の出版した『漢方医学の新研究』は当時の国家主義、軍事主義の風潮に沿うものであったために特に高い評価を得た（中山 一九二七、『讀賣新聞』一九三四年六月五日四面）。皮肉なことに、漢方薬が西洋薬よりも優れているとの再主張は、ホリスティック治療であれ、他のものであれ、西洋流の概念の借用や西洋との比較を必要とした。いずれにせよ、漢方薬に対する関心は政府への度重なる請願からもみてとれるように途切れることはなかった（内務省 一九二〇、一九二三、一九三九）。

だがほとんどの日本人にとって、これらエリートの議論は自分とは関係のないものであった。二〇世紀前半の庶民は民間薬と売薬の両方を消費し続けた。このうち、伝統的な売薬の消費拡大は、売薬業界の伸長から推測することが可能である。一九二八年には富山県で二四五〇万円もの売薬が一〇二一の工場で生産された。当時の主流は強壮剤、風邪薬や婦人科系の薬であった（富山県 一九八三：五三三、一九八七：六五八―六六二）。人気商品には、例えば腹痛のための「反魂丹」、消化を助ける「熊胆」、そして乳幼児用の「救命丸」などがあった。

二〇世紀初めに多くの人々が経験した経済的な困難にもかかわらず、一九二〇年から一九三九年の間の一人当りの医療・健康関連品の年間支出額は着実に伸び、平均九・七円となった。これは国民総支出の平均三・六％を占めている（Ohkawa, Shinohara, and Meissner 1979: 339–340）。また、富山県産の薬の他にも様々な売薬が購入されている。たとえば伝統的な治療薬に基礎をおく胃腸のための薬「太田胃散」や婦人用の「中将湯」などがある（株式会社太田胃散 一九七九、株式会社津村順天堂 一九六四）。また少数ではあったが、製薬の大手三社、武田、小野、塩野義が製造していた西洋薬である「サルバルサン」などを購入する人々もいた。これらの企業は明治維新以降、漢方薬ではなく、西洋薬を扱うようになっていた。

戦時における医薬品市場の減退——一九三〇〜一九四〇年代

一九三七年に日中戦争が勃発してからは中国から輸入していた漢方薬の原料供給が止まり、一九四一年以降はアメリカおよび連合軍との戦争によって西洋薬の原料の供給が断たれることとなった。結果として、庶民には薬が手に入らないようになる。一九三八年のある研究は、庶民が消費する量の半分を民間薬と売薬が占めたとしている（鈴木 二〇〇八：一四三）。

いずれにしても人々が日々の食料にさえ苦労し飢餓状態にあった戦時期には、医薬品市場はほぼ消滅していたといえる。わずかに残っていた貴重な薬は一九三九年より価格が統制され、一九四一年からは配給制となった（薬業経済研究所 一九五一：二四五—二四六）。戦争が長引くなか、種類を問わず薬はすべて入手困難になったのである。新聞は代わりとなる薬草を植えるよう呼び掛けた（『讀賣新聞』一九四〇年三月二一日四面）。また、特に薬草ではなくても、普通の植物や食品を薬に代用できることも伝えている。例えば菖蒲を消毒薬として利用するとか、二日酔いに重曹を用いることなどが挙げられた（『讀賣新聞』一九四二年五月五日四面、一九四〇年一二月三〇日四面）。当然、薬を売る闇市も存在したが、闇市で取引されるのは西洋の薬であって、伝統医薬の類ではなかった（芳志 一九四六）。

玉川信明によると、戦後六年間は伝統的な売薬の人気が非常に高まった（玉川 二〇〇五：二六八—二六九）。一九四六年から一九五二年の間、富山県での売薬の生産額は実質、七五億円から四三九億円に増加している（富山県 一九五八）。伝染病が広範囲に広まってしまったこと、西洋薬の欠乏、闇市での薬の高騰、そして伝統的な売薬の使い勝手のよさが生産額増加の原因である。インフレ状況下にあっては、価格決定の数カ月後に薬代を回収する富山の薬売りの販売方法は、庶民にとって実質的な負担の軽減という点からもメリットがあった。

しかし一九四〇年代後半のインフレがおさまり、西洋の「奇跡の薬」ペニシリンやストレプトマイシンなどが入手可能な金額で販売されるようになると、伝統医薬の需要は落ち込み始めた。当時流行していた梅毒や結核菌などの伝染病には西洋の薬のほうがはるかに効果的なことが明らかになったのである（厚生労働省「伝染病統計」）。しかしながら、一九五〇年代に疾病率と死亡率の傾向が変化するにつれ、患者はまた新しい薬を求めるようになっていった。

戦後における伝統薬の再興──一九五〇～八〇年代

二〇世紀初頭には、一般に西洋薬が手に入らない場合に、伝統医薬が使われた。しかし第二次世界大戦後、西洋薬が手に入るようになっても、多くの患者は進んで漢方薬を選択した。漢方薬再興の兆しは一九五〇年代の新聞記事からも見て取れ、六〇年代には「漢方ブーム」という単語まで現れ始めた（『讀賣新聞』一九六二年一〇月一五日九面、一九六四年四月二〇日一五面、一九六七年四月一八日九面、同年六月一二日七面）。

漢方薬の再興は、以下の事象からも見て取ることができる。まず初めに、漢方に関する多くの学術組織や職業団体が一九五〇年代に設立されている。各地域の組織に加えて、一九五〇年には日本東洋医学会、一九五三年には全日本漢方医師連盟が設立された（日本東洋医学会 二〇一〇：一五九―一六四）。一九三八年にすでに設立されていた東亜医学協会を含めると、全国規模の組織はこれで三つも設立されたことになる。さらに、図8-1によると漢方に特化した専門書の書籍や雑誌の出版数が明白な伸びをみせている。そして新聞や雑誌では以前よりも漢方に対して好意的な記事が増えていった（『讀賣新聞』一九六二年五月二日三面、一九六五年一二月九日九面）。

より重要なのは、漢方薬の市場が特に一九七〇年半ばより急激に伸びたことである。図8-2で示されるように、一九七六年から一九九〇年の間に処方されたり、調合済みで市販されたりした漢方薬の生産額は一五二億円から一六九二億円へと、実質一一倍以上もの成長をみせた（厚生省 一九五三―二〇〇〇、厚生労働省 二〇〇一―二〇〇六）。

図 8–1　漢方関係の出版点数（1868–1977）

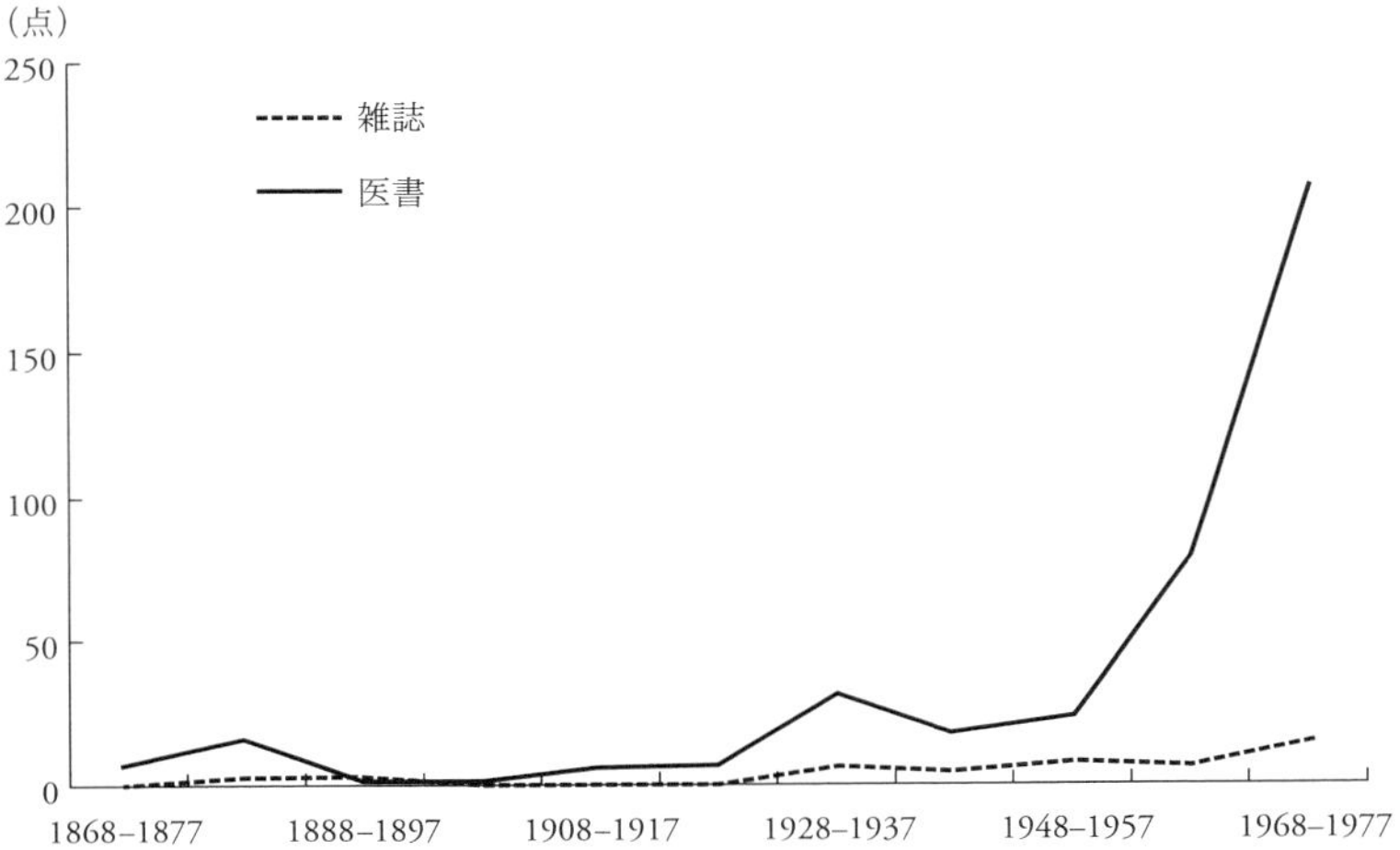

出所：矢数（1979：126）より筆者作成

また多くの人々が、漢方を処方してもらうようになった。一九七六年には処方による漢方薬の消費が全体の二七・八％だったのに対し、一〇年後にはその割合は七六％にまで高まっている。また、調合済み市販薬の販売額は実質的には減少したものの、販売額自体は続く二〇年余りの間、一〇〇億円を下らなかった。一九九〇年代に、薬害や企業スキャンダルによって漢方の市場は一時期縮小気味となったが、その需要は二一世紀に入って回復している。

二〇世紀後半に漢方薬が再興したのは、いくつかの要因がある。その一つは技術の発展によって漢方薬の規格品の大量生産が可能となったことである。一九五七年に小太郎漢方製薬が漢方エキス製剤の製造に成功したことが、製品としての漢方薬の性質を根本的に変えた（小太郎漢方製薬 二〇〇二）。それ以前の漢方薬は、乾燥させた薬草を煎じる必要があり、時間がかかった。漢方エキス製剤の出現は、漢方を他の薬と同様に顆粒やカプセル薬とし、煎じる手間や、その時に発生する独特な匂いもなく、薬を患者に提供することを可能とした。図8–3のように、漢方薬は近代的な生活を送る現代人により手軽で入手しやすい形で売られるようになったのである。また、品質基準の導入によって、漢方薬をより信頼できる薬とする認識も浸透した。(6)

図 8–2　漢方薬の生産額（1976–2005）

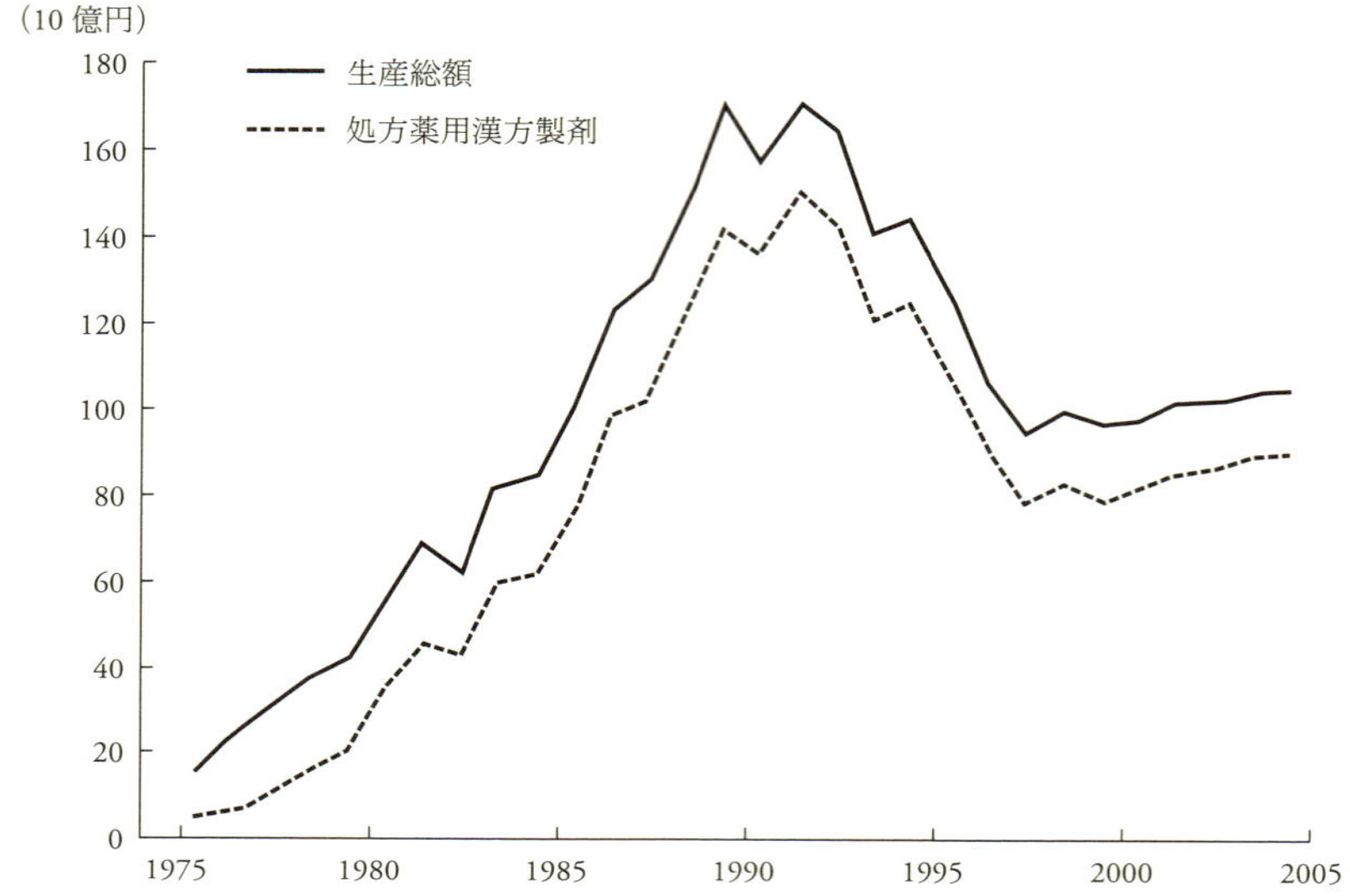

出所：厚生省（1953–2000），厚生労働省（2001–2006）

この漢方薬の転換は、一九世紀後半のアメリカの食品産業の世界で生じた変化と類似していた。キャンベルスープや、ハインツのトマトケチャップなどの、包装済みでブランド化されたインスタント食品の出現がそれにあたる（Chandler 1977: 295）。これらと同様に、漢方薬の製造と包装における改革は、資本集約的な機械の使用、多部門事業部制に基づく企業組織の導入、そして新しい感覚を持った消費者の出現によって可能となったのである。一九五七年以降、漢方薬はその形状、製造方法、品質、流通の在り方が「再発明」され、従来の漢方薬とはまったく別物の商品として消費されることとなった。

漢方薬再興のもう一つの要因としては、一九七〇年代の中国との外交関係の変化が挙げられる。過去何世紀にもわたり、中国は日本にとって薬草の重要な輸入元であった。二一世紀の初めの一〇年、漢方薬の原料の約八〇％は輸入品であり、うち八〇％はいまだ中国産であった（シーエムシー出版 一九九九、四九、厚生省 一九五三―二〇〇〇、厚生労働省 二〇〇一―二〇〇六）。一九五〇年以来、非公式の日中間貿易は続けられてい

図 8-3　大量生産された顆粒状の漢方薬，四君子湯

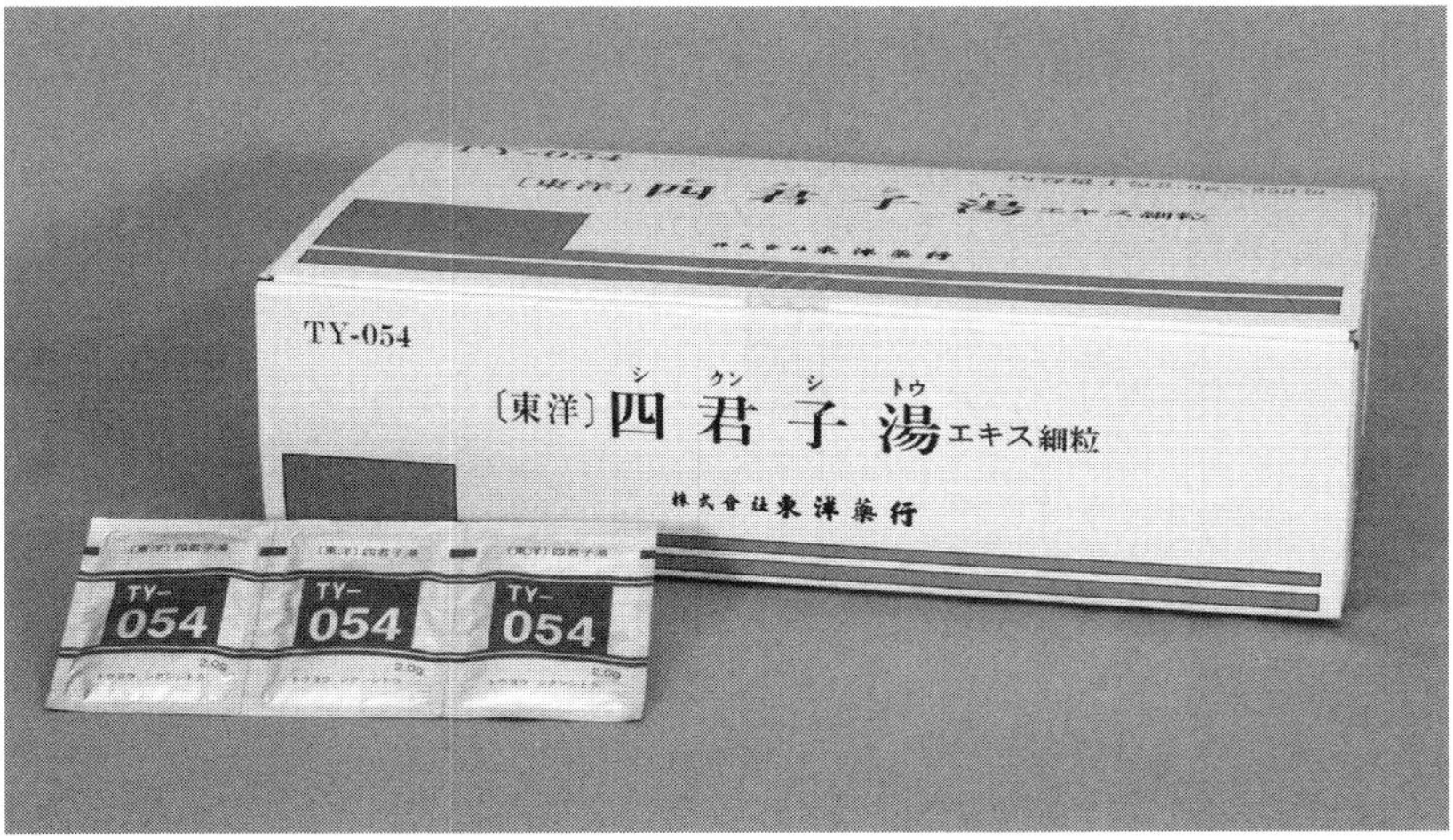

写真提供：東洋薬行

たが、一九七二年の日中国交正常化、そして一九七八年の日本と中華人民共和国との間の平和友好条約の締結によって、日本企業は容易に高品質の漢方薬原料を安定的に輸入できるようになった。二国間関係が改善され、産業関係者は薬草の価格と品質の年次的な変動に関して、定期的に会合を持つようになった。国の補助金を利用したり、契約農家とのネットワークを築いたりして、国内での薬草生産の拡大も図られてはいたが、それには量的な限界があったのである（近藤 一九八一、中央公論 一九九五）。

　需要側の要因もまた、漢方薬の再興に重要な役割を果たした。なかでも、西洋薬は万能でないと考えるようになった消費者の意識の変化は大きな要因である。抗生物質など「奇跡の薬」が開発されることで西洋薬を信頼するようになった日本人だったが、その信頼は一九六一年に起こったサリドマイド事件や一九六五年のアンプル入りかぜ薬事件などによって、掘り崩された（『讀賣新聞』一九六七年六月一二日夕刊）。その後も一九七〇年のキノホルム事件、一九七一年のクロロキン事件など、西洋薬に絡んだ事件が続き、不安は解消されなかった（高野 一九七九、片平 一九九五）。さらに、西洋薬は症状ごとに特化し細分化されすぎているとみなされるようになり、

伝統医薬のように病気を包括的に捉える視点に欠けていると感じられた。政府は、理念的には西洋薬が漢方薬よりも優れているという考えを堅持している。しかし、国民生活が豊かになるにつれ、消費者はより多くの漢方薬を消費するようになり、それを排除しようとする政府の施策を骨抜きにしていった。

病気自体も、急性疾患や伝染病などから、より伝統医薬に適した傾向のある慢性疾患や生活習慣病へと変化した。一九四七年には死亡する確率が最も高い病気は結核であったが、一九五一年にこれが脳血管疾患となり、一九八一年には癌に変わった（厚生労働省「人口動態統計」）。伝染病などの治療薬と異なり、脳血管疾患や癌に対応する西洋薬は病気を完治するものではなく、症状の緩和を目的とするものが多かった。そのため摂取する薬は、日・週単位ではなく、月・年単位の長い期間の服用を必要とした。それは、一定期間の服用によって、穏やかに症状緩和状態を作り出す漢方薬と似た性質をもっていた。

さらに政府は、一九七六年に多数の漢方薬を正式な医薬品として薬価基準に収載した。一九六七年にはわずかな数しか収載されなかった漢方薬を、国の健康保険適用の新しいカテゴリの医療用医薬品として認めたことが市場の拡大を助長したといえる。患者はこの政策の転換によって、以前に比べてわずかな費用で漢方薬を処方してもらい、購入することができるようになった。その費用は、市販されている漢方薬を下回った。また、西洋医学を学んだ医師が消費の強力な仲介人として出現した。

医師にとっても「新しい」漢方薬を西洋薬と並行して処方しやすくなった。日本の医師は、薬の処方とともに調合も行うことが多かったから（Reich 1990: 135）、製薬会社や卸問屋と交渉して薬価よりも低い納入価格で薬を購入し、今度はそれを公定価格で患者に販売することで薬価差益を得ることが可能であった。製薬会社等との交渉で大きく値引きしてもらうことができたから、医師には、漢方のように多くの患者に処方できる薬を勧める誘因があった。特効薬のない慢性疾患患者が主流のこの時代において、医師には、投薬で効果を得られ、かつ副作用が少なく、大きな薬価差益を見込める漢方薬の処方に傾斜する強い動機があったのである。

図 8-4　医師による漢方薬の使用状況（1979-1989）

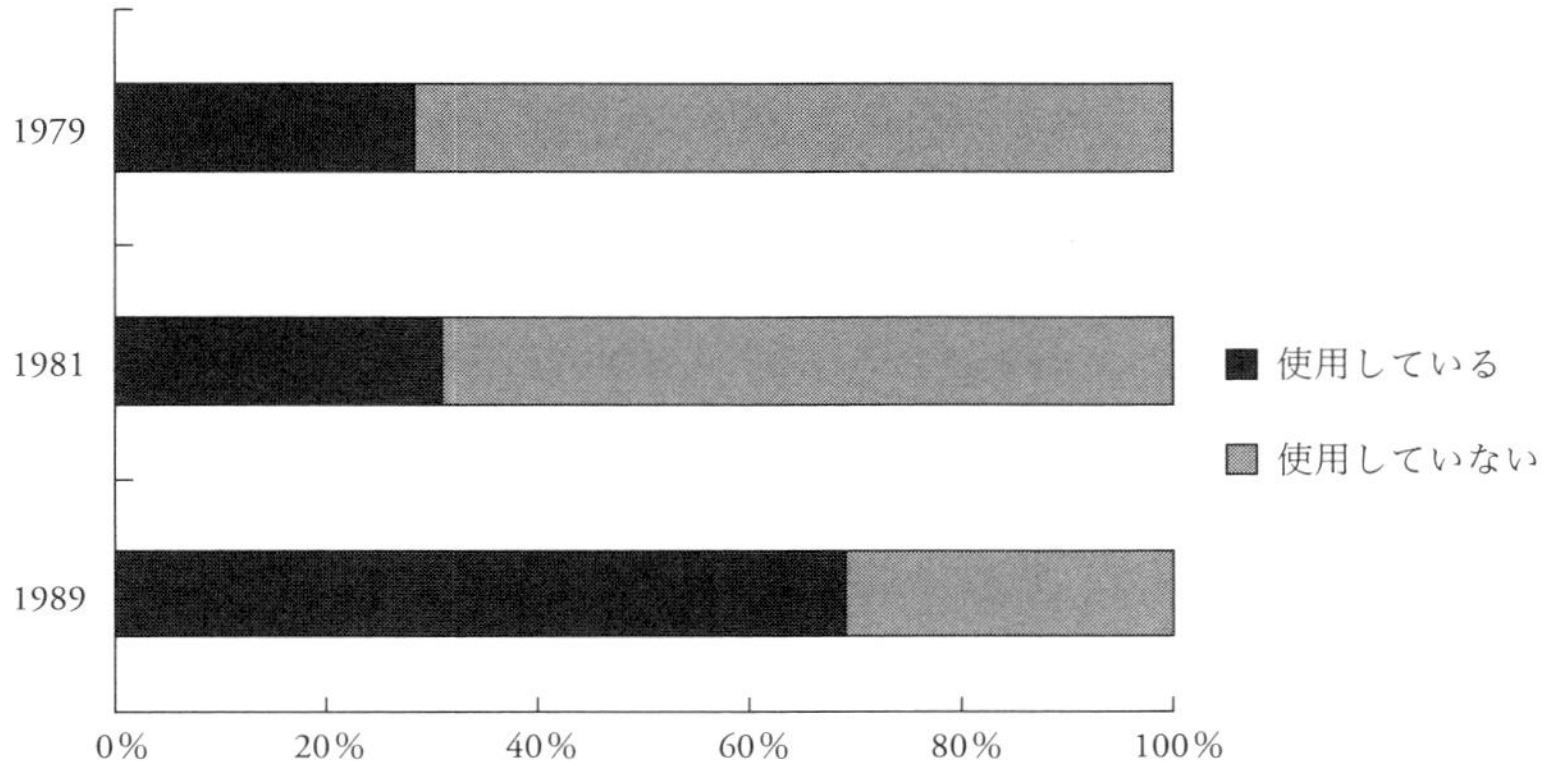

出所：『日経メディカル』1979 年 10 月，pp. 26-28；1983 年 10 月，pp. 28-31；1989 年 10 月，pp. 31-34

一九七〇年代半ばまで、大多数の漢方薬は医師に処方される医療用医薬品ではなく、市販される一般医薬品として購入された。ところが、政府の決定により漢方薬が健康保険適用となったことで、ほぼすべてが医師より処方されるようになる。この変化が医師に消費仲介人としての力を与え、彼らは伝統医薬市場において非常に大きな役割を担うことになった。

もっとも、医師が処方薬の重要な仲介人だとしても、このような仲介はあらゆる業界において行われていることである。しかし、満薗勇が第11章で紹介しているような、少数の富裕な顧客へ通信販売によって商品を仲介する百貨店店員とは異なり、大勢の患者が消費する薬を選定することができるという意味で、医師は仲介人としてより大きな影響力を持っていたのである。

図8-4のように、医師による漢方の処方は一九七〇年代以降一九八〇年代を通じて大きく伸びている。政府の薬価基準収載後直ちに、広く処方されるようになったわけではなかったが、一九八一年の調査では、七五%の医師が過去四年以内に使用を開始したと回答している。八〇年代の終わりには、医師の七割以上が漢方薬を通常の処方薬に加えて使用するまでになっていた。

ここで忘れてはならないのが、漢方薬が西洋薬の代替ではなく主に補助の役割をもつものとして使われていたということである。

表 8–1　漢方薬を使用している疾患・症状

	1979	1983	1989
1	感冒	慢性肝炎	肝炎
2	更年期障害	婦人不定愁訴症候群	感冒，上気道炎
3	便秘	更年期障害	不定愁訴，更年期障害
4	胃弱，胃痛，胃炎	かぜ症候群	肝機能障害
5	咳，気管支ぜん息	自律神経失調症	気管支喘息

出所：『日経メディカル』1979 年 10 月，pp. 26–28；1983 年 10 月，pp. 28–31；1989 年 10 月，pp. 31–34

表 8–2　最もよく処方されている漢方薬

	1979	1983	1989
1	葛根湯	八味地黄丸	小柴胡湯
2	八味地黄丸	小柴胡湯	八味地黄丸
3	小柴胡湯	葛根湯	葛根湯
4	当帰芍薬散	当帰芍薬散	小青竜湯
5	加味逍遥散	桂枝茯苓丸	加味逍遥散

出所：『日経メディカル』1979 年 10 月，pp. 26–28；1983 年 10 月，pp. 28–31；1989 年 10 月，pp. 31–34

表8－1が示すように、漢方薬はすぐに完治しない緩やかな慢性疾患の治療のときに使われるものであった。ほとんどの医師は、漢方薬を西洋薬の補助として使用した。西洋薬を処方しても効果が出なかった場合、または西洋薬の副作用が強く患者に合わなかった場合に漢方薬を処方したのである。ジュリア・ヨングが述べるように、日本の医療では効能よりも安全性が求められる（ヨング二〇〇八：一七二―一七三）。漢方薬はこの点において、好ましいものであった。七〇年代、八〇年代と、医師は西洋薬とともに、西洋の医学に基づいて漢方薬を処方した。漢方薬は西洋薬以外の選択肢として、近代的な薬の一つとして消費されるようになっていったのである。

表8－2からわかるように、処方された漢方薬の傾向は、七〇年代、八〇年代を通じてわずかしか変化していない。また、この時期市場が拡大していた市販薬の漢方ともほとんど傾向に違いはなかった。ここから明らかなことは、医師だけではなく、消費者自身も漢方薬を選択していたということである（厚生省 一九五三―二〇〇〇）。園田恭一は、八〇年代の漢方薬使用患者には、都市部在住で高度な教育を受けている者が多いことを発見した（Sonoda 1988: 77–101）。戦前の消費者と異なり、これらの人々は、貧しい、無知である、他に選択肢がないといった理由ではなく、自らの選択として漢方薬を使用していたのである。

いずれにせよ日常的に消費されていた漢方薬は多くの疾患の治療に効果を表した。例えば、葛根湯は頭痛、発熱、悪寒や肩凝りに、また八味地黄丸は疲れ、背中の痛み、急なほてりやドライマウスに、そして小柴胡湯は食欲不振、吐き気、喘息や消化不良に効いた（『日経メディカル』一九七九年一〇月二一―一九頁）。漢方薬の利用は、急性ではなく、また命に別状のない疾患の治療に特定して使用された。

二〇世紀後半に起こった漢方薬の再興は、ある意味時代錯誤と言えなくもない。なぜなら、一九六一年に国民皆保険、そして一九七三年に老人医療の無料化が導入され、多くの日本人はやっと他の先進国なみに西洋薬を使えるようになっていたからである。消費者は、前の世代の人々のように、病気の治療に植物薬を頼らなくてもよくなった。しかしながら、西洋薬を学んだ医師がこのころに漢方薬の使用を認め始めたことは注目に値する。一九七六年の規制緩和が、漢方薬の再興のきっかけだとする説明もありうるが、医師および患者の需要なくして再興はなかった。

適用除外政策の克服と制度化——一九九〇～二〇〇〇年代

社会が高齢化するなか、慢性疾患を抱える人の数は増え、政府は増大する一方の医療費を抑える手段を導入し始めた。八〇年代初めには、漢方薬を健康保険適用から外すという案が聞かれ始めた。適用から外すことは、漢方薬を処方された場合、費用を政府がこれ以上負担しないということを意味した。そこで、漢方薬の効能や同じ漢方薬が処方薬にも市販薬にもあることについて、議論が展開された（『讀賣新聞』一九八三年五月三日一面、参議院一九八三年九月二九日、衆議院一九八三年九月二九日、同一九八四年八月七日）。

政府がいかに漢方薬を保険の適用外としたくとも、医師や患者、製薬会社から反対の声があがり、それを阻んだ（『日刊薬業』一九九三年一一月二二日、*Pharmaweek* 6 December 1993）。もっとも、一九九〇年代初めに再度適用リストからの除外を提起し、ある程度成功している（*Mediapex* 15 September 1993: 5）。そのころちょうど漢方薬の評判が落ちた時期だったのである。一九九一年を例にとると、このとき厚生省は八種類の漢方薬の調合について再評価を求め、また人気が高く一番の売れ筋であった薬の副作用が強すぎるとして安全性について警告を発した。当時、およそ一〇〇万人の日本人が小柴胡湯を使用しており、それは漢方薬全体の売上の約三分の一を支えているとされていた（『讀賣新聞』一九九一年三月二八日三〇面）。しかし九〇年代に小柴胡湯を使って死亡したとされる事件が新聞で報道され、政府は漢方薬について見直しを迫られた（『讀賣新聞』一九九三年三月二日三九面、一九九八年三月五日三八面）。これらの記事は、漢方薬が西洋薬よりも安全であるとの一般的な見方を覆し、医師や患者に大きな衝撃を与えた（『讀賣新聞』一九九六年三月三日二九面）。

さらに、一九九〇年代には大手製薬会社であり漢方薬市場の八割を独占していたツムラによる一連のスキャンダルが起こった。ツムラが自民党の厚生族、元厚生大臣や厚生省の幹部役人らに賄賂をおくっていたことが明らかになったのである（『毎日新聞』一九九六年一〇月二五日、一、一〇、三一面）。またツムラは、八〇年代のバブル時代に進めた事業多角化に失敗して多額の損失を蒙っており、同族による稚拙な経営が指弾された（『日本経済新聞』一九九四年九月一四日一九面、二〇〇〇年一〇月二八日一九面）。

図8-2が示すように、これらのスキャンダルの後、それまで右肩上がりだった漢方薬の市場規模は一七〇三億円から九〇年代後半には一〇〇〇億円にまで縮小した（厚生省 一九五三―二〇〇〇、厚生労働省 二〇〇一―二〇〇六）(7)。しかし、こうした事件やスキャンダルにもかかわらず、日本人は漢方薬を消費し続け、その人気にはあまり大きな影響は及ばなかった。図8-5から明らかなように、九〇年代半ばには医師の約四分の三以上が漢方薬を処方するようになっていた。七〇年代、八〇年代と同じく、漢方薬は長期に及ぶ慢性疾患の治療薬として慢性肝疾患や便秘、更年期などのために、西洋薬で効き目がなかったときの次の治療手段として使われていた（『日経メディカル』一九九三年一〇月三〇―三五頁、一九九七年一〇月三〇―三六頁、二〇〇三年一〇月三二―三八頁、二〇〇七年一〇月四一―四

図 8-5　医師による漢方薬の使用状況（1993-2007）

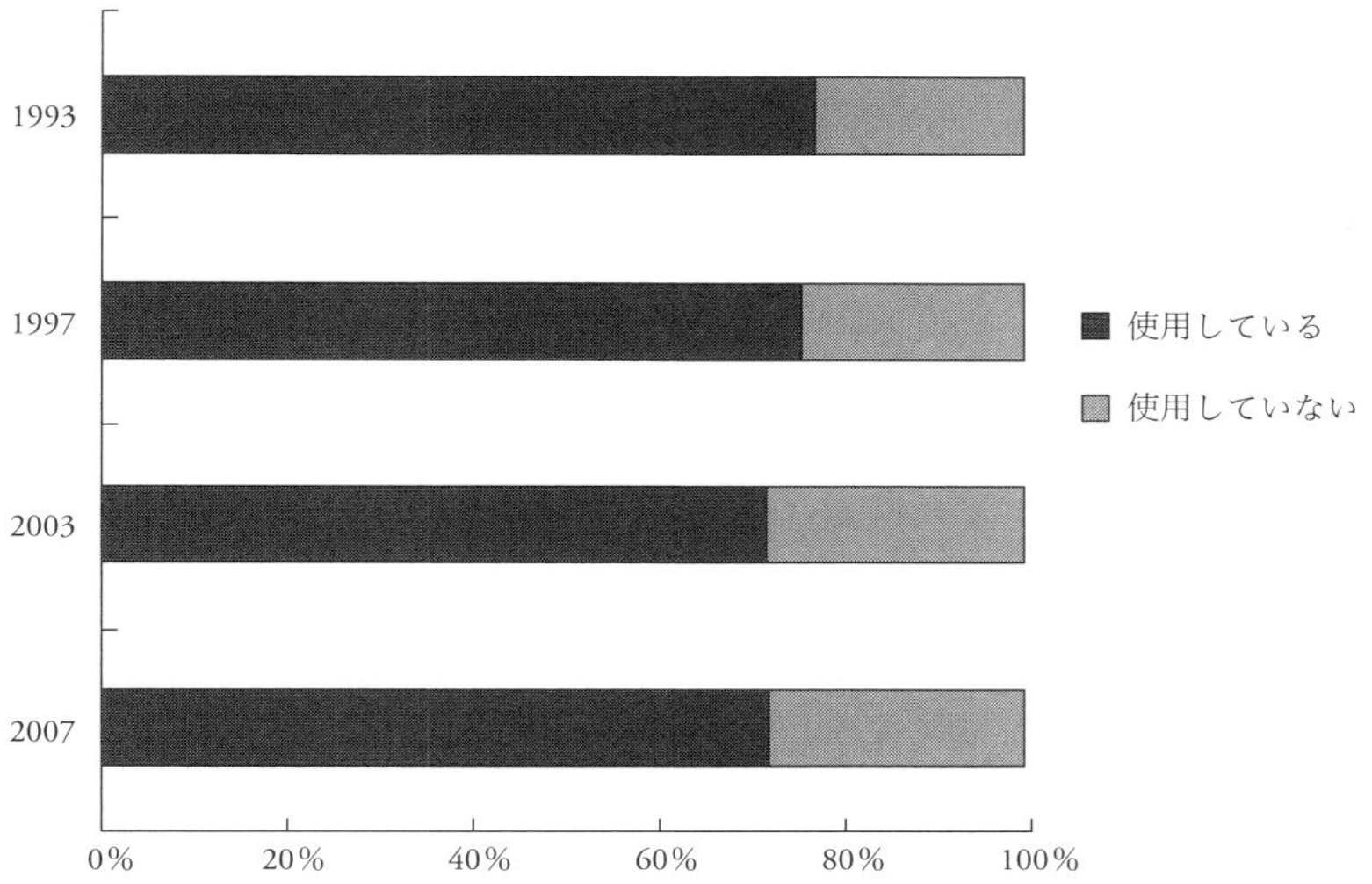

出所：『日経メディカル』1993 年 10 月，pp. 30-35；1997 年 10 月，pp. 30-36；2003 年 10 月，pp. 32-38；2007 年 10 月，pp. 41-47

七頁）。漢方薬の売れ筋にもあまり変化は見られなかった。一九九八年の漢方薬の売上上位五位までに入っていたのは小柴胡湯、葛根湯、八味地黄丸などそれまでにもよく知られている薬であった。漢方薬を処方する医師の割合は九〇年代と二〇〇〇年初頭に多少、落ち込みを見せたものの、七割以上の医師が小柴胡湯などの漢方薬を使い続けていたのである。

実際、政府による漢方薬を健康保険適用外とする施策はことごとく失敗に終わっていたのである。なお、興味深いことに、人々は漢方薬に対して疑いの念は抱いておらず、スキャンダルの後でさえ人気は持続した。漢方薬を保険適用外にするという案が出現したときも、新聞などのメディアは医師や患者、製薬会社からの反対運動を取り上げ、適用外を支持する主張はあまり取り上げられなかった（*Pharmaweek*, 13 October 1997, 8 December 1997;『毎日新聞』二〇〇九年一一月二八日二九面）。

その要因は二つある。一つは医学部などの授業カリキュラムに漢方を取り入れるようになったこと、二つ目は科学的根拠に基づく漢方薬の評価が行われるようになったことである。

授業カリキュラムに漢方を取り入れる動きは九〇年代、二〇〇〇年代に顕著であった。一九八六年に漢方を授業で取り上げていた医学部はわずか五校に過ぎなかったが（矢数ほか 一九八七：九二）、一九九五年には二〇校に増えた（『日経メディカル』一九九五年一〇月一五日八―九頁）。二〇〇一年に文部省は、「モデル・コア・カリキュラム」に漢方の部を含めた（文部科学省 二〇〇七）。二〇〇四年以降、八〇校の医学部すべてが漢方薬を授業カリキュラムに組み込むようになる（『朝日新聞』二〇〇五年一月一七日二面）。この、漢方薬教育の規格化は、漢方薬の使用を正当化し、医師という知識を持った強力な消費の仲介者層を育てることになった（『ドラッグマガジン』二〇〇六年六月四五―四八頁）。

また当時は漢方薬に、科学的根拠に基づいた医療を求める声が高まっており、漢方薬の安全性や効能について、より厳しい試験が行われていた（『日経メディカル』二〇〇一年七月四二―五三頁）。西洋薬と違い漢方薬は、処方薬として認められていた時も厳格な科学的基準で認可されていたわけではなかった（『朝日新聞』二〇〇五年一月一五日二面）。漢方薬は西洋薬と同等の基準で測れるものではなく、過去数百年にもわたる実践の歴史により効果は明白である、という考え方に立って、認可されていた（日本漢方生薬製剤協会 二〇〇三：一一九）。しかし九〇年代より、多くの漢方薬は西洋薬と同じ基準によって評価されるようになった。評価は北里大学東洋医学総合研究所や富山大学の和漢医薬学総合研究所[8]など、一流の機関により行われた（『日本経済新聞』二〇〇五年六月一二日一一面、『日経メディカル』二〇〇一年七月四二―五三頁）。ここでの研究結果が、試験済み漢方薬の信用性を大きく高め、現代の科学的にも医学的にも進化した治療法においても、受容性の高い、正規の治療薬であると認識させたのである。

結論

この章では、一九世紀後半から二〇世紀にかけて日本の消費社会において変化する伝統医薬について取り上げた。

特に、漢方薬に着目し、戦後期における再興の過程に焦点をあてた。その目的は、なぜ再興を果たすことができたのかその理由を知ること、そして消費者がいかにこの再興に重要な役割を果たしていたかを明らかにすることにある。

消費の歴史についての先行研究は、二〇世紀後半に日本の消費社会で起きた伝統医薬の再興の理由を、よりよい生活を求めた結果か、そうでなければ製薬会社の過剰な宣伝効果に帰するであろう。だが、これらの説明だけでは不十分である。この章は伝統医薬の再興という現象について、これまでになかった視点での説明を加えるものである。

二〇世紀後半に起こった伝統医薬の再興の理由は複数あった。まずは消費者が西洋薬を万全なものではないと理解したことである。抗生物質などの「奇跡の薬」に寄せられた信頼は、サリドマイドによって起こった悲劇から疑問視されるようになった。また、西洋薬が症状毎に特化しすぎており伝統医薬の持つ包括的な治療に欠けることも明らかになった。二つ目は、多くの人がかかる病気が急性疾患や伝染病から慢性疾患、生活習慣病へと移行していき、漢方治療により適したものになっていったことである。そして三つ目は技術の進歩により規格化され大量生産が可能となった伝統医薬を医師が西洋薬との併用品として処方することが可能となったこと、四つ目は日本と中国との外交関係の変化により、漢方薬の原料となる薬草の輸入を確保できるようになったこと、そして五つ目は技術の向上によって評価の精度もあがり、漢方薬の安全性と効能について科学的根拠を示せるようになり、信頼を高めることができるようになったこと、である。

戦後の伝統医薬再興には、消費者もまた重要な役割を果たした。彼らは複数の要因によって力を持つこととなった。まず、より大勢の消費者が以前よりも裕福になり、健康に留意するようになり、そしてより多くの情報を得ることができるようになった。特に、情報技術の革命によるインターネット普及の影響は大きい。二つ目は消費者が、様々な西洋薬の出現にもかかわらず、それらが慢性疾患を「完治」させるものはないという事実に直面したことである。そして三つ目に、政府が多くの漢方薬を健康保険適用としたために漢方薬がより手に入りやすくなったこと、また漢方薬の適用によって医師が消費仲介人として力を持つようになり、消費を形作る立場となったことが挙げられる。さらに、医師による漢方薬を適用外とする案への強い反対運動が、漢方薬の市場を保った大きな要因となったことも付け加えたい。

もちろん、すべての漢方薬が処方によって消費されたわけではない。多くの漢方薬が処方薬として認められた後も、一群の患者は一般用医薬品を購入した。彼らは少数派となったが、しかし一般用医薬品の販売量も売上額も、七〇年代以降、伸び続けていたのである。医師の介在が不可欠な処方薬は、厳しく規制され、かつ仲介がなされるものであり、消費者が自由に選択し購入し得るものでない。そのためそれを消費財と呼んでよいものか疑問に思う向きもあろう。確かに、医薬品のようにその購入に規制があるものは、何がどのように消費されるのかが管理されている。だが、それは消費者の消費の自由を完全に奪うものではない。伝統医薬においては、医師も、また消費者も、それを消費するという行為を選択し、漢方薬の再興に重要な役割を果たしたのである。

このように、伝統医薬は近代的な製品へと生まれ変わり、そこでは、誰が、どのように、何のためにそれを購入するのかについて、様々な変化が生じていた。二〇世紀初頭、漢方薬は古いものであり、最先端の知識をもたない庶民のための二流品とみなされていた。だが、二〇世紀も終わり頃になると、その同じ漢方薬が、進歩的な代替品として、健康や福利により包括性（ホリスティック）を求める、選択的志向の強い消費者が選ぶ商品に変化していったのである。

なお、バイオ医薬品の開発が進む中で高まる伝統医薬の人気については、同様の事例が他国にもあり、日本特有の現象ではないことにも留意する必要がある。たとえばインドや中国でも、西洋薬へのアクセスが容易になることと、伝統医薬の教育が盛んになり、その品質と効能に関するより厳格な基準が導入されたことで、伝統医薬部門が並行して成長を遂げる現象が見られた（WHO 2005: 89–95, 187–192）。ヨーロッパでも、八〇年代から補完医療への人気が高まっている（Fisher and Ward 1994: 107）。医学史研究のマシュー・ラムゼイによれば、これら代替医療、特にフランスのホメオパシー治療の再興は、人々が西洋薬に対し一種の嫌気を感じ始めているからである。西洋薬に新旧の伝染病を完治させる効能が期待されないことや、薬の過剰摂取、薬にかかる費用など、すべてに人々は嫌気を感じ始めている、というのである。ラムゼイは、過去の概念に囚われない薬を希望する消費者が、伝統医薬の人気を後押ししているとしている（Ramsey 1999: 321）。

二〇世紀後半の伝統医薬産業の形成には、消費者が大きな役割を果たしており、それには需要側の環境変化が大きな意味を持っていた。だが、この消費者の作用というものは、その境界があいまいな柔軟な概念でもあった。様々な階層や多くのタイプの消費者が存在するという意味だけではない。消費者は、利益が共通すれば、供給側の主体と協同して「業界（sector）」を形成することができる主体でもある。日本の伝統医薬業界を後押ししてきたのは、医師、患者、そして製薬会社であった。

彼らが協同することは容易に想像できないかもしれないが、供給側と需要側の協同は消費社会の歴史を形成する大きな力になりうる。伝統医薬では、多様な消費者と供給者が消費力を支えた。一九世紀後半、医師だけの力では伝統医薬の衰退を防ぐことはできなかった。それから半世紀以上の後、伝統医薬の世界に新たな息吹を吹き込む主体として、患者は少なからぬ力を発揮していたのである。

注

（1）科学的医薬品とは、その医薬品が万人向けであり、完全であり、実証研究から得られた経験的証拠が客観性を持つことである。それは、個人向けであったり、不完全であったり、主観的であってはならない、という考え方を示している。

（2）売薬の大部分は特に特許を得ているものではない。日本で医薬品に特許が与えられたのは一九七六年以降のことである。

（3）この法令は一八七四年の医制（医療制度）として知られている。

（4）これら事項については前述のように帝国議会で議論された。
（5）具体例については中西と二谷の章を参考のこと。
（6）例としては「医療用漢方エキス製剤ＧＭＰ（品質および製造管理）」の約款七二、一九八七年八月五日が挙げられる。
（7）実質生産額ベース。
（8）一九九〇年代は富山医科薬科大学和漢薬研究所。

引用文献

猪飼周平（二〇一〇）『病院の世紀の理論』有斐閣
太田胃散（一九七九）『太田胃散百年の回想』太田胃散
大塚敬節（二〇〇一）「漢方医学の変遷」『新版漢方医学』創元社
片平洌彦（一九九五）『ノーモア薬害』桐書房
川上武（一九六五）『現代日本医療史――開業医制の変遷』勁草書房
厚生省（一九五三―二〇〇〇）『薬事工業生産動態調査統計』薬業経済研究所
厚生省（一九七六）『医制百年史　資料編』ぎょうせい
厚生労働省（二〇〇一―二〇〇六）『薬事工業生産動態調査統計』じほう
厚生労働省「伝染病統計」二四―一〇　伝染病及び食中毒の患者数と死亡者数（明治九年〜平成一一年）http://www.stat.go.jp/data/chouki/24.htm（二〇一〇年六月三〇日アクセス）
厚生労働省「人口動態統計」二―三二―a　主要死因、男女別死亡数（明治三二年〜平成一六年）http://www.stat.go.jp/data/chouki/02.htm（二〇一〇年六月二一日アクセス）
小太郎漢方製薬（二〇〇二）『小太郎漢方50年史』
近藤和明（一九八一）「漢方薬ブームの社会経済学」『エコノミスト』第五九巻五〇号、八一―八三頁
産業経済研究会編（一九五二）『薬事年鑑』薬業時報社
シーエムシー出版（一九九九）「漢方・生薬の市場」『Bio Industry』第一六巻一二号、四六―五二頁
新日本法規出版（二〇〇八）『薬価基準』新日本法規出版

新村拓編（二〇〇六）『日本医療史』吉川弘文館
菅谷章（一九七六）「近代医師制度の確立と皇漢医の衰退」『日本医療制度史』原書房
鈴木晃仁（二〇〇八）「治療の社会的考察」川越修・鈴木晃仁編『分別される生命——二〇世紀社会の医療戦略』法政大学出版局
高野哲夫（一九七九）『日本の薬害』大月書店
太政官（一八七八）「脚気病院開院届」（マイクロフィルム）
太政官（一八七九）「東京府脚気病院第一報告診察の件」（マイクロフィルム）
太政官（一八八一）「東京府脚気病院第二報告同上」（マイクロフィルム）
太政官（一八八二）「脚気病院第三報告診察の件」（マイクロフィルム）
玉川信明（二〇〇五）『反魂丹の文化史——越中富山の薬売り』社会評論社
中央公論（一九九五）「漢方薬の原料は中国全土から調達」『中央公論』第一一〇巻一四号、四五一—四五五頁
津村順天堂（一九六四）『津村順天堂七十年史』
東京大学医学部百年史編集委員会編（一九六七）『東京大学医学部百年史』東京大学医学部創立百年記念会
富山県（一九五八）『富山県累年統計要覧』
富山県（一九八三）『富山県薬業史資料集成』
富山県（一九八七）『富山県薬業史通史』
内務省（一九二〇、一九二三、一九三九）「漢方医薬研究保存に関する請願の件」
長尾折三（一九〇八）『噫医弊』吐鳳堂
中山忠直（一九二七）『漢方医学の新研究』宝文館
日本漢方生薬製剤協会（二〇〇三）『日漢協二十年史』日本漢方生薬製剤協会広報委員会
日本東洋医学会（二〇一〇）「About JSOM」http://www.jsom.or.jp/english/index.html（二〇一〇年六月三〇日アクセス）
日本薬史学会編（一九九五）『日本医薬品産業史』薬事日報社
東丈夫（一九八二）「漢方に科学のメスを」『エコノミスト』第六〇巻六号、五六—五七頁
富士川游（一九八〇）『富士川游著作集３』思文閣
芳志（一九四六）「薬品の闇値と公定価」『総合医学』第三巻八号、一八—一九頁

文部科学省（二〇〇七）「医学教育モデル・コア・カリキュラム」http://www.mext.go.jp/b_menu/shingi/chousa/koutou/033/toushin/1217987_1703.html（二〇一〇年六月三〇日アクセス）
矢数道明（一九七九）『明治一一〇年漢方医学の変遷と将来　漢方略史年表』春陽堂書店
矢数道明・真柳誠・室賀昭三・小曾戸洋・丁宗鉄・大塚恭男（一九八七）「医学・薬学教育における伝統医学１　医・歯・薬科大学カリキュラムの現況」『日本東洋医学雑誌』第三八巻二号、九一―一〇一頁
薬事日報社編（一九五〇―二〇〇六）『最近の新薬』薬事日報社
ジュリア・ヨング（二〇〇八）「新薬開発をめぐる企業と行政」工藤章・井原基編『企業分析と現代資本主義』ミネルヴァ書房
和田啓十郎（一九一〇）『医界之鉄椎』南江堂

Allendy, R.（1929）*Les Orientations des Idées Médicales*, Paris: Au Sans Pareil（桜沢如一訳『西洋医学の没落』先進社、一九三一年）
Bivins, R.（2010）*Alternative Medicine?: A History*, Oxford: Oxford University Press
Brewer, J. & Porter, R.（1994）*Consumption and the World of Goods*, London: Routledge
Carpenter, K. J.（2000）*Beriberi, White Rice and Vitamin B: a Disease, a Cause, and a Cure*, Berkeley: University of California Press
Chandler, A.（1977）*The Visible Hand: The Managerial Revolution in American Business*, Cambridge: Harvard University Press
Fisher, P. & Ward, A.（1994）'Complementary Medicine in Europe', *British Medical Journal* 309（9）, July, 107–111
Francks, P.（2009）*The Japanese Consumer: An Alternative Economic History of Modern Japan*, Cambridge: Cambridge University Press
Lock, M.（1984）*East Asian Medicine in Urban Japan*, Berkeley: University of California Press
Matsumoto, M., Inoue, K. & Kaji, E.（1999）'Integrating Traditional Medicine in Japan: The Case of Kampo Medicines', *Complementary Therapies in Medicine* 7（4）, 254–255
Oberländer, C.（1995）*Zwischen Tradition und Moderne: Die Bewegung für den Fortbestand der Kampō-Medizin in Japan*, Stuttgart: Franz Steiner Verlag
Oberländer, C.（2005）'The Rise of Western 'Scientific Medicine' in Japan: Bacteriology and Beriberi', in Low, M.（ed.）, *Building a Modern Japan*, New York: Palgrave Macmillan, 11–36
Ohkawa, K., Shinohara, M. & Meissner, L.（1979）*Patterns of Japanese Economic Development: A Quantitative Appraisal*, New Haven: Yale University Press

Ohnuki-Tierney, E. (1984) *Illness and Culture in Contemporary Japan: An Anthropological View*, Cambridge: Cambridge University Press

Organisation for Economic Co-operation and Development (2010) 'OECD Health Data' http://www.sourceoecd.org/database/healthdata [accessed 29 June 2010]

Otsuka, Y. (1976) 'Chinese Medicine in Japan', in Leslie, C. (ed.), *Asian Medical Systems, A Comparative Study*, Berkeley: University of California Press, 322–340

Ramsey, M. (1999) 'Alternative Medicine in Modern France', *Medical History* 43 (3), 286–322

Reich, M. (1990) 'Why the Japanese Don't Export More Pharmaceuticals: Health Policy as Industrial Policy', *California Management Review* 32 (2), 124–50

Saitō, O. & Tanimoto, M. (2004) 'The Transformation of Traditional Industries', in Hayami, A., Saitō, O. & Toby, R. (eds.), *Emergence of Economic Society in Japan, 1600–1859, Volume 1*, Oxford: Oxford University Press, 268–330

Sonoda, K. (1988) *Health and Illness in Changing Japanese Society*, Tokyo: University of Tokyo Press

Tipps, D. C. (1973) 'Modernization Theory and the Comparative Study of National Societies: A Critical Perspective', *Comparative Studies in Society and History* 15, 199–226.

World Health Organization (1996) *Fact Sheet N134: Traditional Medicines*, Geneva: WHO

World Health Organisation (2001) *Legal Status of Traditional Medicine and Complementary/Alternative Medicine: A Worldwide Review*, Geneva: WHO

World Health Organisation (2005) *WHO Global Atlas of Traditional, Complementary and Alternative Medicine, Volume 1*, Geneva: WHO

第 III 部

消費の空間と経路

第9章　鉄道に乗る

――明治期における鉄道旅客利用の進展

中村尚史

はじめに

明治初期において、鉄道は文明開化の象徴であった。「文明の利器」としての鉄道と鉄道利用に対する好印象は、当時、広く共有されていた（Ericson 1996: 53–55）。創業時の鉄道は料金がとても高かったので、観光旅行のような特別の目的で、時々利用する旅客が大半を占めていた。一八七〇年代において、そのほとんどは中流以上の人々であった。例えば、三代・歌川広重が一八七三年に描いた新橋（汐留）停車場待合室の絵には、着飾った、裕福そうな男女の乗客の姿が描かれている。この絵からもわかるように、当時の鉄道利用は、人々にとって非日常的な行為だったのである。

一八九〇年代になると、鉄道が拡張し、料金が低下したことから、それを経済活動に積極的に活用し、活動領域を拡げる人々が登場する。彼らは主として商人や実業家といった中産階級の人々であった(1)。この点は、赤松麟作が一九〇一年に描いた「夜汽車」という絵画からも読み取ることができる。夜の三等車内の様子を描いたこの絵には、大きな荷物を持ち、草鞋を履いた商人らしい人々の姿も描かれている。文明開化の象徴であった鉄道は、一九〇〇

歌川広重（三代）「東京汐留鉄道館蒸気車待合之図」1873年

出所：交通科学館所蔵

年前後には、日常的な交通手段になっていたといえよう。

従来の日本鉄道史において、旅客輸送の展開およびその利用形態に関する研究は、貨物輸送に比べて著しく立ち後れてきた(2)。これに対して、近年、三木理史が戦前期の鉄道旅客輸送に関する注目すべき研究を発表した。三木は、まず大阪市近郊における「通い」の成立過程を事例として、鉄道旅客の利用形態の変化を検討している。その結果、大阪近郊の鉄道では、日清・日露戦間期（一八九五〜一九〇四年）に学生の通学利用がはじまり、第一次世界大戦期以降（一九一四〜二〇年代）に俸給生活者の通勤利用が本格化することで、鉄道を用いた「通い」が定着したことが明らかになった（Miki 2005）。さらに三木は、通学から通勤へという利用形態の変化を、学生時代に通学で鉄道に馴染んだ人々が、就職した後に郊外に移り住み、鉄道で通勤するようになるという仮説（「通い」の再生産構造）によって説明している（三木二〇一〇：一四八―一五六）。

三木が提起したこの仮説は、俸給生活者の鉄道利用を考える上では、十分に説得的である。しかし日本の鉄道業が顕著な発展を遂げた明治期において、臨時運賃割引や広告など企業のマーケティング活動が、鉄道を日常的に利用する、別のタイプの人々を生み出したことも忘れてはならない。後述するように運賃が割高であった明治期において、鉄道は観光旅行のように臨時的かつ非日常的な目的で

赤松麟作「夜汽車」1901 年

出所：東京芸術大学美術館所蔵

利用される場合が多かった。しかし非日常的な目的による利用を通して鉄道の利便性を体感した人々の中には、それを出張等で積極的に利用して、行動範囲を拡げる者も現れた。その代表が、商人や実業家、政治家である[3]。当時、彼らは中産階級に属しており、新聞や鉄道、電気といった新しいサービスの主要な顧客層であった（Francks 2009: 74–79）。彼らにとって鉄道は、明治中期には早くも必要不可欠の道具となっており、日常生活に定着していた。

以上の点をふまえて、本章では、明治期における鉄道旅客利用の展開を、鉄道会社と乗客という、輸送サービスの供給者と需要者、双方の視点から明らかにすることにしたい。その際、本章が主な事例とするのは、九州鉄道会社とその利用者である福岡県地域の人々である。

九州鉄道会社は一八八八年六月、門司・八代間、鳥栖・長崎間、小倉・行橋間、宇土・

九州鉄道会社と福岡県地域（1887 年現在）

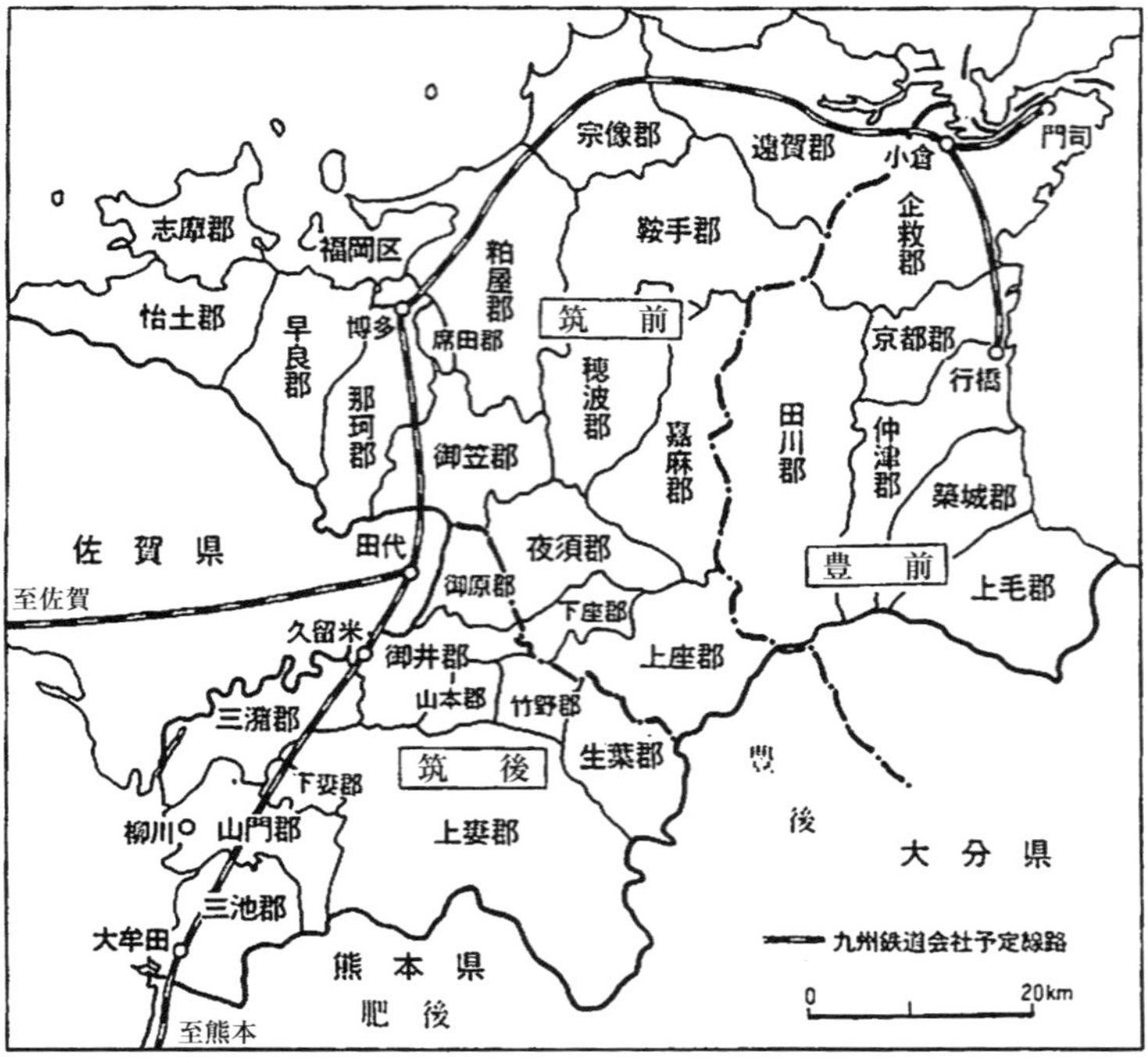

出所：中村（1998: 369）

三角間を予定線路として、資本金七五〇万円で設立された。同社は、日本鉄道会社（一八八一年設立）を除くと、企業勃興期に設立された鉄道会社の中では資本金が最大で、計画線路は山陽鉄道（神戸・下関間）についで第二位（四三六キロメートル）であった。そして一九〇七年の鉄道国有化により消滅するまで足掛け二〇年間、日本鉄道に並ぶ当時最大規模の鉄道会社として存続した。

　一方、利用者側の事例として取り上げるのは、福岡県企救郡小倉町の石炭商・中原嘉左右、同県三池郡の実業家・政治家である永江純一、野田卯太郎と、同県筑豊地方の炭鉱業者・安川敬一郎である。彼らはいずれも詳細な『日記』を残しており、そこに記載された移動記録を手がかりにして、鉄道利用の頻度や目的、行動範囲を分析することが可能となる。

　本章の構成は以下の通りである。まず

第一節では、明治期における全国的な旅客輸送の動向を統計的に把握した上で、運賃制度の変遷とその利用者への影響を、事例を交えながら概観する。つぎに第二節ではサービスの供給者である鉄道会社の営業活動の内容を、営業報告書や社内報といった資料を用いて明らかにする。そして第三節では、明治期において鉄道を日常的に利用していた実業家や政治家の『日記』の分析を通して、鉄道利用が彼らの企業行動や社会活動に、いかなる影響を与えたのかを考える。

鉄道旅行の発展——概観

新橋・横浜間で最初の鉄道が走った一八七二年以降、第一次世界大戦に至るまで、日本の鉄道の運賃収入の中心は、旅客であった。図9-1を用いて、鉄道創業から国有化（一九〇六～七年）にかけての日本全体の鉄道運賃収入に占める旅客収入の比重（旅客比率）の推移をみると、最初、九〇%を超えていた旅客比率は、工業化の進展にともなう貨物の増加によって低下を続けつつも、一九〇〇年代半ばに至っても六〇%前後を維持していた。図9-2から、一八九三～一九〇七年における鉄道旅客数の動向をみると、民営鉄道が急速な発展を遂げた日清戦争（一八九四～五年）前後から急増がはじまり、一九〇〇年前後に最初のピークが到来していることがわかる。その後、日清戦後恐慌の影響もあって、一九〇〇年代前半には、停滞気味に推移する。しかし、日露戦争（一九〇四～五年）後になると、鉄道国有化による全国幹線鉄道網の統一もあって、鉄道旅客は再び増加をはじめている。

さらに図9-2から明治期における鉄道旅客のクラス別構成をみると、官営鉄道、民営鉄道を問わず、三等旅客の比重が全旅客の九五%前後を占めていることがわかる。[4] そこで三等運賃を基準として、官民双方の運賃水準をみると、表9-1のようになる。日本に最初の鉄道が走った際、運賃は三等でも一マイル当たり二〇厘であり、新橋・横浜間では同区間の汽船運賃（三一銭二五厘）より高い、三七銭五厘であった。

図 9-1　旅客比率の推移（1872-1907 年度）

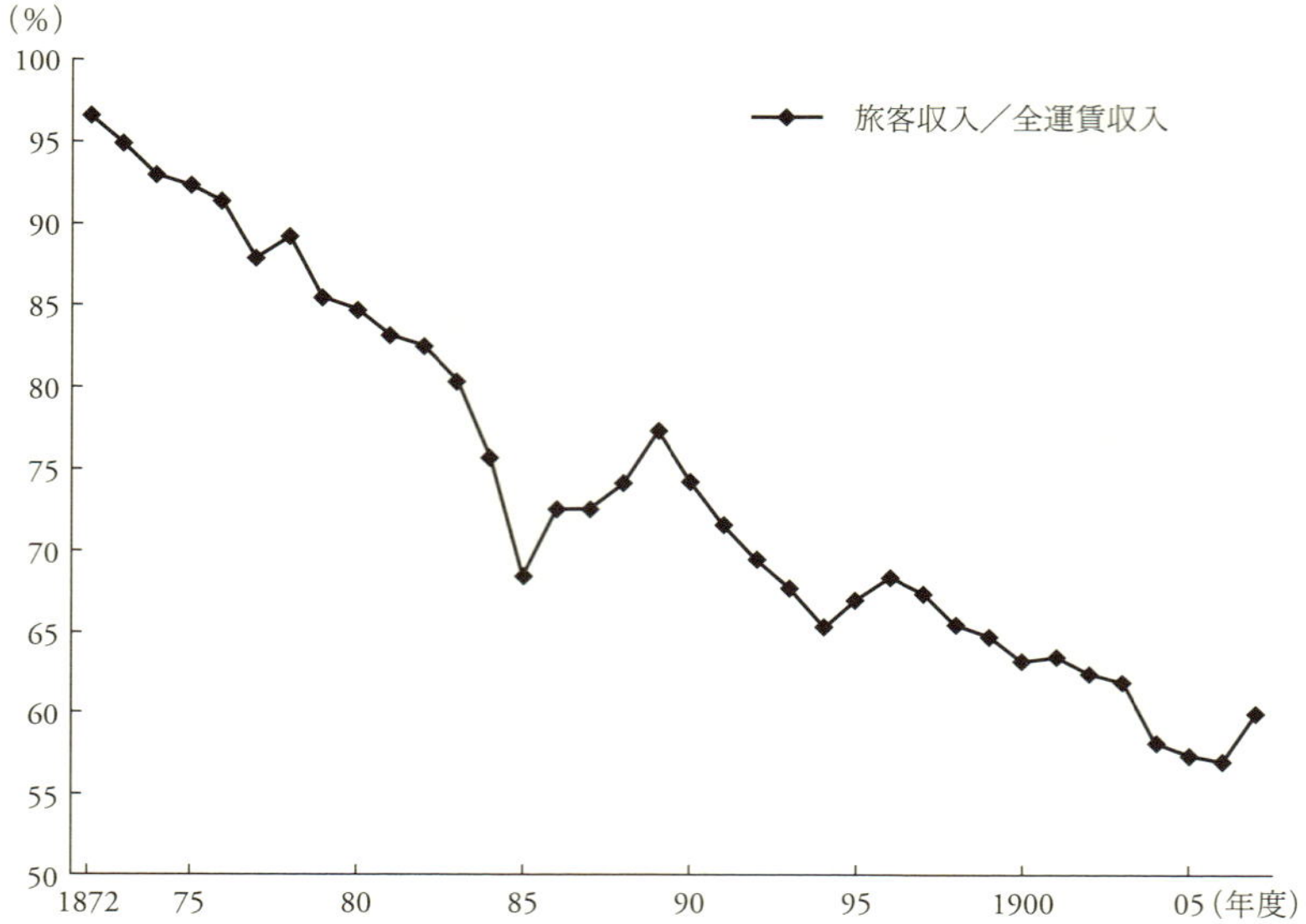

出所：『鉄道局年報』1907 年度

図 9-2　鉄道旅客数の推移（1893-1907 年度）

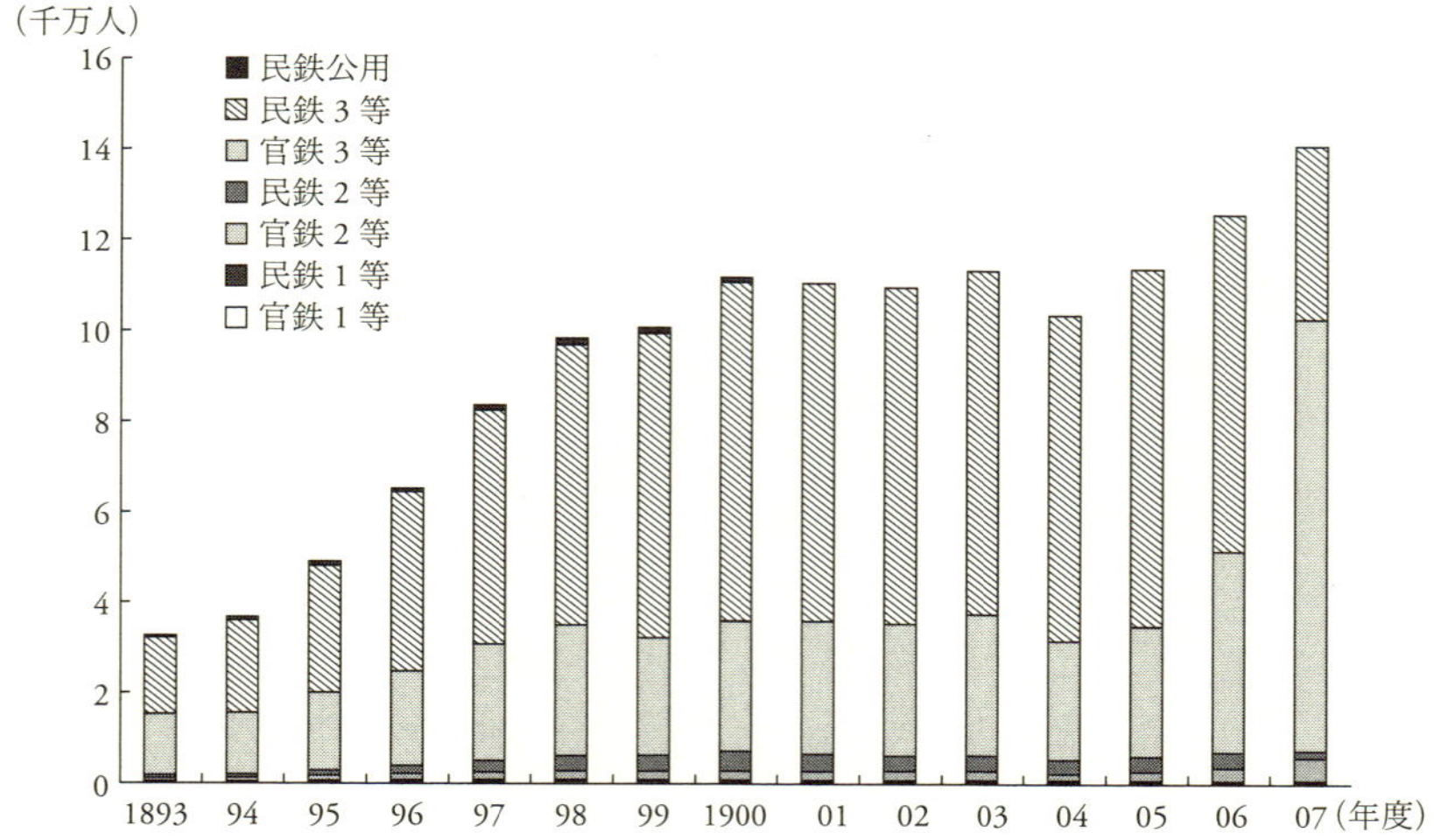

出所：『鉄道局年報』各年度

表 9–1　明治期における鉄道旅客運賃（3 等車，1 マイル当たり）**の推移**

官営鉄道　　　　　　　　　　　　　単位：厘

年	〜50マイル	50–100	100–200	200–300	300〜	備考
1872	20					新橋—横浜間 37 銭 5 厘（同区間汽船 31 銭 25 厘）
1874	15	15				同上 30 銭
1887	13	13	13	13		同上 25 銭
1889	10	10	10	10	10	
1899	15	13	11	9	8	遠距離逓減制の導入
1902	16.5	14	11	9	8	定期券・回数券の全国的な導入
1907	16.5	13	10	8	7	国有化による運賃率統一

山陽鉄道

年	〜70マイル	70–120	120–170	170–220	220〜	備考
1889	10	10				
1892	10	—	6.7			
1896	15	14	13	12	11	遠距離逓減制の導入
1905	16.5	13	10	8	7	

九州鉄道

年	〜10マイル	10–20	20–40	40–60	60–80	80–100	100–120	120–140	140〜	備考
1889	12	12	12	12						
1892	14	14	14	14	14	14	14	14		
1899	15	14	13	12	11	10	9	8	7	遠距離逓減制の導入

出所：『鉄道局年報』，山陽鉄道『営業報告書』，九州鉄道『営業報告書』各年度，および鉄道院（1916: 113–123）

その後、汽船をはじめとする他の交通手段との競争の中で、官営鉄道の旅客運賃は順次引き下げられ、一八八九年には一マイル当たり一〇厘と、開業時の半額になった。こうした官営鉄道の運賃水準は、第一次企業勃興期（一八八六〜九〇年）以降、続々と設立された民営鉄道に強い影響を与えた(5)。例えば山陽鉄道は開業時（一八八九年）の旅客運賃を一マイル当たり一〇厘に、九州鉄道は同じく一二厘に設定している。しかしながら、この運賃水準は、当時の他の交通手段に比べると、やはり割高であった。

例えば九州鉄道開通直後の一八九一年四月一九日〜二一日に、小倉から下関まで旅行をした福岡県小倉の石炭商・中原嘉左右は、行きを鉄道と渡船で、帰りを汽船で往復し、以下のような運賃を支払っている（米津編一九七六：三〇九―三一一）。

往路　小倉・門司間汽車賃一〇銭

門司・下関間渡船賃二銭　計一二銭
帰路　下関・小倉間船賃八銭　計八銭

このように鉄道を用いた移動は、他の交通手段に比べると割高であったが、中原は観光目的で、あえて鉄道を利用した。その後、中原（およびその関係者）は、裁判や許認可申請などの用務で県庁所在地（福岡市）へ出張する場合などに、鉄道を使うようになった。ただしその頻度は、後述する実業家や政治家に比べると極めて低く、一八九一年中（四～一二月）に二回だけである（米津編 一九七六：三一一―四二二、米津編 一九七七：一―二三一）。中原は、速さという鉄道の特性を活かして、緊急を要する出張に鉄道を利用しはじめたものの、まだ、鉄道は非日常的な存在であった。

一方、商用等のために鉄道を日常的に活用しようとする人々は、往復乗車券や定期券といった割引切符を利用することができた。官営鉄道は、一八七四年八月に大阪―神戸間で上等、中等旅客用の往復割引乗車券を、また一八八六年一月には新橋―横浜間で一等、二等用定期券を発売している。ただし、これらの割引切符は、その対象となる等級がいずれも高額等級であり、一般庶民が通勤・通学で鉄道を気軽に利用するというわけにはいかなかった（鉄道院編 一九一六：一二六―一三二、三木 二〇一〇：一二六―一二九）。

一九〇〇年前後になると、山陽鉄道をはじめとする主要鉄道各社は、旅客運賃の遠距離逓減制を採用しはじめる。しかしその際、一般庶民が日常生活で利用する短距離区間は、むしろ運賃値上げになってしまった（表9-1）。そこで鉄道側は回数券、三等旅客用定期券といった割引切符を売り出して短距離顧客の引き留めをはかった。例えば官営鉄道では、一八九五年三月に最初の三等旅客用定期券である学生定期券が発売され、一九〇〇年一一月には回数券が、(6) 一九〇三年三月には一般向けの三等旅客定期券がそれぞれ売り出された。(7) こうした鉄道の定期利用の大衆化は、民営鉄道でも官営鉄道と並行して進行していく。表9-2から、日本鉄道業全体における定期券・回数券の

表 9-2　定期券・回数券利用実績の推移（全鉄道）

年度	利用者延べ人数			旅客収入額					乗車券数		
	定期券（人）	回数券（人）	合計（人）	定期券（円）	回数券（円）	合計（円）(a)	旅客総収入（円）(b)	定期・回数券比率(a/b)(%)	定期券（枚）	回数券（枚）	合計（枚）
1897			644,216			20,714	16,908,087	0.12			17,798
1898			744,870			28,606	19,622,233	0.15			15,614
1899			1,053,655			39,500	23,339,466	0.17			22,958
1900			1,460,275			53,984	26,413,408	0.20			38,038
1901			—			—	27,421,727	—			—
1902			2,880,123			185,945	28,435,585	0.65			58,000
1903			5,522,729			287,952	30,264,480	0.95			95,092
1904			5,701,834			340,470	29,600,908	1.15			—
1905	5,634,615	2,009,816	7,644,431	222,644	212,643	435,287	34,131,622	1.28	90,401	71,196	161,597
1906	7,559,157	2,734,056	10,293,213	289,814	305,687	595,501	38,367,208	1.55	116,665	99,658	216,323
1907	10,564,222	4,091,444	14,655,666	378,391	346,493	724,884	42,101,646	1.72	111,222	148,569	259,791

出所：『鉄道局年報』各年度

利用実績をみると、一九〇〇年度の一四六万人から一九〇二年度の二八八万人、一九〇三年度の五五二万人へと利用者数（延べ人数）が急増していることがわかる。その後も定期券・回数券利用者数の増加は続き、一九〇六年には延べ人数で一〇〇〇万人を超えている。しかし、このように鉄道を通勤や通学で日常的に利用する人々が登場しつつあったとはいえ、旅客運賃全体に占めるその比重は、一九〇七年度になっても全旅客収入の一・七％に過ぎなかった。明治期を通して、一般の人々による鉄道の利用の主たる目的は、観光や急ぎの出張といった非日常的な用務であったといえよう。

鉄道会社の営業活動(8)

本節では、九州鉄道会社を中心的な事例として、明治期における鉄道会社による旅客誘引活動を検討したい。その際、九州鉄道の事例を相対化するため、当該期における鉄道旅客営業の先端企業であった山陽鉄道会社（神戸・下関間）の事例を適宜参照する(9)。

九州鉄道会社は、一八八九年一二月、博多・千歳川間の開通によって営業を開始した。その後、着実に線路を延長し、一八九一年七月には門司・熊本間が、さらに同年八月には鳥栖・佐賀間が

図 9–3　九州鉄道会社の輸送動向

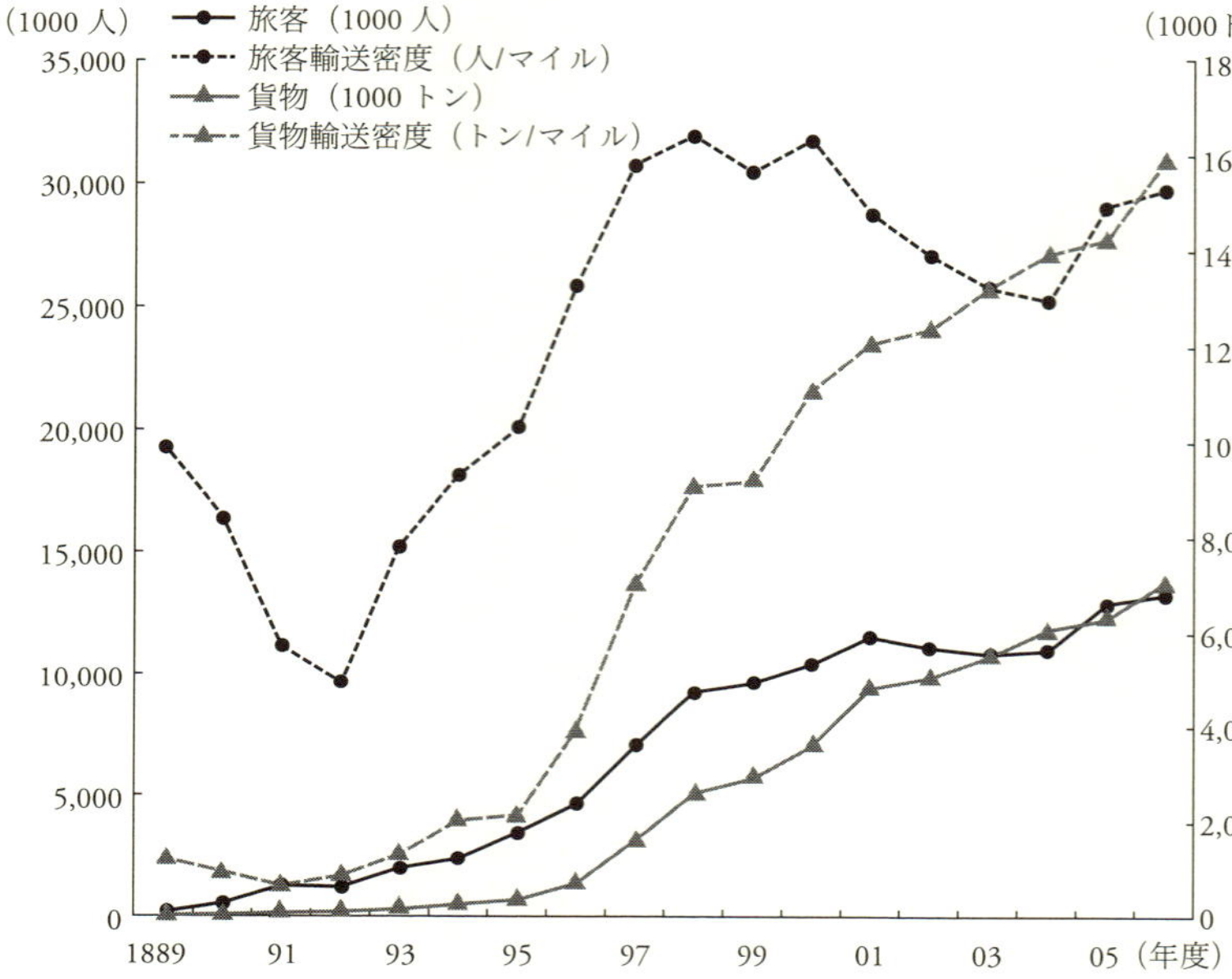

出所：中村（1998：388）

開業することで、本格的な輸送が始まった。しかしこれ以降、不況に伴う資金調達難によって、同社の線路延長工事はしばらく中断し、結局、予定線路の全線竣工は一八九九年一二月をまつことになる。

以上の点をふまえて、図9-3で開業から国有化（一九〇七年）までの九州鉄道の輸送動向をみてみよう。ここからまず、輸送量の実数をみると、旅客、貨物ともに線路延長に伴い、一見、順調に伸展しているように見える。しかし平均営業距離（マイル）当たりの数値を検討すると、貨物輸送は比較的順調な増加を示しているのに対して、旅客輸送が一八九〇年恐慌後や日清戦後恐慌（一九〇一年）といった景気変動の影響を強く受けている点が判明する。このように当該期の鉄道輸送の特徴は、貨物よりも旅客の方が、景気変動に敏感に反応する点にあったといえよう。

次に鉄道輸送の季節性について考える。図9-4は、線路延長工事が中断したため、営業路線が変わらなかった一八九一年九月から一八九四年三

図 9-4　九州鉄道における輸送収入の季節変動（1891 年 9 月〜1894 年 3 月）

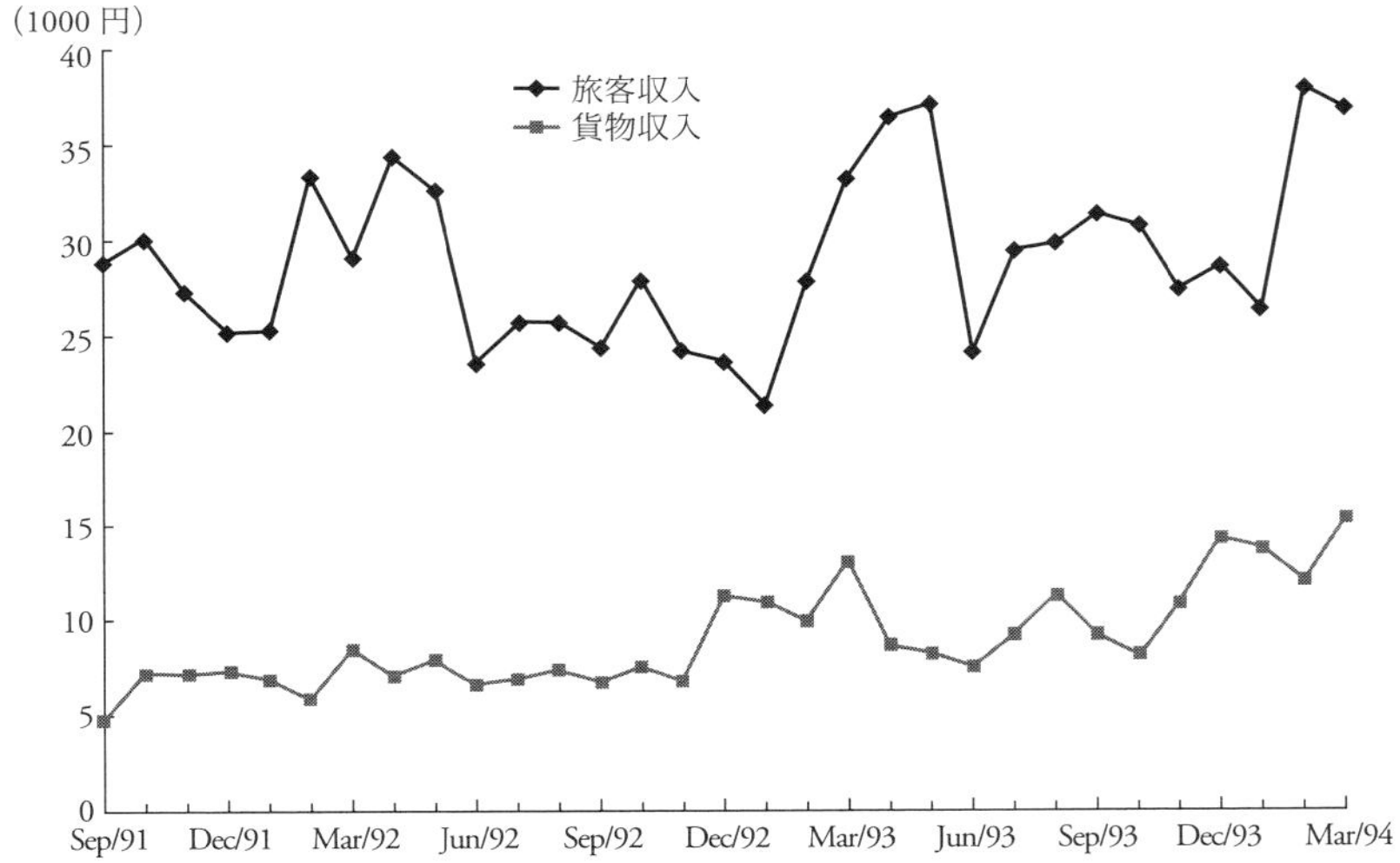

出所：中村（1998：388）

月までの九州鉄道における運賃収入を、月ごとに集計したものである。ここからまず、乗客収入の動向をみると、麦の収穫と田植えが行われる農繁期（五月下旬から六月）と年末年始に激減し、逆に二月から五月（農閑期）および一〇月に増加していることがわかる。当時の鉄道会社にとって最も旅客が増加する時期は、沿線の神社例祭が実施される二月（旧正月）、一〇月（秋祭）と、春の行楽日和が続く四月前後であった。一八九二年を例に取れば、ピーク時の二月の旅客数（一二万五七八七人）は、六月の旅客数（八万七二一〇人）の一・四倍である。一方、貨物収入は、米穀輸送や石炭輸送との関係から、一二月から三月頃にピークがあるものの、旅客ほどの季節性はみられない。

このような景気変動の強い影響と極端な季節性は、当該期の鉄道旅客利用が景気や季節の善し悪しに左右されやすい観光目的であったことに起因していた。当時の鉄道にとって最も重要な旅客である沿線地域の農民は、農閑期の旅行や神社仏閣の例祭に参加するために鉄道を利用していた。鉄道会社側も、こうしたイベントにあわせて運賃割引を実施し、旅客の誘引に努めた。例えば九州鉄道は、一八九八年三月から四月にかけて、宇佐八幡宮の祭礼への参拝者を対象に、全線各駅から行橋駅までの往復切符を通常の二割引で販売し、参詣客の誘致をはかっている(10)。

こうした旅客誘致に最も熱心な鉄道の一つが、中上川彦次郎(11)に率いられた山陽鉄道会社であった。同社は、営業開始（一八八八年一〇月）直後に、鉄道時刻表・運賃表、路線図と沿線の名所旧跡案内を記載したオフィシャル・ガイドブックである中上川彦次郎編『山陽鉄道旅行案内 巻之一』（一八八九年）を刊行し、戦略的に観光客を誘致する姿勢を鮮明にする(12)。そして社寺祭礼や内国博覧会・共進会といったイベント毎に積極的な運賃割引を行い、旅客誘致に努めた。例えば、社寺祭礼等にあわせた割引切符の発売は、一八九二年七〜一二月に六回、一八九三年一〜六月に四回、一八九四年四〜九月に五回行われており、それぞれ旅客数を大幅に伸ばしている(13)。

一方、農民が田植えのために繁忙となる六月から、暑さのため観光旅行が減少する七〜八月にかけて、九州鉄道会社は夏期休業中の学校生徒を対象に運賃割引を行い、閑散期の旅客確保に努めた。例えば一八九八年六月、同社は、帝国大学や高等師範学校、高等学校、専門学校といった様々な学校の夏期休業期間にあわせて、六〜九月までの生徒の乗車賃金を二割引とすることを決定している(14)。夏休み中の学生の帰省や修学旅行は、鉄道会社にとって、夏期における数少ない安定的な需要であった。

さらに山陽鉄道の神戸・下関間が全通し、関門連絡船を経由した本州との連絡輸送が本格化する一九〇一年以降、九州鉄道会社は全国的な旅客誘引活動を展開するようになった。具体的には、一九〇一年六月末以降、鉄道専門誌である『鉄道時報』に毎号、新橋駅から下関、神戸、下関、門司を経て長崎、八代にいたる連絡時刻表と、沿線の観光名所や八幡製鉄所、三菱長崎造船所といった主要企業の案内を掲載した半面広告を掲載する(15)。同時に山陽鉄道や官営鉄道と提携して「連絡往復割引切符」を一等から三等の全クラスで発売し(16)、関西、関東方面からの旅客の獲得をめざした。また日露戦後には、山陽鉄道に倣い、鉄道時刻表・運賃表、路線図と詳細な沿線観光案内を記載したオフィシャル・ガイドブック（九州鉄道株式会社編『九州鉄道案内』一九〇五年、全一一一頁）も刊行している。

一連の旅客誘致策によって、九州鉄道の旅客数と旅客輸送密度は一八九〇年代を通して急速に増加した（図9-

図 9–5　九州鉄道における旅客収入（1日1マイル平均）**の季節変動**

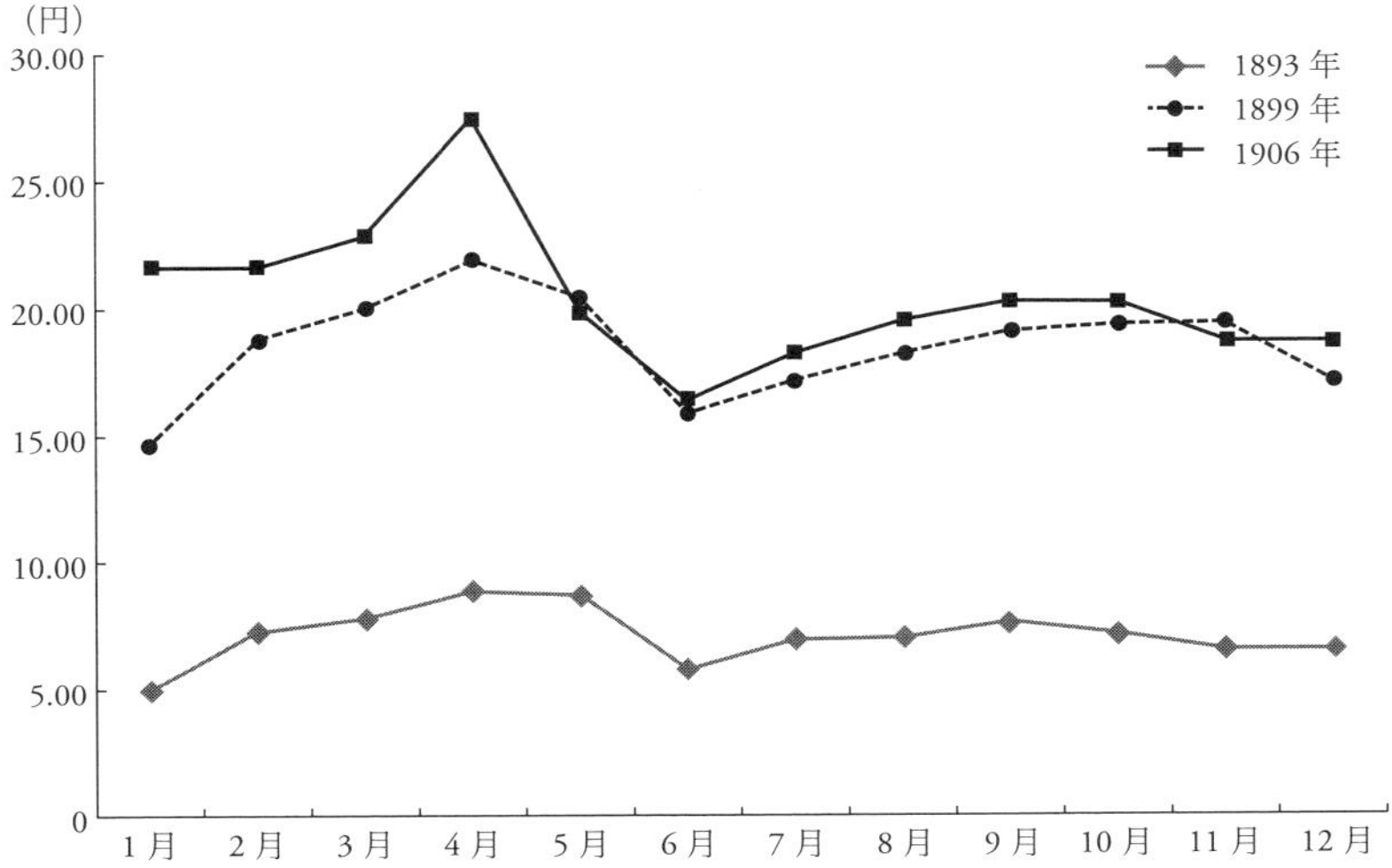

出所：九州鉄道会社『営業報告書』各年度

3)。図9-5を用いて、まず一八九三年と一八九九年の月別旅客収入（一日一マイル平均）を比較すると、四月前後にピークがあり、一月と六月に谷があるという構造は変わっていない。しかし、一八九九年になると一八九三年時点と比べて全体的な収入水準が増加しており、さらに社寺参詣が盛んになる九～一一月に新しいピークが生まれていることがわかる。この構造は基本的にその後も維持されるが、日露戦後の一九〇六年になると年末年始（一二～一月）の旅客の落ち込みが少なくなり、四月と六月を例外として季節による変動がよりなだらかになっている。

その結果、鉄道に乗り慣れた人々の中には、非日常的な観光目的の利用を越えて、ビジネスや政治活動のため、鉄道を日常的に利用する人々も登場してくる。運賃割引の目的の一つが、多くの人々に鉄道を体験してもらうことにあった点を考えれば[17]、非日常から日常へという利用目的の変化は、鉄道会社によるマーケティング活動の成果でもあったといえよう。

地方政治家・実業家の鉄道旅客利用

本節では、永江純一と野田卯太郎という三池郡出身の二人の実業家・政治家と、安川敬一郎という筑豊地方の炭鉱業者を取り上げ、明治期における鉄道旅客利用の実態と意義を考えてみたい。

永江純一と野田卯太郎の鉄道利用[18]

①永江純一の企業活動

永江純一は、一八五三年、福岡県三池郡江浦村の地主の家に生まれた。彼の実業家としての経歴は、一八八六年、地域の有力資産家を糾合して三池銀行を設立、その頭取に就任したところからはじまる。その後、彼は九州鉄道会社設立運動に関わる一方で、三池土木会社（一八八七年）、三池紡績会社（一八八九年）などの地方企業を次々と設立し、役員に就任した[19]。とくに一八九〇年代前半は三池紡績の取締役兼商務支配人として、紡績会社の経営に没頭していた。そこでまず、永江の三池紡績商務支配人時代の活動を、彼の『当用日記』にもとづいて検討することにしたい。

一八九一年四月一日、九州鉄道の久留米・大牟田・高瀬（玉名、熊本県）間が開通し、三池郡にはじめて鉄道が通った。この日、来賓として開通式に出席した永江は、大牟田・高瀬間、高瀬・大牟田・矢部川（瀬高）間の試乗をした[20]。そして彼は、四月四日から六日にかけて、早速、大牟田・門司間の鉄道を用いて、下関に出かけた。その直後から、彼は仕事でも積極的に鉄道を利用しはじめる。表9-3から、一八九一年四月七日～五月一六日の四〇日間における永江の移動状況をみると、鉄道を一三回（往復は二回と数える、以下、同じ）利用している。しかし、当時は最寄り駅（矢部川駅＝瀬高）が、自宅（江浦村）から遠かったため、全一一回の通勤（三池紡績、三池土木への

表 9-3　永江純一の移動状況と交通手段

出発／到着	経由	到着／出発	交通手段	1891 年 4-5 月 回数	目的	1892 年 1-2 月 回数	目的	1894 年 1-3 月 回数	目的
江浦（自宅）	渡瀬	大牟田	鉄道，人力車			6	三池紡績に出勤	23	三池紡績に出勤
江浦（自宅）	瀬高	大牟田	鉄道，人力車	4	三池紡績，三池土木に出勤	1	三池紡績に出勤		
江浦（自宅）		大牟田	人力車	7	三池紡績，三池土木に出勤				
江浦（自宅）	渡瀬	大牟田	人力車			1	三池紡績に出勤		
江浦（自宅）		柳川	鉄道，徒歩			1	政治活動		
江浦（自宅）	大牟田	久留米	鉄道，人力車					1	商用出張
江浦（自宅）	大牟田	熊本	鉄道，人力車					1	商用出張
江浦（自宅）		二日市	鉄道，人力車			1	観光		
江浦（自宅）		福岡	鉄道	2	商用出張	1	政治活動		
江浦（自宅）	島原	長崎	汽船	2	政治活動				
大牟田		久留米	鉄道					7	商用出張
大牟田		熊本	鉄道					5	商用出張
大牟田		玉名	鉄道，人力車			2	商用出張		
大牟田		福岡	鉄道	2	商用出張	1	政治活動	2	政治活動
大牟田		門司	鉄道	2	観光				
大牟田	瀬高	柳川	鉄道，人力車	2	政治活動	3	政治活動	4	政治活動
大牟田		瀬高	鉄道		政治活動	4	政治活動	2	政治活動
長洲		大牟田	鉄道	1	三池土木に出勤				
二日市	船小屋	大牟田	鉄道，人力車			1	三池紡績に出勤		
合計				22		22		45	
期間中合計日数				40		40		90	

注：往復は 2 度と数えた
出所：永江純一『当用日記』1891 年，1892 年，1894 年

出社）で鉄道を用いたのは四回だけであり、あとの七回は人力車を用いていた。当時の鉄道利用の主たる目的は、三池紡績や三池土木といった企業活動での福岡への出張や、政治活動での柳川・大牟田間の往来であった[21]。

一八九一年六月七日、永江の自宅に近い渡瀬駅が開業し、比較的容易に鉄道を利用できるようになった。表9-3から一八九二年一月一日〜二月九日における永江の鉄道利用状況をみてみると、四〇日間に二一回も利用していることがわかる。この期間における鉄道以外での移動は、鉄道が通っていない土地（若津港）を経由して自宅から大牟田の三池紡績に出社した日だけである。鉄道の利用目的として、最も多かったのが、江浦の自宅から大牟田（三池紡績）への通勤であり、二一回中八回であった[22]。逆に観光目的の鉄道利用は、二日市温泉に旅行した時の一度だけである。つまり彼は、早くも鉄道を日常的な通勤に利用しはじめたのである。

鉄道利用は、永江にとって通勤の時間だけでな

表 9–4　永江純一の交通費支出（1891 年，1892 年）

交通手段	出発	到着	料金(円)	等級	日付
人力車	江浦（自宅）	大牟田	0.27 片道		1891/1/12
人力車	江浦（自宅）	大牟田	0.30 片道		1891/1/19
鉄道	大牟田	矢部川	0.12 片道	3 等	1891/4/13
鉄道	矢部川	博多	0.47 片道	3 等	1891/4/25
鉄道	博多	大牟田	0.52 片道	3 等	1891/4/26
鉄道	渡瀬	大牟田	0.06 片道	3 等	1892/1/9
鉄道	大牟田	久留米	0.26 片道	3 等	1892/1/22

出所：永江純一『当用日記』1891–2 年

く、費用の節約にもなった。表9–4から一八九一年における江浦（自宅）から大牟田までの人力車運賃をみると、片道三〇銭前後となっている。これに対して、鉄道運賃は矢部川—大牟田間の三等運賃で一二銭、渡瀬—大牟田間は同じく六銭に過ぎない。ちなみに永江は、鉄道での移動には、常に三等車を利用していた。そのため彼の行動は、当時における典型的な旅客のそれとみることができよう。

さらに商務支配人としての永江の企業活動は、単なる自宅と会社の往復にはとどまらなかった。例えば表9–3から、一八九四年一月から三月にかけての移動状況をみてみると、九〇日間に鉄道を四五回利用しており、そのうち通勤で用いる江浦・大牟田間二三回、三池紡績の主要な市場の一つである熊本への出張で六回、後に合併する久留米紡績との様々な交渉や商談のための出張で八回も鉄道を用いている。とくに三月七日から三月一一日までの間には、大牟田→熊本（七日、八日）→大牟田→自宅（江浦、九日）→大牟田→久留米（一〇日）→大牟田（一一日）と、三池紡績のある大牟田と出張先である熊本、久留米との間を、鉄道によって頻繁に移動した[23]。市場調査や顧客との交渉、さらには同業他社との販売協定などのため、紡績企業の商務支配人は、鉄道を活用しながら積極的に動き、ビジネス・チャンスの獲得を目指したのである。

なおこれらの点からわかるように、三池紡績会社商務支配人としての永江の日常的な活動範囲は、大牟田を中心に久留米と熊本におよんでいた。経済活動の面で彼は、鉄道を駆使して、県の枠を越えた地域を一つの行動範囲（商圏）としていたのである。

②永江純一の政治活動

一方、政治家としての永江純一の活動は、一八七八年以降、福岡県下で活発に展開した自由民権運動に参加したところからはじまる。永江は三池郡永治村戸長、江浦村戸長などを歴任した後、一八八六年に福岡県会議員に初当選し、以後、一八九七年まで連続して県会議員を務めた。そして一八九八年の第五回総選挙で衆議院議員に初当選し、いよいよ中央政治の舞台に乗り込む。その後、第六、一〇、一一、一二回の総選挙で当選し、この間、一九〇八年と一九一三年には政友会幹事長に就任した。なお永江は自由民権運動に参加して以降、政治党派的には九州改進党―自由党―政友会という道を歩んでいる（江島 一九九五）。

福岡県における鉄道と政治活動の関係を考える場合、最初に注目すべき出来事は、政府の選挙干渉で有名な第二回衆議院選挙（一八九二年二月）である。福岡県は、当時、政府と対立していた自由党の強力な地盤のひとつであった。そのため同県では、知事・安場保和が先頭に立って、自由党の選挙運動を妨害し、対立候補（国民党系ほか）の支援を行った。その際、開通したばかりの九州鉄道が、選挙干渉に動員された「壮士」の移動に、盛んに利用されたのである。

このような知事側の動向に対して、自由党系県会議員であった永江純一は、どのような動きをみせたのであろうか。表9-3で、第二回総選挙前（一八九二年一〜二月）における彼の政治活動にともなう鉄道利用をみてみよう。ここから永江が四〇日間に政治活動で一〇回も鉄道を利用しており、その行動範囲は柳川、瀬高（以上、山門郡）、福岡、玉名（熊本）と広範囲におよんでいたことがわかる。とくに一月一六〜一八日の間には、自宅（江浦）↓福岡↓大牟田↓瀬高とめまぐるしく移動し、実業家としての活動（会社役員会への出席）と、政治活動（自由党関係者との会談、候補者会への出席など）を両立させている[24]。同様の事例は、第三回総選挙前後の一八九四年一〜三月でも指摘でき、九〇日間に八回、大牟田から柳川、瀬高、福岡等に行き、立候補者選定などの政治活動を行っている（表9-3）。以上から、一八九〇年代の前半には、政治家にとって鉄道が早くも重要な移動手段となっていたことがうかがえる。

このように永江は、開業直後から鉄道を政治活動にも盛んに利用しているが、ここで注目したいのは、政治活動の行動範囲が、経済活動の場合と微妙にずれている点である。例えば経済活動の面ではあまり登場しない福岡や柳川（山門郡）が、政治活動の面では重要な位置を占めていた。実業家としては県域をほとんど意識していない永江も、選挙区が県単位で設定されている政治活動では、地元（三池・山門両郡）とともに、県庁所在地である福岡での活動が不可欠となった。そして福岡への迅速なアクセスもまた、鉄道の利用によって可能になったのである。

③選挙と鉄道：野田卯太郎の政治活動

政治活動の場において、県という地域単位が重要な位置を占め、政治家が県内を活発に動き回るようになると、福岡県のような広い県では、政治活動にとって鉄道が不可欠の要素となった。とくに一九〇〇年の選挙法改正で、市部と郡部が分割され、郡部が一つの大選挙区となって以降は、政党による県レベルでの選挙区調整（協定選挙区の設定）などのため、移動手段としての鉄道の重要性もますます増してくる。そこで次に、大選挙区制下での衆議院選挙と鉄道利用の関係を、第七回選挙（一九〇二年八月）での福岡県における政友会の動向に注目しながら考察したい。

第七回総選挙に先立ち、政友会の福岡県支部は、郡部で次のような協定選挙区と候補者を設定した（『福岡日日新聞』一九〇二年八月四～一三日）。

①筑紫・朝倉……多田作兵衛（朝倉郡出身、前職）
②糸島・早良・粕屋・宗像……藤金作（粕屋郡出身、前職）
③遠賀・鞍手・浮羽……野田卯太郎（三池郡出身、前職）

④山門・三池・三井……由布惟義（山門郡出身、新人）
⑤八女・三潴……溝田精一（新人）
⑥田川・嘉穂……中野徳次郎（嘉穂郡出身、新人）
⑦企救・築上・京都……征矢野半弥（企救郡出身、前職）

ここからわかるように、候補者のほとんどは、それぞれの地域出身者で、さらに多田、藤、征矢野らにいたっては、同じ選挙区から前回も当選している地元の有力者であった。ところが、遠賀・鞍手（以上、筑前地域）、浮羽（筑後地域）から立候補した野田卯太郎は、出身地からかけ離れた選挙区を割り当てられており、地元に地縁のない輸入候補であったといえる。

福岡県三池郡岩津村（のち岩田村）の商家出身の野田卯太郎は、前述した永江純一の自由民権運動以来の盟友で、両者は政治・経済の両面にわたり、ほぼ同様のキャリアを経て、第五回選挙（一八九八年三月）で同時に衆議院議員に初当選した。この第五回選挙で、永江純一が出身地のある第六区（山門・三池）から出馬したのに対して、野田は永江との競合を避けて、隣りの第五区（三潴・八女）から出馬する。そして次の第六回選挙でも彼は、出身地以外の第四区（三井・浮羽）から出馬し、再選を果たす。

このように野田は、最初から輸入候補として、代議士になった。しかし第五、六回選挙での選挙区（三潴・八女、三井・浮羽）は、いずれも彼の出身地・三池郡が属する筑後地域であり、もし鉄道がなくても、人力車などを使ってなんとか移動することができたと思われる。

ところが第七回選挙で野田が割り当てられた選挙区は、筑後（浮羽）と筑前（遠賀・鞍手）にまたがり、距離的にも大きく隔たっていた。それにもかかわらず野田は、この選挙でトップ当選を果たし、以後、第一一回（一九一二年）まで、連続して同じ選挙区から当選を続けるのである。主要な拠点に選挙事務所を開設し、そこを巡回しな

表 9–5　野田卯太郎の移動状況と交通手段（1902 年）

出発／到着	経由	到着／出発	交通手段	1902 年 6–8 月	
				回数	目的
岩田（自宅）		福岡	鉄道	11	政友会福岡支部
岩田（自宅）	久留米	福岡	鉄道	1	政友会福岡支部
岩田（自宅）		大牟田	鉄道・人力車	12	九州紡績に出勤
岩田（自宅）	福島	大牟田	不明	1	九州紡績に出勤
岩田（自宅）	三川	大牟田	不明	1	九州紡績に出勤
岩田（自宅）	星野	船小屋	不明	1	観光
直方		岩田（自宅）	鉄道	1	帰宅
大牟田		福岡	鉄道	3	政友会福岡支部
大牟田	岩田	福岡	鉄道	1	政友会福岡支部
大牟田	久留米	吉井	鉄道	1	政治活動
船小屋	岩田	福岡	鉄道	1	政友会福岡支部
福岡		折尾	鉄道	2	政治活動
福岡	折尾	直方	鉄道	6	政治活動
福岡		植木	鉄道	2	政治活動
福岡	直方	鞍手	鉄道	2	政治活動
福岡	折尾	黒崎	鉄道	2	政治活動
福岡		若松	鉄道	2	政治活動
福岡		武雄	鉄道	2	政治活動
福岡		佐賀	鉄道	2	政治活動
福岡		瀬高	鉄道	3	政治活動
福岡	久留米	吉井	鉄道	1	政治活動
福岡		行橋	鉄道	1	政治活動
行橋	宇島	椎田	鉄道・人力車	2	政治活動
行橋	後藤寺	直方	鉄道	1	政治活動
合計				62	
期間中合計日数				92	

注：往復は 2 度と数えた
出所：野田卯太郎『当用日記』1902 年

がら地域票を固め、対立候補の侵入を防ぐという選挙活動が一般的であったといわれる当該期において（有馬・季武一九九六）、彼はいったいどのような選挙活動を行ったのであろうか。

野田が地縁のない遠賀・鞍手両郡を主要な選挙基盤とした背景には、政友会福岡県支部と井上馨の仲介による貝島、麻生など筑豊炭鉱資本家の支援があった（有馬・季武 一九九六）。しかし、いくら強力な後ろ盾があっても、前述したように選挙区内をこまめに巡回して票を固めることなしに、当選はあり得ない。そこで彼は、福岡を拠点にして、遠賀、鞍手と浮羽、勤務先のある大牟田と、[25]自宅（三池郡岩田村）との間を、鉄道を用いて頻繁に移動し、各地で支持者との「談話会」や「政見発表演説会」を催して、地域票の確保に努めた。とくに七月二三日から二七日にかけて遠賀郡・鞍手郡各地で行った演説会は、すべて福岡からの日帰り（往復鉄道利用）であり、鉄道が可能にした強行軍であった。[26]表9-5から、一九〇二年六～八月における野田卯太郎の移動と交通手段をみると、九二日間のうち五〇日も、移動をともなう外出を行っており、鉄道には実に六二回も乗っている。選挙期間中という非日常の時期であるとはいえ、彼は自宅と大牟田を行き来する（六往復、鉄道利用一二回）以上に、福岡に行っており（九往復、鉄道利用一七回）、豊前、筑前、筑後という三つの地域からなる広大な福岡県を、鉄道に乗って連日、駆け回っていた。この九二日間における野田の政治活動での鉄道利用は、六二回のうち四六回に及ぶ。この頻度の高さは、鉄道が当時の国政選挙にとって不可欠の交通手段であったことを示している。

安川敬一郎の企業活動と鉄道利用

つぎに、筑豊炭鉱業における成功者として、貝島や麻生とともに「筑豊御三家」と称される安川敬一郎の企業活動を、鉄道利用という視点から再検討してみたい。[27]

安川敬一郎は、一八四九年に福岡で黒田藩士の家に生まれ、一八七四年、実兄・松本潜が筑豊地方ではじめていた炭鉱業に加わった。そして一八七七年に自社炭を販売するための販売店（安川商店）を設立し、一八八五年に神戸支店、八六年に大阪支店を開設して、阪神地方での営業活動を本格化した。こうした基礎の上に立って、安川は第一次企業勃興にともなう炭坑ブームのなかで大城炭坑や赤池炭坑といった優良炭坑を獲得し、積極的な事業拡大

表 9–6　安川敬一郎の地域別宿泊地（1899–1902 年）

宿泊地	1899 年	1900 年	1901 年	1902 年	1899–1902 年平均
自宅（若松）	155	118	97	79	112
筑豊地方（赤池，明治他）	12	4	8	17	10
福岡	14	18	69	60	40
門司・下関	28	19	7	7	15
大阪	65	64	53	59	60
東京	62	89	66	82	75
旅行中その他	3	32	41	32	27
車中泊	26	21	24	29	25
合計	365	365	365	365	365

出所：日比野（2009: 16）

をはかっていく。その後、一八九六年には大阪の資本家たちとともに、大城炭坑とその周辺鉱区の開発を目的とする明治炭坑株式会社を設立する（本社・大阪）。明治炭坑に大城炭坑を現物出資して大株主兼取締役となった安川は、同社の取締役会に出席するため、一八九六年以降、頻繁に大阪に行くようになった。さらに彼は、大阪への出張にあわせ、夜行列車を利用して東京に出向き、商談や政府へのロビー活動を行った。日比野利信の研究によれば、一八九九〜一九〇二年の安川敬一郎の地域別宿泊日数は、表9–6の通りである。ここから安川が、四年間の平均で一六〇日を大阪と東京および移動中の車内で過ごしていることがわかる。それは地元（自宅＋筑豊炭坑）にいる日数（平均一二二日）をはるかに上まわっており、彼の企業活動の拠点が筑豊、大阪、東京の三カ所にまたがっていたことを示している。

以上の点をふまえた上で、表9–7を用いて、一八九九年一〜四月と一九〇六年一〜四月における安川敬一郎の交通手段を比較検討してみたい。この表からまず、大阪出張時における交通手段が、一八九九年と一九〇六年で異なっていることがわかる。一八九九年時点において若松―大阪間の経路は、①若松―門司（鉄道）、門司―神戸（汽船）、神戸―大阪（鉄道）と、②若松―門司（鉄道）、門司―徳山（汽船）、徳山―神戸―大阪（鉄道）という二つの手段があった。①は九州鉄道で若松から門司まで行き、門司で汽船に乗って一昼夜瀬戸内海を航海し、翌日神戸に上陸して官営鉄道で神戸から大阪まで行くというルートであった。一八九九年四月四〜五日の事例をあげると、四日一〇時に門司から汽船に乗り、翌日正午過ぎに神戸に到着、神戸から官

表 9-7　安川敬一郎の移動状況と交通手段（1899 年，1906 年）

出発／到着	経由	到着／出発	交通手段	1899 年 1-4 月 回数	1899 年 1-4 月 目的	1906 年 1-4 月 回数	1906 年 1-4 月 目的
若松(自宅)	門司—神戸	大阪	鉄道・汽船	5	明治炭坑役員会	1	商用出張
若松(自宅)	門司—徳山	大阪	鉄道・汽船	2	明治炭坑役員会		
若松(自宅)	門司—下関	大阪	鉄道・渡船	—		4	商用出張
若松(自宅)		門司	鉄道	9	九州鉄道役員会	2	九州鉄道役員会
若松(自宅)		門司	汽船	1	九州鉄道役員会		
若松(自宅)	戸畑	門司	鉄道・渡船			3	九州鉄道役員会
若松(自宅)	門司	下関	鉄道・渡船	1		1	
若松(自宅)		下関	汽船	5	商用出張		
若松(自宅)		筑豊地方	鉄道	6	商用出張	5	商用出張
若松(自宅)		福岡	鉄道	1	私用 / 商用出張	4	私用 / 商用出張
若松(自宅)		戸畑	渡船			4	観光
大阪		東京	鉄道	4	商用出張	4	商用出張
下関	門司	福岡	鉄道・渡船	1	私用 / 商用出張		
下関		門司	渡船	1			
合計				36		28	
期間中合計日数				120		120	

注：往復は 2 度と数えた
出所：北九州市立自然史・歴史博物館（2007: 16–31, 2009: 171–197）

営鉄道に乗り、大阪駅に到着したのは五日一五時であった（北九州市立自然史・歴史博物館二〇〇七：三二）。一方、②は門司から山陽鉄道の連絡船で福山に渡り、福山から部分開業していた山陽鉄道を利用する経路である。一八九九年二月二三～二四日の事例では、二三日一四時三〇分に門司から連絡船に乗り、二〇時に徳山に着く。そこで二一時発の山陽鉄道に乗り換えて翌朝一一時に神戸に到着、官営鉄道に乗り換えて二四日一二時半には大阪駅に到着している（北九州市立自然史・歴史博物館二〇〇七：二四）。以上の事例から推定すると、門司・大阪間の所要時間は、瀬戸内海運経由が二九時間、山陽鉄道経由が二二時間であり、鉄道利用のほうが七時間も早かった。しかし安川は一八九九年一～四月に往来した七回のうち、五回は瀬戸内海運を用いており、山陽鉄道経由は二回のみであった。これは山陽鉄道経由の場合、夜中に汽船から鉄道へ乗り換える必要があり、不便であったためと思われる。

一九〇一年、山陽鉄道の神戸・下関間が全通したことにともない、鉄道利用の経路が、門司—下関（連絡船）、下関—神戸—大阪（鉄道）へと変更になった。

その結果、九州鉄道から山陽鉄道への乗り継ぎが便利で確実になり、一五時一〇分門司発の関門連絡船に乗れば、一五時四五分の下関発の夜行列車に乗ることができ、翌日一二時半には大阪駅に到着することが可能になった（北九州市立自然史・歴史博物館二〇〇八：一七三）。不便な夜中の乗り換えが無くなり、山陽鉄道経由の利便性が格段に良くなった。それため一九〇六年一～四月の大阪出張では、安川は五回のうち四回も山陽鉄道経由の経路を利用しており、瀬戸内海運経由は大阪からの帰路、安川松本商店神戸支店に立ち寄る必要があった一回のみであった。[28]

つぎに筑豊地方の炭坑を巡視する際の交通手段をみてみよう。安川は一九〇六年時点で、赤池炭坑と明治第一坑、明治第二坑という三カ所の炭坑を所有していた。彼は各地の炭坑事務所を定期的に巡視して、営業成績の検査や経営判断を要する事項について指示を行っていたが、その際にも鉄道を積極的に利用した。例えば一九〇六年四月の巡視では、一二日、九州鉄道筑豊線で若松から小竹に出勤し、明治第一坑で営業成績の検査等を行い、翌一三日は明治第二坑に移動して同様の検査と新規開坑の打ち合わせを行い、さらに同坑最寄りの中泉駅に出て鉄道で金田に移動して赤池坑に宿泊している。一四日は午前中、赤池坑の営業成績検査を行った上で、鉄道に乗り、金田から直方を経て若松に帰着している（北九州市立自然史・歴史博物館二〇〇九：一九三―一九四）。同様の炭坑巡視は一八九九年、一九〇六年ともに一～四月の期間に二回ずつ行っており、鉄道の利用回数はそれぞれ六回と五回となっている（表9-7）。このように安川は、複数の場所に散在している炭坑を、鉄道で移動しながら効率的に監督していたのである。

明治期の安川敬一郎は、前述したように、鉄道によって筑豊、大阪、東京という三つの事業拠点を日常的に往来することで、地域を超えたビジネス情報のネットワークを形成し、それを利用しつつ事業拡大を成し遂げた。[29] 市場が未成熟な当該期において、事業家自らが迅速に地域間を移動し、「顔のみえる関係」で取引を行うことは、ビジネス・チャンスを的確につかむ上で重要であった。その意味でも、鉄道は、安川が「筑豊御三家」と呼ばれる大炭鉱資本家に成長するために、不可欠の道具であったといえよう。

おわりに

以上、本章では明治日本における鉄道旅客利用のあり方を、九州鉄道と福岡県地域の商人、実業家、政治家の事例を通して考えた。その際、まず統計や経営データといった数量的資料を用いて、旅客輸送の動向や、サービスの供給側である鉄道企業のマーケティング活動を分析し、次に日記をはじめとする質的史料を用いつつ、需要者である実業家や政治家の利用実態を検討した。その結果、以下の点が明らかになった。

明治期の日本において、旅客輸送は鉄道の最大の収益源であり、各鉄道会社はいかに旅客を増加させるかに営業努力を集中していた。本章の主要な事例であった九州鉄道でも、一八九〇年代を通じて、旅客輸送が主たる営業基盤であった。当時の旅客輸送は、①景気変動の影響を強く受ける、②輸送に明確な季節性があるといった特徴をもち、通勤・通学利用は限定的であった。そのため鉄道会社の営業努力は、基本的に沿線各地への観光客やビジネス客の誘致に向けられていた。社寺参詣や内国博覧会・共進会といったイベントの際の運賃割引やガイドブックの刊行、新聞・雑誌への宣伝広告などが、マーケティング活動の主な手法であった。

こうした旅客誘致活動は、人々に鉄道の利便性を体感させ、その日常的な利用を促進する狙いをもっていた。そして実際に、実業家や政治家といった先駆的な人々は、いち早く鉄道を日常的に利用し、自らの行動範囲を急速に拡大していった。彼らが築いた重層的な商圏や政治活動圏は、一般庶民の行動範囲である郡や旧「国」、県を越え、時には全国的な領域に及ぶことさえあった。

財、資本、人材、いずれの面でも市場が未成熟であった明治期において、取引相手と「顔のみえる関係」(30)を構築することは、情報の非対称性を緩和することで、取引費用を節減し、事業活動に大きな利益をもたらした。そのため、鉄道の積極的な活用によって構築された地域内外の緊密な人的ネットワークは、永江純一、野田卯太郎、安川敬一郎という地方の政治家や実業家たちが、地域の枠を超え、全国的なレベルで活動する際に、重要な役割を果たすことになる。[31]鉄道を使いこなすことは、明治期における地方の実業家や政治家にとって、全国的な活躍の舞台に進出するための第一歩であった。

注

（1）鉄道の利用が中産階級から、下層階級へと拡がったのは、明治末期のことであったといわれている（Gluck 1985: 162–163）。ただしこの点に関する実証的研究は今後の課題である。

（2）ただし鉄道貨物輸送に関する歴史的研究においても、利用形態の変化に関するものは多くない。この点については、石炭輸送を事例とした中村（一九九五）を参照。

（3）一九一四年時点の大阪近郊では、定期券・回数券利用者に占める商人の比重が二〇～三〇％であった（三木 二〇一〇：一三〇）。そのため三木は、一九一〇年代に、商人の都市間業務移動としての「通い」が成立していたと指摘している（三木 二〇一〇：一四二）。

（4）官営鉄道の場合、二等運賃の金額は三等の二倍、一等はおなじく三倍であった。

（5）官営鉄道の運賃水準が、民営鉄道を含めた鉄道業全体の運賃水準を規定した理由は、当時の鉄道運賃が政府（鉄道局）による許可制であったという点に求められる。各鉄道は運賃改定のたびに、鉄道局に申請し、その認可を受ける必要があった。

（6）回数券は全等級で発売され、無記名式、片道五〇回分の綴りで、割引率は二割、通用期間は九〇日であった。なお一九〇三年二月には回数券が無記名式から記名式（家族単位）に変わり、割引率は二～三割（距離に応じて割引率大）に、枚数は片道二五回分になった（鉄道院編 一九一六：一三二一一三四）。

（7）一九〇三年三月時点における定期券は、一カ月、三カ月、六カ月、一カ年の四種類、割引率は最低四割最高八割引であった（鉄道院編 一九一六：一三一一一三二）。

（8）本節の一部は中村（一九九八：三八七一三八九）に加筆訂正したものである。

（9）山陽鉄道の積極的な営業活動については、井田（一九九八）を参照。

（10）九州鉄道株式会社『月報』第四号（一八九八年三月一日）三九頁。

(11) 山陽鉄道会社社長（一八八八―九一）。のちに理事として三井銀行に入り、「中上川の改革」と呼ばれる大幅なリストラを行う。三井財閥の基礎を作った専門経営者として有名。
(12) 当時、山陽鉄道が営業を開始していた兵庫・姫路間は、部分開業区間であることに加えて、都市間鉄道でもなかったことから、大都市と貿易港を結ぶ京都・大阪・神戸間と比較して、商用の旅客や貨物が少ないことが予想されていた。そのため中上川は、同鉄道沿線である須磨、明石、播磨といった名勝地へ観光客を誘致して、鉄道乗客数を増加させようとした。
(13) 山陽鉄道会社『明治二十七年度上半季事業報告』（一八九四年）二六頁および井田（一九九八：六六―六九）。
(14) 九州鉄道株式会社『月報』第八号（一八九八年七月）五四―五五頁。
(15) 『鉄道時報』第九三号、一九〇一年六月二九日九州鉄道広告。『鉄道時報』には、関東、関西の民営鉄道各社が創刊号（一八九八年四月）から、盛んに沿線案内を掲載していたものの、九州鉄道は一九〇一年六月に至るまで、時刻表と路線図以外は掲載したことがなかった。
(16) 山陽九州連絡往復切符は、鉄道で山陽線内から九州線内を往復すると、通常料金の一～二割引となる。なお山陽鉄道は、官営鉄道との間でも同様の連絡往復割引切符を発売している。『鉄道時報』第九三号、一九〇一年六月二九日山陽鉄道公告。
(17) 山陽鉄道株式会社『明治二六年度上季事業報告書』一九頁。
(18) 本項は中村（一九九八：三九〇―三九七）に加筆訂正したものである。
(19) 永江純一の企業活動の詳細な内容については、中村（二〇一〇：第四章）を参照。
(20) 永江純一『当用日記』一八九一年四月一日。
(21) 永江純一『当用日記』一八九一年四月七日～五月一六日。
(22) 旅行先である二日市から直接、大牟田の三池紡績に出社した一回を入れると、八回になる。
(23) 永江純一『当用日記』一八九四年三月。
(24) 永江純一『当用日記』一八九二年一月。
(25) 当時、野田は大牟田にある九州紡績（前三池紡績、一九〇二年七月に鐘紡と合併）の専務取締役を務めていた。
(26) 野田卯太郎『当用日記』一九〇二年七月。
(27) 安川敬一郎の企業活動の詳細については、中村（二〇一〇：第六章）を参照。
(28) 一八九九年に安川商店を改組して設立。

(29) 明治期における安川敬一郎のネットワーク形成と事業拡大については、中村（二〇一〇：第六章）を参照。

(30) 中村（二〇一〇：序章および終章）。

(31) 中村（二〇一〇：第四章、第六章）。

引用文献

有馬学・季武嘉也（一九九六）「戦前におけるいわゆる大選挙区制と政党支部」『福岡県史　近代研究編2』福岡県

井田泰人（一九九八）「山陽鉄道における運賃の改定とその効果」『広島女子商短期大学紀要』第九号、六三―七〇頁

江島香（一九九五）「解題 第一部Ⅲ」『福岡県史　近代史料編　自由民権運動』福岡県

北九州市立自然史・歴史博物館編（二〇〇七）『安川敬一郎日記』第1巻

北九州市立自然史・歴史博物館編（二〇〇九）『安川敬一郎日記』第2巻

鉄道院編（一九一六）『本邦鉄道の社会及経済に及ぼせる影響』鉄道院

中村尚史（一九九五）「明治期における鉄道の発達と石炭輸送」『歴史と地理』第四七五号

中村尚史（一九九八）「鉄道がつくった地域」松本宣郎・山田勝芳編『地域の世界史5　移動の地域史』山川出版社

中村尚史（二〇一〇）『地方からの産業革命』名古屋大学出版会

日比野利信（二〇〇九）「日清・日露戦間期の安川敬一郎」有馬学編『近代日本の企業家と政治』吉川弘文館

三木理史（二〇一〇）『都市交通の成立』日本経済評論社

米津三郎編（一九七六）『中原嘉左右日記』第10巻、西日本文化協会

米津三郎編（一九七七）『中原嘉左右日記』第11巻、西日本文化協会

Ericson, Steven (1996) *The Sound of the Whistle: Railroads and the State in Meiji Japan*, Cambridge Mass.: Harvard University Press

Francks, Penelope (2009) *The Japanese Consumer: An Alternative Economic History of Modern Japan*, Cambridge: Cambridge University Press

Gluck, Carol (1985) *Japan's Modern Myths: Ideology in the Late Meiji Period*, Princeton: Princeton University Press

Miki, Masafumi (2005) 'The Origins of Commutation in Japan', *Geographical Review of Japan*, 78 (5), 1–18

第10章　民衆と郵便局
――近現代日本における消費活動と郵便サービス

ジャネット・ハンター

はじめに

産業化における輸送・交通インフラの重要性は十分認識されているが、「経済史家は郵便事業についてこれまで看過しており、大半の経済史の本には記載すらない」(John 2003: 315)。しかし郵便サービスは長年、モノとカネの流通に貢献し、情報の伝達に重要な役割を果たしてきた。一九世紀にできたこの新しい国営制度は、郵便・通信、その他関連事業の規模とスピードに劇的な変化をもたらし、利便性を全国民に広げた。一九三八年、ある英国郵便公社の研究者は、次のように述べている。

郵便公社は、非常に複雑な郵便・電信・電話や、国内外への送金といったサービスを提供するだけでなく、全国民の四人に一人が口座を持つ銀行であり、年間九八〇〇万英ポンドもの健康保険と失業保険印紙を売り、二億二〇〇〇万英ポンドの老齢年金、寡婦年金、孤児年金を支払い、様々な認可書も発行している。さらに、彼〔郵便公社総裁〕が国で最大の雇用主であり、徴税人であることも忘れてはならない。(Crutchley 1938: 23)

郵便公社とその総裁がこのような幅広い権限を持つことは、世界的にみても決して特別なことではなかった[1]。日本の郵便サービスも、同様の包括的な権限を有しており、近代の消費の歴史において大きな役割を果たした。その重要性は、大きく二つに分けることができる。一つは郵便サービスの消費の拡大である。一九世紀半ば以降、消費活動は成長を続け、商品に留まらずあらゆるサービスにまで及んだ。鉄道や郵便サービスの利用者は、それを消費と捉えていなかったかもしれない[2]。しかしサービスの利用にともなう支出は、個人でも家族や様々な組織でも増加を続けた。サービス業が産業社会の成長に多大な影響を及ぼしているという近年の研究成果を鑑みても（Broadberry 2006）、サービス需要に関する研究は、ますますその必要性を増している。

二つ目は、消費者の意思決定に、郵便局が仲介者として関わった点にある。郵便局は情報交換の場であり、交流の場だった。郵便局は消費に必要な情報を伝達し、モノやカネを操作して、首都および地方や消費者をより大きな市場と商業界につなげた。消費者の選択肢を広げ、地方の特産品やニッチ市場を強化し、一九世紀から二〇世紀において国家成長の大きな要因であった消費市場を形成した。郵便局は消費のプロセスにおいて必要不可欠な要素であり、人々が消費活動につながる経路であった。国営機関としてその存在が、全国の市町村の社会的、経済的、政治的生活に消費活動を根付かせたのである。

本章の目的は近代日本の郵便局の発展における、こうした消費の二つの側面を探究することにある。まず、一八七〇年代から始まった郵便サービスの主な動きを明らかにする。郵便サービスに関する研究は、一九世紀以降の供給面についてかなり進展しているものの、需要面に関する成果は乏しい。しかし、なぜ人々や組織が郵便サービスを利用したのか、その理由を知ることは重要である。なぜなら、新しい郵便制度が、社会や経済の変容と、かつてないほど密接な関係を有しているからである。その上で次に、郵便局の物理的な配置と組織が、消費の拡大にどのような意味をもったのかについても検討したい。

郵便サービスの消費

消費の歴史の分析において、郵便の使途を理解することは重要である。それは、顧客が料金と用途に応じて購入するかどうかを直ちに選択できる最終消費財（サービス）だからである。日本に限らず、郵便サービスはますます「消費アイテム」となっており、顧客は積極的なマーケティングと業者間での競争によって常に選択肢の拡大に直面し、どのサービスを選択するかを迫られている。一八七一年に西洋式の郵便制度が設立されると、その設立者たちは、郵便事業が個人、社会、政府、そして経済に与える大きな影響に気が付いた。一八七二年の郵便規則は序文で、この新しい事業が「交誼ヲ厚シ文化ヲ拡メ」、「貿易生産繁栄ノ本」と謳っている（前島 一九五一：六五―六八）。そして、第一次世界大戦が始まる頃には、郵便を利用することが国民にとって日常生活の一部となっていた。ところが、この近代郵便を個人や組織がどのように利用していたのかという点に関して我々が持っている知識は限られたものであった。そこで本章では、個人、家族、企業が、一八七〇年代から高度成長期にかけて、いかに郵便サービスを利用していたかについて考えたい。一八七三年に郵便規則が制定されて以降、政府は一貫して郵便事業を独占してきた。このうち本章は、特に創業から一九三〇年代までの時期に注目したい。それは近代郵便事業がこの時期に始まり、確立されたからである。なお、本章では郵便事業が提供するすべてのサービスについて言及するが、消費とのつながりを分析するうえで、とくに郵便とそれに関連したサービス[3]に研究の重点を置くことにしたい。

郵便サービスの消費とは次の四つの主要な要素が機能することである。一つ目は誰もが郵便サービスにアクセスできること、二つ目はサービスのコストで、現実にサービス消費の成長のためには、支払い可能な価格でなければならない。三つ目は消費者がサービスを利用するための知識を持ち、その便益を最大化しうること。消費者は新しいものの有利性を認識しなければ、それを使おうとは思わないのである。そして最後が不測の事態への備えを有していること、である。消費活動には様々な要素が絡んでおり、中には郵便以外のサービスを利用することで、郵便と同等の成果が得られることもあった。そのどちらを選択するかは、経済・社会の状況に左右された。不測の事態は時代によって変化するため、国は郵便サービスの供給者として、利用者の維持・拡大のために常に対応が求められた。

明治政府は万人がこの新しい郵便サービスを利用できるよう腐心した。どんなに田舎の貧しい村の民であっても、東京や大阪など大都市に住む人々と同じレベルのサービスを利用できる価格にしようと努力した。その結果、一九二〇年には、郵便路線が、水陸あわせて七万六六〇〇キロメートルにも及んだ（逓信省 一九四〇：第二巻、五九九―六〇二）[4]。各市町村では当初、配達手段は手押し車だったが、徐々に馬が引く荷車になり、後に自転車や車となった。一八八〇年代からは海運の補助として鉄道が使われるようになり、大量輸送が可能となった（田原 二〇〇三）。東京では、一九〇八年から自動車で配達を始めた。航空輸送が加わったのは一九二五年である。そして、二〇世紀に入るころには、国内の郵便配達は最長でも二日から三日の間に届くようになっていた（逓信省 一九二一：九六）。荷物の量にもよるが、一八八〇年代には日に一二回も配達を行う郵便局が現れた（田原 二〇〇三：五二）。郵便局の数は一〇〇年の間に増え続け（郵政省郵務局 一九九一：二一五―二一七）、郵便ポストと、切手を購入できる場所も太平洋戦争中を除いて増加した。こうして郵便局へのアクセスは、消費の妨げとなる要素ではなくなっていった。

郵便局が増えるにつれ、サービスは多様化していった[5]。例えば、郵便サービスでは、郵便物の特別指定の種類が増加し、新しい郵便商品が提供された。まず一八七一年には新聞や印刷物に低額料金制が適用され、一八七三年一二月には最初の郵便ハガキが、一八八四年には往復ハガキがそれぞれ登場した。その他、新設されたサービスには文化的、政治的、また経済的に重要とされる書簡に対する低額料金制などがある。特に農産物、試供品、型紙や模型、国内の勧業博覧会に関する情報や品物については特別に低価格料金が設定された（逓信大臣官房 一八九八：九三―九六、逓信省 一九四〇：第二巻一三九―四一、二七八―二八五）。一八九九年には生糸の生産に不可欠な蚕卵紙の郵送に特例措置が取られた（逓信省 一九二一：七九―八〇）。新しい郵便商品としては、一八七二年に現金などの貴重品郵送のために書留郵便制度ができ、一八七五年には郵便為替も始まった（逓信省 一九四〇：第二巻一五五―一五六）。さらにこの郵便為替は一八八五年から普通為替、電信為替、定額小為替に分かれた（逓信大臣官房 一八九八：五九―六〇、一〇七、一一〇―一一一）。一八九二年には国内向けの小包便が始まり、明治の終わりには代金引換も導入された（逓信省 一九四〇：第二巻一四六―一四九）。一九〇五年には年賀ハガキ、一九〇七年には引札も登場した。その他採用された制度としては、一八九四年の軍事郵便、一九二九年の航空郵便がある。国際郵便は一八七〇年代に始まり、日本が万国郵便連合に加入したのは一八七七年であった。

第二に、郵便以外のサービスも扱うようになった。郵便貯金と簡易保険がその代表である。郵便貯金は一八七五年に、国民に貯蓄の習慣を広めるために導入された（Garon 1998, 2006; Horioka 1993, 2006 などを参照）。簡易保険は一九一六年に、国民に安価な生命保険と老後の年金を提供するために導入され、一九二八年の最初のラジオ番組である「ラジオ体操」とも関係した。

一方、サービスの価格は、はじめから問題であった。郵便サービスを東京から北に拡張したとき、仙台から東京に一通の手紙を送る料金は八銭だった。八銭出せば、都市部で約三〇合の白米が買えた（逓信省 一九四〇：第二巻二一八―二一九）。郵便料金はその後、一八七三年の定額料金化を経てかなり手ごろとなり、一八八二年から国内に出す手紙の料金は一律、二銭に設定された（逓信省 一九四〇：第二巻二二一―二二二）。しかし、その他の郵便料金は明治時代に幾度か改定された。それは商売を行う者にとって、重大な関心事だった。国営の郵便事業は、一八九〇年代以降、恒常的に利益をあげていたため、その価格設定には不満が噴出した。これに対して政府は、新聞や印刷物、商業書類、試供品、そして製造・商業・農業の成長に関係するものなど、基本サービスについては価格を可能な限り抑えようとした。郵便料金の集計値は、一八七〇年代から一九三〇年代の半ばまで、消費者物価と同じような上昇率であったが、基本的な封書やハガキの送料は、図10‐1に見られるように、一八九九年から一九三九年

図 10–1　郵便料金の推移

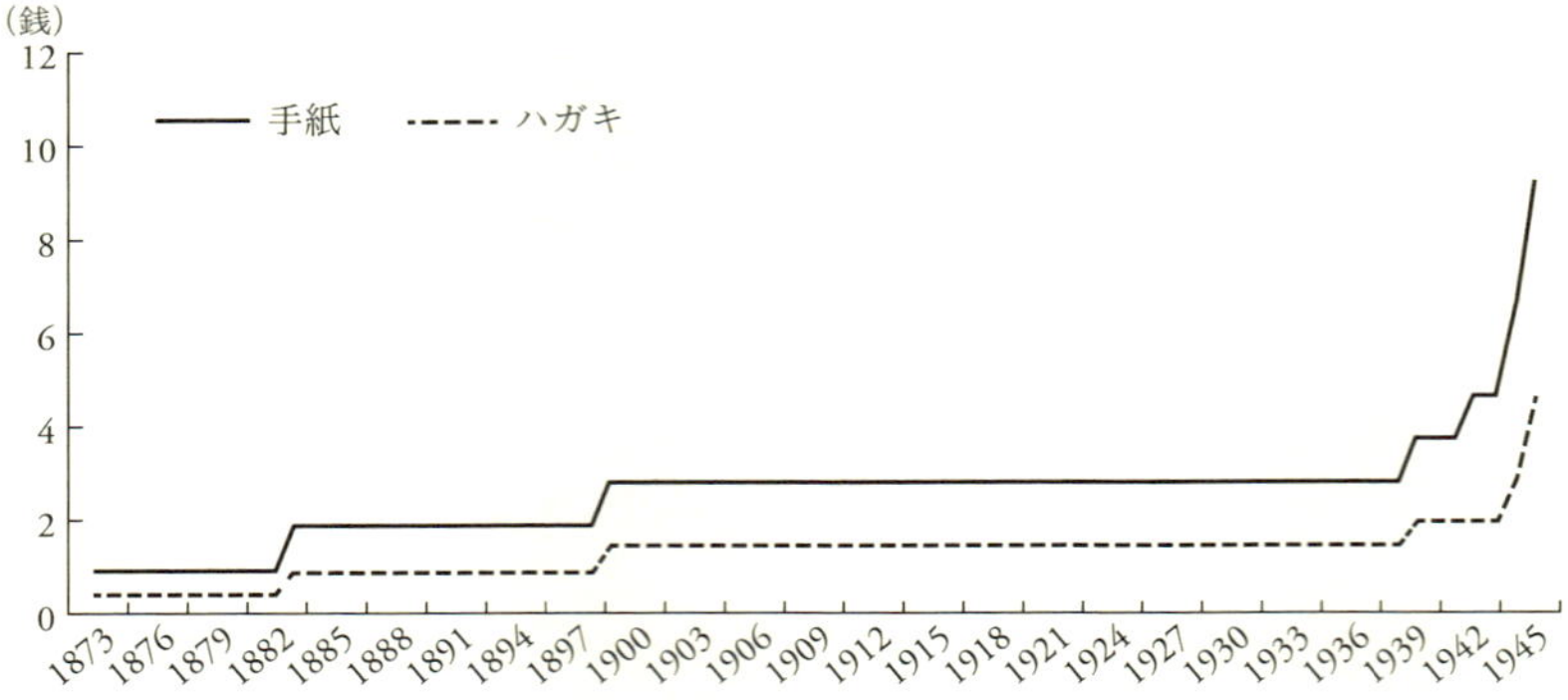

注：100 銭＝1 円
出所：郵政省郵務局（1991：222–4）

まで変わらなかった。それは、四〇年間で実質的に値下がりしたことを意味する(6)。この期間、ほとんどの労働者の賃金はかなり上昇し、可処分所得に占める郵便代の割合はわずかになっていた（大川 一九七四：表A50・A52）。こうして郵便は手ごろに利用できるサービスとなったのである。

事実、家計データからは、郵便サービスが家計の総支出のほんの一部だったことが明らかになっている。個人消費支出に占める通信費は、明治初期の約〇・一%から、一九三〇年代には約〇・七%となり、ピークを迎えた。これは実質的には八〇〇%以上の増加を意味するが、格段に増えたのは電信と電話の利用が加わったためである（Shinohara 1967: 138–139, 248）。戦後、一九六三年に行われた家計支出調査では、一世帯が平均して年間、切手代に六八八円、うちハガキに二三八円を使ったことがわかる。だが、郵送費は家計総支出のわずか〇・〇〇一%で、四〇%（総務省 二〇一〇のデータを元に試算）を占めていた食費などと比べると、割合が非常に低い。もっともこれは郵便サービスの全体的な利用状況に対しては、控え目な数字であり、実際には、郵便事業の売上の大部分は企業が占めていた。しかし、そうであったとしても、郵便の送料は電話などの他の通信手段と比べても非常に小さかった。ただし、この統計データからは、郵便局が提供し、国民が利用した他の様々なサービスの利用状況はわからない。また、人々が郵便サービスを何のために利用したかについても、まったく判然としない。

郵政省などの統計データは、すべての郵便物の郵送料の総額や消費の推移を考える目安になる（郵政省 一九七一b）。郵便利用量は、当初微増に留まっており、明治期に国内を流通する郵便物はわずかだった。その後、第一次世界大戦時に利用量が急増した。一方、大恐慌時には手紙やハガキなどの郵便物が減少し、一九三〇年代後半に一時、回復したものの、四〇年代初めにまた急減した。だが戦後の回復は早く、一九五〇年代半ばには、すでに戦前と同じ程度まで復活した。小包に関しては一八九〇年代より徐々に成長をみせ、一九三〇年代に一時的に伸びが鈍化するものの減少にまでは至らず、一九四〇年にピークを迎えた。しかしその後数年間は、太平洋戦争のため激減した。戦後は、一九六〇年代初めには戦前のピークを超えたが、一九七〇年〜七五年には再度減少した。国際郵便については、一九三〇年代後半までかなりゆっくりとした成長ぶりをみせ、一九四〇年に突然激増してピークを迎え、その後急激に減少した。これらのデータからは、太平洋戦争による影響を如実に読み取ることができる。戦争は消費者の郵便利用を制限し、人手や輸送手段も不足させた。さらに郵便サービスの増減は、景気変動と密接な関係を有している。郵便サービスの利用は、日露戦争後の不況期に停滞し、第一次大戦時には戦争関連の用途もあって急増、昭和恐慌期にはまた減少している。

日本の郵便サービスは、開始当初こそ利用が伸びなかったものの、一八九五年には国民一人一人が年平均一〇通もの手紙を送ったり受け取ったりしていた。これはイギリスのような高所得の先進国と比べてかなり少なかったが、スウェーデンやイタリアなど他のヨーロッパ諸国と同じような水準であった（逓信省通信局 一九一〇）。一九二〇年代には、国民一人あたり郵便利用回数が、年間八〇回にまで上昇している（逓信省 一九四〇：第二巻六〇四—六〇六）[7]。そして戦後の一九七五年には、その数値は一二〇件を上回るまでに回復した。所得があがるにつれ、郵便の利用が増えたことは明らかである。第一次世界大戦以前、郵便の利用が増加し続けていた時期において、郵便の成長は、生産や所得の成長率を超えるものであった。第一次世界大戦後になると、郵便サービスは、生産や所得と足並みを揃えて成長した。増加する郵便利用は拡大する民間消費の一部であり、それは豊かさが増すことによって支えられている。しかし、それだけではなく、消費者がより多くの郵便、そしてより多くの品物を利用でき、かつ利用する意思を持つようになることが、郵便サービスの成長に作用していた。

郵便種類別の差出通数をみると、一貫して、そのかなりの割合をハガキが占めている。一八八七年にはハガキの差出通数が手紙のそれを超えた。例えば神戸の郵便局長は、一八九五年に、世界中で日本が一番ハガキを使用している、と主張している（郵政省郵務局 一九九一：七）。事実、戦前期においてハガキは、常に郵便物の六割以上を占めていたとされる（郵政省郵務局 一九九一：四七）。ハガキの普及にとって、価格もまた重要な要素であった。戦前の料金では、ハガキは手紙の半額ですみ、低所得者にも手が届いた。また、ハガキは便利であった。切手が印刷済みの官製ハガキは短い文章を送るのに適していたのである（田原 二〇〇三：三七—三八）。ハガキはそもそも低所得者が利用しやすくする目的があったが、高所得者からも特にプライバシーを必要としない通信方法として支持され普及した（石井 一九九四：七〇—七三）。一八九九年に商業用と個人用に、絵柄を印刷したハガキ（絵ハガキ）の利用が許可されるようになってからは、絵ハガキの蒐集に熱中する消費者も多く現れた。明らかに消費者用アイテムと見なされるこれらの絵ハガキのいくつかは、イギリスの日本研究家、バジル・ホール・チェンバレンから、「最も低俗なヨーロッパの慣習にならっている」と言われている（Chamberlain 1905: 395）。絵ハガキはまた、広告に使われたり観光を奨励したりして、別の消費も促した。政府だけではなく、民間企業も重要な行事を記念するハガキなどを製作し、利用者に好評を博した。例えば、日露戦争の勝利を祝う記念ハガキが発売されたときは、東京都中央郵便局前で暴動のような騒ぎが起きる事態となり、その鎮圧のために警官が出動したほどであった（郵政省郵務局 一九九一：五八）。

さらにハガキは新年や時候の挨拶に使われることが増えていった。年賀状の取扱量は、第一次世界大戦後は二億二〇〇〇万通だったが、一九三六年には八億五〇〇〇万通にまで増加した。一九七五年には二五億八〇〇〇万通になり、人口一人当たりではじつに二三通という計算になる。一九四九年から年賀ハガキにつくようになったお年玉くじも、戦争で荒廃し、占領下にあった国民の消費意欲を掻き立てたに違いない（逓信省 一九二一：一三八―一三九、郵政省郵務局 一九九一：六二、二一八―二一九）。

郵便によって配達される新聞も、一八七七年の四〇〇万部から明治末の二億部となり、一九一九年には二億六〇〇〇万部となって、以後も増え続けた（逓信省 一九二一：六一―六二、六四―六六、一二八）。増加する発行部数は、識字率の上昇、低価格化と新聞社同士の競争、そして国民の政治や経済に対する高い関心の反映であった。二〇世紀初頭には、新聞は様々な消費財の広告媒体となり、通信販売や代金引換での購入者の増大を促した。第一次世界大戦後の雑誌、特に女性誌（Satō 2003）は情報を発信し消費をさらに促したが、これらも郵便によって配達された。その他の郵便物が消費に及ぼした影響をはっきりさせることは難しい。政府は、郵送された試供品や型紙、模型などが商品の隠れた販売手段とならないように規制していた。しかし、農業や産業の発展をサポートするために広く利用された、この郵便物のカテゴリーは、商品の利用や普及に間接的に影響を及ぼしたのである（逓信省 一九四〇：第二巻一三九―一四一、逓信省 一九二一：八六―八七、郵政省 一九七一 a：二四六）。

安全な送金は消費の拡大に欠かせないが、直接封筒に現金を入れて郵送するという方法は当初、規制されていたし、非常に危険でもあった。一八七〇年代、郵便配達人は常に銃を携帯し、郵便馬車には銃を所持した護衛もついて盗難を防いだ。また現金郵送には追加料金がかかったが、支払わない客も多かった（逓信省 一九四〇：第二巻一五八―一五九、逓信六十年史刊行会 一九三〇：一〇五）。こうした問題を受けて郵便為替制度が一八七五年に作られ、非常に利用しやすかったことから現金を同封した手紙は一八九〇年代にはほぼ姿を消した。初年度に扱った郵便為替は二〇〇万円を超し、二〇世紀に入るころには九二〇〇万円、一九二一年には八億円にまで膨れ上がった。一九四〇年には六二〇〇万件・一九億二〇〇〇万円だった（逓信省 一九二一：一六三、前島 一九五六：三六八）。この間、振り出した為替額と換金された額は、どの年もほぼ同じであり、郵便為替が貯蓄のみならず支出をも促していたことを示している。一方、一八八五年に設立された電信為替、定額小為替によって商取引のスピードは上昇し、また、手軽に少額の送金ができるようになった。この定額小為替は広く普及し、大衆消費の重要な要素となっている。低所得者にとって銀行は費用的、場所的に敷居が高く、そのサービスについての知識もあまりなかった。郵便で非常に少ない金額を送金できたため、長距離送金を必要とする海外に出稼ぎに行っても、家族に必要な現金を送ることができる。そのため、それは出稼ぎ労働者にも重宝された。送金方法は非常に簡単で、受取人や受取場所の指定もなく、為替を受け取った本人が郵便局で換金するだけでよかった。また定額小為替は、手数料も非常に安かった。設立当初は一件二銭、のちに三銭に値上げされたが、それでも手紙の郵送料金と変わらなかった（逓信大臣官房 一八九八：二一七、二一九―二二四）。一九二〇年代初めに、定額小為替は為替取り組み件数全体の、三分の二を占めるまでとなっていた。当時の定額小為替手数料は平均で二〇円、対する電信為替は五〇〇円、普通為替は三〇〇円であった（逓信省 一九二一：二七一―二七二）。生産者、小売業者と消費者が郵便事業で結ばれたという意味で、郵便為替は国内の消費拡大に大きな影響を及ぼした。

郵便の利用者を、法人と個人に区別するのは難しい。だが、ビジネスの利用は最初から比率が高く、時間が経つにつれさらに増えていったものと考えられる。なかでも為替は、商業と消費を拡大する重要な手段であった。例えば、東京神田のある経営者は、一八八五年、讀賣新聞に投書し、「自分は地方と商売しているため為替を利用することが多いが、換金に時間がかかり、その現金収入がすべてである私にとって大問題である」と述べている（郵政省 一九七一b：第二一巻五九―六一に引用）。一八九二年の小包郵便開始と、明治末における代金引換の導入は、通信販売に道を開いた（Osaka Mainichi 1928: 26; 満薗 二〇〇九）[8]。和歌山県生まれの逓信官僚である下村房次郎は、一八九〇年代初めに東京日日新聞に投書し、小包郵便が日本経済において最も重要な経済主体であった地方の小規模地主や生産者、商人などにとっていかに意味のある制度であるかを強調している（郵政省 一九七一b：第二一巻一〇一―一〇四に引用）。一方、広告については、郵便配達人が日々、各家庭を巡回することを利用して、チラシや引札などを配付するという郵便広告の経路が、早い時期からできていた。そして、一九一九年にはこの種類の郵便物が実に年間三七〇〇万通も配達されていたのである（逓信省 一九二一：一三五）。

郵便物のなかでも、手紙やハガキの消費に対する貢献度をはかるのはより困難であろう。手紙に分類されるものの多くが、契約書や計算書、見積書や領収書などの業務用書類であることは、当時から知られていた（逓信六十年史刊行会 一九三〇：八二）。さらにいずれの統計もこれを裏付けている。例えば『長期経済統計』によれば、戦前の通信関係支出のうち、一般家庭によるものはわずか三割であった（Shinohara 1967: 248）。郵便の歴史において、その利用者の大半は業務目的であったと言ってもよい。しかし、このことが個人や、あるグループの消費活動の決定要因になったかどうかを測ることは、およそ不可能である。また郵政省の調べによると、高度成長期末期の一九七三年、企業間（B2B）の郵便は全体の四一・一％で、企業と個人間（B2C）が三九・四％であり、個人間（C2C）はわずか一七・一％であった（郵政省郵務局 一九九一：四七―四八より引用）。企業と個人間（B2C）の詳細についてはまったく資料がなく、それが個人の消費の拡大につながったのかどうかはわからない。

郵便の利用は、ほとんどが大都市や経済中心部に集中していた[9]。杉山伸也の群馬県での研究を例に取ると、郵便物の取り扱いは絹やその他の織物の生産や消費の成長と連動していた（杉山 一九九二：二三七―二四二）。一八八三～八四年、郵便制度が始まってまだあまり間もないときでも、東京近辺の住民は一人年に一三通以上の郵便を利用したが、大阪では八通、沖縄では実に四人で一通だけだった（郵政省 一九七一b：第三〇巻二六六―二六八）。一九〇四年になると東京の住民は年間九〇通超を利用するようになり、多くの地方住民の九倍以上、沖縄の住民と比べると実に五〇倍も利用していた（逓信省通信局 一九〇四：一一―一四）。一九世紀末に一人当たりの利用が最も高かったのは東京で、次いで大阪、京都、長崎、兵庫や神奈川など商業地区を持つ府県であった。利用がとくに集中する状況は市町村レベルでもみられた。一八八〇年代初め、秋田市では、県内の他の農村地域の利用よりも八倍も多かった（秋田駅逓出張局 一八八五：三―四）。地方と全国の時系列データをみると、一人当たりの郵便利用の高さは、郵便の純差出通数と常に関連していることがわかる。一八九五年に四七道府県のうち受取通数を差出通数が上回ったのは六県のみであった。郵便を大いに利用していたのは、都市化した、重要な商業地域であった。東京を例に取ると、差出通数は受取通数の二倍である（杉山 一九九二：二三七—二四一、逓信大臣官房 一八九七：二五八—二六一）。田原啓祐は、東京が当時、ハガキよりも新聞や出版・印刷物の送付量が多い、唯一の道府県だったとしている。それらの出版物の多くは、東北や北海道の読者に宛てたものであった（田原 二〇〇三：四〇—四一）。郵便利用が、大商業地域から地方へという「一方通行」であった点は、郵便システムが情報伝達の重要な仲介者であることを示している。郵便システムは、消費者の意思決定や実際の消費財の流通にも大きな影響を与えたのである。

郵便為替が全国津々浦々での商品取引を可能にした点は、郵便システムの別の側面をも照射している。郵便為替の利用は特定の地域に集中しており、現金の流入の多い自治体と、流出の多い自治体に分かれていた。広域都市圏や商業地域は大抵、流入のほうが多く、一八九五年の東京では、換金された金額が振り出した金額の三倍以上もあったのである。一九二一年には、大阪と京都を合わせて、この差額による収入が一八〇〇万円に上った（大阪郵政局一九七一：七〇二）。逆に、現金の流出が最大だったのは山口、沖縄、秋田の三県であった。これらの点から、郵便為替は地方から発展を続ける都市への資金流出の経路であったことがわかる。ただ、この構図がすべてに当てはまるわけではない。富山や徳島の一部地域では資金の流入がみられたし、絹関係品の産地である群馬や山梨からは流出がみられた（逓信大臣官房 一八九七：二七九—二九三）。だが、郵便為替という制度が、生産者と消費者を結びつけるものであったこと、地方の消費者にとって他地域、特に都市部から商品を取り寄せることのできる重要な手段であったことについては疑う余地がない。

このように郵便サービスは情報や商品、資本の流通のカギとなる役割を担っており、私たちが消費社会の出現と結びつけて考える選択肢や取引手段の拡大を可能にした。それは消費—生産サイクルの重要な仲介者だったのである。しかし、郵便局の所在する場所もまた、そのサービスを社会的、政治的、そして経済的に日本中に根付かせるための重要な要素であった。そこで、郵便サービスの顔であり、消費者が集う空間でもあった郵便局について考察しよう。

図 10–2　郵便局数（全郵便局）

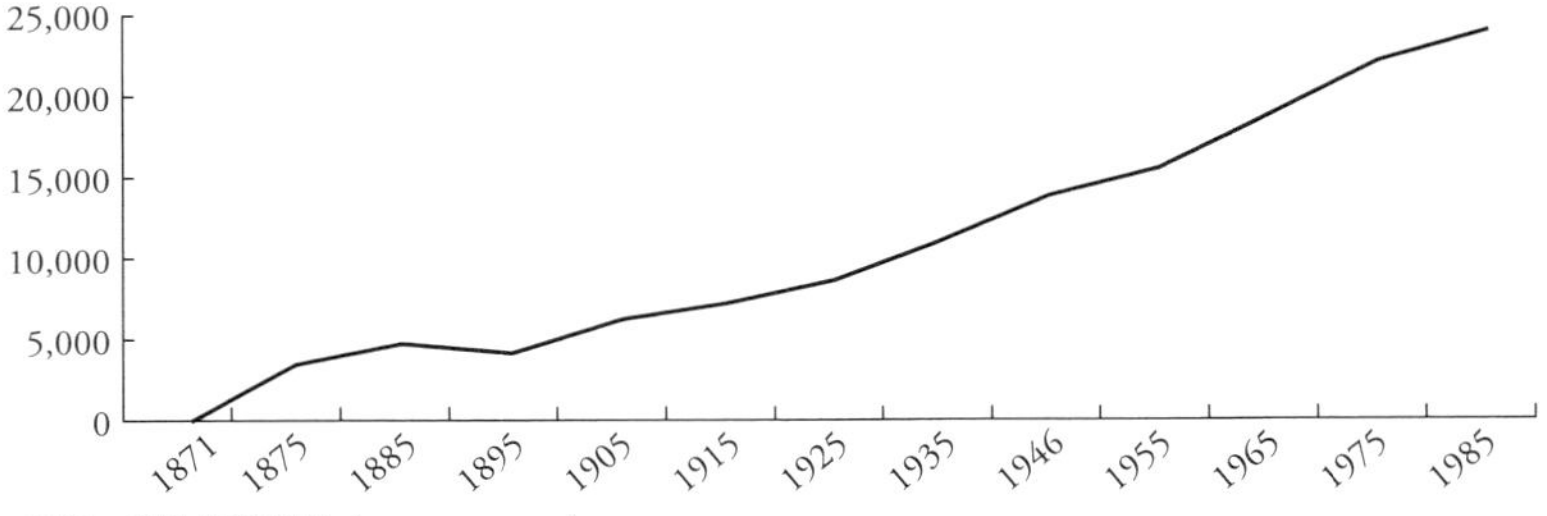

出所：郵政省郵務局（1991：215-217）

消費者と郵便局

図10-2を用いて郵便局数の推移をみると、一八七一年に郵便制度が創設されてから、たった一五年間でその数は五〇〇〇に到達していることがわかる。そして、一九〇三年の通信官署官制により、地方政府が郵便施設の設置を申請できるようになってからは、その数がさらに急増した。郵便局は帝国全土に広がり、軍事郵便局を表す旗は日清戦争、日露戦争下で「腥風血雨の天地に常に一道の光輝を放ち足しめたるものあり」とされた。郵便局は兵士にとって家族や友人とのつながりを保てる空間であった（逓信省 一九二一：九〇）。太平洋戦争が始まる一九四一年ごろには人口七二〇〇万人に対し、郵便局は一万二〇〇〇も設置されていた。一九七三年のオイルショック時には人口一億九〇〇万人に対し、約二万二〇〇〇であった[10]（Ministry of Internal Affairs and Communications of Japan (Somusho) 2010, 郵政省郵務局 一九九一：二一七）。都市部では道路の角々に郵便ポストが設置された。郵便局が増えるにつれて担当地区は縮小し、逓信省によると一九一九年における各郵便局の利用者数は、周辺住民七三〇〇名ほどになっていた[11]（逓信省 一九二一：九四）。

都市部や大型の郵便局では戦前、冬季を除いて基本的に午前六時から午後一〇時まで郵便を受け付けていた。郵便局は、高度成長期にも毎日最低一〇時間は稼働していた（郵政省郵務局 一九九一：一一七、一九四）。施設があちこちに拡がっており、いつでもアクセスできることは、ユニバーサルな利用を可能にした。人々は地元の郵便局で切手を買い、小包を送付し、電信を打ち、貯金を行い、為替を換金するなど様々なサービスを購入した。至るところに点在した郵便局は、日本人の多くにとって、まさに国家を体現するものであった。

一方、すべての郵便局が、あらゆるサービスを提供できるわけではなく、本局のような大型の郵便局だけが提供できるサービスもあった。例えば、電信サービスは当初、限られた郵便局でしか利用できなかった。しかし、戦間期には、ほぼすべての郵便局が取り扱うようになった。郵便局によるサービスの差異は、時を経るとともに気にならない程度になっていったものの、高度成長期になっても完全になくなったわけではなかった。利用者にとって重要なのは、手紙がきちんと回収・配達されることや、その他のサービスを受けられるかどうかであったが、郵送する側にとっては、実際の郵送を誰が担当するのかも重要な関心事であった。しかし、全国的なこの達成に対する政府の印象的な業績の陰で、彼らが直面した多くの試練を忘れてはならない。

全国に郵便局のネットワークを構築することは、資金不足に喘いでいた明治政府にとって困難で費用のかさむ事業であった。その解決策が、江戸時代からの基盤の上に、西洋式の組織を移植した下請制であった。都市部や地方の主要郵便局では政府の官僚がその任務についたが、その他の郵便局は、わずかな給金と政府の仕事という身分に惹かれた地元住民が支えた。このような郵便局は一八八六年から三等郵便局と呼ばれ、その後、一九四〇年に特定郵便局と改名された。図10-3からその推移をみると、三等郵便局は一八七五年に全郵便局の実に八九％以上を占めており、戦前には九七％近くを占めるようになっていた。一方、戦後にその比重が下がったのは、「簡易郵便局」が発足したためであった。簡易郵便局は、郵政省が地域の組合や消費者団体に郵便サービスを委託したものである[12]。それは、一九五〇年代初の約一〇〇〇局から、一九七五年の四〇〇〇局へと増加しており、顧客の要請に応じたものであることは、明らかであった。そして簡易郵便局は特定郵便局の性質を引き継ぎ、特定郵便局とともに高度成

図 10–3　三等郵便局・特定郵便局数の推移（1871–1985 年）

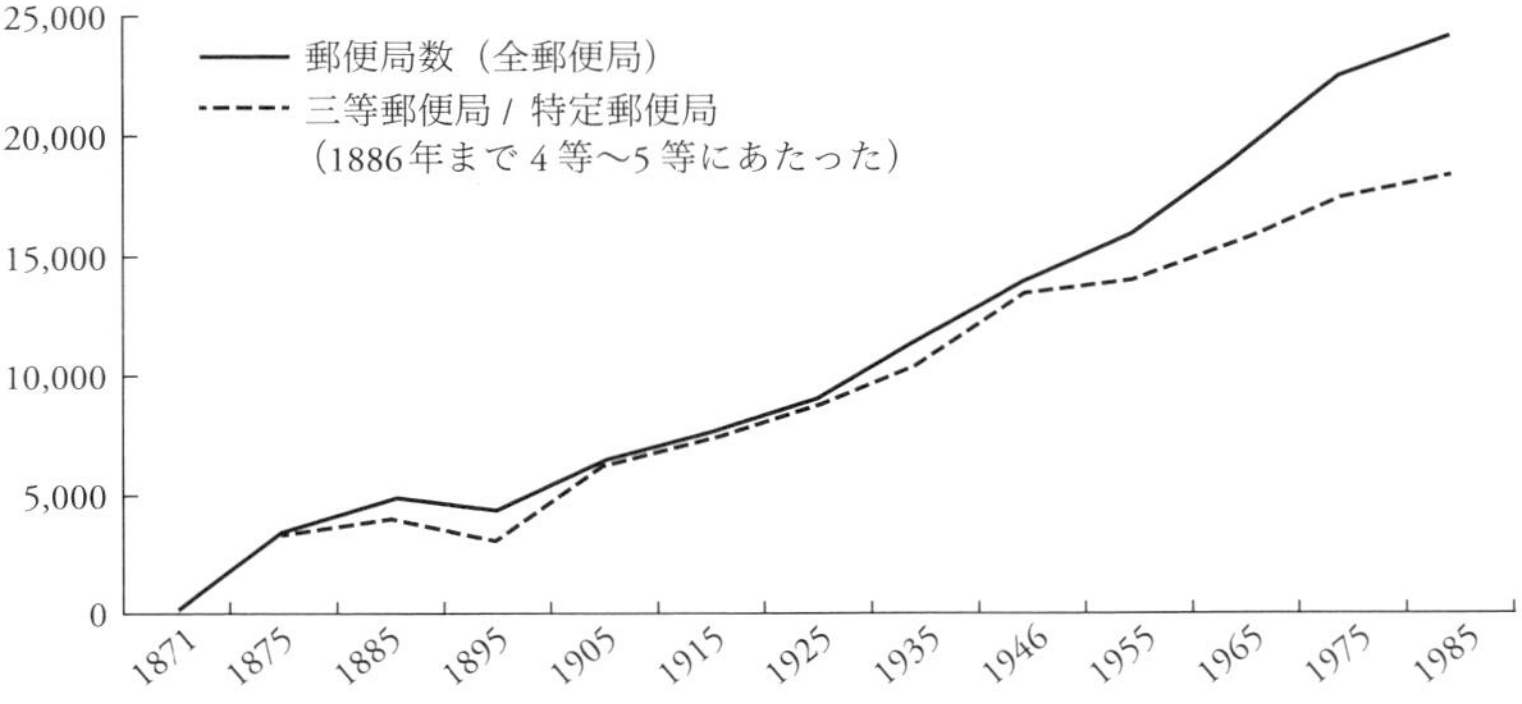

出所：郵政省郵務局（1991：215-217）

長期末には、郵便局全体の九五％を占めるまでになったのである。

一九二〇年代に、世界の郵便の歴史について研究を行ったアルヴィン・ハーローは、日本の郵便制度の特異性を指摘している。とくに「国民の利益の促進や幸せを追求できる（郵便局長という）職務につくことを誇りに思う」とした郵便局長らの姿勢に違和感を持った（Harlow 1928: 55）。しかし、特定郵便局制度は当時すでに生活の一部としてしっかり根付いていた。一八八六年に発足した当時、三等郵便局の引き受け手を探すことは決して容易ではなかった。局長となる人は読み書きができ、また多少の資産も持ち合わせていなくてはならなかった。膨大な仕事量は、地域住民に尊敬されるだけではとても釣り合わず、任命を受けて晴れて局長となっても役人からは見下されることが多かった。そのため名誉ある地位を強調すべく、郵便行政のトップである駅逓正から拝命した任命書を、公の場に飾ったりしたのであった。給金は小遣い程度で建物やその他経費を賄えるものではなく、年金すらもらえなかった。多くの三等郵便局長らは失望し退職していった[13]（前島一九八六：一〇七、一九五六：七二）。明治後期には、その仕事の膨大さからある程度の給金を得る局長も出てきたが、報告書によると三等郵便局の局長の給金では家族はもちろん、夫婦二人が生活するにも足りなかった。高い離職率と副業収入が三等郵便局長の特色であった。状況が改善されはじめたのは一九三〇年代に入ってからで、それまでは重要な職務にもかかわらず、放置されていたのである（郵政省郵務局 一九九一：三八―三九）。

そのため候補者は必然的に、社会的にも経済的にも裕福な層に限られていった。郵便局長ともなれば間違いなくムラの名士であり、彼らは「名望家」の集団を作り上げていった。ただしその役割の果たし方、責任の持ち方には個人差が見られ、局長といえども必ずしも能力の高い者ばかりではなかった。だが負担の重そうなこの仕事も、重要で達成感がありそうに見えるのか、局長に立候補する者は少なくなかった。三等郵便局長は、地域の郵便局では最も重要な存在で、郵便サービスの利用を地域で促進し、日本人の日常生活に郵便サービスを根付かせた[14]。役人は郵便局長を、自分たちと住民との間を取り持つ者とか、郵便制度に詳しい人間とみるだけではなく、国の推進する貯蓄や保険契約を地方の名士として促進する者として捉えた（逓信省 一九二一：三八）。実際、地域住民を巻き込んで地方の様々なサービスを改善していったのは、郵便局長であり、名望家と呼ばれる人々であった（田原 二〇〇三：五九）。旧高座郡橋本村の村長、相沢菊太郎の伝記を著したサイモン・パートナーは、二〇世紀の郵便局長の好例を挙げている。村長である相沢菊太郎は、兄弟の郵便局長と連携を図り、一九一一年、郵便局に電信設備を導入した。家族が局員を務める郵便局は自宅に併設され、村の公衆電話第一号もここに置かれた。「郵便局の前には万国旗が飾られた。それは、橋本村と世界が通信技術によってつながったシンボルであった」（Partner 2009: 144, 162）。地方の郵便局長らが進めた改革が、全国に普及することもあった。従来、人々は預金したいとき、郵便局の窓口まで現金を持参しなければならなかった。しかし一八九九年からは、預金額が多い場合や、政府関連の預金については、郵便局員が直接集金に出向くことが可能となった。郵便局から遠くに住む人も、まもなく集金対象に含まれた（逓信省 一九二一：二八七）。

顧客や消費者にとって、郵便局へ行くことは村の権力者と相対することを意味した。郵便局長は、元々村長であったり、地方の名家だったりしたため、伝統を重んじ尊敬と信頼を求めた。さらに政府任命によるお墨付きで、彼らの権威は強化されていたが、それは顧客に郵便制度が有意義なものであることを説得する上で重要であった。しかし、こうした権威付けにもかかわらず、郵便ビジネスは最初のうち伸び悩んだ。例えば、一八七一年に設立された神戸郵便局では、局員が九名もいたにもかかわらず、一日一五〇件よりも少ない取引、一〇〇通に満たない配達しかしていなかった。この年は地域住民五〇〇人につき一通程度しか手紙のやり取りがなかったのである。神戸郵便局で、局員全員が忙しくなり、建物を新たに建てなおさなければならないほどの郵便物を扱うようになるには数年を要した（横田 一九七四：一三一―一九）。郵便局は「郵便会社」と揶揄されることがあったが、それを払拭するために当初の名称は「郵便役所」とされ、政府との関連を匂わせていた（前島 一九八六：一〇四―一〇六）。それは、人々に、郵便局が政府の出先機関であると理解させるための措置であった。

一方、民衆は、当初、見慣れない郵便制度に不信感を持っていた。荷物が軽いとか届け先が近いなどの理由をあげて、郵送料金を値切る者もいたし、受取証を要求することもあった。お茶やタバコを求める人も現れ、要求がかなわないと「郵便会社」の無能を激しくとがめた（前島 一九八六：一〇四、一九五六：七二）。杉山伸也の指摘するように、郵便サービスは新しい「文化的な」商品として国民に提供されたが、当初、サービスの未熟さに起因する不評が、しばしば非難された（杉山 一九九二：二三二―二三三、二三六）。地方の郵便局は、郵便サービスの消費を促すための重要な役割を担っていると考えられていた。しかし、郵便事業が始まってかなり経った一九〇五年になっても、遠江地方の郵便局長はいかに郵便サービスを公衆に広めるか、その活動のためにどのような組織を結成するのかについて、議論を行っていた（遠江国 一九〇五：一三―一五）。

多くの郵便局の店舗は、そのサービスのイメージ向上のためにならないものであった。最初の郵便局本局は、狭く汚く、常に混雑していて火事があればいっぺんに焼けてしまうような構造をしており、市場のような雑多な匂いを放っていた（前島 一九八六：一〇五―一〇六）。三等郵便局になると、独自の施設さえ持っていなかった。顧客は個人の自宅の窓辺や店の一角で、郵便サービスを受けていたのである。規模の小さな郵便局は、長い間このような道に面した窓辺で事業を営んでいた。西洋のような煉瓦造りの郵便局も存在したが、大きな地震によって倒壊して

図 10-4　1885 年東京郵便局窓口ロビー

出所：郵便取扱の図（逓信総合博物館）

しまったため、比較的早く姿を消した（郵政省郵務局一九九一：二七―二九）。郵便事業専用に建設された規模の大きな郵便局では、客向けのロビーと局員の働く事務所の間に壁がつくられ、現金の扱いは小さな窓を通して行われた（図10-4参照）。この設計は郵便局本来のサービス内容に則しており、従来の店舗とは異なるイメージを与えた。一八九〇年代にできた新しい東京郵便局は、ガラス製の壁を採用し、顧客に応対するために窓の一部が開閉するようにした。ガラス窓や格子で客と局員を分け、盗難防止に衝立も使われていたが、全体的には開放的な空間に移行していった。だが日本の郵便局が真に開放的な建物となり、消費者が様々なサービスを選択できるようになるのは、一九七〇年代になってからであった（郵政省郵務局一九九一：三三）。

郵便サービスが拡大し、多様化するにつれ、消費者の関心は、サービス全体に及ぶようになった。郵便を出しに郵便局に来た人に、ついでに貯金や生命保険の加入を勧めれば効率はよい。だが、少しでも消費者の意に沿わない、望まないことをすると、他のサービスも利用してもらえない恐れもあった。郵便貯金を例にとると、顧客の所得の低さや、利子の支払いの方法のわかりにくさに加えて、馴染みのなさが、消費者を遠ざけた。例えば、一八七〇年代後半に新潟で郵便貯金サービスが始まった際、その金利が民間の金利（一〇％）よりも低いことや、預金額が一円以下（低所得者にとって一円は大きな額だった）の場合利子が付かないことなどについて苦情が殺到した。また郵便貯金を行うためには、家族全員の貯金に世帯主の認可が必要であるといった、さまざまな手間がかかった（石黒 一九八六：一三三、一六六―一七〇）。郵便貯金はイギリスの制度をモデルとしていたが、低所得の日本人消費者向けに改良を続けた結果、郵便貯金の加入件数は一九四〇年までに一億件にのぼり、総額約八〇億円に達した（前島 一九八六：一二二、一九五六：三六八よりデータ利用）。明治時代における郵便貯金は、利用者が一部の階層に偏る傾向にあった（Den 1910: 417）。しかし、一九三〇年代までには、日本人は階層に関わりなく郵便局のサービスを利用するようになっていた。額の高低にかかわらず預金者は全員が郵便物の潜在的な客であり、その逆もしかりであった。預金者はまた消費者でもあり、通信販売で商品を購入したり代金引換を利用して支払ったりした。郵便サービスの客とその利用が増加するにつれ、消費者側の期待や要求も高まっていった。それに対応する能力を持つ郵便局と局員の存在が、郵便消費活動を成長させたのだった。この過程で政府主導の郵便事業は、より広い消費を実現するための仲介者となったのであった。

結論

郵便サービスの開始は、いくつもの要素によって条件づけられている。郵便局へのアクセスは局数の増加によって素早く効率的に改善され、広く利用されたハガキや定額小為替は低額所得者の多い社会に対して適切な価格設定がなされていた。当初課題であったサービス利用への消費者の誘導については、郵便局と政府とのつながりを強調することによってサービスの正当性を証明し、また地方の名士などである三等郵便局・特定郵便局長の助けを借りて、知識格差を克服した。所得水準の上昇、経済の成長、景気循環の変化やより速い移動を可能とした交通ネットワークの充実、そして都市化。これらはすべて郵便サービスの利用向上に重要な要素であった。上昇する識字率も文字によるコミュニケーション全般を支持した。さらに、郵便事業には競合する機関がほぼ存在しなかった。郵便配達は政府の独占事業であり、二〇世紀に入っても、しばらくしてからやっといくつかの金融機関が郵便為替や郵便貯金に対抗するサービスを打ち出してきた。競合相手が存在するサービスについては、郵便事業は民間にはまねができない、もしくは敬遠するニッチな需要を見つけ、基盤を築いていくことができた。日本の郵便事業の独占的地位は二〇世紀末まで、ゆるぎないものであった。このように電信、電話、郵便貯金や小包配送サービスなどのすべてを政府が独占することに対し、米国では政府が本来関与すべき範囲を超えているとの批判がなされた（Kielbowicz 2007: 88–93）。しかし、日本ではそのような批判がおこる心配はなかった。

シェルドン・ガロンが言うように、「消費」という単語は日本では一九二〇年代に入るまであまり使用されていなかった（Garon 2006: 91）。フランク・トレントマンの説得性の高い主張によると、人は昔からずっと消費してきたが、自分自身を「消費者」と認識するようになったのは、一九世紀から二〇世紀にかけて産業化が進んだ西洋においてである（Trentmann 2006: 2）。特に、戦間期に一部の都市で拡大した大量消費社会以前、国営郵便局を利用していた人々は「利用者」を自任しており、決して「消費者」とは考えなかった。しかし郵便局で商品の取引をするときは「客」という自覚を持つ。郵便局に対して政府が期待することと消費者が求めるものが異なる問題については、高度成長期を通じて顕在化しなかった。郵便局に積極的に環境の変化に対応しうる能力があり、中央・地方政府の統制が効き、また人々の生活や共同体の中に郵便制度が根付いていたからである。米国と異なり、日本では消費者であることは国民としての意識の確立にとって必要なこととは思われなかった。(15)

一九七〇年代には消費者革命が、郵便事業に新しい、大きな挑戦を突きつけた。しかしそれまで郵便サービスは、大多数の日本人の生活に消費を根付かせることに大きく貢献してきた。増加する郵便サービスの利用は、個人と家族、友人や知人間の関係を改善しただけでなく、日本の経済と社会に非常に大きな影響を与えた。それによって、人々は自分が住む地域外の情報も得られるようになり、送金や新しい商品の取引方法、例えば郵送で注文可能な通信販売に携わることが可能となり、より多くの文書化された情報を入手できるようにもなった。郵便サービスはまた、企業にとって有益な生産、価格、消費者や様々な業務リスクに関する情報を提供し、商品や資本の循環を促した。地域の郵便局は地域の情報や活動の結節点としてより中心的な役割を果たすようになり、また統一された同一のサービスの供給によって地域同士を結びつけ、纏めていった。消費者にとって郵便局の存在は選択肢の広がりを意味した。また、郵便局は市場を統合する基盤として、伝統的、近代的双方の商品の消費拡大や、流通・小売システムの拡充に貢献した。消費の拡大とともに成長をみせた郵便サービス、そして郵便局という空間としての新たな社会インフラは、政府主導という公的な背景もあり、日本国民の消費活動全体に影響を与えていったのである。

注

（1）米国については Fuller（1972: 238）参照。

（2）「消費」の定義の難しさについては本書第1章で議論されている。

（3）本章だけで郵便局のすべてのサービスを網羅することは不可能である。電信および電話サービスについては、藤井（一九九八）を、そして郵便貯金については Horioka（2006）を参照してほしい。これらすべてのサービスは郵便局が支持した貯蓄―出費―消費のサイクルに重要な要素である。

（4）郵便路線の合計は、輸送の合理化が行われたため一九〇〇年のピーク時より減少した。

（5）多様化のタイミングについては、特に記載がない限り、郵政省郵務局（一九九一）を基本とする。

（6）三和・原（二〇〇七：四―五）の小売価格を利用、郵便料金データは郵政省郵務局（一九九一：二二二―二二四）のもの。

（7）一九七五年の国内外の郵便物、および人口調査より試算。この結果は米国で一九七〇年に一人当たり四一五の郵便物が取り扱われていたことと比較できる（Fuller 1972: 334）。

（8）本書第11章も参照。

（9）都道府県および市町村による利用を地域ごとに分類すると、少なくとも一八八〇年代以降、変わりがなかったことを示している（例：名古屋郵便局 一九〇五：一〇八―一六三、二六一―三〇五、大阪郵政局 一九七一：七一〇）。

（10）この数は、一九三〇年代のイギリスにおける数字に匹敵する。イギリスでは二万四五〇〇の郵便局に対し人口は四六〇〇万人だった（Crutchley 1938: 2）。

（11）この数値は郵便局の担当地域外に住む多くの住民を無視していたため、誤解を招く可能性がある。

（12）逓信省は第二次世界大戦後、郵政省にとって代わられた。

（13）地方の郵便局長や郵便サービスについてのさらなる情報は、Maclachlan（2011）を参照。

（14）田原（二〇〇四）は、とある郵便局長が利用者の需要に応えよりよいサービスを提供しようとした例に注目している。そのような例は地域の郵便局にたくさん存在した。

（15）McGovern（2006）の核となった議論によれば、大量消費がアメリカでは特有の社会的慣習として位置付けられ、また国民意識と親族関係の重要な要素となった。Cohen（2006）も参照。

引用文献

秋田駅逓出張局（一八八五）『秋田駅逓出張局第一次年報』三月

石井寛治（一九九四）『情報・通信の社会史』有斐閣

石黒正英（一九八六）『新潟郵便局史』新潟郵便局史編さん会

大川一司編（一九七四）「国民所得」『長期経済統計』東洋経済新報社

大阪郵政局編（一九七一）『史料・大阪郵政の百年』郵政弘済会大阪地方本部

杉山伸也（一九九二）「情報ネットワークの形成と地方経済」『年報近代日本研究14 明治維新の革新と連続』山川出版社

田原啓祐（二〇〇三）「明治後期における郵便事業の成長と鉄道逓送」『日本史研究』第四九〇号

田原啓祐（二〇〇四）「明治前期商業発達地における郵便事業の実態」『経済学雑誌』（大阪市立大学経済学会）第一〇五巻一号

逓信省編（一九二一）『通信事業五十年史』逓信協会

逓信省編（一九四〇）『逓信事業史』逓信協会

逓信省通信局（一九〇四）『逓信統計要覧』逓信省
逓信省通信局（一九一〇）『逓信統計要覧』逓信省
逓信六十年史刊行会（一九三〇）『逓信六十年史』
逓信大臣官房（一八九七）『逓信省第十年報』逓信大臣官房
逓信大臣官房（一八九八）『逓信史要』逓信大臣官房
遠江国（一九〇五）『遠江国三等局長協議会』
名古屋郵便局（一九〇五）『名古屋郵便局第四回年報』
藤井信幸（一九九八）『テレコムの経済史』勁草書房
前島密（一九五一）『郵便創業談』逓信協会郵便文化部
前島密（一九五六）『郵便創業談』前島密伝記刊行会
前島密（一九八六）「帝国郵便商業事務余談」橋本輝夫監修『行き路のしるし』日本郵趣出版
満薗勇（二〇〇九）「戦前期日本における大都市呉服系百貨店の通信販売」『経営史学』第四四巻一号
三和良一・原朗編（二〇〇七）『近現代日本経済史要覧』東京大学出版会
郵政省編（一九七一 a）『郵政百年史』吉川弘文館
郵政省編（一九七一 b）『郵政百年史資料』吉川弘文館
郵政省郵務局（一九九一）『郵便創業120年の歴史』ぎょうせい
横田隆広（一九七四）『百年史――神戸ゆうびんの道順』神戸郵便史記の会

Broadberry, S.（2006）*Market Services and the Productivity Race, 1850-2000: Britain in International Perspective*, Cambridge: Cambridge University Press
Cohen, L.（2006）'The Consumers' Republic: An American Model for the World?', in Garon, S. & Maclachlan, P. L.（eds.）, *The Ambivalent Consumer: Questioning Consumption in East Asia and the West*, Ithaca NY & London: Cornell University Press
Chamberlain, B. H.（1905）*Things Japanese*（5th edition）, London: John Murray
Crutchley, E.T.（1938）*GPO*（Oxford: Oxford University Press）
Den, K.（1910）'Japanese Communications: the Post, Telegraph and Telephone', in vol.1 of Ōkuma, S.（ed.）, *Fifty Years of New Japan*, 2 vols., London:

Smith, Elder & Co.

Fuller, W. E. (1972) *The American Mail: Enlarger of the Common Life*, Chicago & London: University of Chicago Press

Garon, S. (1998) *Moulding Japanese Minds*, Princeton NJ: Princeton University Press

Garon, S. (2006) 'Japan's Post-War 'Consumer Revolution', or Striking a 'Balance' between Consumption and Saving', in Brewer, J. & Trentmann, F. (eds.), *Consuming Cultures, Global Perspectives: Historical Trajectories, Transnational Exchanges*, Oxford, New York: Berg

Harlow, A. F. (1928) *Old Post Bags: the Story of the Sending of a Letter in Ancient and Modern Times*, New York & London: D. Appleton & Company

Horioka, C. Y. (1993) 'Consuming and Saving', in Gordon, A. (ed.), *Postwar Japan as History*, Berkeley, California: University of California Press

Horioka, C. Y. (2006) 'Are the Japanese Unique? An Analysis of Consumption and Saving Behavior in Japan', in Garon, S. & Maclachlan, P. L. (eds.), *The Ambivalent Consumer: Questioning Consumption in East Asia and the West*, Ithaca NY & London: Cornell University Press

John, R. R. (2003) 'Postal Systems', in Mokyr, J. (ed.), *Oxford Encyclopaedia of Economic History Vol. 4*, Oxford: Oxford UP

Kielbowicz, R. (2007) 'Testing the Boundaries of Postal Enterprise in the U.S. Free-Market Economy, 1880-1920', in Willis, J. (ed.), *More than Words: Readings in Transport, Communications and the History of Postal Communication*, Quebec: Canadian Museum of Civilization

Maclachlan, P. L. (forthcoming 2011) *The Postal Services in Modern Japanese Politics and Society, 1871–2009*, Cambridge MA: Harvard University Centre for East Asian Studies

McGovern, C. F. (2006) *Sold America: Consumption and Citizenship, 1890–1945*, Chapel Hill NC: University of North Carolina Press

Ministry of Internal Affairs and Communications of Japan (Statistics Bureau) 2010 website, Historical Statistics section http://www.stat.go.jp/data/chouki/zuhyou/02-01.xlss

Ōsaka Mainichi (1928) *Development of Postal Enterprise in Japan* (bilingual), Ōsaka: Ōsaka Mainichi

Partner, S. (2009) *The Mayor of Aihara: a Japanese Villager and His Community*, Berkeley CA: University of California Press

Sato, B. H. (2003) *The New Japanese Woman: Modernity, Media and Women in Interwar Japan*, Durham NC: Duke University Press

Shinohara, M. (1967) *Personal Consumption Expenditures*, vol. 6 of *Estimates of Long Term Economic Statistics of Japan since 1868 (LTES)*, Tokyo: Tōyō Keizai Shinpōsha

Trentmann, F. (2006) 'Knowing Consumers – Histories, Identities, Practices: an Introduction', in Trentmann, F. (ed.), *The Making of the Consumer*, Oxford & New York: Berg

第11章　戦前期における通信販売の歴史的役割
──大衆市場の勃興に先立つ消費史との関係

満薗　勇

消費史と通信販売の接点

よく知られているように、通信販売は一九世紀末から二〇世紀前半にかけてアメリカ合衆国で特異な発展を遂げた。その背景には、拡大するフロンティア市場のなかで、既存の流通システムが未発達であったことに加えて、丈夫で安価な実用品として大量生産商品を選好するという農村の大衆消費者の嗜好が存在していた。こうした条件のもとで、モンゴメリー・ウォードとシアーズ・ローバックという二大通販会社が、規格化・標準化に基づく大量小売流通企業として成長を遂げたことは、アメリカ経営史研究によって明らかにされてきたところである（チャンドラーJr 一九七九）。アメリカの近代消費史にとっては、通信販売が大衆市場の発展に直接つながる、主要な流通経路の一つとなっていたのである。

それに対して、中川敬一郎が示唆するように、日本には、江戸時代までに高度な発達を遂げた流通システムと、複雑多様な嗜好に基づく独特の消費文化が展開していたため、通信販売が発展する余地はきわめて限られていたと予想される（中川 一九八一）。また、たしかに幕末開港以降、西洋からそれまでにない消費財（舶来品）が次々と流入し、新たな商業機会が広がっていったが、少なくとも小包郵便の開始（一八九二（明治二五）年）によって通信販売が本格的に展開されるようになる頃までには、洋風消費財を扱う小売商が地方を含めて全国的にみられるようになっており（中西 二〇〇〇）、その点でも通信販売が展開する余地は小さかったと考えられる。実際に、戦前期日本の通信販売が、まったくアメリカに比肩しうる水準の発展をみせず、大量流通企業を生み出さなかったことは、本論で詳述する通りである。しかしながら、ヨーロッパ諸国と比較した場合には、日本だけが極端に通信販売の発展をみなかった国というわけではない。日本の通信販売は、宇治茶などの地方特産品産地と、百貨店など流行品を扱う都市の大商店という二系統の主たる担い手を得て、一定の発展性を示したのである。

本章の課題は、この一定の発展性の歴史的意味とその限界を考察することにある。[1] 結論を先取りすれば、戦前期日本における通信販売は、大衆市場の勃興以前にあって、全国的な消費市場とそれを取り巻く情報および流通システムが未成熟ななかで、富裕層を対象として、「在来的」な消費のあり方に依拠する形での発展を遂げたとみることができる。ここでいう「在来的」な消費のあり方とは、江戸時代までの消費文化に由来する消費のあり方を指しており、ある消費財が「在来」品か「舶来」品かという静態的な区別とは異なる次元のものである。事実、百貨店および百貨店通販の主要商品であった呉服も、地方特産品通販の代表例であった宇治茶も、ともに江戸時代以前から存在するという意味で「在来」品といえるが、ともに大衆市場の勃興にあたっては、そこにファッションや栄養・衛生・健康といった「近代」的価値が付与されていくというダイナミズムを内包している。日本の近代消費史において、そのダイナミズムは、新たな情報・流通システムの登場を伴うものであり、そのなかで通信販売のプレゼンスは急速に低下していくのである。

数量データの分析

図 11-1　代金引換小包郵便物数とその小包総数に占める割合

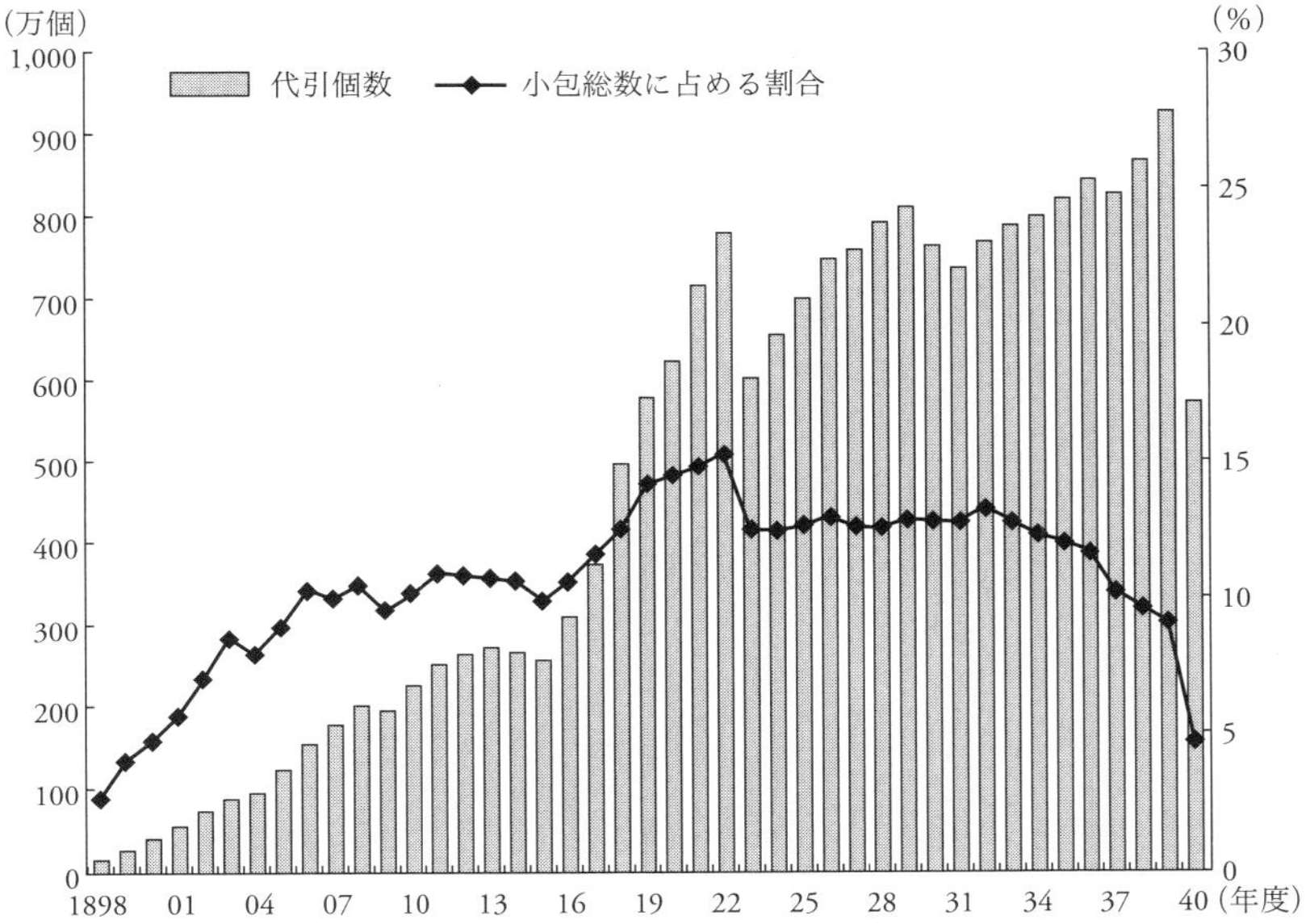

出所：満薗（2014：45）

日本の通信販売は、小包郵便（一八九二（明治二五）年）、代金引換郵便（一八九六（明治二九）年）の開始を画期に本格的な展開をみせるようになった。特に、代金引換郵便は、商品の引き渡しと代金決済とのタイムラグに起因する不確実性を減じ、遠隔地間取引における過大な取引コストを削減する上で、重要な意義を有していた。本書ハンター論文が示唆するように、三等郵便局体制に支えられた官営事業という郵便の性格が、農村部を含む全国的な郵便ネットワークの活用、代金引換の確実な執行、取引内容に対する信頼感の付与、といった点において、通販市場の成立と展開に寄与したと考えられる。

図11-1は、一八九八（明治三一）年から一九四〇（昭和一五）年までの代引小包個数の推移を示したものである。ここでは、この数字を通販市場の推移を示す代理指標とみなすことにしたい。いうまでもなく、通信販売の販売高を得られることが最も望ましいが、残念ながら戦前期日本に関してそのような統計は存在しない。また、通信販売に際しては代引以外にも、一般の小包郵便や鉄道便が利用された

が、それらのデータからは通信販売のみをとりだすことができない。さらに、代金引換小包郵便のすべてが小売通販によるものと考えることはできず、卸売取引などに利用されたものも含まれていることは否定できないが、小包郵便の容量・重量制限が厳しいこと、代金引換という決済方法は現金決済を意味することなどを踏まえると、少なくとも大口の卸売取引には代引が利用されていなかったと考えられる。このような資料的限界があるため、図11-1は通販市場の規模を正確に表しているわけではないが、おおよその趨勢を知る上で有益なデータと考えることは許されるだろう。

図11-1によれば、全体の推移は、一九二二（大正一一）年度までの増加局面と、一九二三（大正一二）年度以降の停滞局面とに大別される。なかでも、一九一六（大正五）～二二（大正一一）年度における急激な伸びと、関東大震災（一九二三（大正一二）年）および昭和恐慌（一九三〇（昭和五）～三一（昭和六）年）の影響による大きな落ち込みが目を引く[2]。

加えて、一九二〇年代半ば以降の停滞は、都市化の進展と小売店舗網の整備による影響も大きかったと考えられる。

たとえば、全人口に占める人口一万人以下町村人口の割合は、八一・六％（一八九八（明治三一）年）、七六・五％（一九〇八（明治四一）年）、七〇・一％（一九一八（大正七）年）、五九・四％（一九二五（大正一四）年）、五四・三％（一九三五（昭和一〇）年）と低下傾向を示している（中村 一九七一：一七―一八）。

一方、戦前期における小売店舗数の全国データは一九三九（昭和一四）年のみしか得られないので、国勢調査による物品販売業者数のデータを挙げると、二一〇・八万人（一九二〇（大正九）年）、三二九・六万人（一九三〇（昭和五）年）、五五五・四万人（一九三九（昭和一四）年）と増加し、これを人口一〇〇〇人当たりでみると、三七・六七人（一九二〇年）、五一・一四人（一九三〇年）、七七・八一人（一九三九年）となっている。国勢調査からは、大都市以外でもこうした増加傾向があてはまることも確認できる。

次いで、表11-1をみてみよう。表11-1は、諸外国における代引小包個数を示したものである。残念ながら、アメリカ・イギリス両国のデータを得られていないが、表11-1によれば、一九二二（大正一一）年の日本の代引小包個数は、ドイツに次ぐ第二位を占めている。そして、表11-1の五五九・五万個でなく、図11-1の約八〇〇万個という数字をとれば、日本の相対的な発展性がさらに強調されるだろう。[3] それでもドイツとの格差は大きいが、他のヨーロッパ諸国と比べれば、日本はある程度比較に耐えうるということがわかる。もちろん、これを通信販売高と関連づけて議論するには、各国の通信販売における代引の利用実態を検討する必要があるが、少なくとも、日本だけが通信販売の極端に未発達な国というわけではない、と考えることは許されるだろう。

ちなみに、日本の小売総額に占める通信販売高の割合については、一九七四年の〇・六％という数字を得ることができる（流通産業研究所編 一九七七：三六）。そこで、この数字をひとつの基準にして、ラフな推計を試みてみよう。

まず、一九七四年の代引小包個数は一三六万個であり、戦後日本の代引小包個数のピークをとっても二一三万個（一九五八年）という水準にあったので（『郵政統計年報 郵便・電気通信業務編』一九八〇年度）、これらは一九二〇年代半ば～一九三〇年代の数に比べると、五分の一から四分の一程度の水準にとどまっていたことがわかる。[4] これがそのまま通信販売高の大幅な減少を示すものといえるか否かは、それ自体検討を要する問題であるが、実証的な決め手を欠くので、ここでは判断を留保したい。[5] 通信販売の取引量が大きく増大した事実を示す証拠は得られないが、大きく減少したとはいえない可能性は残るので、さしあたってごく控えめに、戦前・戦後で通信販売の絶対的な取引量に減少がみられなかった

表 11–1　外国における代金引換小包郵便物数

	1892 年 総数（千個）	1922 年 総数（千個）	1922 年 人口千人当たり（個）
ドイツ	8,213	18,792	297
日本	―	5,595	100
フランス	1,136	4,333	112
スイス	915	3,867	997
イタリア	347	2,132	56
ハンガリー	1,801	2,073	259
オーストリア	3,725	698	107
デンマーク	205	610	187
オランダ	98	596	87

出所：満薗（2014: 48）

と仮定しておく。

一方、一九七四年は日本が高度経済成長を遂げ、「豊かな社会」を達成した時期にあたり、小売総額の規模は大幅に拡大していた。実際に、データの得られる一九三九（昭和一四）年と比較すると、一九七四年の小売総額は実質額ベースで約四倍もの金額を示している(6)。

したがって、通信販売の取引量を不変と仮定すれば、一九七四年と比べて一九三九年には分母の小売市場規模が四分の一なので、小売総額に占める通信販売高のシェアは〇・六×四＝二・四％ということになる。先の取引量に関する仮定がごく控えめなものであることを考慮すれば、実際のシェアはさらに大きかったといえるかもしれない。

それに対して、一九二八年のアメリカでは、小売総額に占める通信販売高の割合がほぼ四％であったといわれ（徳永 一九九二：三七）、一九三〇年代のイギリスでは、それが一％程度であったとされている（Jefferys 1950: 151–152）。これらを先の推計結果に照らしてみると、日本の通信販売高のシェアはアメリカより低かったものの、イギリスよりは高かったということができる。

表 11–2　諸外国の小売総額に占める通信販売高の割合

（%）

	1962 年	1971 年
西ドイツ	3.5	4.7
イギリス	2.5	3.8
フランス	0.7	1.1
オランダ	0.6	0.9
ベルギー	0.5	0.8
デンマーク	0.1	0.2
イタリア	0.1	0.2

注：通信販売高は general mail order houses のみ
出所：満薗（2014: 50）

あわせて参考までに、表11–2をみてみよう。表11–2は、一九六二年と一九七一年における諸外国の、小売総額に占める通信販売額の割合を挙げたものである(7)。一九七一年のデータと比べると、日本の〇・六％（一九七四年）という数字は、西ドイツ、イギリスはもちろん、オランダやベルギーをも下回っており、表11–1でみた戦前の代引個数の場合よりも、国際的な日本の順位が低いということがわかる。ちなみに、表には挙げていないが、一九七八年におけるアメリカの数字は二・九％となっており（木綿・三浦編 一九八五：二三二）、戦前よりもシェアが落ち込んでいることがわかる。安易な推論は慎まねばならないが、先の推計が正しいとすれば、戦後日本の通信販売シェアが戦前よりも低下した結果として、国際的な地位も下がったと理解することができるだろう。

以上のように、詳細な検討は今後の課題であるが、各種の数量データから推察される限りにおいて、戦前期日本の通信販売は、アメリカの水準には遠く及ばないものの、少なくともドイツを除くヨーロッパ諸国と同程度の水準に達していたと考えられる。

通信販売の担い手

先述したように、アメリカの通信販売業は、モンゴメリー・ウォード（一八七二年）とシアーズ・ローバック（一八八六年）という二つの巨大企業を生み出した。両社は、買物の不便な土地に住み、安価で丈夫な実用品を好む農村の大衆を対象として、規格品の大量販売を行なった。二〇世紀初頭までに、その取扱商品は、時計、自転車、ミシン、農機具などの機械製品から、衣料、靴、宝飾品、家具、食器、楽器にいたるまで幅が広がっていた。取扱商品の増大に伴って、カタログの頁数も増えていき、たとえば、シアーズの総合カタログは、一八九五年に五二七頁だったのが、一八九六年に九五三頁、一八九九年に一二〇四頁となり、一九一四年には実に一六一五頁にまで膨れあがっていた（常松 二〇〇五）。カタログの発行部数も増加し、シアーズの総合カタログ配布数は、一九〇二年には春六〇・五万部、秋九八・七万部であったのが、一九〇八年には春二九四・二万部、秋三六四万部となり、さらに一九二〇年になると春四八三・九万部、秋五〇八・八万部へと増加している（鳥羽 一九六九）。一九〇八年頃には、シアーズが一日に受信する手紙数が多い日で一〇万通に達したといわれ（鳥羽 一九六九）、いかに多くの顧客を獲得していたかがわかる。一九二〇年代半ば以降、都市化とモータリゼーションの進展を背景に、通販市場の成長が頭打ちになると、両社は小売店舗販売に乗り出し、一九三〇年代初頭までに、営業の主軸を通信販売から小売店舗チェーンの展開に移していった。

一方、イギリスの通信販売業は、一九世紀末以降、主に百貨店と専業会社という二系統の担い手を得て展開した。前者はアッパー・ミドルクラス、後者は労働者階級を対象としており、アメリカの通信販売のように、農民を主たる顧客とするものではなかった。イギリスでは都市化が進んでおり、多くの人々にとって小売店舗へのアクセスが比較的容易であったためである。したがって、そもそも通販市場は小さく、品質やサービスの点で一般の小売店舗と差別化できるか否かが、通信販売の成否を分けるポイントとなっていた。

そのなかで、イギリスの百貨店は、都市の洗練された商品という高品質を武器に通信販売を行ない、一定数の顧客を獲得することができた。たとえば、一八八〇〜一九一四年頃、ロンドンの百貨店では通信販売高が総売上高の二五％程度を占めていたといわれ（パスダーマジャン 一九五七）、マーシャル・アンド・スネルグローヴ百貨店（Marshall and Snelgrove）の通信販売部門は、一八八八年に毎日一〇〇〇通の手紙を受けとっており、ルイス百貨店（Lewis's）は、一九一三年に通販カタログを五万部発行（ベンソン・ショー編 一九九六：二一三）、ホワイトレイズ百貨店（Whiteleys）は、一九一三年に年間二五〇万部のカタログおよびサーキュラーを発送していた（Coopey, O'Connell and Porter 2005: 16）。さらに、ハロッズが発行していた一九一二年の通販カタログは、全一五二五頁というボリュームであり（Harrods 1912）、頁数に限っていえば、アメリカの二大通販会社に勝るとも劣らないものであった。

他方、イギリスの専業通販会社は主に五〜七社を数え、時計・貴金属から衣類・靴などの販売も手がけるようになっていったが、なんといってもその大きな特徴は、週払いによる割賦販売というサービスを武器にしていた点にある。通販会社は、パブに集う人々もしくはご近所数軒のなかから代理人を選び、その人が仲間の顧客との間にたって、商品の受け渡しと代金の回収を委託された。この方法は一九世紀から労働者階級に根付いていた貯金クラブを一つの淵源にしており、共同体的な関係を基盤に代金回収リスクを軽減しうるものであった。たとえば、専業会社のひとつであるケイズ（Kays）は、一八八六年に通信販売を開始すると、この方法で一九一八年に一日一二〇〇個の小包を発送、一九一九年には顧客数五〇万人、一日手紙一〇〇〇〇通を受けとるまでに成長した。一九二〇年代から三〇年代にかけて、百貨店の通信販売は停滞的に推移していったが、専業会社は家具や家電を取扱商品に加え、代理人方式による割賦通販で売り上げを伸ばしていった（Coopey, O'Connell and Porter 2005）。

以上にみた英米両国の状況に比べると、日本の通信販売は専業会社がほとんど成長しないまま、まもなく姿を消してしまった点に特徴がある。専業会社はおそらく百貨店との競争に敗れ、一九一〇年代初頭までに姿を消したのである。その代わりに、洋服、時計、靴、化粧品などの商店や百貨店といった都市の業者だけでなく、宇治茶や京染呉服、水晶製品といった地方の小零細業者までもが、この新しい販売方法を取り入れていった。なかでも百貨店通販と宇治茶通販の発展は顕著であった。では、その事業展開のありようや流通経路としての意味はいかなるものであったのか。以下、それぞれ具体的にみていきたい。

百貨店の通信販売

よく知られているように、日本における百貨店の幕開けを告げたのは、三越が一九〇五（明治三八）年に新聞各紙で発表した「デパートメントストア宣言」であったが、それ以前から三越をはじめとする大都市呉服店では、経営組織の改善や陳列販売の導入など、百貨店化に向けた経営改革が進められていた。そうしたなかで、小包郵便や代金引換郵便といった郵便制度の整備を契機として、のちに百貨店となる各呉服店は、新しい小売販売形態として通信販売を導入していった。たとえば三越では、一八九四（明治二七）年の資料に通信販売を行なっていたことを示す記述がみられ、一八九八（明治三一）年になると専門の部署として外売係のなかに地方通信部が置かれて、一九〇〇（明治三三）年にはこれが地方係として独立を果たした。カタログの性格をもった刊行物の発行も同時期にはじまり、三越では一九〇三（明治三六）年に月刊誌『時好』が創刊された。

図 11–2 『みつこしタイムス』1912 年 9 月号表紙

各店における通信販売高のデータはほとんど得られないが、三越では、一九一〇年頃に地方係の販売高が総売上高（約一億円）の二〇～二五％に上ったといわれている。地方係は通信販売だけでなく、出張販売も行なう部門であったが、一九二〇年代初頭までは通信販売の比重が大きかったとみられる。そして、同じ頃に、三越が通信販売のために発送する小包郵便物数が年間一六万個以上、そのうち八割が代引小包であり、これは、一九一〇年度に東京市内から発送された代引小包総数の一四・六％にあたる。手紙は一日平均一〇〇〇通到着し、注文のための小冊子が年間二〇～三〇万部、月刊カタログが月三～五万部、その他、五、六種の専用カタログが五～六万部発行されていた。一九一〇年代に三越東京本店の通販部門は従業員一〇〇人弱を抱え、同店における部門別人員数の上位二～三位という位置にあった。百貨店は通信販売業全体を牽引する地位にあったが、三越はそのなかでもトップクラスの規模を誇っていたとみられる。[8]

　このように、一九一〇年代にかけて、三越をはじめとする各百貨店の通信販売は一定の成長を遂げていったが、その主たる顧客層は、地方の富裕層であったと考えられ、現在までのところ、大地主（埼玉県北埼玉郡元和村）、豪商（長野県上高井郡須坂町）、大学総長（東北帝国大、宮城県仙台市）などの事例が報告されている。そして、このなかに、「町」や「市」に住む顧客が含まれていることからもわかるように、百貨店の通信販売は、買物の不便な農村部の人々だけでなく、小売店へのアクセスが容易な地方都市の人々も対象にしており、地方小売店と競合する面が大きかったと想定される。実際に三越では、一九一〇（明治四三）年までに、呉服類のみならず、洋服、靴・履物、カバン、貴金属、化粧品、家具、食器類、玩具などを取り扱うようになっていたが、これらは品質さえ問わなければ、地方の小売店でも入手可能であったと思われる。しかしながら、百貨店通販の商品は品質の点で地方商店の商品とは差別化されており、カタログのなかでも、それがより洗練された、大都会の流行に沿った商品である点が繰り返し強調されていた。

すでに指摘されている通り、一九〇〇〜一〇年代に発行された各店のカタログは、流行を紹介する記事や、服飾に関する論説、小説などの文芸作品、店舗施設・催事に関する記事などを載せ、読み物としての性格を色濃く帯びていた（土屋一九九九）。なかでも、「最新流行の冬衣裳　時好に後れざらんとする御方は御一読ありたし」（『時好』三巻一一号、一九〇五年一〇月）などと、季節ごとの流行記事は必ず掲載されており、流行に追従する消費スタイルを全国に向けて発信していた。三越をはじめとする同時期の百貨店が、「流行」を強く意識して活動していたことはよく知られているが（神野一九九四）、通信販売に際して流行を強調するという戦略もまた自覚的に生み出されたものであった。

たとえば、三越の通信販売部門担当者は、「今日では東京の流行が全国の中心になつて居るから、店も亦た東京の流行の中心になつて居なければ、わざわざ地方から注文して来ない」と述べた上で、通信販売の成功には「流行の中心たるが肝要」であると明言している（笠原健一「通信販売に関する予の経験」『商業界』九巻六号、一九〇八年五月）。そして、地方顧客の側もそうした戦略に影響され、都市の消費文化に後れず追随したいという欲求を高めていった。この点は、一九一三（大正二）年に三越へ寄せられた次の地方顧客の声によく表れている（『みつこしタイムス』一一巻六号、一九一三年五月）。

図 11-3 『みつこしタイムス』1912 年 9 月号本文ページ

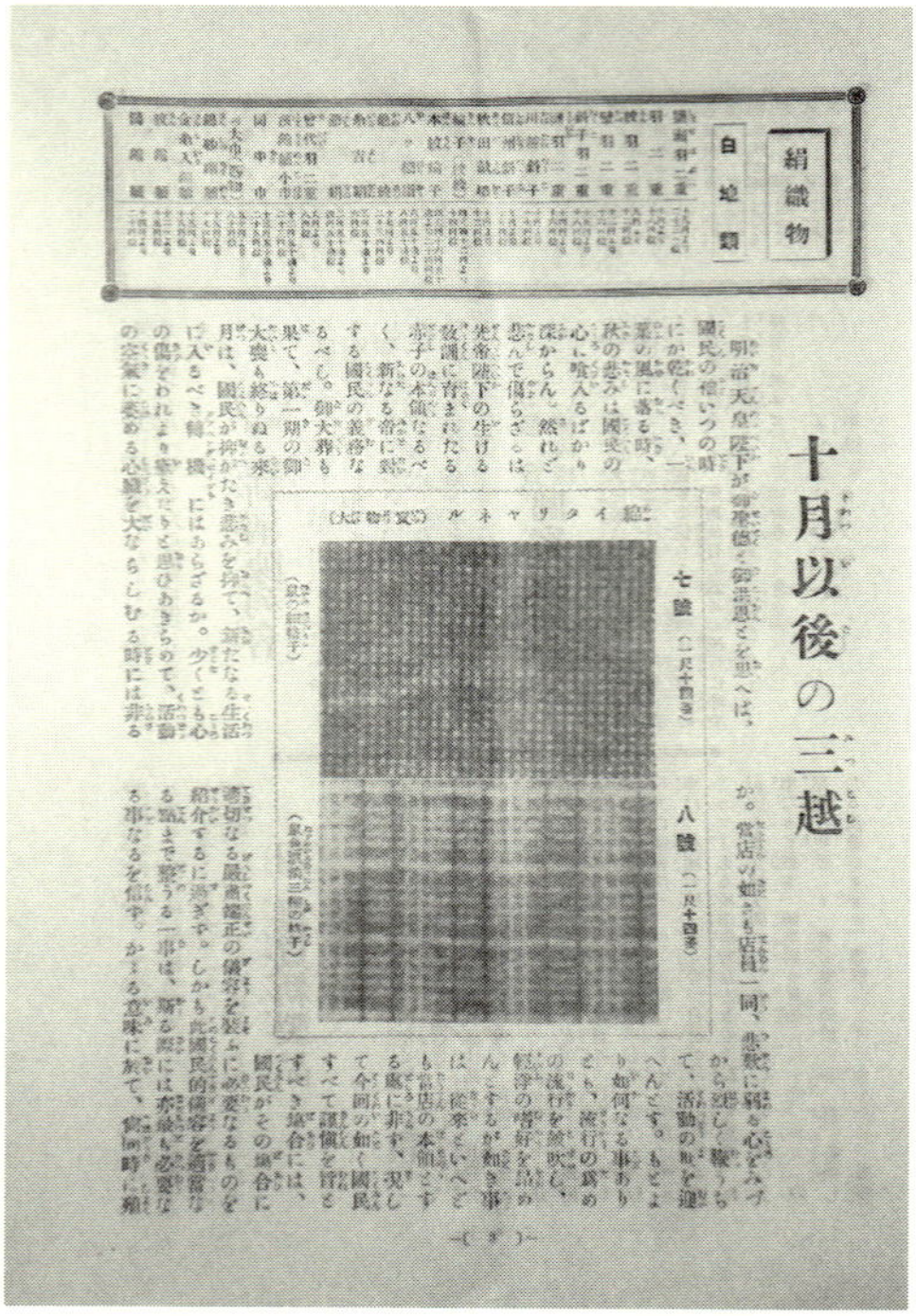
十月以後の三越

絹織物

白地類

全 52 ページのうち，このような文章がメインのページが半分以上を占める。写真ページには 148 点の商品が紹介されているが，それ以外の商品を購入する際には，本文ページ上方にある商品リストを参考にして注文を行った。

余り馬鹿げた話しなれども、「三越には地方係を別に設け、直接買いに行く客に売る品と、地方に送る品とは多少相違せり。流行の点に於ても多少後れて居りはせぬか。地方地方といはるるは人を田舎者扱ひにせらるる気味ありて、何となく気になつて注文する気になれない。」と申すものあり。誤解には相違なけれども、御一考を乞ふ。

この意見に対して、三越側はそうした事実がないことをもちろん強調しているが、ともあれ、百貨店の通信販売は、このように「地方」という言葉に敏感に反応し、「流行」に後れていないかを気にする人びとを全国に生み出していたのである。ちなみに、おそらくこうした声が一因となって、その後まもなく通信販売部門の名称が「地方」係から「通信販売」部へ改称されている(9)。

さて、実は地方顧客がこうした声を寄せた背景には、その独特の取引方法の問題が横たわっていた。百貨店が発行するカタログはどれも非常に貧弱で、商品カタログとしての機能があまり充実しておらず、通信販売に際しては、カタログ販売とはおよそ異なる取引形態がとられていたのである。実際に各店のカタログをみると、写真付きの個別アイテムの紹介は、最新の流行商品や一部の季節的な商品に限られており、それ以外の商品は、取扱品目の一覧である定価表に品目名と価格帯が記載されているのみであった。

たとえば、三越のカタログに掲載された定価表をみると、「絹織物」のような大分類の下に「白地類」などの中分類があり、その下に小分類として「絽　十一円から十七円位」などと記載されている。そして、その小分類の数は、一九〇六（明治三九）年の四八八（うち雑貨類一二八）から、一九一〇年に一〇〇二（雑貨類六二四）、一九一三年に一四二五（雑貨類一〇五二）というように、雑貨類の充実に伴って急増した(10)。これに対して、写真付きで個別に掲載されている商品の数は、カタログ一号につき、多くても一〇〇点前後のままで推移している。カタログにおける個別アイテムの紹介は、かなり限定的であったといえよう。他店の場合も概ね同様である。

こうした商品紹介の不十分さは、米国の通販カタログと比較すれば、より一層明らかになる。モンゴメリー・ウォード社とシアーズ・ローバック社という二大企業のカタログをみると、すでに一八九〇年代の段階で規格化・標準化され、サイズ指定も可能な数万点もの個別アイテムが、すべてイラスト入りで掲載されている。これを手にした顧客は、全商品に付されたナンバーから、個別アイテムを自ら選択して注文することができたのである。

それに対して、戦前期日本における百貨店の通信販売では、カタログによらない注文方法が主流を占めていた。すでに指摘されている通り、主力商品である呉服類では、顧客が自らの年齢、背丈、顔形、体格、肌色、着用場面などを書き添えた注文状を送ると、店側はこれをもとにその顧客にふさわしいものを仕立てて送るという方法がとられており、その技量が「呉服屋」としての見せ所にもなっていた（土屋一九九九）。顧客が個別アイテムを指定していない点で、カタログ販売とはまったく異質な取引形態であることは明らかであろう。そして本章で強調したいのは、誂品や呉服類以外でも、これに類似した取引形態が広くみられたという点である。

やや後の時代ではあるが、昭和初期の商業雑誌に、松屋銀座店宛ての実際の注文状と、同店通信販売係長による対応例が掲載されているので、ここで紹介しておきたい（前波仲子「通信販売の話　第一回」『商店界』九巻一二号、一九二九年一〇月）。たとえば、ある顧客は、「二十八、二十九歳の芸者用で粋向き、丸帯はソウタイに模様のあるもの、平絽は三十〜四十円まで」と書いているが、これは呉服類の典型的な注文の仕方である。また、北海道のある顧客からは「今度の暑処の流行物かんたんな仕立上げ服スカート着き、十七、八才用」という注文があり、差出人は「TOSITAKE　HANAYO.」と表記されていた。この注文に対して通信販売係では、「署名は英字のところを見ると其地のモダンガールの方でせう。そのつもりで柄もハイカラなお値段も相当に好いところを送ませう」と、大胆な推定のもとに個別アイテムの選択を行なっている。さらに、別の事例では「造花花わ（計四寸位）一ツ一円半位」や「模様のあるオモチヤ、女二才用、木製　一ツ　一、〇〇位」という注文がみられ、雑貨類においても顧客は品目と価格を指定するのみで、個別的な選択は店側に委ねられていたことがうかがえる。

そして特筆すべきことに、当時の松屋では、こうした取引方法による売り上げが通販全体の三分の二を占めており、カタログに基づく注文はわずか三分の一に過ぎなかったのである（前波仲子「通信販売の話　第二回」『商店界』九巻一三号、一九二九年一一月）。カタログの体裁などを鑑みれば、こうした状況は松屋に限ったものではなく、三越を含めた明治・大正期の大都市百貨店に広くみられたと考えられる。

このように、顧客が品目と価格のみを指定し、店側が顧客の代わりに個別アイテムの選択を担うことを、本章では「代理選択」と呼ぶことにしたい。現在の感覚からすれば、この代理選択に基づく取引には、顧客からの返品リスクが高まると予想されるため、それ自体に経済合理性があるとは考えにくい。では、なぜ代理選択による取引が百貨店通販の主流を占めていたのだろうか。そして、こうした合理性に欠けると思われる取引方法をとりながら、どうして百貨店通販が一定の成長をみせ、通信販売業界のトップに位置するような状況が生まれたのであろうか。

まず、当時の日本の百貨店における通販担当者が、カタログ販売のノウハウを認知していなかったという想定は成り立たない。というのも、たとえば、三越の通信販売部門を統括していた浜田四郎などは、アメリカにおけるカタログ販売を同時代に実見していたからである（土屋 一九九九）。その浜田は後年、日本の通信販売がアメリカのような発展をみせなかった理由として、①衣料品を中心とする嗜好の複雑多様性、②相対的な小売マージン率の低さ（アメリカが三割以上、日本が二割以内）、③農民の購買力の乏しさ、という三点を挙げている。その上で、浜田はこれらの要因により、在庫管理が困難となり、採算がとれなくなるだろう、と結論づけた（浜田四郎『百貨店一夕話』日本電報通信社、一九四八年）。こうした視点に立てば、戦前期日本においては、損益分岐点があまりに高くなりすぎるために、完全なカタログ販売を導入することができなかったといえるだろう。

なかでも消費者嗜好の複雑多様性は、完全なカタログの製作をほとんど不可能にしていた。実際に、三越の通販部門では、「何故〔丸帯の〕見本を配付せざるか？」という顧客からの問い合わせに対して、「春夏秋冬に由て其流行を異にし、老若により、意気向、又は地味向によつて其趣向を別にし、流行は流行を追ふといふ有様で御座いますから、其総ての柄合を集むる事は到底出来難い」と答えている（『みつこしタイムス』七巻一二号、一九〇九年一〇月）。また、それが地域差を含むものであったことは、「九州人は暖国人であるから一体に華美な柄行きを好み、北海道人は寒国人であるから一体に地味風を好む」という三越通販部長の言葉からうかがい知ることができる（長谷川吉次「通信販売私見」『実業界』二四巻四号、一九二一年四月）。さらに、とある地方官舎では、柄の入った紋付を染めた婦人に対して、別の婦人が「此の県ではね、お正月の御挨拶は皆黒なんですの。〔中略〕知事様への御挨拶なんど黒でなけりやそりやあ失礼ですわ」と陰口を言う状況にあり（谷川行子「ほろびゆく悩み　官舎の奥様方の話」『婦人之友』二五巻一号、一九三一年一月）、ローカルな慣習に基づいた地域差の存在も想定される。

実際に、日本の着物市場が大量生産に向かない性質を有していたことは、本書フランクス論文でも言及されている。他の在来的な消費財についても、嗜好の地域性・複雑性に加えて、規格化・標準化の遅れが広くみられる点は、ほかならぬ浜田四郎がつとに指摘しているところである(浜田四郎『現代式商店の経営』佐藤出版部、一九一五年)。

このように、戦前期日本の百貨店では、消費者嗜好の複雑多様性などに規定され、完全なカタログ販売を行なうことができず、代理選択に基づく取引に依存せざるを得なかった。代理選択による通信販売は、先述したアメリカはもちろん、カタログの頁数を鑑みればイギリスでも行なわれておらず、また、フランス(鹿島一九九一)やイタリア(Merlo and Polese 2007)にも広がっていなかったことが確認できる。その意味で、国際的にみた日本の特徴であったと考えられる。ここに、日本における通信販売の限界を見いだすことはたやすいであろうし、また、百貨店の打ち出す「流行」が、嗜好の複雑多様性を単純化できるだけの影響力を持ち得なかった点も注目すべきである。ただし、そうした条件を前提としつつも、百貨店がさまざまな経営的対応をみせ、結果として他の通販業者を凌ぐ成長を実現していたことにも目を向けねばならないだろう。事実、その対応は、①呉服商として培ってきた店員の顧客対応力を基盤にしていたこと、②返品・交換を基本的に認めていたこと、③広告宣伝によって店舗としてのブランド・イメージを確立・強化していったこと、④嗜好の地域差に対応できる態勢を整えていたこと、という四点に大別され、なかでも、④は日本的消費市場への経営的対応として特筆すべきである。

この点に関連して、実際に各百貨店とも、通販事業においては、都市の流行商品をそのまま地方へ販売しても顧客の満足は得られず、趣味・嗜好の地域差にも対応することが重要であるという認識で業務にあたっていた。たとえば、流行の重要性を指摘していた前出の三越通信販売部門担当者は、「流行は東京を中心として居るとは云ふものの、国々の気候に依つて風俗も異つて居る」ので、「品物を見立てるにも、夫れを念頭に置いて鑑別しなければならぬ」と述べており(笠原健一「通信販売に関する予の経験」『商業界』九巻六号、一九〇八年五月)、白木屋でも、代理選択に際しては「何うしても華客の住所の地勢気候、民情風俗によつて判断しなければならぬ」と明言している（米川勇之助「通信販売　理想の型録」『実業界』二四巻四号、一九二一年四月）。そして、三越の場合は、顧客管理や部門内組織が地域差に対応できる形となっており、部員ごとに担当する地域が明確に分かれていたことが確認できる。白木屋においても、地域別に担当者が分かれていた。

さらに、地域差への対応という点では、出張販売との組み合わせも重要な意味をもっていた。百貨店の出張販売は、一九〇〇（明治三三）年前後にはじまり、毎年決まった時期（三越では春と秋の二回）に地方都市を転々としながら、各都市で一週間程度の販売活動を行なうものであった。それはあくまでも、通信販売のための宣伝という位置づけで、実物商品を展示することで顧客の信頼を獲得し、通信販売の受注につなげる点に大きな狙いがあった。加えて、毎回の出張販売には通販部員も参加し、そのことが特定地域の市場や顧客に関する情報を蓄積・更新する機会となっていたのである。

以上のように、百貨店の通信販売においては、代理選択に付随するリスクを軽減し、顧客の満足度を高めようとする経営的対応がみられたが、他方で、当時の地方顧客の置かれた状況を考慮すれば、代理選択そのものに一定の合理性・利便性を見いだすことができると考えられる。その状況とは、次のような情報探索コストに関わるものと想定できる。

すなわち、まず、そもそも地方顧客が百貨店の通信販売を利用する動機は、都市の流行品や良質な商品を購入したいというものであった。一九二〇年代以降には婦人雑誌の役割が大きくなるが、それ以前は、都市の流行情報や商品情報を詳細に伝えるような情報メディアは未発達であり、遠隔地に住む顧客が商品の購入を検討する際に、その情報探索コストは著しく高かったと考えられる。消費市場の複雑多様性は、そのコストをさらに高める要因となろう。こうしたなかで、十分な情報を持たない顧客が独力で、自らのニーズを満たす商品かどうかを、個別アイテムのレベルにおいて判断することは困難であったと想定される。

こうした想定が的外れでないことは、百貨店以外の通信販売業者の事業内容からうかがい知ることができる。顧客のあらゆる注文に応じると謳った総合通信販売業者としては、同時期に百貨店のほか、新聞社代理部や専業通販会社もあった（黒住 一九九三）。いずれもカタログ販売以外に、「新聞広告に掲載された商品が、信用確実な良品であるかどうかを調べてほしい」、あるいは、「ある商品がほしいのだが、適当な店を代わりに選んで、そこから購入して送ってほしい」といった顧客の要望に応え、情報探索を代行する業務を行なっていた。これは、地方顧客が店舗レベルに関する情報探索でさえ、独力では行ないがたい状況にあったことを示唆しており、個別アイテムレベルの情報探索については、さらに困難であったと考えられる。こうした状況の下では、豊富な品揃えを誇り、店舗としてのブランド・イメージが高い百貨店に、個別アイテムの選択を一任することが、地方顧客にとって一定の利便性や合理性を持っていたといえよう。

なお、ここに登場する専業通販会社は、「アメリカ式」の通信販売をモデルとしてカタログ販売に注力していたが（大谷久雄『通信販売の秘訣』仕入案内社、一九二七年）、先述したように、おそらく百貨店通販との競争に敗れたために一九一〇年代初頭までに姿を消した。したがって、この両者の競争関係を代理選択かカタログ販売かという取引方法に限ってみるならば、少なくとも地方顧客にとっては、カタログから自分で選んで注文することが、一義的な重要事項ではなかったということになるだろう。

この点は、陳列販売方式が導入される前の習慣を考えれば容易に推察されよう。すなわち、百貨店研究が強調してきたように、一八九〇年代後半以降、大都市呉服店が導入した陳列販売は、顧客による商品の自由選択や比較購買、素見などを可能にする画期的な方式であった（藤岡 二〇〇四）。地方へ陳列販売方式が普及したのは両大戦間期以降であり、それまで地方顧客は、座売りや外商による購買習慣のもとにあって、独力で個別アイテムを選択する経験に乏しかったといえる。こうしたなかで、代理選択に基づく取引は、それまでの購買習慣の延長として、地方顧客に無理なく受け入れられたと考えられる。

以上のように、百貨店通販は代理選択を核とする独自の事業展開をみせ、売り上げを伸ばしていった。しかし、その成長も一九二〇年代半ば以降は頭打ちとなり、百貨店全体が大衆化戦略を採用して著しく経営規模を拡大するなかで、位置づけを大きく低下させた。たとえば、一九三五（昭和一〇）年の三越（おそらく東京本店のみ）では、年間通販高が一一七万円、カタログ発送数が年間九一万部であった。先述した一九一〇年頃の状況と比較すると、カタログ発送数は同水準にある一方、通販高は実質額ベースで減少している。なによりも特筆すべきは、総売上高に占める通販の割合が大きく低下している点であり、一九三五年ではわずか一・一%と驚くほど低い。通販部門がいかに他部門の成長から取り残されていたかがわかるだろう。ただし、各店とも地方進出自体には積極的な姿勢を崩しておらず、出張販売の拡張や地方支店の設置を進めていった。

この変化の意味を大衆市場の勃興という文脈に引きつけて解釈すれば、次のようになる。すなわち、両大戦間期における大衆市場の勃興にあたっては、婦人雑誌の発達が、地方消費者に独力で商品選択を行なえる環境を提供し、あわせて、従来の消費文化とは切り離された「近代」的消費文化の普及を促進した。その結果、代理選択の利便性は薄れたと考えられる。そこに地方小売業の発展による競争条件の変化という要因が重なったため、百貨店は実物商品の陳列販売という流通経路を用意する必要に迫られ、出張販売や支店設置へ注力していったのである。

宇治茶の通信販売

戦前期日本の通信販売には、百貨店通販のような都市型とは性格を異にするものが数多く見受けられる。京都の宇治茶、京染呉服、山梨の水晶などがその代表例である。ここでは、そのなかでも最も通信販売を盛んに行なっていた宇治茶産地の事例を検討したい。

周知の通り、茶業は幕末維新期において製糸業に次ぐ重要な輸出産業であったが、一八八〇年代以降、輸出量は伸び悩み、輸出品としての地位を大きく落としていく。以後、茶業は国内市場向けに再編を迫られ、特に第一次世界大戦後には輸出依存度を大きく低下させた。日本茶の生産量に占める輸出量の割合を具体的にみると、短期的な変動を除けば、一八八〇年代に八割前後で推移していたが、日露戦後には六～七割、第一次大戦直前に五割、そして大戦中の上昇を挟んで、一九一九年以後は三割前後にまで低下し、輸出量自体も一九二〇年代には一八八〇年代の五割程度の水準にまで落ち込んでいる（寺本 一九九九）。

このように近代茶業が内需依存型産業への転換を遂げていくなかで、いち早く対応を迫られたのが宇治茶産地であった。宇治茶は伝統的に高品質・高価格という商品特性を備えていたため、価格競争が決定的な意味をもつ輸出市場から退場することを余儀なくされたのである。そこで、一八九〇年代から国内市場への展開が産地の課題となったが、国内市場においては、中間流通業者が安価な粗悪茶を勝手に混ぜてしまうという不正が横行しており、宇治茶のブランド価値が危ぶまれる状況にあった。こうして品質管理と販路拡張の両立が課題となるなかで、まさにタイミング良く整備が進んだ郵便制度を利用して、通信販売を導入する茶業者が続々と登場したのである。通信販売がこの二つの課題を一挙に解決しうる格好の販売方法であることはいうまでもない。

最も早く通信販売を導入した宇治茶業者としては、一八九四（明治二七）年の事例があり、一九〇〇年代にかけて複数の事例が確認できる。そして、『日本全国商工人名録』には、一九一四年版から営業内容に「通信販売」を明記する茶業者が目につくようになり、その数は、一九一四年版では宇治茶産地（京都府宇治郡・久世郡・綴喜郡・相楽郡）計五一軒の掲載業者のうち一〇軒、一九一九年版では五九軒中一四軒、一九二五年版では七九軒中三九軒といったように増加している。もちろん『日本全国商工人名録』には一定規模以上の業者しか掲載されないので、実数はこれを大きく上回っていた。詳細は不明だが、一九二三（大正一二）年頃には綴喜郡田原村と宇治田原村だけで四八軒が通信販売を行なっていたとされ、この数は、綴喜郡における茶販売業者数の三分の一にも上る。また、宇治茶通販が衰退傾向にあったという一九二〇年代末でも、産地全体で二〇〇に迫る数の業者が通信販売を行なっていたという。

販売高については、断片的なデータがいくつか残されている。まず、京都府全体でみると、一九一九年の製茶通信販売高が約一六〇万円で、荒茶生産高（約二三一万円）のおよそ六九%にも上る。移出高に占める割合については、移出高の金額ベースのデータが不明なので直接算出できないが、重量ベースの移出高（鉄道のみ）が荒茶生産高の約一・九倍に上ることを踏まえて単純に計算すると、三六%という数字が得られる。また、綴喜郡田原村のみで、一九一九（大正八）年には年間三万三四五三個（一六万七二五六円）、一九二三（大正一二）年には八万六八五〇個（四三万四七四五円）の小包が宇治茶通販で発送されていた。この二三年の発送小包個数は、先述した一九一〇（明治四三）年頃の三越通販による小包発送個数の半分程度であるから、宇治茶産地全体でみれば、相当多くの小包が発送されていたことになる。試みに、先に挙げた京都府製茶通販金額データ（一九一九年）から単純に推計すると、一九一九年に宇治茶産地では三三万個以上の小包が通信販売のために発送されていたことになる。

では、その顧客はどのような人々からなっていたのか。井出力之助「東京に於ける山城茶の小売実況」（一九〇九年）という史料によれば、「宇治久世両郡に産する玉露は古来有名にして、今日尚東京方面よりも多少の注文ありて、主に同地山の手辺の華族方ならびに特別の嗜好家に賞味せらるるもの」というように、宇治茶のなかでも高級品である玉露は、「華族」や「特別の嗜好家」に飲まれていた。初期の宇治茶通販業者は仏教雑誌へ盛んに広告を出しており、たしかに「特別の嗜好家」との関連が想定される。

しかし、その顧客層にもやがて大きな変化があらわれはじめた。たとえば、山城製茶株式会社は、一九二六（昭和元）年に次のように当時を回想している（『日本茶業彙報一四　日本内地に於ける製茶事情』茶業組合中央会議所、一九二六年）。

大正五年〔一九一六年〕以後、内地消費量は目醒ましく増大せしは一般喫茶の風の拡大せしと人口の増加に依るものならんが、比較的玉露、高級煎茶の増加を来さずして中以下の煎茶の需要増加と近時焙茶の需要旺盛なるは、惟ふに時勢の進歩は社会を多忙ならしめ〔中略〕、落ちついては玉露及び高級煎茶を味ふ趣味に乏しきために、其の嗜好が玉露、高級煎茶より中下級の煎茶及び焙茶に移りたるものと思考せられる。

この回想からは、富裕層とは別の新しい市場が勃興していたことが読み取れるだろう。端的にいえば、緑茶の大衆市場が成立したのである。

そうした大衆化が進むなか、一つの大きな画期となったのが、ビタミンC含有の発見であった。すなわち、一九二四（大正一三）年に理化学研究所の三浦政太郎博士によって、緑茶に多量のビタミンCが含まれることが発見されると、緑茶産地はいずれも大いに沸き立ち、これを需要拡大の武器にしようと活発に動き始めた。宇治茶産地もその例に漏れず、田辺貢（京都府産業技師）がはやくも一九二四年一〇月発行の『京都茶業』に「喫茶宣伝の絶好機会」と題する文章を寄せて、ビタミンC含有の発見の意義を伝えている。その筆致は冒頭から「緑茶中「ヴイターミン」の発見は知識階級を驚嘆せり！」「此機を逸せず社会民衆を対象として大々的宣伝を望む！」といった調子で、同誌において前例のない高揚ぶりを示している。ここに宇治茶を栄養豊富な日用必需品として売り込もうとする産地の活動が本格化しはじめるのである。

そのなかで、宇治茶の通販業者も大衆市場をターゲットとして、ビタミンC含有の発見に際しても、「ビタミン」「保健」「衛生」「営養」などのキーワードを掲げて積極的な広告活動を続け、販路拡張に寄与していた。たとえば、中川常緑園における商品構成の推移を茶銘別にみると（以下、一九〇二年→〇八年→一七年→二〇年の順）、玉露が五種→一一種→一〇種→九種、煎茶が三種→五種→七種→八種、その他が四種→一〇種→一五種→二一種となっており、一九〇八（明治四一）年以降は高級品種である玉露のみ品目が減少していることがわかる。また、中川常緑園のチラシをみると、一九一七（大正六）年は、「宇治茶か優雅高尚にして年末歳首の進物用として好適当品なるは既に御承知の事なれは、御喫用と共に追々と御入用の量も増加の事と存候」と、「優雅高尚」である点を強調していたが、一九三〇年代には、「夏季の衛生飲料として／一斉に常緑園銘茶を！」（一九三四年七月号）、「ヴィタミンの含有によって営養価値が豊富で経済的」（一九三五年七月号）、「飲みませう！／夏季安全第一、ビタミンを含む、保健衛生の為」（一九三七年七月号）などのコピーが躍っている。

しかしながら、宇治茶通販そのものは、昭和恐慌以降、大きく減退していった。実際に、一九三三、三四（昭和八、九）年頃の通信販売高は一五〜一六万貫で、「一時に比しては著しく減縮」したといわれるように、京都府荒茶生産高に占める割合は三割強、同製茶出荷高に対しては二割弱となっており、先に挙げた一九一九（大正八）年に比べて大きく落ち込んでいることがわかる。表11-3に示したように、一九三三年には一九一九年に比べてそもそも京都府製茶出荷高が低下しているため、絶対量としても小売通販高の落ち込みが大きかったと想定される。事実、問屋と小売通販を兼営していた中川常緑園の例をみても、一九二四（大正一三）年には総売上二万六一四八円のうち、小売通販高が二万二九四四円と八七・七％を占めていたのに対し、一九三五（昭和一〇）年には総売上高一万八三〇一円、小売通販高八九六四円へと低下し、小売通販高の割合も四九・〇％へ大きく下がっている。

表 11–3　製茶内地消費高に占める京都府移出高のシェア

	内地消費高（貫）	1 人当たり（斤）	京都府移出高（貫）	京都府シェア（%）
1919 年	6,782,367	0.764	905,053	13.3
1922 年	6,002,218	0.651	1,243,890	20.7
1929 年	7,700,647	0.756	905,976	11.8
1930 年	7,913,167	0.767	881,532	11.1
1931 年	7,213,717	0.692	823,456	11.4
1932 年	7,312,285	0.694	818,835	11.2
1933 年	8,231,975	0.773	838,541	10.2
1938 年	8,935,100	0.773	1,137,525	12.7

注：内地消費＝生産＋移輸入－移輸出。ただし，1938 年のみ植民地との移出入は考慮されていない

出所：満薗（2014: 163）

ところで、表11-3からは、一九二〇年代末以降に、そもそも京都府製茶出荷高のシェアが低迷していた事実が判明する。これは緑茶市場における産地間競争を反映しており、一九二〇年代半ば以降、それまで輸出市場向け産地であった静岡茶が内地向け販路を急拡大し、狭山茶も伸張をみせはじめていた。いずれも高級茶である宇治茶と異なり、安価な中級品を販

売していたため、大衆化という需要動向に適合的であったとみられる。

実際に、一九二三年四月の『京都茶業』には、「或る調査の結果に依りますと山城茶の主なる需要地に於て其七割迄が静岡茶、一割五分が山城で、他の一割五分が狭山其他の産品」で、「斯様な次第で山城茶の販路は近き将来に於て静岡茶の為に争奪せらるる」との危機感が示されている。また、産地問屋の組織である山城茶業協会の決議（一九三一（昭和六）年）にも、「財界不況の打撃を受け完く萎微衰退の状態なるも、他府県産地は夫々多大の費用投じて宣伝し自己開拓に努め、為めに我山城宇治茶は其販路を蚕食されつつあ」るとの状況認識がみられ（『京都茶業』一三巻三号、一九三一年七月）、宇治茶の劣勢は単に価格差の問題だけでなく、広告宣伝のあり方にも関わっていると捉えられていた。

そうした認識の下で、一九二〇年代半ばから一九三〇年代にかけて、数多くの新聞・雑誌に大規模な広告を出すだけでなく、活動写真の製作まで行なうなど、宇治茶産地を挙げての大々的な広告宣伝活動が活発化していった（京都府茶業百年史編纂委員会編 一九九四）。こうしたなかで、個々の宇治茶業者にとっては、自ら多額の広告宣伝費を負担して小売通販を行なうよりも、卸売活動に注力した方が経営上、合理的な選択となる状況が生じていた。たとえば、データを得られる範囲でみてみると、中川常緑園では、一九三四（昭和九）年に総経費四五一二円のうち広告費一〇一五円（二二・五%）、営業費六六三円（一四・六%）をかけていたが、一九三八（昭和一三）年には総経費四三五二円のうち広告費七一四円（一六・四%）、営業費三六四円（八・四%）というように、いずれも抑制に成功している。この間、総売上高は一万五七八〇円（一九三四年）から二万二九六四円（一九三八年）へと増加する一方、総売上高に占める小売通販高の割合は五割から四割程度へ下がっていた。

以上のように、総じて宇治茶の通信販売はブランド価値を再建し、富裕層市場を全国に広げる局面において、大きな歴史的意義を有する流通経路であったが、一九二〇年代以降における緑茶の大衆化という新たな市場への対応という局面では、必ずしも優位性をもつものではなかった。

そこで留意すべきは、江戸時代以来、各地の庶民の日常生活には、自給的もしくはごく狭いローカルな商圏にしか流通しない多様な「番茶」の世界が広がっていたという事実である（中村 一九九八）。「番茶」は地域により茶樹や製法が大きく異なり、それぞれの地域に根差す独自の食文化を形成していた。したがって、静岡、狭山、宇治をはじめとする緑茶産地が、一九二〇年代以降に直面していたのは、そうした在来の嗜好の地域性を駆逐し、いかに自らの生産する緑茶を全国の人々に購入させるかという課題であり、その点で、人々の生活文化を変容させるほどの、大々的な広告宣伝活動が不可欠だったのである。その際のキーワードが「ビタミン」「保健」「衛生」「営養」といった近代的な価値に置かれていたことは、日本における在来産業の近代化や日常生活の歴史的変化を考える上で、見逃してはならない重要な論点の一つといえよう。

通信販売の歴史的役割

百貨店と宇治茶産地の事例から示唆されるように、戦前期日本の通信販売は、広い意味での富裕層市場に向けて展開されていた。江戸時代までに高度な発達を遂げた流通システムと、複雑多様な嗜好に基づく独特の消費文化が存在し、所得水準の問題と相俟って、通信販売が入り込む余地が限られていたためであろう。そのなかで、百貨店は自らの生み出す都市の「流行」を、宇治茶は高級茶としてのブランド価値を前面に押し出すことで、地方富裕層の需要を捉えていった。前者は、代理選択に基づく取引を核とし、出張販売との組み合わせなどによって地方市場の多様性に配慮するといった経営的対応がみられたという点、そして、後者は、地方の在来産業における生産者（卸売業者）が、零細業者を含めて通信販売という新しい小売システムを巧みに取り入れていたという点が、注目される。しかしながら、いずれも在来的な消費嗜好を根本から変革するに至らなかったところに、流通経路としての限界を抱えていた。こうして両大戦間期における大衆市場の勃興という変化を前にして、通信販売はその歴史的役割を終え、新たな情報・流通システムの到来を待つに至ったのである。

注

（1）以下、日本の通信販売について特に注記のない記述は、満薗（二〇一四）による。

（2）一九四〇（昭和一五）年度の大きな落ち込みは、同年一一月に代引自体の取り扱いが停止されたことによる。会計年度（四月～翌三月）に基づくデータであるため、その影響が大きく表れている。

（3）図11-1と表11-1とで、日本の代引小包個数が異なっている理由は不明である。

（4）ちなみに、ヤマト運輸が宅配便を創始し、通販市場の急拡大に寄与するようになるのは、一九七六年以降のことである。

（5）読者のなかには、植民地市場の喪失という事態で、この大幅な代引小包個数の減少を説明できると考える向きもあるかもしれない。しかし、たとえば、一九三四年度の代引「配達」個数をみると、内外地総計八一三万四〇〇〇個のうち、内地向け小包が六〇三万六〇〇〇個を占めていたことから明らかなように、戦前の通信販売は、基本的に内地市場に立脚していたので、そうした想定は成り立たない。

（6）一九三九（昭和一五）年の小売総額は、約一五四億七六〇〇万円（『昭和十四年　臨時国勢調査結果表』より、小売店、百貨店、生産小売商、卸小売商、露店行商、消費者団体の共同購買の合計）、一九七四年の小売総額は、当年価格で約三三兆四七九八億一一〇〇万円（『戦後の商業統計表　第1巻』より）。実質化にあたっては、篠原（一九六七）および統計局ＨＰ（http://www.stat.go.jp/data/chouki/zuhyou/22-13.xls）所収の消費者物価指数を利用した。

（7）イギリスの通信販売に関しては、割賦販売との組み合わせで行なわれたため、耐久消費財が普及する戦後にシェアが急速に拡大していったことが知られている（Coopey, O'Connell and Porter 2005）。

（8）たとえば、白木屋では、一九一一（明治四四）年に通信販売部門の店員が三五人、手紙到着数が一日平均三〇〇通、月刊誌『流行』の発行部数が一万五〇〇〇～八〇〇〇部であり、三越の三分の一程度の規模であったと考えられる（松田朗骨「上得意の白木屋呉服店」『通信協会雑誌』一二八号、一九一九年二月、二四頁）。

（9）三越では、一九一四年の本店新館完成に伴う部門再編の際に、名称変更が行なわれたと推測される。

（10）『時好』四巻一号、『みつこしタイムス』八巻一号、一一巻一号掲載の定価表より集計。雑貨類についても、定価表には品目名と価格が記載されているのみである。

引用文献

鹿島茂（一九九一）『デパートを発明した夫婦』講談社
京都府茶業百年史編纂委員会編（一九九四）『京都府茶業百年史』京都府茶業会議所
木綿良行・三浦功編（一九八五）『通販マーケティング戦略』日本経済新聞社
黒住武市（一九九三）『日本通信販売発達史――明治・大正期の英知に学ぶ』同友館
篠原三代平（一九六七）『長期経済統計6　個人消費支出』東洋経済新報社
神野由紀（一九九四）『趣味の誕生――百貨店がつくったテイスト』勁草書房
アルフレッド・D・チャンドラーJr著、鳥羽欽一郎・小林袈裟治訳（一九七九）『経営者の時代――アメリカ産業における近代企業の成立』東洋経済新報社
土屋礼子（一九九九）「百貨店発行の機関雑誌」山本武利・西沢保編『百貨店の文化史――日本の消費革命』世界思想社
常松洋（二〇〇五）「通信販売とアメリカ社会――中西部農民の消費行動」常松洋・松本悠子編『消費とアメリカ社会――消費大国の社会史』山川出版社
寺本益英（一九九九）『戦前期日本茶業史研究』有斐閣
徳永豊（一九九二）『アメリカの流通業の歴史に学ぶ〔第二版〕』中央経済社
鳥羽欽一郎（一九六九）『シアーズ＝ローバック』東洋経済新報社
中川敬一郎（一九八一）『比較経営史研究一　比較経営史序説』東京大学出版会
中西聡（二〇〇〇）「文明開化と民衆生活」石井寛治・原朗・武田晴人編『日本経済史一　幕末維新期』東京大学出版会
中村隆英（一九七一）『戦前期日本経済成長の分析』岩波書店
中村羊一郎（一九九八）『番茶と日本人』吉川弘文館
H・パスダーマジャン著、片岡一郎訳（一九五七）『百貨店論』ダイヤモンド社
藤岡里圭（二〇〇四）「百貨店」石原武政・矢作敏行編『日本の流通一〇〇年』有斐閣
ジョン・ベンソン、ギャレス・ショー編、前田重朗・辰馬信男・薄井和夫・木立真直訳（一九九六）『小売システムの歴史的発展

――一八〇〇年～一九一四年のイギリス、ドイツ、カナダにおける小売業のダイナミズム』中央大学出版部
満薗勇（二〇一四）『日本型大衆消費社会への胎動――戦前期日本の通信販売と月賦販売』東京大学出版会
流通産業研究所編・発行（一九七七）『日本の通信・カタログ販売――歴史とケーススタディ』

Coopey, Richard, Sean O'Connell, and Dilwyn Porter (2005) *Mail Order Retailing in Britain; A Business and Social History*, Oxford: Oxford University Press

Harrods (1912) Reprinted as *English department store and mail order catalogues, 1900–1940: Pt. 1*, Tokyo: Athena Press, 2008

Jefferys, J. B. (1950) *The Distribution of Consumer Goods: A Factual Study of Methods and Costs in the United Kingdom*, Cambridge: Cambridge University Press

Melro, Elisabetta and Francesca Polese (2007) "Accessorizing, Italian Style: Creating a Market for Milan's Fashion Merchandise", Regina Lee Blaszczyk (ed.), *Producing Fashion*, University of Pennsylvania Press: Philadelphia

第12章　社用から行楽へ
——戦後日本における商品としてのゴルフ

アンガス・ロッキャー

はじめに

例えばグーグルアースの衛星写真のように、はるか遠く頭上より日本を眺めてみるとしよう。山々に囲まれたその様子は、とてもゴルフに適しているとは言い難い。周知のように、統計的には日本の国土の八割は、開墾に向かない。そのため利用できる土地は、ゴルフなどの娯楽にではなく、もっと別の用途に使えばよいのではないかと思われる。しかし、日本をさらにズームで拡大して見てみると、多くの都市はミミズが這ったあとのように、ゴルフ場のフェアウェイやバンカー、グリーンに囲まれているのが見える。田舎のほうに目を向けてみても、牧歌的な棚田や隣接する林や森という日本人が古来より大事にしてきた里山の風景が突如途切れ、寸断された丘や削り取られた斜面があらわれて、そこがゴルフ場であることを知らしめる。そして、農薬によって保たれているはずの魅力的な緑の絨毯は、禿げて茶色くなっていることも少なくない。さらにズーム・アップして、ストリートビューを確認してみると、都市近郊には高いネットに囲まれたゴルフ練習場、打ちっ放しが目立ち、街中にはゴルフ用品の専門ショップ、会員権取引所やゴルフバーまであり、本屋や駅のキヨスクには一目でそれとわかる緑色をしたゴルフ関連の雑誌や書籍が並ぶ。最近ではこれに女性向けのピンク色のものも加わった。

また同様に、戦後を通して一世を風靡した、ゴルフコースや練習場、そして道具類といった様々なゴルフ商品の需要の波は、この時代に対する歴史認識の通奏低音である生産指向のGNP主義と矛盾しているかもしれない。私たちは、もちろん、GNP主義が単純に過ぎることを知っている。環境や地勢その他の制約を受けつつも、人々は、近代化初期の都市化と二〇世紀初期の工業化以降長い時間をかけて消費の習慣を培ってきた。このような習慣の反復が消費に洗練をもたらし、またゴルフを受け入れ、ゴルフに必要な練習にも対応できる素地を作った。戦後経済を構築したとされる、政官財の鉄の三角形を超えたところに目を向けると、一億総中流の国民の習慣を作り上げた無数の立役者の姿が垣間見える。彼らは通商産業省が特に認めたわけではないベンチャー事業に投資し、貯めるよりも使う、いわゆる消費を行ってきたのである。

ゴルフに焦点をあてることで、戦後の成長に関する通説を支える会社主義路線（corporatist line）に異論を唱えることができるのであろうか。結論から言うと、おそらくそれは不可能であろう。需要と供給のどちら側から見ても、戦後爆発的に開発されたゴルフコースや、実際のプレー、練習などすべての動機は会社に要因があったからである。戦前のゴルフが、主に個人会員制度に基づくゴルフ倶楽部によって支えられていたのに対し、戦後のゴルフは、コースを作る資金を提供し、会員権を購入し、役員や出世を望む中間職にプレーをすることを義務づけた会社によってまかなわれ、消費されてきたのである。これに興味深い外部要素（金融的な投機、暴力団との関わり、会員権スキャンダル、労働争議、環境主義者の批判など）が加わり、奇妙な性質の娯楽が生み出された。週六〇時間もの仕事を終えたサラリーマンが次週の仕事を円滑に進めるために、日曜日の早朝六時に自宅を出発し、郊外のゴルフ場で丸一日、食事や酒を楽しみ、球を打ち、会社の上層部や外部の得意先などと親交を深める。どの社会にも接待には一種の手順や儀礼があり、それによって個人が自由に消費行動を行えないという問題点がある。しかし、会社運営のための潤滑油の役割を課せられた日本の「接待ゴルフ」は厳しく統制された需要を作り出しており、ある意味で生産主義者なのである。つまりゴルフ場は作れば必ず人が来るところだったのである。それは、勤務する会社がそのゴルフ会員権を持っているからであり、そこが人気スポットの近くにあるからであり、ゴルフ場を作った建築家が著名で、その人気が必ずや会員権取引所で注目と高値を集めるに違いないからであった。

しかし、このような形のゴルフには、限界があった。ゴルフ場への投資は一九九〇年代初め頃まで続き、多くのゴルフ場はバブル崩壊を乗り切った。そして、最初の九ホールを終えた後のアルコール付きの豪勢な昼食は、いまでも常識である。だが、ゴルフのあり方には変化の兆しが見え始めた。会社によるゴルフコース開発も、日本式のゴルフの需要も持続可能ではなかった。一九八〇年代のバブルがはじけて、その影響が出始めたころ、事業経営は四半期毎ではないにせよ、一定の成果を出すべく進化しなくてはならなくなった。そのため、社員に手厚く支給されていた福利厚生も徐々に削られていくことになった。ゴルフから撤退せざるを得なかった企業の代わりに、売却されたゴルフ場を買い取り、新しいプレーヤーとして登場したのは、ゴールドマン・サックスら外資系ファンドであった。彼らは新しい需要を生み出した。ゴルフ場の新しいオーナーやブローカーは、ゴルフ道具の製造会社やデザイナー、出版社、その他、より幅広い産業とともに、ゴルフに新しいイメージを持たせた。それまでと異なりゴルフに家族に親しみやすく、そして、若者、女性の心を引きつけようとしたのである。彼らに直接向けられたレジャー広告や個人単位の会員権取引といった個人性は、一見日本でもやっと消費者の需要の潜在的経済力が認められたかのように見える。しかし、これは一部しか当たっていない。アメリカ系企業がオーナーの場合、消費者指向となることから、日本のゴルフも他の国と同じようになると考えがちである。だが、コースの予約方法の複雑さ、技術崇拝者であるかのようなゴルフ雑誌、従来通り四名で黙々とプレーするコース巡りなど、日本のゴルフはいかに変わろうともいまだ完全に自由に楽しめるものではない。

ゴルフは消費者がいかにして、またなぜ、需要を生み出し、管理するのかを考え直す機会を与えてくれるかもしれない。日本に存在する他のものと同様に、ゴルフもまた我々にとって生産と消費の境界線が曖昧である、資本と労働の対抗関係が曖昧で、また、顔の見えない法人よりも個人の消費が主体となるべきであるという二分法通りにはいかないように、日本のゴルフは、供給によって需要が発生し、日常生活と余暇が国の経済発展や、会社や仕事の都合で調整されることを示しているのではないか。したがって本章では、まず過去一〇〇年ほどの間に日本人が国内外でどのようにゴルフを消費してきたのか、その歴史のあらましを紹介する。そしてなぜ日本の近代史の理解において消費者の存在が必要なのか、日本のゴルフを論じることが、要求する主体と要求される客体の区別は言葉の上では明瞭なのに、実際の消費は複雑に込み入っているのかを明らかにするためになぜ有用なのかを示したい。

消費財化の前兆

ゴルフは敗戦直後の焼け野原に突如現れたのではない。戦前のゴルフは、とてもマイナーなスポーツであり、たまに誰が優勝したかが話題に上る程度であった(例として久保田 二〇〇四:三五を参照)。それでも、戦前に設立されたゴルフ倶楽部とゴルファーによって、日本流のローカル・ルールと今日のゴルフにかかわる経済のあり方をも規定している価値のヒエラルキーが形作られたことは確かである。現時点では、ローカル・ルールが、いつどこで確立されたのかは定かではない。しかし、ともかく現在でも、戦前に作られたコース、例えば廣野ゴルフ倶楽部、程ヶ谷カントリー倶楽部などが、専門家の間では名門と呼ばれており、バブル時代に作られたコースがその価値と名声を落としたにもかかわらず、過去二〇年間、その地位と価値を守り続けてきた。一九三七年に設立された、小金井カントリー倶楽部は日本で最も高価なゴルフ場として悪名高く、会員になるための費用は一億円(約一〇〇万米国ドル)以上と言われている(二〇〇七年九月インタビュー)。

しかしながら、日本最初のゴルフは外国人による外国人のためのものであった。それは商売で得た利益の副産物であり、自国の生活の一部を日本で再現しようと試みた、神戸や横浜などの駐在外国人コミュニティで生まれたのである。神戸ゴルフ倶楽部は一九〇三年、六甲山の頂上に避暑用の別荘地として購入された土地に作られた。その三年後、根岸ゴルフ場が横浜の元競馬場に作られ、港町対決に新たな一面を加えることとなった。一九一二年には長崎の雲仙にもゴルフ場が設立された。雲仙のゴルフ場はどちらかというと外国人ではなく、日本の地方政府主導で作られたのだが、その目的は同じく避暑用であり、上海の暑さから逃れてくる者もあった（摂津 一九七七：八―二八、久保田 二〇〇四：一八―三四）。これら初期のゴルフコースは、ゴルフを通して一種特殊な社会を形作る場となった。そこからは、日本人は除外されておらず、神戸ゴルフ倶楽部の設立者には日本人も七名ほど含まれていた。そのうち二人は松方家の人たち（日本社会を安定させたが多くの零細自作農を壊滅させた先の大蔵大臣の息子）で、一人は住友の御曹司、そして神戸税務署長も設立者の一人であった。だが彼らは誰ひとりとして実際にゴルフをプレーせず、外国人有力者と会う場として倶楽部を利用したのであった（久保田 二〇〇四：二〇、Lockyer 2010: 600）。このような目的で倶楽部を利用するのは、二〇世紀初めの一〇年間はあまり見られなかったものの、その後の日本のゴルフ需要の中心的な理由の一つとなった。

日本人による日本人のためのゴルフ倶楽部らしきものが初めて設立されたのは一九一四年、東京ゴルフ倶楽部である。設立者は横浜正金銀行の頭取であり、後に日本銀行のトップになる井上準之助だった。明治時代にアメリカやヨーロッパに渡って学んだ多くの者がそうであったように、井上もまたイギリスで学んでいたころに少しゴルフを経験した。井上は決してゴルフ熱狂者ではなかったが、休養として、気晴らしとして、また社交の場としてのゴルフの価値を理解していた。彼は旧家の貴族院議員西園寺八郎や新興勢力で実業家の岩崎小弥太を含む三〇名とともに当時、帝都の西のはずれに位置し、玉川電気鉄道の通る世田谷の土地を借り受けるための資本を得た。政府関係から民間企業まで、設立者に多様な顔ぶれがそろう緩やかなネットワークによって、ゴルフ倶楽部が立ち上がった。多くの設立者にとってゴルフ倶楽部はやはり社交場であったため、実際にコースでプレーをする会員用に、入会金と年会費のほか、コース使用料としてグリーンフィーが設定された。この料金体系はすぐに他の倶楽部にも導入された。一九一九年には避暑地として知られていた軽井沢にコースが作られ、最初の九ホールが一九二一年に完成した。同時期に、東京ゴルフ倶楽部では土地の所有者によるもめごとが起こり、他の候補地を求めた結果、駒沢にコースを移転した。また、一九二二年には二つ目の倶楽部、程ヶ谷カントリー倶楽部も設立された。その一年後、ゴルフは皇族を迎えることとなった。当時の皇太子裕仁親王は一九二一年にイギリスに渡ったときにゴルフを知り、帰国後数回、駒沢のコースでプレーした。翌年、イギリスのエドワード王太子が来日するとゴルフに招待したが、プレーの結果はあまりよくなかったようである。そして一九二三年には新宿御苑に九ホールコースが設立された。皇族専用のゴルフコースだった（摂津 一九七七：三一―七〇、田中 一九九二：七五―七六）。

最も信頼できるゴルフの年代記編者によれば、戦前の日本のゴルフはいくつもの時代に区分することが可能であるという（摂津 一九七七）。最初の時代は外国人によって築かれたもの、二番目と三番目の時代は日本独自のゴルフコースが設立された時代で一九二九年まで続き、四番目の時代のゴルフ熱は大恐慌と満州事変をくぐり抜けている。三番目の時代は特に、次々に設立されたゴルフコースとゴルファーの存在が世間から認められ、一九二四年に日本ゴルフ協会の設立という大きな出来事を迎えた。協会の設立によって全国規模の選手権などのゴルフ業界としての統一されたインフラが必要とされ、それを実現することも可能となった。そうしてゴルフは多くのメディアに興味をもたれ取り上げられるようになった。ちょうどその頃、メディアは赤星六郎を見出した。赤星は若い上流階級にコネクションを持つ新参者であった。彼は当時アメリカにいたが、日本のゴルフ界で早くも話題の人として注目を浴びるようになった。アメリカでエリート私立高校と、プリンストン大学に通ったことがある赤星は、一九二四年の春、パインハーストのトーナメントで優勝し、一躍、メディアの注目をあつめた。大阪毎日新聞は、一九二七年の第二回から日本プロゴルフ選手権大会の組織を手がけるようになったが、本来ならば同年、程ヶ谷カントリー倶楽部で行われた第一回日本オープンゴルフ選手権競技会のスポンサーになりたかったであろう。プロ・アマ混合の選手権で数々のライバルを抑え、初代優勝者に輝いたのは赤星六郎だった（摂津 一九七七：四七―四八、田中一九九二：七六―八〇）。ゴルフ熱と人気は、大恐慌でも、一九三一年の満州事変でも揺るがなかった。この時期、昭和天皇もゴルフを皇居のなかで行ったと思われる。一九三〇年代にもゴルフ熱は冷めることがなかった。一九三三年以降、数回にわたり日本アマチュア選手権を制した旧佐賀藩主の鍋島直泰の活躍があり、日本橋三越で最初のゴルフ展が開催され、一九三五年には関東学生ゴルフ選手権（後の全日本学生ゴルフ選手権）が創設された。一九三七年にはウォルター・ヘーゲンによる小金井カントリー倶楽部の設立、同年一〇月にはアメリカのプロ、ジーン・サラゼンがメディアの後押しを受け、華々しい来日を果たした。サラゼンの来日により、アメリカの時の名プレーヤー三名のうち、二名もが日本のゴルフに関わったことになる。なお、ヘーゲンは翌年四月に小金井のエキシビジョンマッチに出場した（田中 一九九二：八〇、小金井カントリー倶楽部 一九九〇：七七―九三）。

このように、戦前もゴルフへの興味と需要があったことは明確だが、その興味は極めて範囲が限られていた。ゴルフは上流社会のエリートのスポーツと捉えられていた。その時代を表すものとして、ゴルフは折にふれて絵に描かれている。一九二八年には日本画家の山口蓬春が「現代風俗絵巻」の一巻に、虹色に光るゴルフコースと着飾ったゴルファーを描いた、「ゴルフ」という作品を発表した。これはゴルフが近代社会において憧れの象徴だった証拠といえるだろう（山口 一九九七）。しかしこのようなゴルファーの描き方は、画家自身にゴルフの経験がないことを明らかにしている。また、久保田誠一は、戦前のスポーツに関する書籍にゴルフが記載されていないことから、一般国民は、ゴルフが別次元の人々の余暇の過ごし方だと捉えていたと指摘している（久保田 二〇〇四：一五）。統計もこの点を支持している。一九四〇年には日本にはコースが七一しかなく、ゴルファーの数も一一万人であった。これは当時の人口の〇・八％にあたる（田中 一九九二：八二）。ゴルフがどの程度、上流階級によって独占されていたのかは、成熟したゴルファー向けの高級雑誌『チョイス』の一六三号に掲載された系図に暗示されている。ここには、近衛公を中心とし、戦前、ゴルフ界で活躍した華族も含む系図が描かれている（チョイス 二〇〇八：一一六―一一七）。同様の理由で、ゴルフは新しく台頭してきたエリートの憧れとなり、倶楽部は仲間やパトロンを得る絶好の場となった。その意味でゴルフは、私的な催しであり、まだ消費財といえるものではなかった。

おそらく同様の理由で、ゴルフは戦時中と戦後の復興期には、その存続が危うくなり、二〇世紀後半に入ってから投資先として再構築されることになった。日本が戦争に突入した一九三〇年代後半から四〇年代前半、高級感と舶来物という理由から格好の標的となっていた。関連する言葉をすべて西洋の言葉のままカタカナ表記にして使わねばならないことがその証拠とされた。そのためゴルフ協会はゴルフを日本のものと見せかけるために、様々な努力をした。ボール、クラブやゴルフそのものを漢字で表記し、西洋由来のスポーツであることを上辺だけでも隠そうと努力した。ともかく、ゴルフ熱は戦中も衰えることなく、プレーは続けられた。しかしゴルファーは攻撃の的となったため、ゴルフクラブなどの道具は先に送りつけ、普段着などを着てコースに辿り着くまで妨害されないように工夫をしなくてはならなかった。政府にとってゴルフコースは単に土地として魅力的であり、コースの整備のための資材は他に有効利用すべきとされた(久保田 二〇〇四:一三五―)。戦争終結までの最後の数年はゴルフ雑誌も論外とされた。一九二二年に創刊され最も古くから存在する『阪神ゴルフ』は、批判を避けるために一九三三年、『日本ゴルフドム』と改称した。その後も太平洋戦争が勃発すると、軍から圧力を受けて名前を再度変更し、『日本打球』とした。だが、一九四四年二月にはついに出版停止を余儀なくされた。

問題は占領下でも起きた。日本に駐留することとなったアメリカ人らはゴルフをしたがり、当時まだ使用可能だったゴルフコースを占領し、プレーのための道具類の調達を日本人スタッフに言いつけた(久保田 二〇〇四:一五五―)。彼らのゴルフへの熱意は、占領統治が終了した後、日本人にゴルフの利用価値を一つ教えた。一九五一年に『観光』という雑誌に掲載された平山記者の記事によると、戦前にゴルフコースは五〇もあり、そのうち戦後まで残ったのは一二、新しく三つの施設が建設中で、日本人が利用できるのはたった四つだった。平山のこの数字は必ずしも正確だったとは言えない。全米ゴルフ協会(USGA)の一九五七年の発表によると、ゴルフコースの数は戦前の六二に対して、戦後残ったのは一八であった。また最近の調査では、この数がそれぞれもっと多かったことが明らかになっている。いずれにせよ、当時の供給の状況では現存の国内需要さえ満たしていなかったことは明白である。平山が記事で伝えたかったのは、いかに日本経済を甦生させるか、そのためには観光業が発展することが重要であり、ゴルフは観光業の目玉商品となれるということであった。外国人に単に見てまわるだけのものを供するのでは不十分であり、彼らには狩猟、射撃、ゴルフなど体験型の観光が必要だと説いたのである。また、平山は、二〇年前にアメリカでゴルフブームが起こったとき、毎分一三人ものゴルファーが誕生していた、ということまで書き添えている（平山 一九五一、Anon. 1957）。だが平山は間違った方向を見据えていた。アメリカと同様、需要は、発生するときは国の中で起こるものである。そして、アメリカのブームのような規模は期待できずとも、それぞれの国の人口や国土の差を考えるならば、日本のゴルフブームの影響は非常に大きかったのである。

ブーム到来

戦前と同じように、戦後のゴルフ熱も何度かの波となって現れた。最初の波は一九五〇年代後半に出現した。一九五七年にはすでに占領統治終了直後の悲惨な状況からは抜け出しており、コースの数も一一八、ゴルファーも三〇万人に達していた（一九四〇年と比較してコース数は六六%、ゴルファー人数は一七二%の増加）。そしてラウンド数は年間合計一八〇万回に上っていた。USGAは、それまで鬱積していたゴルフへの需要が一気に表面化したことが急激に増えたゴルファーの数に表れていると強調している。事実、毎月五〇〇〇人もの新規ゴルファーが誕生していたのだった。ほとんどの倶楽部が少なくとも一〇〇〇名の加入者を誇り、うちいくつかは二〇〇〇名を超えていた。週末にもなると、ほぼすべての倶楽部が会員以外の出入りを禁じた。この五年後にはまた様子が一変した。一九六一年には、コースの数は二九五に増え、年間七四〇万回のラウンド数を提供するまでになっていた（表12-1参照）。一九六一年には、その年だけで、六八コースと一四〇万回のラウンドが加えられた（Anon. 1957; 田中 一九九二：九八―九九）。

表 12-1　ゴルフコースとラウンド数（1957-1987）

年	ゴルフコース数	ラウンド数（千）	コースごとのラウンド数
1957	116	1,823	15,715
1962	295	7,357	24,939
1967	496	14,686	29,608
1972	669	28,619	39,789
1977	1,322	44,823	33,905
1982	1,425	64,392	45,187
1987	1,588	77,630	48,885

出所：田中（1992: 98-99）

このブームの第一波を説明するものとして、一九五七年に初めて開催された、カナダカップ国際トーナメントが挙げられる。トーナメントはテレビ放映され、中村寅吉が個人戦でもチーム戦でも優勝した。のちに登場するゴルフ界ビッグスリーに人々の興味が移るまで、中村は戦後初のスターとして注目を浴び、ライバルの林由郎との対決はメディアに話題のネタを提供した（田中一九九二：一〇一―一〇四）。カナダカップは多くの人々に感動とひらめきを与えたが、特に影響を受けたのが「パーフェクトリバティー教団」（ＰＬ教団）を立ち上げた御木徳近であった。この教団の教えに、ゴルフは各人の真の個性を発揮するための力であるというものがあり、一九五七年には大阪の富田林の教団本部の隣りに、のちの聖丘カントリー倶楽部を設立すべく奔走していた（McFarland 1960: 33）。だがメディアに取り上げられ、コースやゴルファーの数が増えてスポーツとして成長しても、一九五〇年代と一九六〇年代の人々にとってゴルフは依然として特権階級の娯楽であった。しかし一九六〇年代半ばになると、出世を望む野心家サラリーマンにとってゴルフスイングの練習は必須となった。一九六四年、雑誌『ライフ』に掲載された写真と記事は、東京近郊と思われる三階建てのゴルフ打ちっ放し練習場で、夜、煌々と明かりに照らされながら、数珠つなぎのようにレンジに整列し、スイングを練習する仕事帰りの白い（ワイシャツ・下着姿の）サラリーマンの様子を捉えている（図12-1）。しかしゴルフの打ちっ放し練習場とコースには、歴然とした差がある。ある証言によると、実際コースに出てゴルフを楽しむことができたのは、ほとんどの会社で最も高い役職の上位三名までだったという（二〇〇七年一一月インタビュー）。一方、ラウンド数から鑑みて、実際には上位三名以外の社員も数回はコースに出たと思われ、ゴルフはすでに限られた上流階級のものだけではなかったと考えられる。しかしいまだ少数派のスポーツであったことは、当時まだマンガなどでゴルフを取り上げたものが出現していなかったことからも伺える。

しかし次の変化はすぐそこまで迫っていた。一九六四年に東京オリンピックが開催されると広く一般家庭へカラーテレビが導入され、一九六七年のゴルフ界「ビッグスリー来日」時には、その様子が東京放送（ＴＢＳ）によって放映された。アーノルド・パーマー、ジャック・ニクラウス、ゲーリー・プレーヤーが美しい緑の絨毯の上で華麗なゴルフを披露する様を多くの家庭が見守ったのである（田中 一九九二：一〇七）。また翌年には日本女子オープン選手権が設立され、メディアに新たな風を吹き込んだ。その後数年間、ゴルフ番組の関心の的は彼女たち女性ゴルファーであった。それを変えたのは一九七〇年代初めに現れた、破格の体格を誇るジャンボ尾崎だった（田中 一九九二：一二四―一二五）。女性ゴルファーはしばらくの間、メディアにとってよい収入源であったが、それも消費者自身にはかなわなかった。一九七五年に初めて、ゴルフダイジェスト社よりワールド・レディスゴルフ・カレンダーが発売された。外国人女性プロゴルファーのミニスカート姿を採用したカレンダーは、新しい社屋建設費用を捻出できるほど、世間の興味をそそったようである。なおカレンダーの需要は現在も多い（二〇〇九年六月インタビュー）。カレンダー発売の前年には、初めてゴルフをテーマに取り上げたマンガが一般誌に掲載された（藤子 一九七五―七九）。だが映像や紙に映し出されたゴルフを見て楽しむ読者

図 12–1　東京近郊の三階建てのゴルフ練習場風景

東京オリンピックは西洋にとって，日本がいかに西洋と異なる日常を送っているかを知りえる機会であった。ワイシャツは脱ぎ捨てられているものの，そのスーツズボンを見るに彼らのほぼ全員が仕事帰りのサラリーマンであることは明らかであり，出世を夢見て練習している様をカメラがとらえている。

出所：*Life magazine*, 1964 年 8 月

や視聴者と、ゴルフコースの建設業者や実際にゴルフクラブを振る者との間にはいまだ大きな隔たりがあった。

一九六〇年代の終わりには、この隔たりを埋める機運が高まっていた。収益を上げ続け潤沢な資金を持つようになった日本企業は投資先を求めており、しかも重工業離れから、それら企業は保有する土地の新たな利用先も求めていた。マンガ「島耕作」は主人公の島が二五年の会社人生の末に社長にまで上り詰める様子を描いているが、彼の出世もまたゴルフによって助けられるところがあったようだ。その「島耕作」に自身を重ね合わせた麻生太郎が、麻生セメントの社長だったころに鉱山をゴルフコースに作り替えたことを回想するコメントを二〇〇八年に出している（麻生二〇〇八）。ただし、そこでの会話も、また同社の社史も、現在の麻生飯塚ゴルフ倶楽部につきまとう、戦中の強制労働については言及していない。一九七〇年代には、それまでのゴルフ業界を変える出来事が起こった。大阪に勤めていたあるインタビュー回答者によると、一九七〇年の大阪万国博覧会以降、ゴルフは企業上層部の特権ではなく、中間管理職らのスポーツになっていった（二〇〇七年一二月インタビュー）。統計もゴルフ人口とコース数の急激な増加を示している。ブーム第一波は一九六〇年代を通して順調であり、年間平均約一五〇万回のラウンドの増加がみられたが、一九七〇年代初めになるとさらに加速した。ラウンド数は一九七〇年の二〇五〇万回から、一九七五年には四一七〇万回になった。新しいコースも、一九七三年から一九七六年の間毎年一〇〇以上建設された結果、七七三から一二二八にまで増加した（田中一九九二：九八―九九、表11-1も参照）。

これらの需要のすべてが企業からのものであったとは思えない。一九七〇年代には田舎のレジャーは狩猟などからより新しいゴルフへと移行していった（二〇〇八年五月インタビュー）。だが、供給は企業の需要に合わせて設定されており、独特のコース、独特のゴルフの場を提供し続けた。コースなどは、プロの試合用に設計されるのではなく、ハンディキャップ二四の上司がよいスコアを出せるように考えられた作りとなっていた。つまり、コースはパーをとるのは、むしろ難しく、バーディをとりやすくする工夫が盛り込まれており、社長が自己ベストを出せるようにしてあった。ボールが落ちそうなところにバンカーを設置することなど、プロがいくら希望しても、もっての外だったのである（二〇〇七年一二月インタビュー）。なぜならプレー自体、ゴルフという概念のほんの一部だったからである。彼らは皆、同じ時間に倶楽部に到着し、同じ時間にプレーをし、一緒にランチを楽しんだ。スタートとなる一番ホールと一〇番ホールでは一度にそれぞれ四名ずつしかプレーできなかったため、全体のスケジュール管理には多少のワザを必要とした。ゴルフには丸一日女性が付き添い、キャディを務め、レストランでは食べ物や飲み物を運ぶ役割を担った。倶楽部ハウスは可能な限り著名な建築家による設計であり、その贅沢で優雅な雰囲気はゴルフを特別な経験として印象づけ、人々に意義ある一日を過ごしたと思わせるのに役立った。これが別名、接待ゴルフであり、企業のもてなしとしてのゴルフである。会員のほとんどは法人会員であり、職場から比較的近く、参加することは報償の一部であり、プレー自体は企業やビジネスのつながりを深めることに比べれば、おまけのようなものであった（二〇〇七年一一月インタビュー）。ゴルフは、昔トーマス・ローレンらがホワイトカラー労働者の育成に中心的な役割を果たすと考えた企業内研修に対応するものなのかもしれない。すなわち、仕事も遊びもどちらも、規律が必要で企業に関わりのあるものであり、消費であったはずのものを、資本の関心に結びつけているのである（Rohlen 1979）。

しかし一九七〇年代のブームは後に起こることのほんの前触れにすぎなかった。時代の変化は時に、産業や輸出によって促進された一九六〇年代の高度成長から、消費によって支えられた一九八〇年代のブームへと戯画化して描かれてきた。この対比は時としてオーバーに表現されすぎている。国内需要は戦後常に重要な経済要素であり、人目を引く商品が需要されるほど、消費もまた目立つようになった。しかしそれよりも、ブームがおそらく示したことは、貯蓄と外貨が、有効な制約がないなかで積み上がった時に、欲求を制御し、投資や建設、日常の行為や表現への経路を転換させることの難しさであった。ゴルフにおいては一九七〇年代後半と八〇年代前半においてコース数も利用者も増え続けた。一九八三年には一五〇〇弱までコースが増えており、年間合計ラウンド数は約六三〇〇万回に達した（田中 一九九二：九八—九九）。そして物事は手に負えなくなる。ゴルフは単に余った資本のよき投資先として利用されることになった。あり余る資本の多くは海外の著名なゴルフコース、ターンベリーやペブルビーチなどに流れ着いたが、最も目立った投資先はやはりハワイのゴルフコースであろう。一時期、マウイ島のゴルフコースはすべて日本人が所有するまでになったのである（二〇〇八年二月インタビュー）。国内では、このような不合理な投資は投機のチャンスとなった。一九八五年のプラザ合意のもと円高時代に突入した日本の経済を支えるために、中曾根首相は悪名高いリゾート法を発令した。低金利、政府ファンド、土地の私有化と規制緩和が様々な怪しいビジネスへの投資や投機を刺激した。次の首相・竹下登はさらに地方経済の復活のために各地方に一億円を投入したが、これはフラミンゴの大移動のような右往左往の状況を悪化させただけであった。一九八九年には一七〇〇以上のゴルフコースが存在し、建設中が三二五、検討中が九八三とされていた。そのうえ、さらに四七九〇もの練習場が建設されており、次年度にはこの数は六〇〇〇にまで増える予定だった。ゴルフコースの建設自体が一九八八年には日本円でまさに兆単位の産業に育っていたのである。その一年後、練習場を含むゴルフコースは全体で一兆六六三〇億円を生み出す市場で、ゴルフ道具などの関連業界も二三七〇億円の市場規模となった（田中 一九九二：九八―九九、一四四―一四五、一八四―一九二）。この時点に到るまでにゴルフは日本の自然を破壊するとして環境保護主義者から厳しい批判を受けるようになっていたことは、全く驚くにあたらない（山田 一九八九）。

このように、供給側も物語の一部分を占めていたことは確かである。しかし実のところ、圧倒的なのは需要側であった。一九八三年と一九八五年を除き、八〇年代を通してゴルフコースは常に年間五％以上のラウンド数の伸びをみせていた。一九八九年には実に九〇〇〇万回のラウンドと、それに追加してのべ一億三五〇〇万人のユーザーがゴルフ練習場を利用していた。練習場の打ちっ放しは全国の余暇活動のランキング第七位となり、コースを回ることも一五位に入っていた。二六％近い男性が練習場の常連であり（コースについては二三％）、三〇代と四〇代男性に限れば三〇％以上が練習場に通い詰めていたという結果が出ている。なお、ゴルフは大人の男性にとって最も始めてみたいスポーツであった（田中 一九九二：九二、九八―九九、一四三）。貪欲な消費者の群れはすべてにおいて過剰を許した。ゴルフコースの開発が不透明な資本まで吸収し始めたころ、ゴルフ会員権もまた投機のターゲットとなった（図12–2）。

日経株価指数がゴルフ会員権を取り上げるようになったのも、その価値が一九八二年から一九九〇年の間に八倍にもなったことも驚くことではなかった。むろん、どの会員権も同じように価値が上がったわけではない。最も価値が上がった例としてアクアライン・ゴルフクラブの会員権がある。東京から一時間の南東に位置するこのゴルフ倶楽部は建設中にもかかわらず、入会金に一三万五〇〇〇米ドルを設定することが可能だった。目的は、いかに少ない会員でいかに贅沢にするか、であった。このようななか、政治家や役人らを誘惑するのに会員権やラウンドへの招待は絶好のエサとして利用されるようになるのは、何等、不思議なことではない。それは、一九八八年のリクルート事件から今日まで政治的スキャンダルに帰結する常套的な手段として繰り返されている。コース完成前の会員権販売はよく利用された手法であったが、そのほかにも、会員権を数多く売ることによって収益を最大化する戦略

図 12–2　京都ビジネス街のゴルフ会員権業者

2007 年にこの写真を撮ったときにはすでにビジネスはあまり好調とは言えなかった。それにもかかわらず写真のような取引所が存続したのは，戦後のゴルフがプレーを楽しむものというよりも資産として開発するものだという認識が国民の間に根付いていたからに他ならない。ここで購入された商品は，購入されて終わりではなく，その後もずっと転売されつづけることになる。

写真提供：筆者

もとられた。この会員権システムの問題は一九六〇年代より明らかではあったが、八〇年代に入ってからは非常に大きな問題へと発展した。ある倶楽部などは会員数が二万人を超え、事実上コースでプレーを行うことは無理な状況にまでなっていた。静岡のギャツビィ・ゴルフクラブではあまりにもひどい状況に会員同士が団体をつくり、会員の権利を守ろうとした（田中 一九九二：一九四―二〇五）。

一九八〇年代の終わりにはゴルフは社用の範囲を超え、より一般的な欲求の対象となった。ゴルフマンガも珍しくなくなり、小太りの中学生が努力によって最終的にはセント・アンドルーズの全英オープンでニクラウスを打ち破る（この最終話は五八巻に掲載）までになったというストーリーである（ちば 一九九五―九六）。また、中尊寺ゆつこが生んだ流行語、「オヤジギャル」は、年は若いがオヤジのような行動をする女性を指し、タバコ、酒、そしてゴルフを嗜むマンガの主人公（ＯＬ）に使われた言葉だった（中尊寺 一九八九―九二）。大衆文化の夢はさておき、現実に存在した平均的な消費者像は、三九歳サラリーマン、年収六一〇万円、妻と子供一人。月五万円のお小遣いのほとんどは一・五回のラウンドと四回の打ちっ放し代で消えるというものだった（田中 一九九二：二〇八）。なお、需要がかなり供給を上回っていた状態だったため、もし当時ゴルフのコース代にバラつきがあったとしても（いずれにしても国際水準からみて高すぎただろうが）ゴルフそのもののあり方を変えたり、公立の設備を提供する動機はなかったと考えられる。一九九〇年、一七二二もあったコースのうち公立のコースはわずか二七であった（田中 一九九二：一四〇）。ゴルフはこれまでの八〇年間と同様に民営で会社企業との関わりが強く、また女性キャディ、義務的ランチ、男性の顧客という構造も変えぬまま、消費の仕方が極めて規格化された商品として存続した。

バブル崩壊

そして箍《たが》が外れた。「失われた」二〇年は一体どのようなものだったのだろうか。一九九〇年にすでに経済は傾きをみせ、前年に比べてラウンド数は四〇万回、ゴルフ練習回数も一一〇万回減少した（田中 一九九二：一四二）。翌年にはゴルフ事業が砂上の楼閣であったことが明らかになった。茨城カントリークラブを運営する会社は会員権数について二八三〇口（それでも国際的にみれば多すぎる）を上限とするという約束のもとに事前発行していたが、蓋を開けてみると実に五万二〇〇〇口も発行し、それで得た利益一〇〇〇億円を関連会社に横流ししていたことが発覚した。コース自体は完成を見ず、会社は倒産し首謀者は懲役一一年と罰金七億円を命じられた。その前に得た利益一五〇億円と脱税六〇億円のことを考えると、妥当であると言わざるを得ない（田中 一九九二：一九三―一九五）。このような様々な兆候があったにもかかわらず、業界全体が倒れるには多少の時間を要した。日経の会員権指数は一九九二年には半分に落ちこんだ。不動産業界が崩壊すると、会員権の投機的取引も停止したが、九〇年代を通してゴルフ倶楽部の破産件数はまだ一桁台で済んでおり、負債額も五〇億円を切る程度であった。しかし九〇年代末になって事態は急激に悪化し、一九九九年には二七の倶楽部の破産、二〇〇〇年にはさらに二五件、二〇〇一年には五七件、二〇〇二年には九八件となり、この年には負債は三〇〇億円を超えていた。事態はさらに悪化の道を辿り、二〇〇五年にはまた七一件の破産と一四〇億円の負債が加わった。さらに、二〇〇九年になっても、まだ二六件の破産があり、負債額は五〇億円を切るまでになってはいたものの、二三五六もあったゴルフコースの実に三三・六％がなんらかの法的措置を受けていた（椿ゴルフ 二〇一〇a、二〇一〇b）。そもそも供給過剰であったため、コースの建設自体も中止され、二〇〇七年になって一〇年ぶりに新しいコースが一つ、営業を開始したのであった（二〇〇七年九月インタビュー）。

バブルの崩壊によって引き起こされた数々の破滅は、新しいタイプの投資家や、新しいゴルフの楽しみ方を育てる肥沃な土壌となった。まずイニシアチブを取ったのは、アメリカ系の「ハゲタカ」ファンド、リップルウッド・ホールディングスだった。リップルウッドは、二〇〇〇年代の初めに飛来し、最初に銀行と感傷的な日本歌謡曲で知られるレコード会社を買収し、次に、倒産した九州のフェニックス・シーガイア・リゾートを買収した（Cullen

2002; *The Economist* 2002)。しかしシーガイアはその後、もう少し名の知れた、しかし貪欲さでは引けを取らない別の企業の手に渡った。二〇〇〇年代の終わりには、二大ゴルフ場有価証券所有者は、ゴールドマン・サックスが所有するアコーディア・ゴルフ株式会社とテキサスのローン・スターが所有するパシフィックゴルフマネージメントになっていた。ローン・スターもゴールドマン・サックスも、ゴルフコースの高い債務は問題とせず、年間一〇〇万米ドルの確実な現金収入を見ていた。負債をわずかな金額で購入することに成功した両者は様々な利害関係者との交渉で優位になり、銀行には権利の二割から三割程度のみ払い戻し、また長く苦しんできた会員にはその投資額の実に二・五％ほどしか支払わなかったのである。このことに不満を持つ多くの会員が新しいオーナーから離れて行った。日経指数は二〇〇〇年代半ばには徐々に上昇を始めたが、二〇〇〇年代末まで一九九〇年のピーク時の一割程度にとどまった (Harden 2008; Hyūga 2006)。しかし残留した会員には、新規オーナーたちは新たな商品を提供し始めた。

アクアライン・ゴルフクラブでは、一九九〇年代半ばになってもまだ古い体質から抜けきれずゴルファーは多額の利用料を支払い、企業ゴルフの込み入った手順に従っていた。「我々は、全員が同じ時間に倶楽部に到着し、同じタイミングでプレーを行い、全員でランチを取る以外のゴルフを知らなかった」のである。しかし二〇〇五年にゴールドマン・サックスがコースを買い取った後は、コースの整備も食事も改善し、非会員のラウンド料金は元の半額になった。また最も重要な点は、皆がそれぞれ、自由に好きな時にプレーを始めることができ、途中でランチを取らなくても、キャディを頼まなくてもよくなったことである。自分でフェアウェイまでカートを運転していくこともできた。一回のラウンドに、一日かけなくてもよいことが明らかになったのである (Harden 2008)。だが、ゴルフを変える機会が到来していたことに気付いたのはアメリカ系企業ばかりではなかった。ゴルフ関連書籍出版社最大手のゴルフダイジェスト社のスピンオフ事業、ゴルフダイジェスト・オンライン（ＧＤＯ）もまた、ゴルフが一般消費者向けになる可能性を見出し、倶楽部と消費者の仲介役を買ってでた。彼らがそうする根本的な理由は、いまだにゴルフ消費を縛っている、古くからあるためらいに対処するためであった。それは、倶楽部にとっては非会員のビジターを熱心に勧誘することが、現存の会員との特別な関係を損なうのではないかという危惧であり、ビジターにとっては、倶楽部に直接連絡をした際、会員かどうか問われることの気まずさである。両者にとって、仲介役の存在は一つの解決策であり、ＧＤＯにとってもよい収入源となった（二〇〇八年三月インタビュー）。ビジネスを可能とする技術、コースの選択肢の多さ、またオンライン上で購入できる様々な商品を揃えたことで、ＧＤＯは新しい顧客志向のサービスを提供したのである。

ＧＤＯが示したような顧客志向は、下降を辿る収益と減少する人口のなかでゴルフ業界が需要を維持することを望むのであれば、他の業界の場合と同様に必要なものである。従来通り、男性だけを対象としていては今後ゴルフが生き残るためには不十分である。実際、企業ではコストカットが横行しているし、若者は週五日間顔を突き合わせている同僚と週末もまた一緒に過ごすことに抵抗感を持っていると言われている。ゴルフコース自身も、関連商品の製造会社も、出版社も、新しい市場開拓のため、国際的にも成功している「ハニカミ王子」石川遼のような若きゴルファーを宣伝に起用し、ゴルフが家族全員にとって楽しい行楽であることを強調している。さらに、特に女性市場を、新しく開拓する市場と定めている。一九九六年にはおよそ二三・六％の男性がゴルフを経験していたのに対し、女性は五・八％がクラブを手にしたことがある程度だった。その後一〇年間ほど利用者が減少している事実は、新しい市場の開拓が急務であることを示している（矢野経済研究所 二〇〇八：四四五―四四六）。ここ数年は、したがって、女性をゴルフに誘うため様々な試みがなされ、また書籍や雑誌なども刊行されている。書店のゴルフ関連本エリアに置かれていた多くの緑色のコースガイドや技術書に対して、まだその数は少ないとはいえ、初心者向けの入門書がピンク色のカバーで売り出されはじめた。多くのゴルフ雑誌には「レディース専用コーナー」が設けられ、女性ファッション雑誌にも毎回ゴルフ関連の記事が掲載されるようになってきた。なかでも『レジーナ』は女性専用のゴルフ雑誌のリーダー的存在である。プレーに関する記事もあるものの、記事の大部分はコースでの振る舞いや服装に関するものである。大抵の場合、ゴルフは他の商品やサービスを消費するための口実にすぎず、特にファッションと関連しているが、他にも食事や旅行、時には恋愛とも関係づけられている。道具をアクセサリーに、コースは背景として、消費社会のなかで可愛い、そしてコスモポリタンな自分を演出する舞台の一つがゴルフなのである。ここで、『レジーナ』に記載されていた名文を紹介しよう。「No Love! No Golf! No life」（レジーナ 二〇〇八：一四）。

おわりに

以上、本章で述べてきたことは、消費と日常生活について何を示唆しているのであろうか。ゴルフは確かに近代化によって需要が作りだされたものの、米や砂糖のような基本食品と同等に考えることはできない。ゴルフは衣服や薬のような必需品とも異なる。ただ、衣服がファッションに変化し、薬が商品化されたのと同じメカニズムがゴルフの消費を促進したとは言えるのではないか。ゴルフはまた、その利用によって、近代消費者を生み出した。鉄道や郵便、長距離の小売ビジネスのような社会的物質的インフラとは異なる。ゴルフはせいぜい自由裁量のきく、好き嫌いで選べるような消費財であり、日本の消費社会全体を語る中では、周辺的な存在であろう。

しかしゴルフは、すでによく知られているように、次のような点を語っている。マクロのレベルでは、ゴルフは、消費が近代日本経済の構成要素として、常にその一部を担っていたことを我々に思い起こさせてくれる。とくに高度経済成長の最初の二〇年に続く時代には、生産活動の場が海外に移転し、支出対象について裁量の余地が大きくなり、ゴルフが重工業に取って代わるといったような、より消費行動が目に付く方向への変化が見られた。しかし、ミクロレベルにおいてゴルフは、それを開放された自由な消費者の出現として先走って称賛することに警告を発している。贅沢にみえても、それは相当程度規制された、「会社主義的」とまではいわないにせよ、会社企業に奉仕するような消費の在り方だったからである。たとえロングアイアンによる好打の無上の経験を語る多くの文章が、そうは語っていなかったとしても、日本でゴルフは、ゲームを楽しむために消費されたのではなかった。ゴルフをすることは、特有の空間——投機、交流、演技の場——へとアクセスすることであったし、今もそうである。それを通じて、人々は会社やキャリア、さらには恋愛からの要請に適するように、自らを創り替えているのである。この空間はもちろん、二〇世紀の大部分において、コースではなく倶楽部であった。コースでの概して無言で行われる骨の折れるプレーは、一九番ホール、すなわち倶楽部での贅沢な安逸、飲食や社交によって埋め合わされる。それがゴルフを、洗練された男の余暇たらしめていたのである。このように、日本におけるゴルフは、個々人の選択を自由主義的に強調する議論から目を背け、選択決定後の消費主体と消費対象との相互作用についてのヘーゲル的な理解へと転回した、ダニエル・ミラーの議論を支持している（Miller 1987）。日本では、二〇世紀を通じてゴルフの消費において、選択肢が非常にかぎられていた。ゴルフをしたければ会員にならなくてはならず、たくさん費用を支払わなくてはならず、倶楽部でランチも食べなくてはならず、ラウンドでは必ずキャディをつけなければならなかった。この消費モデルは持続不可能で、近年では選択肢も倍増している。しかし、ゴルフはいまだに敷居が高いようである。ネット予約の難しさ、最新型のクラブや道具類の必要性、繰り返し強要されるルールやエチケット、技術アドバイス（スイングからダイエット指導まで）。これらすべてが「正しいプレー」というものの存在を物語っている。東京都心のゴルフバーのバーチャル・フェアウェイを案内するかのように、リアルな女性キャディがプレーをサポートし、ナイスショットの拍手をしてくれる現実は、ゴルフが古い習慣を脱ぎ捨てるのにまだ時間がかかることを示唆している（Tharkrar 2008）。ただし、日本の消費者がゴルフをする際にいかに選択肢が少なかったからといって、生産重視主義者による政治・経済の説明に逆戻りする必要は無い。まして、戦後の知識人の聖林であった、あのなじみの「主体性の欠如」を持ち出すには及ばない。しかし、日本における用地の少なさとコーポラティスト的な経済成長が個人の消費にあまり余地を与えなかったことが日本のゴルフ、そしてプレーの形成にいかに影響したかを指摘することはできるのである。

引用文献

麻生太郎（二〇〇八）「島耕作　初芝五洋ホールディングス社長×麻生太郎　衆院議員・元外相 スペシャル対談　日本よ元気を出せ」『週刊朝日』朝日新聞出版、第一一三巻二六号、二六―二九頁
久保田誠一（二〇〇四）『日本のゴルフ100年』日本経済新聞社
小金井カントリー倶楽部（一九九〇）『小金井カントリー倶楽部五十年史』
摂津茂和（一九七七）『日本　ゴルフ　六〇年史』ベースボール・マガジン社
田中義久（一九九二）『ゴルフと日本人』岩波書店
ちばてつや（一九九五―九六）『あした天気になあれ』全三六巻、ホーム社（初刊行は一九八一―九二）
中尊寺ゆつこ（一九八九―九二）『スイートスポット』全八巻、扶桑社
チョイス（二〇〇八）「近衛文隆」『Choice』第一六三号、三月号、一一四―一二七頁
椿ゴルフ（二〇一〇a）「ゴルフ場の法的整理・負債総額（1997–2009年）」http://www.mmjp.or.jp/tubaki-golf/newsfail/1news.html（二〇一〇年七月一五日アクセス）
椿ゴルフ（二〇一〇b）「バブル崩壊以降から今年3月末まで、全国法的整理ゴルフ場は800コース」http://www.mmjp.or.jp/tubaki-golf/newsfail/2010/0421-hoteki-zennkoku.html（二〇一〇年七月一五日アクセス）
平山孝（一九五一）「ゴルフ」『観光』第三八号、一七―一八頁
藤子不二雄（A）（一九七五―七九）『プロゴルファー猿』全一九巻、小学館
矢野経済研究所（二〇〇八）『ゴルフ産業白書』
山口蓬春（一九九七）『山口蓬春――新日本画への軌跡』山口蓬春記念館
山田国広（一九八九）『ゴルフ場亡国論』新評論
レジーナ（二〇〇八）「ＬＯＶＥを深める楽園ＧＯＬＦ♥デート」『Regina』株式会社ＡＬＢＡ、春

Anon. (1957) 'Post-war Revival in Japanese Golf', *USGA Journal and Turf Management*, 10, 12–13

Cullen, L. T. (2002) 'Foreign Invaders', Time, March. Accessed 15 July 2010: http://www.time.com/time/magazine/article/0,9171,214144,00.html.

Harden, B. (2008) 'US Firm's Deft Play Helps Japanese Golf Out of Rough', *Washington Post*, 15 June

Hyūga, T. (2006) 'Goldman plans IPO for golf unit in Japan', *Bloomberg News*, 25 September. http://www.bloomberg.com/apps/news?pid=newsarchive&sid=aqSGKlzB2yEc&refer=worldwide_news [Accessed 15 July 2010]

Lockyer, A. (2010) 'Arthur Hesketh Groom (1846–1918): Emblematic Edwardian, Compulsive Clubman, Accidental Ancestor' in H. Cortazzi (ed.), *Britain and Japan: Biographical Portraits*, Volume VII, Folkestone: Global Oriental

McFarland, H. N. (1960) 'The New Religions of Japan', Contemporary Religions in Japan, 1 (3), 30–39

Miller, D. (1987) *Material Culture and Mass Consumption*, Oxford: Blackwell

Tharkrar, R. (2008) 'Get into golf's virtual swing', *Japan Times*, 15 June

The Economist (2002) 'Vulture's-eye view', 21 December, 105

第13章　歴史と消費主義の研究
——西洋史家の見た日本

ベヴァリ・ルミア

はじめに

西洋の歴史は例外的で特別な地域の歴史であるとの前提が、何世代にもわたって人々に吹き込まれてきた。それは文化、政治、経済の諸局面に及んでいる。人々の脳裏にあるこの強力な物語が、分析の在り方を規定し研究を方向づける一方、多くの正当化できないような主張が何世代にもわたって放置されてきた。その仮説は、一九世紀と二〇世紀の西欧列強の、かつてない帝国的拡大と例外的な産業成長の副産物であり、西洋における高等教育の拡充と期を同じくしていた。歴史学などの学問はこのような政治的環境において発展した。学者・研究者は、その時代に有力とされた言説に共鳴し、それを繰り返したのである。

このように、その多くが勝者の歴史とされる西洋諸国や諸産業の歴史は、焦点となる主題は進化したにもかかわらず、歴史に対する問いのあり方を方向づけてきた。たとえば、一八三五年にエドワード・ベインズは「イギリスにおける綿工業は産業史において比類なき成功をみせている」と主張した（Baines 1835）。その後のこの主題に関する歴史像は、この初期の書き手の認識の多くを鏡のように反映しており、その中で綿工業は、西洋工業化の象徴となった。実際、広くグローバルな視点から綿業を体系的に検討する試みは、この一世紀半以上の間なされてこなかったのである。(1) 歴史家は熱心に西洋の産業発展に固有と見られる特徴に関心を集中させ、ある者は産業成長のカギとして文化的・宗教的要因を見出し、また他の者は「天才」を探し出しては、国家や地域に成功をもたらした彼ら天才たちの業績を称えた (Goody 2006)。

この知的優越性は、しかし徐々に支配的な地位を失った。二〇世紀末から二一世紀にかけての非常に大きな変動が、歴史的な過去についてより包括的な理解を得ようとする知的努力を駆り立てたからである。ポスト植民地時代の世界においては、着想は世界史とグローバル・ヒストリーに関する新しい比較の視点から生じ、それは地域の歴史を、過去の出来事についての新たな解釈を生み出す、より広い分析枠組の中に位置付けたのである。この過去の再検討と見直しの作業は現在も引き続き行われており、人類の歴史を比較可能な、しかし独自な経路の束として見定める機会を与えている。これまで当然とされてきた前提は見直され、歴史は書き直されつつある。それは論争を巻き起こすものでもあるが、今ではより多くの歴史家が、数十年前のスティーヴン・ランシマンによる主張、「我々[西洋]の文明は……長きにわたる東洋と西洋の交流の結果、成長を遂げている」(Dalrymple 2005: x より再引用) に同意している。

簡潔な論評である本章で、私は西洋において研究上の焦点となりつつある固有の歴史としての消費主義と、この主題に関する研究領域で起こりつつある変化について考えていきたい。それが、消費の歴史的なカテゴリーや慣行の再考に新たな知見を提供する、この日本の消費に関する優れたプロジェクトの総括となると考えるからである。本書の各章は、単に一九世紀および二〇世紀の消費史を国民国家日本の歴史の一齣として描いているだけではない。現在進行中の、同時代の歴史を広く修正する試みに、包括的に貢献しているのである。

歴史的伝統の再考——生産から消費へ

イギリスの文化人類学者、ジャック・グッディは長い間、西洋の例外主義を批判し、「ヨーロッパは（常に？）革新 innovations の中核であった」というその中心的な命題に異論を唱えてきた。グッディは、この仮説は認識を体系化する際の原理として存在しており、何世代にもわたって歴史家の着想と知識の源となったフェルナン・ブローデルの偉大な三部作、『文明と資本主義 *Civilization and Capitalism*』も前提としていると指摘する（Goody 2006: 184）。グッディは、他の論者と同様にブローデルも「経済社会の成長に関連する東洋と西洋の差異として、西洋側が挙げるいくつもの重要な命題を容認し」ているとして、「歴史泥棒」の罪で告発した。グッディは、このような観点によって塗り込められた過去は、ヨーロッパのレンズだけを通して見た過去であり、それゆえ、重大な歪みを産み出しているとする。グッディは「過去は、地理的な範囲としてのヨーロッパ、とくに西ヨーロッパで起こった経験を元に概念化されて表現され、その後、残りの世界に押しつけられているのだ」と述べている（Goody 2006: 182）。ヨーロッパ地域内での経験が理念型とされ、それを基準にその他すべての地域が判断されてきたのである。

この「西洋の興隆」を例外的な現象とする説明は、イギリスや西洋の工業化に関する様々な歴史によっても例証された。それらは最初の工業製品貿易、あるいは世界初の工業国家と同義な現象として伝えられ、必然的にその種の出来事の頂点に位置づけられた。事実、イギリスの綿業における工業化の歴史が語られる際、インドはついでに触れられる程度であった。インドにおける技術的達成や、数千年ものあいだ世界中の綿織物市場を発展させ、供給の役割を担ってきたことはまったく認識されてこなかった。この文脈は、西洋における物質生活の改善の機会が工業化の時代と結びつけられた典型である。いかに多くをアジアへ負っているかについての認識は、一五〇〇年以降ヨーロッパに大量に流入した製品の供給源はアジアであり、またアジアの創造的な技術、商業システムが、一八〇〇年まで世界の市場に速やかに対応していたにもかかわらず、ほとんどなかった。アジアの品々は、消費者に人気の生活用品の基準となり、ヨーロッパの発展にとって重要な触媒となった（Finlay 1998, 2010）。インドがこうした歴史に登場するとしても、たいていは衰退過程と捉えられており、西洋の技術的発展と比較して、進歩のない停滞した地域として扱われてきた。(2) しかし、アジアの歴史家は、初期のヨーロッパの学者の著述や旅の記録、植民地当局の仮説や認識とは食い違う過去の在り様を明らかにしつつある。これらの歴史の見直しを進める歴史家たちによる成果は、我々のアジアとヨーロッパ双方の理解に変化をもたらし始めている（Parthasarathi 1998: 105–106）。

国際間の生産、貿易、消費の歴史は複雑であり、世界各地の関係は、想定されているよりもずっと固定的ではなく、また、西ユーラシアが他地域よりも常に優位であるとも限らなかった。ジャック・グッディによれば、「もはや西洋の優れた達成の数々を、西洋文化の永続的あるいは積年の特徴と見なすことはできないのは明らかである。それは、数千年にわたって社会に影響を与えてきた振り子の、一つの振動の結果である」（Goody 1996: 7）。確かに、ケネス・ポメランツも東洋と西洋の経済的な「大分岐」は、一八〇〇年以降に生じたとしている。北西ヨーロッパの経済成長の水準が中国南東部や日本を超えたのは、一九世紀初頭に入ってからであった。本書の執筆者の何人かがすでに指摘しているように、ポメランツは西洋の成長について重要で新たな視点を示し、比較史的な解釈によって、最も有力な地域では西洋と同等の成長と物質的変化が、一八〇〇年に至るまで存在していたことを指摘した（Pomeranz 2000）。

ポメランツは、他の懐疑論者と同様に、一八五〇年以前のヨーロッパにおける「消費者革命」の存在には疑問を呈している（Pomeranz 2000: 119）。しかし、彼はファッションの特徴を評価することの価値を理解しており、それがヨーロッパとアジアの社会との識別に関係することを認識している。中国にファッションが出現した可能性に関する彼の推論は、ファッションが社会の変化に関する創造的で、極めて重要な指標であることに鑑みれば、ここで再論する価値がある。ポメランツは、ファッションの台頭にとって「重要な時期」であった「一六世紀後半から一七世紀初期にかけて、エリート役人による将来のキャリアへの不安や不満が、彼らの目を他の活動へと向けさせた。……それは直接、科挙に依拠するものではなかった。この新たな目標と、個人レヴェルでの富の成長が、ファッションの興隆の起動力となった」と述べている（Pomeranz 2000: 154）。エリート集団の外での支出の増加、特有の意味が込められたうつろいやすい財への支出は、社会の変化をもたらす一因であり、人によってはそれを消費社会の発展と呼んでいるのである（Thirsk 1978）。これらの変化の正確な年代や意義については、特に時期や出来事の内容に地域的な偏差が大きいため論議が続いている。しかしこの年代記の中にアジアの経験を含めることが、今後の広範な研究にとって重要であることは間違いない。

消費史はここ三〇年ほど、歴史研究に大きな影響を与えた分野であり、家庭内の私的な慣行を、より大きな領域である生産、流通、小売、ファッションに関連づけてきた。最初にこれらの問題に取り組んだ研究者は大西洋世界の大学に基盤をおいた人々であり、対象領域もこれらの地域に限定されていた。多くの研究者が熱意をもって取り組んだ結果、ヨーロッパや北アメリカのコミュニティーを焦点に、新しい研究分野における事実発見は急速に進んだ。研究者は、古くからの課題である非エリートの生活水準の問題に、この新しい観点を武器として、産業化以前と以後、農村および都市のいずれをも対象として取り組んだ。ほどなく、遺言書の遺産目録データの蓄積によって、物質生活への実質的な変化は産業化以前に西ヨーロッパや北アメリカの植民地の多くの地域で起こっていたことが明らかになった(3)。

たとえばローナ・ウェザーリルの画期的な研究は、膨大な遺言書遺産目録のデータベースに基づき、時計、書籍、陶磁器、鏡、窓用カーテンや様々な家具といった、鍵となる消費財の所有拡大の過程を跡付けた。ウェザーリルは一六六〇年から一七六〇年のイギリスとスコットランドの異なるコミュニティーから得られた資料を調査した。彼女が集めたデータは、時とともに財の所有に拍車がかかること、それが最も顕著だったのはおそらく都市部の商業関係の人々であったが、そこには地域差もみられ、たとえばスコットランドは南イングランドに比べてずっと質素な物質的環境のもとにあったことを明らかにした。ウェザーリルの研究で最も意義深い発見は、消費の階層構造と社会の階層構造が一致しなかったことである。この二つには明らかな共通点は見受けられ、実際より裕福なジェントリには、ほかの部門の人々よりも新しい商品をより早くよりたくさん購入する手段があったし、このグループに属する多くの人々は、それに耽っていたともいえる。しかし都市部の商人もこれら鍵となる消費財を所有しており、その量は彼らと同じくらいの富裕度で農村部に暮らす人々よりもかなり多かった（Weatherill 1988: 185）。イングランドの消費文化の起源を研究した第一世代に属する、もう一人の有力な歴史家ジョオン・サースクは、一六〇〇年代を跨いだ消費財交易の拡大に注目し、商業の拡がりが、新しい産品の普及を容易にし、庶民の中に新しい消費者を生み出したとした。彼女の言う新しい産業は、より種類豊富で手ごろな小物雑貨、たとえばレース、靴下、髪留めピンや櫛などを生産しただけではなく、雇用機会を拡大し、特に女性や子供に労働の機会を提供した。サースクは、安価な商品が豊富に生産され、安くて入れ替わりの激しい品々が、広大な顧客層を惹きつけていたことを明らかにした。さらに重要なことは、彼女の「一七世紀イギリスの消費者に与えられた素晴らしく幅広い選択肢の数々……そして様々な階級の顧客が生産者に及ぼした影響力」に関する観察である（Thirsk 1978: 107）。サースクは、ささやかな雑貨業と質素な消費者の集合体に、利害の力強い同盟関係を見出した。

こうした社会的、経済的な慣行が発展して、投資家には新しい利益機会となり、庶民家族の所得を増やし、国内、海外の双方の市場で、手ごろに購入できる商品を増やした。これらの要因が、多くの人々が消費者「革命」として受け取るようになった諸現象を解き放ったのである。ただ、その現象の時期と特性については論争が続いており、ヨーロッパや大西洋圏の様々な地域、そして今はアジアの一部地域に適用するために、概念の洗練化が図られている。(4) 歴史家は北大西洋世界の人々の商品に対する欲求がますます強まっていることを明らかにし、その発見が生産や国際貿易の歴史像を豊かにするとともに、この進取の気性を持続させた起動力についての洞察を生みだした。(5) 近年では、ヤン・ド・フリースが一八世紀の「消費者の欲求の変化」を追跡し、北西ヨーロッパと北アメリカ植民地において複合的な構造変化が起こったとしている（de Vries 2008: 1–39）。実際、彼の言う「勤勉革命」は工業化の先駆として位置づけられているが、そこでは消費需要が主たる要素であった。これは一般庶民世帯のあいだに広まった新しい行動によって特徴づけられている。庶民は、一七世紀から一八世紀にかけて市場に出回るようになった新しい商品を購入するため、自分たちの時間配分における優先順位を再構成していたのである。そうした家族の女性と子供は、より多くのエネルギーを物質生活の改善に注ぎこむようになった（de Vries 1993, 2008）[6]。要するに、変化しつつある消費の現実に注目することは、近代初期から近代にかけての西洋社会の発展および文化変容に関する通念の見直しにつながるのである。研究者たちは、その後もこうした事実発見の精緻化に取り組んでいる。

しかしこのような研究動向に批判がないわけではない。特に初期の消費史研究の成果も盛り込んだ該博な『消費と商品の世界』（Brewer and Porter 1993）は、「商品の世界（world of goods）」の本質について、グローバルな視点から論述を行ったが、しかしその学術的な根拠を確立することは容易ではなかった。ピーター・バークは同書を最初に批判した一人で、その批判は内容、表題、そして基本的な前提にまで及ぶ、最も説得力のあるものの一つであった。バークはこの論文集の執筆者の一人で、二本しかない非西洋に関する論文のうちの一本を担当している。バークはヨーロッパ研究の専門家であるが、同書ではヨーロッパ外に目を向け、エリートによる顕示的（見せびらかしの）消費の変化の度合いを、一六世紀から一八世紀のイタリアと日本のエリートの行動を当時の文献をもとに比較し明らかにした。彼は「ヨーロッパの歴史家は、西洋の外に目を向けなければ、何が実際に「西洋」特有なのか知ることはできない」と主張している（Burke 1993: 148）。バークはフェルナン・ブローデルの業績の上に自らの仕事を築こうとしたが、しかしブローデルの試みた比較研究はヨーロッパ外については不十分であった。ブローデルが社会変革の要因としてファッションと消費主義を重視する見解を擁護していたことは大切である。しかしブローデルは、ファッションと台頭する消費主義は近代初期の西洋に特有のものだと主張し、当時の中国、日本、インドやオスマン・トルコといった文明社会の物質文化には「動きがなかった」としている（Braudel 1985: 312–313）。バークはこの検証されていない主張に懐疑的で、ブローデルが試みなかった日本の歴史の比較研究に着手した。そしてすぐにヨーロッパと日本のエリートの消費行動に共通項を見出し、「一六世紀末から一八世紀末にかけて、物質文化についての関心が高まっていく様子が、ヨーロッパとアジアの文献から読み取れる」(Burke 1993: 157) という事実の重要性を指摘した。バークは、将来、それぞれの地域の専門研究者が、概括的な観察結果を精査・洗練し、アジアに特有の、あるいは多くの社会でさまざまな形で現れている消費主義の特徴を明らかにするよう切望した。彼の願いは、今まさに、叶えられようとしている。

しかしながら、それまでの間、消費史の分野において西洋志向の研究が、数の上でも理論的な面でも支配的な位置を占めていたことも事実である。その一つの帰結は概説書の公刊で、たとえばピーター・スターンズは、消費主義はあくまで西洋の産物で、後に他地域に「輸出」されたこと、それは非西洋の地域経済、近代経済の発展と、工業化の「輸出」に伴うとした[7]。深く考えることなく、消費主義の興隆について西洋例外主義の教義を受け入れている者は多く、その他の局面では思慮深い分析を行う人々にもその傾向は見られる。

同じく問題なのが、ファッションも西洋が生みだした新機軸(イノベーション)であるとする主張が、それを裏付ける調査研究や概念化が特になされない中で、そのまま引き継がれていることである。たとえば最近発表されたファッションについての学術書の編者は、冒頭で「ファッションはヨーロッパで生まれ発展した」とハッキリと述べている (Welters and Lillethun 2007)[8]。フランスの文学研究者ジョーン・ドゥジャンはこのよくある認識の上に、さらに狭隘な解釈を加え、ファッションはフランス独自の発明であると主張している (Dejean 2005)。彼女は、ヨーロッパ圏内にさえ存在する、その主張に反する証拠を見ようとはしていないし、ましてアジアのイノベーションなどは、まったく眼中にない。地域研究の専門家は、消費主義やファッションがある社会の中で強固に表現されていることと、それがそこで独自に発明されたものであることを混同している。マルコ・ベルファンティはファッションのヨーロッパ起源に関する論争を続けており、その論議は今後の研究の活性化に役立つであろう[9]。ファッション・

システムは、新しい消費行動の慣行に結びつき、新しい物質的な優先順位を作り出し、そして新たな経済機会をエリートと庶民の双方に与えた。このシステムが典型的に繁栄したのは都市部のダイナミックな商業社会においてであり、多くの歴史家は、この商業社会は消費文化の生成に決定的に重要な補助役を果たしたと認識している（Berg 2005; Allman 2004; Brekke 2006; Lemire 2010 など参照）。ファッション・システムはいつどこに起源を持つのか、いつどこの社会に起こったのか、その起源に共通または固有の特徴は何か。これらの問いに答える完全な年表を作成するには、より一層の研究が必要である。しかし、非西洋のファッション・システムの存在を前もって排除してから研究を始めては、問いに接近する上での決定的に重要な回路を失い、歴史の比較による理解の潜在的可能性を歪めてしまう[10]。いまや、様々な社会の中での消費慣行の多様性に多くの注目があつまっており、また、別個の地域の内部で進化した、ファッションの偶発的な力に対する認識もなされている。

消費の比較史における日本の位置

本書の前提をなすシンポジウムに出席できたことは、消費主義の歴史に関する日本の重要な貢献について多くを学べるよい機会であった。私の見るところ日本の物語には共通点と、際立って独自な特徴の双方があり、それは今後何世代にもわたって研究者の関心を呼ぶものと思われる。ピーター・バークの注目すべき介入の後、様々な研究課題に取り組む研究者たちが、近世の中国、日本、ヨーロッパの経済、法律、文化の共通性（または固有性）を明らかにした。一九九六年にアラン・ハントは、服装規制の研究を公刊し、素材制限の法制化の試みを観察するなかで、そこに文化的、物質的、経済的な面での社会の重要な変化が表れている事実を見出した。ハントはまた、中国、日本、ヨーロッパの奢侈禁止令の共通点を示し、いずれも社会変動を抑えこみ、都市商人による消費主義の盛り上がりを抑制するのが目的であったとした。西洋と同じく、日本でも絹は奢侈禁止令の重要な対象だった（Hunt

1996: 24–25)。私が見るかぎり、このような規制は、社会内部に作用する経済的・社会的な諸力を浮かび上がらせるものであり、法制自体が人々の物質的欲求を抑えつけることができたとは思えない。多数の奢侈禁止令の公布は、伝統に抗した消費者の活発な消費行動を示唆している。数年前、徳川時代には奢侈禁止令が繰り返し発令されたという脇田修の講演を聞く機会があった[11]。この講演と、その他の示唆的なコメントによって私は、法令が何度も発令されるのは、それが成功したからではなく、権力が人々の行動の制御に失敗していたからではないかという疑問を持つに至った。ヨーロッパと同じく、物質への憧れは近世日本においても、作用していたのだろうか。経済的に成功を収めた専門家集団や特定の職業的集団は、その集団独自のファッションを発展させ、地位獲得競争や、階層構造自体の複雑化を図っていたのだろうか。これらの法令は、反抗的で野心的な人々に備わる、新しい物質文化と新しい心的傾向を反映していたのだろうか。

池上英子は、このような問いの多くに取り組み、変化を遂げつつある社会を活き活きと描写し、「一七世紀に日本の経済社会におきた一連の発展と都市文化は、注目すべき予想外の現象を引き起こした。大衆的ファッションの興隆である」(Ikegami 2005: 245) と強く主張した。日本とヨーロッパの経験には、特にファッションの慣行と拡大する消費需要の出現に関して重要な類似点があり、ともに戦略的な商品が、願望 (aspiration) の発現に際して似たような役割を果たしていた。新しい衣服やアクセサリーは、社会的・文化的コミュニティーにおいて、移りゆくスタイルを伝達するために用いられた。池上のような日本の研究者は、ポメランツによって一六世紀から一七世紀までの中国でのファッションの興隆を説明するために見出された要因を、日本についても適用可能なものとして採用している。池上は、有力な地位から公式に排除されている都市住民にとっての、文化的な連帯の重要性を説いた。厳格な「身分制度」の枠外で「商人や他の庶民は、処罰を恐れることなく、美の世界の高みを目指すことができた」(Ikegami 2005: 149)。このような「美のネットワーク」を確立するために、彼らは増えゆく各種素材を見出し(輸入品も国産品も)、それらを購入して、文化的な同盟関係およびそこでの願望を定義し区別するべく、デザインを施した。消費の実践には規制が課され、使用が認められる素材と禁止される素材に線引きがなされていた。たとえば、ある奢侈禁止令によれば「相撲取りのまわしに絹を用いてはならない」(Ikegami 2005: 255)。それゆえ、都市の男女は法の枠組みをくぐりぬけながら処罰を逃れようとし、工夫を凝らして場にふさわしい装いを拵えた。贅沢品を一部の階級だけに許可するこのような取り組みは、ヨーロッパ各地でも行われていた。しかし規制の対象となった集団は日本に典型的であり、そこには社会が人々をどのように区別しようとしていたか、その在り様が映しだされている。

徳川時代を扱う歴史家は、経済状況の変化が消費者を実験的・革新的な行動に駆り立てたことを知っている。綿製品のような触媒となる商品はユーラシア全土にわたって重要な役割を果たし、ファッションの精神がこの大陸のそこここで、素材への関わりを活発化させた。インド産綿製品のような大衆的な商品の特徴を理解し、それが日本のような新しい市場にどのような効果をもたらしたのかを知ることは重要である。オランダ東インド会社の商人は一六三〇年代より、日本の市場にインド織物を持ちこむことに成功し、一六〇〇年代後半にはかつてないほど大量のインド産綿製品が長崎の港へ流入した (Fujita 2009: 184)。綿の物理的な特性は、日本人を魅了した。すなわち、綿は大麻や苧麻といった他の繊維よりも加工や染色が容易で、質感は他のどれよりも心地よかった (Tanimoto 2009: 369)。綿製品はヤン・ド・フリースの「新贅沢品 (New Luxury)」を代表する商品であった。ド・フリースは「旧贅沢品 (Old Luxury)」に宝飾品、毛皮や貴金属を挙げ、身分階級を表す「洗練された気品 (exquisite refinement)」と呼んだ。これと対照的に「新贅沢品」は「快適さと喜びであり、(そして) 自ら増殖、普及する」(de Vries 2008: 44) ことを強調した。ド・フリースはさらに新贅沢品が「文化の意味を伝達し、互恵的関係——社交性の一種——を、それを消費する人々の間」(de Vries 2008: 45) で醸成する力について、指摘している。ド・フリースは近代初期のヨーロッパについて述べたのだが、この分析は日本の綿製品についても当てはまる。

日本のケースでは、池上が「粋」の重要性について論じている。「粋」は活気ある都市の美的思想のことで、新しい社会ネットワークを編み出した。「粋」の信奉者はこの美の感覚を衣服によって表現した。それは繊細な色合いと時折散らされた印象的な色で表された。「粋」の精神は商業の中心地で花開いたが、江戸は当時世界でも有数の都市であり、日本の大都市の一つだった。「粋」を利かせた着物は広がる仲間意識にとって重要であり、池上は「徳川時代のファッションにおいて最も独創的で活気ある文化的革新は主に「型破り」によって造られた」(Ikegami 2005: 250) と指摘している。「粋」の精神は都市近隣にも広まり、演劇の舞台や印刷物、そしてジェイ・ケイスターが言うところの「繊細かつ破壊的な流儀」の衣服によって表現された。彼はファッションの形態の中に示唆される「「粋」の裏表――洗練と抵抗」について論じている (Keister 2009: 216)。

綿織物はこの文化的行動に多くの人々の参加を可能とし、経済的、文化的に深甚な影響を及ぼした。インド織物は、日本に特有の新しい生産と消費慣行を刺激した。藤田加代子は、「一六世紀半ばより、貿易が日本の「伝統」物質文化を形成した」(Fujita 2009: 181) としている。「粋」を利かせた着物の人気は高まり、池上の表現でいう「美のネットワーク」は、多種の綿製の衣服や装飾品の類に表れた。綿布の着用はほぼすべての階級に許されたが、刺繡を施したり「特殊な織りや染め」についてはは規制があった (Shively 1964–5: 126–130)。しかし目立たない程度の抵抗はあり、不連続の対位法的な縞模様や格子模様、アクセントとして取り入れられた着物や小物の花柄などは規制を逃れた（図13-1参照）。より目立つ柄は庶民には禁止されていたが、人々はそのような布を札入れや巾着袋などに使用した (Fujita 2009: 194–195)。この様子は当時流行した木版画に見ることができる。木版画には、人気役者、遊女、相撲取り、一般庶民の姿とともに、街の風景も写し取られていた（図13-2参照）。興味深いことに、この時代に印刷した書物が激増し、多くが「粋」な所作について「詳細な挿絵とともに、男女双方に向けて、その見せ方、着こなし方、取るべき態度」を描いていた (Keister 2009: 221)。

このような描写は、インド織物に結びついたファッションの精神を喚起し、地方での生産と消費を刺激した。日本は綿織物の生産に本腰を入れるが、その多くはインド綿布を模倣したもので、インド風の名前が付けられている。

池上が言うように、「日本の歴史上、初めて一般庶民が色鮮やかな着物を着ることを可能とした」(Ikegami 2005: 253) のである。彼女はさらに「安価で暖かい綿織物の供給の増加は、庶民の日常的な衣服に革命をおこし、徳川時代のファッションの社会的基盤となった。……大衆的な着物ファッションの素材の提供、およびその経済的な基礎は、国内の綿織物生産の増加によって、はじめて可能となった」(Ikegami 2005: 253) と結論づけている。徳川時代の日本で人気を博した色合いや柄は、同時期西洋で好まれた素材形態とはやや異なっていたが、まったく共通項がなかったわけではない。どちらの地域の女性も男性も、機会と予算の許す限り商品を購入し、それをうまく使いこなして、共同体の中で自身の社会的地位を獲得しようとした。より多くの個人が、ファッション性のある商品を

図 13–1　徳川時代の商人の粋な着物姿

「粋」の精神は江戸時代の商業地で花開いた。粋な着物を着ることは，拡張しつつある社会集団においてますます重要視されていった。男女とも，衣装の選択に際して，粋に見える着物を求めた。

出所：鳥居清長（1752–1815）画。Courtesy of the Library of Congress, Prints & Photographs, Washington D.C.

図 13-2　粋な着物姿の相撲取りの武蔵野門太

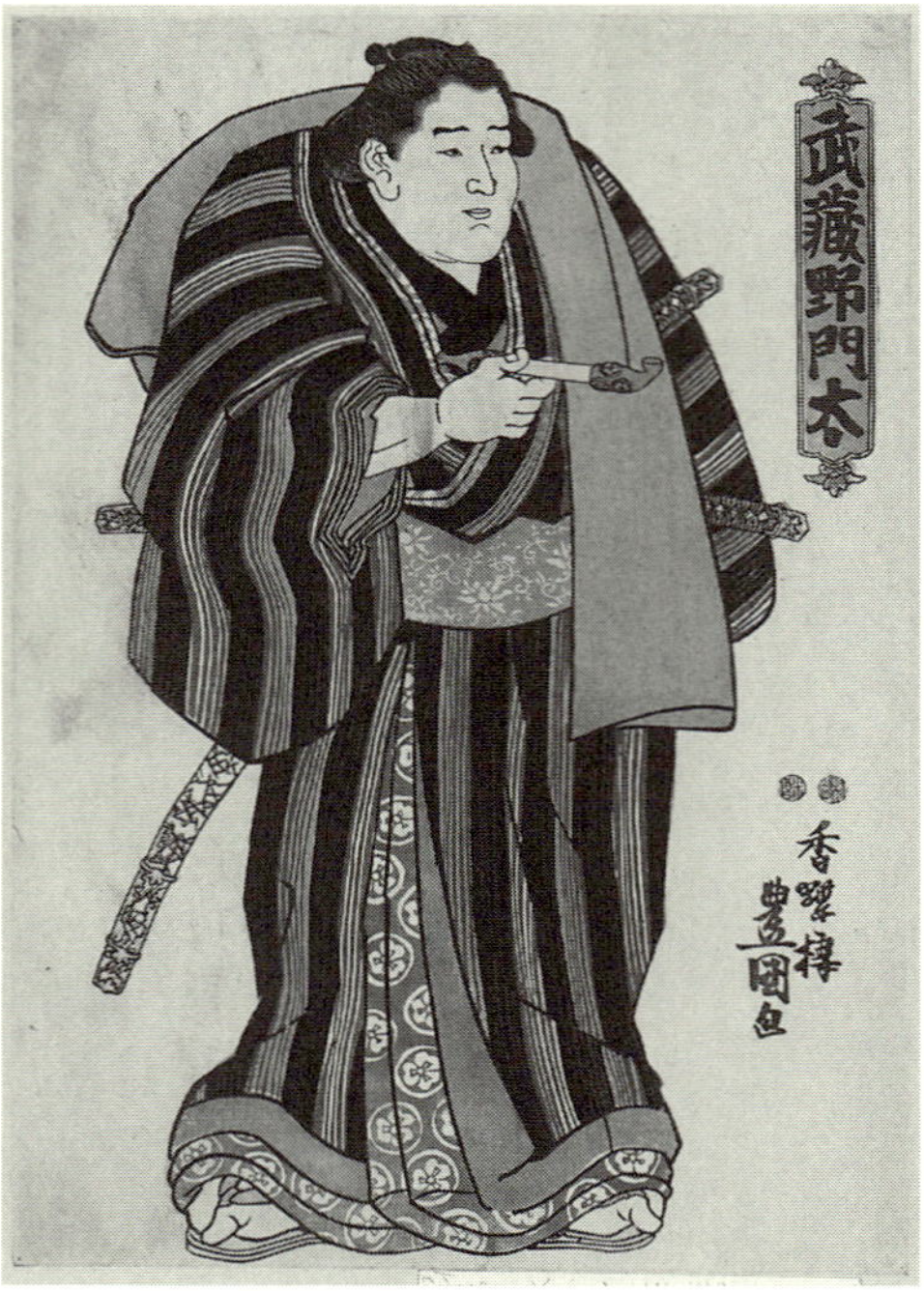

着物と小物使いに，相撲取りがファッションに敏感だったことが表れている。

出所：歌川豊国（1848-1854）画。FP 2 – JPD, no. 654. Library of Congress Prints and Photographs Division, Washington, D.C.

数多く手に入れるべく奮闘している。これらの「新贅沢品」は、実践的かつ上昇志向的な目標に沿う形で、公的なあるいは私的な場での人々の装いのあり方を作り変えたのである。

綿製品はヨーロッパにおいても典型的な消費用の繊維品で、日本と同じく、大衆的なファッションの広まりを可能とした（Lemire 1991a, 2006, 2011）。しかし、一七〇〇年前後にヨーロッパのほとんどで制度化された法的規制が、インド産の綿製品の販路を抑制した。この立法は奢侈禁止令とはまた別の枠組みによって制定されたもので、保護主義的な理由づけがなされることが多い。この点に関して日本とヨーロッパでは、台頭する大衆消費への対応の仕方がしばしば異なった。この間、市民の衣装箪笥の中身はふくらむ一方だったのだが[12]。しかしヨーロッパでも日本でも奢侈禁止令は、種々に進化する流行についていく上で鍵となる品々に対して、人々の欲求が拡大しつつある兆候を示すものであった。都市の商業地が、その種の表現の舞台となり、また商品の供給地となったのである（図13-2参照）。

消費の過程を読み解くことは、日本の物質文化の歴史に、重要な根拠を提供する。アントニア・フィネインは、中国では衣服のファッションを通じて、国家、地域、ジェンダーの結合関係がいかに明確なものとして現れるかを論じている（Finnane 2008）。着物の歴史も、同様に広範な研究課題への取り組みを刺激する。本書の文脈では、着物と家庭裁縫に関する問いが課題を提示しているので、以下、簡単にみていこう。日本の着物は、近代初期の西洋の衣服と比べて外見上明らかに違いがある。しかしながら、着物は日本の特徴や感性を表しながらも、西ヨーロッパの衣服と共通の要素も有していた。たとえば、近代初期当時の西洋の女性が着ていたガウンは、着物と同様に定期的に解かれ、また縫いなおされた。ガウンの価値はその生地にあり、縫製部分にはなかったのである。織物が家庭にとっても個人にとっても重要な投資先であったのも、二つの国で共通していた。[13] 事実、興隆する消費需要の指標の一つは、入手した織物の量と種類の多さである。インド綿製品が市場に変化をもたらし、各地の生産者の模倣品製造を刺激したことで、日本でもヨーロッパでも、一六〇〇年代以降、織物の多様性が劇的に変化した。インド織物の複製は江戸時代の日本の織物生産にとって、新しくかつ重要な要素となり、生産されたより安価な縞や格子柄が、この時代の着物ファッションを支配した（Fujita 2009: 189–191）。同様の革新がヨーロッパ中で行われ、その基盤となったのはやはりインド綿布であった。インド産の綿製品の普及と地元の生産者による模倣は、地球上の経済と社会を刺激したのであり、ユーラシア大陸の両端は、この発展のパターンに従っていたといえる。

興隆する消費需要のもう一つの示唆的な特徴は、衣服用織物の利用、再利用、そして巧妙な操作のパターンに見出すことができる。藤田加代子や他の研究者、そしてフランクスの研究が、明瞭にこの方向を指している。織物の再利用はどこでも普通に行われていることであり、織物は投資と同じく、衣服のリメイクや、古着として売ることでその価値を高める。古着の販売は多くの広い範囲の消費者の衣服選択の幅を広げ、市場の複雑性を重要な意味合いにおいて増大させた。日本の古着流通の研究を深めることは、大衆消費の特徴と、それが維持され、あるいは規制される手段を明らかにする上で非常に有意義であろう。古着業については、世界の様々な場所、様々な時代について広く研究がなされており、古着の流通が様々な階級と民族の男性・女性に、広く庶民的な消費主義を浸透させるうえで、非常に重要な意義を持っていたことが明らかにされてきた（Lemire 1988, 1991b; Allerston 1999; Hansen 2000; Fontaine 2008 参照）。

着物の物的特徴、布がすり切れるまで幾度も縫い直されること、そして二〇世紀を通じて着続けられたということは、二〇世紀の日本の生産と消費のパターンを形作った諸要因の一つの独自な流れを表している。衣服用の繊維品の再利用はどの社会でも行われていたとしても、利用と再利用の方法には異なる時代によって明確な違いがあり、その時代を特徴づける指標となるかもしれない。私にとって、二〇世紀日本に発達した並はずれた家庭内裁縫のパターンや、長期にわたる衣服文化と織物利用が、国内製造業の近代的な発展に大きく関与していたことは、驚きである。本書でアンドルー・ゴードンが述べているように、家庭での針仕事についての近代的な解釈やそうした裁縫文化に辿り着いた道のりにおいて、日本は非常に独特であった。家事労働として、あるいは準市場向け労働として女性の従事した裁縫は、伝統的には、洗い張りのための定期的な着物の解体と再縫製を含む、日常的な縫い直し作業から派生している。私には、このような社会に埋め込まれた経済的・文化的伝統が、小さな一歩を踏み出すだけで、二〇世紀半ばの自宅での洋裁にたどりついたように思える。この事例は、伝統的な技能や知識を、日本で新たに生まれてくる優先すべき事項に合わせて作り直していく作業の一つであるといえよう。

日本における伝統と近代は、このように標準的とされているヨーロッパのモデルとは異なる形をとったように見える。市場の需要が消費慣行によって再認識されることで、日本でのイノベーションは多様な性格を有することとなった。梅村真希は日本の伝統医薬の研究を通して、伝統と近代の交錯の仕方について、もう一つの事例を提供している。第8章および本書のその他の章でも、消費社会の発展は決して一つの経路を辿ったのではなく、産業の発展についても、一つの正統的な道すじがあるわけではないことを強調している。杉原薫は産業化には複数の経路があることを強調しており、その一つがアジア社会に固有の特徴から現れた「労働集約的」な道すじだとした（Sugihara 2003, 2007）。本書の各章では、消費主義へ至る日本的な経路が様々に証拠立てられており、そのプロセスから浮かび上がる固有の歴史の諸相が示されている。たとえば、着物、裁縫、和漢薬、小売業、砂糖などのトピックは日本の独特な消費行動を論じているが、その大半は現地の「知識の生態系（ecosystems of knowledge）」[14]によって形作られていたのである。

結論

比較史の重要性は、ヨーロッパの歴史家にも次第に認識されるようになってきた。ピーター・バークの指摘を心に留め、何がヨーロッパ特有で、どのような経験が、多少の時代や物質の違いを含みつつ各地に共通しているのかを発見するために、アジアに目を向け始めている。たとえばウリンカ・ルブラックは、ルネッサンス期のヨーロッパとその文化的アイデンティティを研究する際に、他の社会における同時代の衣服の文化に緊密な注意を払っている。彼女はルネッサンス期のヨーロッパと徳川時代の日本に共通する精神を見出し、日本の経験を例にとって、都市の人々に見出される美的霊感について「個人の装いに美があることの重要性……それは人生の必需品であった」(Rublack 2010: 4; Ikegami 2005: 285 を引用）と記している。これは、同じく西洋でも見出されることであった。比較史の創造的な力は、常に歴史研究の課題と方法を改定しているのである。

これから解決が望まれる課題も少なくない。たとえば、物質生活が様々な社会で徐々に変容するにつれ、消費主義を時期区分する際の明快な比較の枠組みが求められる。はっきりしているのは、消費主義は外部からアジアに「輸入」されたのではなく、一七世紀からそれ以降の世紀にかけ、地域の中で生じた「力」の有機的な表現だったということである。アジアはこの現象の創生に関して、西洋の介入に依存するところはなかったのであり、ただ後の近代になって、西洋の産業の力が、消費主義の表現の在り方に様々な影響を与えたのである。日本の消費行動の研究が、どのような範囲で歴史認識を豊かにしていくのかは、今後に委ねられている。日本の歴史の中で、様々な消費主義の特徴を結びつけること、そしてその発見をより広い歴史的な物語に組み込むことは、達成が待たれる今後の仕事である。日本はアジアの歴史の中心の一つであり、アジアと西洋の相互作用の局面において、独特の立ち位置にあった。その消費者のおよぼした影響力をより広く考察し、広い世界の中で日本の物質文化の互恵的な効果を認識する余地は、大いにあるといえる。

注

（1）視野の範囲を広げた初めての比較研究はFarnie（2004）であり、その後Riello and Parthasarathi（2009）が続いた。

（2）プラサンナン・パラタサラティは、イギリスとインドの立場に関する我々の認識を再検討している現代の歴史家の一人である。彼によって初めて、南インドとイギリスの織物労働者の生活水準が体系的に比較された。彼が示した事実——一八世紀の南インドの織物労働者は同時代のイギリスの織物労働者よりも生活水準が高かった——は、長年にわたって支配的であった仮説に対する挑戦であるとともに、この種の比較研究が潜在的に有する創造力の反映といえる。Parthasarathi（1998, 2011）を参照のこと。

（3）遺言書の遺産目録を使って消費行動の変化を跡づける作業については、たとえばWeatherill（1988）; Bauland, Schuurman and Servais（1988）; Shammas（1990）; Carson, Hoffman and Albert（1994）および特にCarr and Walsh（1994）を参照。

（4）McKendrick, Brewer and Plumb（1983）は消費社会が生まれたのは一八世紀イギリスだと主張した。しかしその後、それ以外の地域や時代が、商業化ファッションと消費主義を反映した事例として挙げられている。一七〇〇年代に商業化が進行したとする主張は、マッケンドリックのファッションは上位階層からのトリクルダウンによって広がるとする主張と同様、絶えず批判にさらされてきた問題である。McKendrick, Brewer and Plumb（1983）; Shammas（1990）; Welch（2005）を参照。アジアにおける消費主義に関する新しい研究についてはFinnane（1996, 2008）; Dwyer and Pinney（2001）; McGowan（2006）; Haynes, McGowan, Roy and Yanagisawa（2009）を参照。

（5）植民地世界についての研究はBreen（1986, 2004）; Martin（2008）を参照。

（6）この問題に関する新たな視点を示しつつ、イギリスにおける貿易と社会・文化の変化の問題も包含した議論については、Berg（2005）を参照。

（7）多少の留保を付すならば、これはスターンズが世界の消費主義に関する研究への序論で描いた構図といってよい（Stearns

2001: i)。第二版でも、彼の視点は実質的には変わっていない。

（8） 同様の西洋例外主義の前提が Lipovetsky（1994）の議論を支えている。特に第一章を参照。

（9） ベルファンティは以下の結論を示している。「ファッションはヨーロッパの発明ではないが、しかしヨーロッパで初めて社会制度として発展した。一方、インド、中国、日本では近代以前には部分的にしか進化せず、社会全体から広く認識されることはなかった。一九世紀には、西洋社会で確立したファッション以外にはなく、それがその後、残りの世界に押しつけられることで、他の衣料の伝統は、ニッチ市場へ格下げされた」(Belfanti 2008: 443)。

（10） たとえば、Finnane（2008: 8）は以下のように観察している。「一六世紀から一九世紀にかけての中国の衣服に関する近年の研究は、歴史認識の修正を目的として、都市部のファッションが短期間で変化していたこと、そしてそのような現象が重要であると広く認識されていた証拠を挙げている」。

（11） 二〇〇七年九月五日のワークショップで報告された、脇田修の未公刊論文 Dressing Up Japanese History による。主催はブリティッシュ・コロンビア大学の Peter Wall Institute for Advanced Studies and the Institute for Asian Research, Centre for Japanese Research.

（12） Daniel Roche（1989: 118–50）は、一八世紀を通じてフランスでは、インド綿製品の所有がふえ、大衆的なファッションの普及に一役買っていたことを跡づけている。

（13） プラサンナン・パラタサラティは「何世紀にもわたり、世界貿易で取引される商品として衣服は最も重要な製造品だった」と述べている（Parthassarathi 1998: 107）。

（14） 私の同僚の Michael Polushin によって使われた（そしておそらくは作られた）用語。

引用文献

Allerston, P.（1999）‘Reconstructing the Second-hand Clothes Trade in Sixteenth and Seventeenth-century Venice’, *Costume* 33, 46–56

Allman, J.（ed.）（2004）*Fashioning Africa: Power and the Politics of Dress*, Bloomington, Indiana: Indiana University Press

Baines, E.（1835）*History of the Cotton Trade in Great Britain*, London: H. Fisher, R. Fisher, and P. Jackson

Bauland, M., Schuurman, A. J. & Servais, P.（eds）（1988）*Inventaires Après-Decès et Ventes de Meubles: Apports à une Histoire de la Vie Economique et Quotidienne (XIVe – XIXe siècle)*, Louvain-la Veuve: Academia

Belfanti, C. M.（2008）‘Was Fashion a European Invention?’, *Journal of Global History* 3, 419–443

Berg, M. (2005) *Luxury and Pleasure in Eighteenth-Century Britain*, Oxford: Oxford University Press

Braudel, F. (trans. Reynolds, S.) (1985) *Civilization & Capitalism 15th-18th Century: The Structure of Everyday Life*, New York: Harper & Row

Breen, T. H. (1986) 'An Empire of Goods: the Anglicization of Colonial America, 1690–1776', *Journal of British Studies* 25, 467–499

Breen, T. H. (2004) *The Marketplace of Revolution: How Consumer Politics Shaped American Independence*, New York: Oxford University Press

Brekke, L. (2006) 'To Make a Figure: Clothing and Gender Politics in Early National America', in Vickery, A & Styles, J. (eds.), *Gender, Taste, and Material Culture in Britain and North America, 1700–1850*, New Haven, CT: Yale University Press

Brewer, J. & Porter, R. (1993) *Consumption and the World of Goods*, London: Routledge

Burke, P. (1993) 'Res et verba: Conspicuous Consumption in the Early Modern World' in Brewer, J. & Porter, R. (eds.), *Consumption and the World of Goods*, London: Routledge

Carr, L. G. & Walsh, L. S. (1994) 'Changing Lifestyles and Consumer Behavior in the Colonial Chesapeake', in Carson, C., Hoffman, R. & Albert, P. J. (eds.), *Of Consuming Interests: the Style of Life in the Eighteenth Century*, Charlottesville: University Press of Virginia

Carson, C., Hoffman, R. & Albert, P. J. (eds.) (1994) *Of Consuming Interests: the Style of Life in the Eighteenth Century*, Charlottesville: University Press of Virginia

Dalrymple, W. (2005) 'Foreword: The Porous Frontiers of Islam and Christendom: A Clash or Fusion of Civilizations?' in MacLean, G. (ed.), *Re-Orienting the Renaissance: Cultural Exchanges with the East*, Basingstoke and New York: Palgrave Macmillan

Dejean, J. (2005) *The Essence of Style: How the French Invented High Fashion, Fine Food, Chic Cafés, Style, Sophistication, and Glamour*, New York: Simon & Schuster

de Vries, J. (1993) 'Between Purchasing Power and the World of Goods: Understanding the Household Economy in Early Modern Europe', in Brewer, J & Porter, R. (eds), *Consumption and the World of Goods*, London: Routledge

de Vries, J. (2008) *The Industrious Revolution: Consumer Behaviour and the Household Economy, 1650 to the Present*, Cambridge: Cambridge University Press

Dwyer, R. & Pinney, C. (eds.) (2001) *Pleasure and the Nation: the History, Politics and Consumption of Public Culture in India*, Oxford: Oxford University Press

Farnie, D. A. (ed). (2004) *The Fibre that Changed the World: the Cotton Industry in International Perspective, 1600–1990s*, Oxford: Oxford University

Press

Finlay, R.（1998）'The Pilgrim Art: the Culture of Porcelain in World History', *Journal of World History* 9（2）, 141–187

Finlay, R.（2010）*The Pilgrim Art: Cultures of Porcelain in World History*, Berkeley CA: University of California Press

Finnane, A.（1996）'What Should Chinese Women Wear? A National Problem', *Modern China* 22（2）, 99–131

Finnane, A.（2008）*Changing Clothes in China*, New York: Columbia University Press

Fontaine, L.（ed.）（2008）*Alternative Exchanges: Second-Hand Circulations from the Sixteenth Century to the Present*, New York & Oxford: Berghahn Books

Fujita, K.（2009）'Japan Indianized: The Material Culture of Imported Textiles in Japan, 1550–1850', in Riello, G. & Parthasarathi, P.（eds.）, *The Spinning World: A Global History of Cotton Textiles, 1200–1850*, Oxford: Oxford University Press

Goody, J.（1996）*The East in the West*, Cambridge: Cambridge University Press

Goody, J.（2006）*The Theft of History*, Cambridge: Cambridge University Press

Hansen, K. T.（2000）*Salaula: The World of Secondhand Clothing and Zambia*, Chicago: University of Chicago Press

Haynes, D. E., McGowan, A., Roy, T. & Yanagisawa, H.（eds.）（2009）*Towards a History of Consumption in South Asia*, Oxford: Oxford University Press

Hunt, A.（1996）*Governance of the Consuming Passions: A History of Sumptuary Law*, Basingstoke: Macmillan

Ikegami, E.（2005）*Bonds of Civility: Aesthetic Networks and the Political Origins of Japanese Culture*, Cambridge: Cambridge University Press

Keister, J.（2009）'Urban Style, Sexuality, Resistance, and Refinement in the Japanese Dance Sukeroku', *Asian Theatre Journal* 26（2）, 215–249

Lemire, B.（1988）'Consumerism in Pre-industrial and Early Industrial England: the Trade in Secondhand Clothes', *Journal of British Studies* 27（1）, 1–24

Lemire, B.（1991a）*Fashion's Favourite: the Cotton Trade and the Consumer in Britain, 1660–1800*, Oxford: Oxford University Press

Lemire, B.（1991b）'Peddling Fashion: Salesmen, Pawnbrokers, Taylors, Thieves and the Secondhand Clothes Trade in England, c. 1700–1800', *Textile History* 22（1）, 67–82

Lemire, B.（2006）'Shaping Demand, Making Fashion: Asia, Europe and the Trade in Indian Cottons – a Well-worn Tale Revisited', *Shakai Keizai Shigaku* 72（3）, 41–61

Lemire, B. (ed.) (2010) *The Force of Fashion in Politics and Society: Global Perspectives from Early Modern to Contemporary Times*, Aldershot, UK: Ashgate

Lemire, B. (2011) *Cotton: Textiles that Change the World*, Oxford and New York: Berg Publishers

Lipovetsky, G. (trans. Porter, C.) (1994) *The Empire of Fashion: Dressing Modern Democracy*, Princeton: Princeton University Press

Martin, A. S. (2008) *Buying into the World of Goods: Early Consumers in Backcountry Virginia*, Baltimore: Johns Hopkins University Press

McGowan, A. (2006) 'An All-consuming Subject? Women and Consumption in Late-Nineteenth- and Early-Twentieth-Century Western India', *Journal of Women's History* 18 (4), 31–54

McKendrick, N., Brewer, J. & Plumb, J. H. (1983) *The Birth of a Consumer Society: The Commercialization of Eighteenth-Century England*, London: Hutchinson

Parthasarathi, P. (1998) 'Rethinking Wages and Competitiveness in the Eighteenth Century: Britain and South India', *Past and Present*, 79–109

Parthasarathi, P. (2011) *Why Europe Grew Rich and Asia Did Not: Global Economic Divergence, 1600–1850*, Cambridge: Cambridge University Press

Pomeranz, K. (2000) *The Great Divergence: China, Europe and the Making of the Modern World Economy*, Princeton: Princeton University Press

Riello, G. & Parthasarathi, P. (eds.) (2009) *The Spinning World: A Global History of Cotton Textiles, 1200–1850*, Oxford: Oxford University Press

Roche, D. (1989) *The Culture of Clothing: Dress and Fashion in the Ancien Régime*, Cambridge: Cambridge University Press

Rublack, U. (2010) *Dressing Up: Cultural Identity in Renaissance Europe*, Oxford: Oxford University Press

Shammas, C. (1990) *The Pre-Industrial Consumer in England and America*, New York and Oxford: Clarendon Press

Shively, D. H. (1964–5) 'Sumptuary Regulation and Status in Early Tokugawa Japan', *Harvard Journal of Asiatic Studies* 25, 123–164

Stearns, P. N. (2001) *Consumerism in World History: The Global Transformation of Desire*, New York: Routledge

Sugihara, K. (2003) 'The East Asian Path of Development: A Long-Term Perspective', in Arrighi, G., Hamashita, T. & Seldon, M. (eds.), *The Resurgence of East Asia: 500, 150 and 50 Year Perspectives*, London: Routledge

Sugihara, K. (2007) 'The Second Noel Butlin Lecture: Labour-Intensive Industrialisation in Global History', *Australian Economic History Review* 47 (2), 121–154

Thirsk, J. (1978) *Economic Policy and Projects: the Development of a Consumer Society in Early Modern England*, Oxford: Clarendon Press

Tanimoto, M. (2009) 'Cotton and the Peasant Economy: A Foreign Fibre in Early Modern Japan', in Riello, G. & Parthasarathi, P. (eds.), *The Spinning*

World: A Global History of Cotton Textiles, 1200–1850, Oxford: Oxford University Press
Weatherill, L. (1988) *Consumer Behaviour and Material Culture in Britain 1660–1760*, London: Routledge
Welch, E. (2005) *Shopping in the Renaissance: Consumer Cultures in Italy, 1400–1600*, New Haven, CT: Yale University Press
Welters, L. & Lillethun, A. (eds.) (2007) *The Fashion Reader*, Oxford and New York: Berg Publishers

監訳者あとがき

本書は *The Historical Consumer: Consumption and Everyday Life in Japan, 1850–2000* (edited by Penelope Francks and Janet Hunter, Palgrave Macmillan, 2012) の日本語版である。本書の編者であるペネロピ・フランクス（リーズ大学名誉フェロー）とジャネット・ハンター（ロンドン大学ＬＳＥ教授）は、いずれもイギリスにおける日本経済史研究の第一人者として広く知られている。フランクス氏はリーズ大学（University of Leeds）で長年、日本経済・日本研究の准教授（Reader）を務め、農業史や地域経済史、経済発展論の分野で独創的な研究を数多く発表されてきた。なかでも *The Japanese Consumer: An Alternative Economic History of Modern Japan* (Cambridge University Press, 2009) は、本書に先行する近代日本の消費生活に関する経済史的研究として、重要な位置を占めている。一方、ハンター氏はロンドン大学ＬＳＥ（London School of Economics and Political Science）経済史学科教授として、女性労働史や繊維産業史、郵便制度史をはじめ、日本経済史全般にわたる幅広い研究を展開されている。日本語にも翻訳された、主著 *Women and the Labour Market in Japan's Industrialising Economy: The Textile Industry before the Pacific War* (Routledge-Curzon, 2003, 阿部武司／谷本雅之監訳『日本の工業化と女性労働――戦前期の繊維産業』有斐閣、二〇〇八年）は、ジェンダー史的な視点をふまえつつ、戦前期日本の繊維労働史の全体像を提示した大著である。

本書は、この二人の編者を中心とする、近代日本における消費と日常生活に関する国際的な共同研究の成果である。参加メンバーはイギリスと日本を中心に、アメリカ、カナダと四カ国にまたがっており、各国における当該テーマに関する研究の第一人者を網羅している。

例えば第3章の執筆者であるアンドルー・ゴードン（ハーバード大学教授）はアメリカにおける最も著名な日本近代史研究者の一人であり、*Fabricating Consumers: The Sewing Machine in Modern Japan* (University of California Press, 2012, 大島かおり訳『ミシンと日本の近代——消費者の創出』みすず書房、二〇一三年）をはじめとする多くの著書によって、日本でも広く知られている。同じく最終章の執筆者であるベヴァリ・ルミア（アルバータ大学教授）は、*Fashion's Favourite: The Cotton Trade and the Consumer in Britain, 1660–1800* (Oxford University Press, 1991) をはじめとするファッションと消費に関する経済史研究で著名なイギリス史家である。こうしたベテラン研究者に、英語圏における日本史研究の次世代を担う、バラック・クシュナー（ケンブリッジ大学准教授［Reader］）、ヘレン・マクノートン（ロンドン大学ＳＯＡＳ准教授［Senior Lecturer］）、アンガス・ロッキャー（ロンドン大学ＳＯＡＳ助教授［Lecturer］）、梅村真希（カーディフ大学助教授［Lecturer］）といった気鋭の中堅・若手研究者が加わり、世代間のバランスがとれた執筆者構成になっている。一方、日本側も、谷本雅之（東京大学教授）、中西聡（慶應義塾大学教授）、中村尚史（東京大学教授）といった中堅研究者と、二谷智子（愛知学院大学准教授）、満薗勇（北海道大学准教授）という若手研究者が執筆に参加した。

このように本書は、経済史、社会史といった分野で精力的な研究を実践している専門家が、自らのディシプリンと研究領域を生かしつつ、「消費」を共通のキーワードとして執筆した共著書である。各章は、世帯消費と家事労働の関連、衣服、家電、食料品、医薬品といった財の消費、輸送、通信、レジャーなどのサービス消費の分析を通じて、様々な消費行動とそれにともなう日常生活の変化を論じている。近代日本における消費生活を、これほど多面的に分析した本は、少なくとも日本語では他に類書を見ない。また問題意識が先行しがちな欧米における日本史研究者と、史料に埋没しがちな日本の経済史研究者が、十分に議論を尽くし、互いの弱点を補い、メリットを引き出しあうかたちで一書に仕上げた点でも、希有な共著書であるといえよう。

近年の欧米の歴史学界では、消費や日常生活に着目した研究の発展がめざましい。その背景には文化研究（cultural studies）の隆盛があるが、その方法論をとりいれつつ、社会経済史の分野でも、ヤン・ド・フリース（Jan de Vries）など有力な経済史家による、影響力のある研究の刊行が相次いでいる。これに対して、伝統的に生産や流通といった財の供給の側面に注目してきた日本の社会経済史の分野では、消費や日常生活といった需要面に着目した研究が遅れており、そのため、一見、隆盛にみえる社会史・文化史からのアプローチによる日本の消費史研究も、その基礎となる経済実態との関連が十分ではない嫌いがある。その意味で、一八五〇年から二〇〇〇年という長い工業化の時代を対象とし、消費や日常生活の変化を、経済の実態面を重視しつつ、文化研究の視角も加えて検討した本書は、日本の消費史研究の現状に一石を投じる可能性がある。さらに本書の刊行は、消費や日常生活の歴史研究が盛んなイギリスにおいても注目を集めた。例えば、経済史分野のトップ・ジャーナルである *Economic History Review* の第六六巻一号（二〇一三年）に掲載された書評（執筆者・Giorgio Riello ウォーリック大学教授）は、①従来の文化史や社会史的な研究に欠落していた消費の経済的な側面を注意深く分析している、②様々な驚くべき事実を発掘しているなど、本書に高い評価を与えている。

本書では、日本の研究者の執筆部分（第2、5、9、11章）は著者が自ら翻訳し、欧米の研究者の執筆部分は、塩見葉子氏による最初の翻訳原稿に監訳者が分担で手を入れた上で（中村尚史：はしがき、第4、6、10、12章、谷本雅之：第1、3、7、8、13章）、全体を調整した。なおすべての章は原文から訳出しているが、第3章については一部、アンドルー・ゴードン著、大島かおり訳『ミシンと日本の近代――消費者の創出』（みすず書房、二〇一三年）の訳文を参照させていただいた。記して感謝の意を表したい。またフランクス氏とハンター氏には、多様な研究分野の交錯によって難渋を極めた訳語の選択や文意の解釈について、しばしば懇切なご教示を賜った。最後に、編集を担当し、本書を丁寧に仕上げてくださった、法政大学出版局の奥田のぞみ氏に、心から御礼を申し上げたい。

二〇一六年二月

中村尚史
谷本雅之

や　行

ら　行

わ　行

な　行

は　行

ま　行

た　行

さ　行

索　引

あ　行

か　行

執筆者紹介（執筆順。＊は監訳者）

＊谷本雅之（たにもと・まさゆき）　第２章
東京大学教授

アンドルー・ゴードン（Andrew Gordon）　第３章
ハーバード大学教授

ヘレン・マクノートン（Helen Macnaughtan）　第４章
ロンドン大学 SOAS 准教授（Senior Lecturer）

中西　聡（なかにし・さとる）　第５章
慶應義塾大学教授

二谷（中西）智子（ふたや（なかにし）・ともこ）　第５章
愛知学院大学准教授

バラック・クシュナー（Barak Kushner）　第６章
ケンブリッジ大学准教授（Reader）

梅村真希（うめむら・まき）　第８章
カーディフ大学助教授（Lecturer）

＊中村尚史（なかむら・なおふみ）　第９章
東京大学教授

満薗　勇（みつぞの・いさむ）　第 11 章
北海道大学准教授

アンガス・ロッキャー（Angus Lockyer）　第 12 章
ロンドン大学 SOAS 助教授（Lecturer）

ベヴァリ・ルミア（Beverly Lemire）　第 13 章
アルバータ大学教授

編者紹介

ペネロピ・フランクス（Penelope Francks）　第 1 章・第 7 章
リーズ大学名誉フェロー

ジャネット・ハンター（Janet Hunter）　第 1 章・第 10 章
ロンドン大学 LSE 教授

歴史のなかの消費者
日本における消費と暮らし　1850-2000

2016 年 3 月 18 日　初版第 1 刷発行

編　者　ペネロピ・フランクス，ジャネット・ハンター
監訳者　中村尚史，谷本雅之
発行所　一般財団法人 法政大学出版局
〒 102-0071 東京都千代田区富士見 2-17-1
電話 03（5214）5540 ／振替 00160-6-95814
印刷：平文社，製本：誠製本
装幀：竹中尚史
Ⓒ 2016
Printed in Japan

ISBN 978-4-588-32707-0